JN409618

가오고략

이 책은 2021년도 정부(교육부)의 재원으로 한국고전번역원의 지원을 받아
수행된 '권역별거점연구소협동번역사업'의 결과물임.

This work was supported by Institute for the Translation of Korean Classics - Grant funded by the Korean Government.

한국고전번역원 한국문집번역총서／성균관대학교 대동문화연구원

가오고략 5

嘉梧藁略

이유원 지음
李裕元

이성민
김내일 옮김

일러두기

1. 이 책의 번역 대본은 한국고전번역원에서 간행한 한국문집총간 315집 소재《가오고략(嘉梧藁略)》으로 하였다. 번역 대본의 원문 텍스트와 원문 이미지는 한국고전종합DB(http://db.itkc.or.kr)에서 확인할 수 있다.
2. 내용이 간단한 역주는 간주(間註)로, 긴 역주는 각주(脚註)로 처리하였다.
3. 한자는 필요한 경우 이해를 돕기 위하여 넣었으며, 운문(韻文)은 원문을 병기하였다.
4. 맞춤법과 띄어쓰기는 한글 맞춤법과 표준어 규정을 따랐다.
5. 이 책에서 사용한 부호는 다음과 같다.
   ( ): 번역문과 음이 같은 한자를 묶는다.
   〔 〕: 번역문과 뜻은 같으나 음이 다른 한자를 묶는다.
   " ": 대화 등의 인용문을 묶는다.
   ' ': " " 안의 재인용 또는 강조 문구를 묶는다.
   「 」: ' ' 안의 재인용을 묶는다.
   《 》: 책명 및 각주의 전거(典據)를 묶는다.
   〈 〉: 책의 편명 및 운문·산문의 제목을 묶는다.

차례

일러두기 • 4

가오고략 제8권

소차 疏箚

치사를 청하는 소 乞致仕疏 • 17

치사를 청하는 두 번째 소 乞致仕二疏 • 23

치사를 청하는 세 번째 소 乞致仕三疏 • 28

치사를 청하는 네 번째 소 성상에게 올리지 않았다 ○ 치사를 청하는 다섯 번째 소는 재상에 거듭 임명되었을 때 지은 소에 보인다 乞致仕四疏 未及徹○五疏見重卜 • 32

치사를 청하는 여섯 번째 소 乞致仕六疏 • 35

치사를 청하며 아울러 서원의 훼철에 대해 논하는 일곱 번째 소 乞致仕兼論書院毁撤七疏 • 38

치사를 청하는 여덟 번째 소 乞致仕八疏 • 43

치사를 청하는 아홉 번째 소 乞致仕九疏 • 46

치사를 청하는 열 번째 소 乞致仕十疏 • 50

치사를 청하는 열한 번째 소 乞致仕十一疏 • 53

치사를 청하는 열두 번째 소 乞致仕十二疏 • 56
치사를 청하는 열세 번째 소를 올리며 아울러 아들 수영에게 휴가를 내려 주기를 청하는 소 乞致仕十三疏 兼請壽榮給暇 • 59
치사를 청하는 열네 번째 소 十四疏 • 66
치사를 청하는 열다섯 번째 소 乞致仕十五疏 • 70
치사를 청하는 열여섯 번째 소 乞致仕十六疏 • 73
치사를 청하는 열일곱 번째 소 乞致仕十七疏 • 76
치사를 청하는 열여덟 번째 소 乞致仕十八疏 • 79
치사를 청하는 열아홉 번째 소 乞致仕十九疏 • 82
치사를 청하는 스무 번째 소 乞致仕二十疏 • 85
스물한 번째 치사를 청하여 윤허를 받은 소 乞致仕二十一 準請疏 • 88

부주 附奏
돈유를 받은 뒤에 올린 부주 敦諭後附奏 • 90
별유를 받은 뒤에 올린 부주 別諭後附奏 • 93
동조의 별유를 받은 뒤에 올린 부주 東朝別諭後附奏 • 96
사직소에 대한 비답을 받은 후 해래 사관을 통해 올린 부주 疏批後偕來附奏 • 99
두 번째 사직소를 올린 뒤 별유를 받고 올린 부주 再疏後別諭附奏 • 101
세 번째 사직소를 올린 뒤 올린 부주 三疏後附奏 • 103
좌의정에 거듭 제수된 뒤에 올린 부주 重卜後附奏 • 105
별유를 받은 뒤에 올린 부주 別諭後附奏 • 107
두 번째 소를 올린 후 올린 부주 再疏後附奏 • 108

별유를 받은 뒤에 올린 부주 別諭後附奏 • 110
영의정에 제수된 뒤에 올린 부주 拜領相後附奏 • 111
돈유를 받은 뒤에 올린 부주 敦諭後附奏 • 113
참판과 함께 오라는 명을 받은 뒤에 올린 부주 亞卿偕來後附奏 • 116
판서와 함께 오라는 명을 받은 뒤 양주(楊州)의 옥사에 나아가서 서명하며 올린 부주 正卿偕來後州獄胥命附奏 • 118
양주(楊州)의 옥사에서 서명한 뒤에 올린 부주 州獄胥命後附奏 • 119
금오문에서 서명한 뒤에 올린 부주 金吾胥命後附奏 • 121
수비를 받은 뒤에 올린 부주 手批後附奏 • 122
양주(楊州)의 옥사에서 서명하며 올린 부주 州獄胥命附奏 • 125
중도부처하라는 명이 환수된 뒤에 올린 부주 付處還收後附奏 • 127
명소를 반납하고 시골로 돌아온 뒤에 올린 부주 納命召還鄕後附奏 • 129
명소를 반납하고 시골로 돌아온 뒤에 두 번째로 올린 부주 再次附奏 • 131
명소를 반납하고 시골로 돌아온 뒤에 세 번째로 올린 부주 三次附奏 • 133
도성에 들어와 올린 부주 入城附奏 • 135
각신과 함께 오라는 명을 받은 뒤에 올린 부주 閣臣偕來後附奏 • 137
도성 밖으로 나아와 올린 부주 進詣城外附奏 • 140
도성에 들어가 올린 부주 入城附奏 • 142
거듭 영의정에 제수된 뒤에 올린 부주 重拜後附奏 • 144
사직소에 대한 비답을 받은 뒤에 올린 부주 疏批後附奏 • 146
은혜로운 서용에 대해 올린 소의 비답을 받은 뒤에 올린 부주 恩敍疏批後

附奏 • 148

가오고략 제9권

계 啓

조참에서 힘써야 할 일을 진달한 계 朝參陳勉啓 • 155

호남의 환곡 폐단에 대한 계 湖南還弊啓 • 158

해서의 삼정에 대한 계 海西三政啓 • 161

힘써야 할 일을 진달한 계 陳勉啓 • 192

'믿음'이라는 말로 힘쓰시기를 권면 드리는 계 信字仰勉啓 • 194

구리를 사들일 때 생긴 빚 40만 냥의 탕감을 청하는 계 貿銅債四十萬兩蕩減啓 • 197

때아닌 우레가 치는 재이가 생긴 뒤 인책하는 계 雷異後引咎啓 • 199

경회루에서 입시하여 힘써야 할 일을 진달한 계 慶會樓入侍陳勉啓 • 202

친경 때 힘써야 할 일을 진달한 계 親耕陳勉啓 • 204

다시 재상에 제수된 뒤 힘써야 할 일을 진달한 계 重卜後陳勉啓 • 207

옛 대궐로 거처를 옮기신 뒤 힘써야 할 일을 진달한 계 移御後陳勉啓 • 211

일강관을 다시 두기를 청하는 계 日講官復設啓 • 214

남형을 없애기를 청하는 계 除濫刑啓 • 216

새해를 맞아 송축하는 계 歲首頌禱啓 • 217

청전을 변통한 뒤 조처에 대해 아뢰는 계 淸錢變通後措處啓 • 219

재용을 절약하기를 아뢰는 계 節財用啓 • 221
형벌을 너그럽게 하기를 아뢰는 계 寬刑獄啓 • 224
사면을 청하는 계 辭免啓 • 227
일강을 열기를 청하는 계 請開講啓 • 229
무예를 익히도록 신칙하기를 청하는 계 武才申飭啓 • 231
과장(科場)의 폐단을 논하는 계 論場屋弊啓 • 234
산림을 초빙할 것을 청하는 계 招延山林啓 • 236
《명의록》에 대해 논하는 계 論明義錄啓 • 238
고 유현 이몽규와 이유태의 시호를 청하는 계 故儒賢李夢奎李維泰節惠啓 • 240
고 경연관 성근묵의 시호를 청하는 계 故經筵官成近默節惠啓 • 243
성변이 생긴 뒤에 힘써야 할 일을 진달하는 계 星變後陳勉啓 • 245
역참의 폐단을 논하는 계 論驛弊啓 • 250
북경에서 자문이 나온 뒤에 군대의 일을 논하는 계 北咨後論兵事啓 • 252
숙위를 논하는 계 論宿衛啓 • 254
정전의 부세에 대해 아뢰는 계 正田賦啓 • 257
장물을 환수하자는 것에 대해 논하는 계 徵贓啓 • 259
무위군에 대해 논하는 계 論武衛軍啓 • 263
내관의 방자함에 대해 논하는 계 論內官恣橫啓 • 265
주청사의 일을 복명한 뒤 입시하여 힘써야 할 일을 진달하는 계 奏請復命入侍陳勉啓 • 266

의 議

경원에서 법을 어기고 국경을 넘어가려 한 사건에 대해 적용할 법을 논한 의 慶源犯越事議律議 • 268

묘정 배향에 대한 의 廟庭配享議 • 270

기성과 미성을 남두성과 함께 제사하는 것에 대한 의 箕尾星與南斗星幷祭議 • 271

관서 사군의 흥폐에 대한 의 가정하여 지은 것이다 關西四郡興廢議 擬作 • 273

박장석의 복과에 대한 의 朴章錫復科議 • 275

각 원과 묘에 전배할 때의 복색에 대한 의 各園墓展拜服色議 • 277

진강 때 이어서 강할 책자에 대한 의 繼講冊子議 • 279

《중용》의 강을 마친 뒤 이어서 강할 책자에 대한 의 中庸畢講後繼講冊子議 • 280

강화도의 포량미에 대한 의 沁都砲糧米議 • 282

만동묘를 다시 설치하고 향사에 관한 제반 의절에 대해 논하는 의 萬東廟復設儀節議 • 284

《시경집전》 강을 마친 뒤 이어서 강할 책자에 대한 의 詩傳畢講後繼講冊子議 • 287

북경에 들어가 배우는 것에 대한 의 北學議 • 288

새로 선발한 무사를 교련하는 것에 대한 의 新選武士敎鍊議 • 290

가오고략 제10권

응제문 應製文

황제의 칙서를 맞이한 데 대한 반교문 皇勅頒教文 • 293

열하문안사가 행재소에 나아가 문안하는 것을 면제한 사안에 대한 회답 자문 熱河使免詣行在回咨 • 296

혜빈께 존호를 추상할 때의 악장문 惠嬪追上尊號樂章文 • 300

금상께 존호를 올릴 때의 옥책문 當宁上尊號玉冊文 • 302

왕세자를 책봉할 때의 죽책문 王世子冊封竹冊文 • 309

대왕대비전께 존호를 가상할 때의 옥책문 大王大妃殿加上尊號玉冊文 • 313

철인왕비 시책문 哲仁王妃諡冊文 • 318

순조대왕께 존호를 추상할 때의 옥책문 純祖大王追上尊號玉冊文 • 326

대사헌 송달수의 상소에 대한 비답 大司憲宋達洙疏批 • 333

좨주 송내희의 상소에 대한 비답 祭酒宋來熙疏批 • 334

내각 제학 박영원에게 내리는 교지 內閣提學朴永元教旨 • 337

내각 제학 김흥근에게 내리는 교지 內閣提學金興根教旨 • 340

직제학 김학성에게 내리는 교지 直提學金學性教旨 • 343

대교 홍순목에게 내리는 교지 待教洪淳穆教旨 • 346

직각 윤치영에게 내리는 교지 直閣尹致英教旨 • 349

대교 김병덕에게 내리는 교지 待教金炳德教旨 • 351

광주 유수 이가우에게 내리는 교서 廣州留守李嘉愚教書 • 354

화성 유수 박영원에게 내리는 교서 華城留守朴永元教書 • 357

경상 감사 김흥근에게 내리는 교서 慶尙監司金興根敎書 • 361
풍은부원군 조만영에게 궤장을 하사하는 교서 豐恩府院君趙萬永賜几杖敎書 • 364
봉조하 박기수에게 내리는 선마문 奉朝賀朴綺壽宣麻文 • 372
《법선도》에 대한 설문 法善圖說文 • 381
인심도심에 대한 설문 人心道心說文 • 383
흰 꿩에 대한 서문 白雉序文 • 386
옥수수에 대한 서문 玉蘶序文 • 389
왕세자의 천연두가 회복된 데 대한 송신문 王世子痘候平復送神文 • 391
대왕대비전의 망구에 존호를 가상할 때의 옥책문 大王大妃殿望九加上尊號玉冊文 • 394

상량문 上樑文

광화문 상량문 光化門上樑文 • 399
교태전 상량문 交泰殿上樑文 • 409
내선각 상량문 來宣閣上樑文 • 420
북청향교 이건 상량문 北青鄉校移建上樑文 • 428
우화정 중건 상량문 藕華亭重建上樑文 • 436
읍호정 상량문 挹湖亭上樑文 • 445
우가정 상량문 又佳亭上樑文 • 452
경연당 상량문 慶衍堂上樑文 • 460
강녕전 중건 상량문 康寧殿重建上樑文 • 469

명 銘

아소당에 대한 명 我笑堂銘 • 479
이씨 집안에서 대대로 간직해 온 홀에 대한 명 李氏世藏笏銘 • 484
죽포단에 대한 명 竹蒲團銘 • 487
임하려에 대한 명 林下廬銘 • 492
세 벼루에 대한 명 三硯銘 • 495
등나무 지팡이에 대한 명 藤杖銘 • 499
낙하금에 대한 명 落霞琴銘 • 500
궤에 대한 명 几銘 • 501
세기에 대한 명 洗銘 • 502
붓에 대한 명 筆銘 • 503
옛 거울에 대한 명 古鏡銘 • 504
돌도끼에 대한 명 石斧銘 • 505
돌창에 대한 명 石槍銘 • 506
돌살촉에 대한 명 石砮銘 • 507
황제가 하사한 청옥적에 대한 명 皇賜靑玉笛銘 • 509
미당 노인의 옥경에 대한 명 美堂老人玉磬銘 • 513
골동품 투호에 대한 명 古董投壺銘 • 515
서안에 대한 명 書案銘 • 517
포규선에 대한 명 蒲葵扇銘 • 519
산방의 골동품 16가지에 대한 명 山房古玩十六事銘 • 520
세 가지 여의에 대한 명 三如意銘 • 528

주자엄이 보내준 백두산의 돌에 대한 명 贈周自弁白頭山石銘 • 530
벼루를 묻으며 지은 명 瘞硯銘 • 531

가오고략

제8권

소차疏箚 부주附奏

소차疏箚

치사를 청하는 소[1]

乞致仕疏

삼가 아뢰옵니다. 사신을 파견해 소청(所請)하는 일을 잘 마쳐[2] 왕실의

1 치사(致仕)를 청하는 소 : 저자의 나이 50세 때인 1863년(철종14) 7월에 함경도 관찰사로 있으면서 올린 치사를 청하는 소이다. 저자는 1862년 12월 18일에 함경도 관찰사에 임명되어 당시까지 재직하고 있었다. 이 상소는 《승정원일기》 철종 14년 7월 15일 기사에 전문이 수록되어 있으며, 철종은 "비록 선경(先卿)의 유언이 있었다고는 하나 어찌 군신의 의리를 생각하지 않는 것인가."라는 비답을 내려 치사를 허락하지 않았다. 철종이 말한 '선경의 유언'이란 "쉰 살이 되면 벼슬살이에서 업적을 세웠느냐의 여부를 따지지 말고 용감히 물러나라."라는 저자의 부친 이계조(李啓朝)의 유언을 말한다. 《承政院日記 哲宗 13年 12月 18日, 14年 7月 15日》 한편 《가오고략》 책2에 이 소를 올리고 지은 〈칠월 초하루에 사직소를 올리고 느낌이 일어서 짓다〔七月初一日上乞休疏有感作〕〉라는 시가 수록되어 있다. 참고로 《가오고략》 책8에 수록된 20편의 소는 모두 벼슬을 완전히 그만두고 물러나겠다는 뜻을 밝힌 소이다.

2 사신을……마쳐 : 1863년 5월에 진주사(陳奏使) 윤치수(尹致秀)를 보내 중국 오흥(吳興)의 정원경(鄭元慶, 1660~1730)이 지은 《이십일사약편(二十一史約編)》에 조선의 종계(宗系)가 잘못 기록된 것을 바로잡아 주기를 청해 이를 허락받은 일을 말한다. 조선은 선조 때 변무사(辨誣使)를 보내 조선 태조가 고려의 권신 이인임(李仁任)의 아들이라고 기록된 명(明)나라 《태조실록(太祖實錄)》과 《대명회전(大明會典)》의 기록을 이미 바로잡았는데, 철종 때 조선에 전해진 《이십일사약편》에 잘못된 내용이 그대

계보가 거듭 빛나니 성상의 효성이 천추(千秋)에 환히 드러나고, 겸손하신 마음을 돌려 애써 신들의 청을 따라 주시어 옥책(玉冊)을 올리는 의식을 이에 거행하니[3] 중외(中外)에 사람들의 마음을 기쁘게 하신 것입니다. 신은 자취가 변방에 머물고 있어 송축하는 반열에 참석하지 못했는데 참으로 기뻐한 나머지 성상을 그리워하는 마음을 금할 수 없었습니다.

이어 삼가 생각건대, 신이 전에 없던 남다른 은혜를 특별히 입어 큰 번진(藩鎭)으로 옮겨 부임하고 지극히 간절한 신의 바람이 이루어져 모친을 편안히 봉양하게 되었으니, 성상의 큰 은혜에 감격하여 우러러 떠받듦이 하늘처럼 끝이 없었습니다.

하지만 신의 위엄은 죄를 지은 관원을 복종시키기에 부족하여 수령들은 인끈을 풀고 물러나는 풍조[4]가 없고, 신의 은혜는 품어 주고 보호

로 답습되어 있었다. 이에 윤치수가 1863년 1월에 상소하여 전사(專使)를 보내 이를 바로잡기를 청하였고, 철종이 윤치수를 진주사의 정사로 삼아 일을 처리하게 하여 완수하였다.《哲宗實錄 14年 1月 8日, 2月 13日, 5月 29日, 6月 17日》《林下筆記 卷25 春明逸史 癸亥辨誣》

3 겸손하신……거행하니 : 종계(宗系)의 잘못을 바로잡은 것을 경하하기 위해 철종에게 존호를 올렸다는 말이다. 1863년(철종14) 6월 1일에 영의정 정원용(鄭元容) 등이 철종에게 존호를 올릴 것을 청하자, 철종이 처음에는 사양하다가 6월 17일에 인정전(仁政殿)에 나아가 책보(冊寶)와 진하(進賀)를 받았다. 당시 철종에게 올린 존호는 희륜정극 수덕순성(熙倫正極粹德純聖)이고, 왕비의 존호는 명순(明純)이었다.《哲宗實錄 附錄 行狀》《承政院日記 哲宗 14年 6月 1日, 6月 17日》

4 인끈을……풍조 : 후한(後漢) 환제(桓帝) 때 범방(范滂)이 기주(冀州)의 청조사(淸詔使)가 되어 떠나며 수레에 올라 천하를 맑게 하려는 뜻을 품으니, 이르는 곳마다 죄가 있는 수령들은 그의 소문만 듣고도 인끈을 풀어 놓고 스스로 물러났다는 고사가 전한다.《後漢書 卷97 黨錮列傳 范滂》

하기에 부족하여 백성들에게 베틀 북이 비었다는 탄식[5]이 있습니다. 한 가지 일도 성상의 은혜에 보답하지 못하고 변방을 맡기신 높은 뜻을 저버리고 말았으니, 조용한 밤에 성찰할 때마다 두려워 땀이 등을 적십니다. 오직 일찌감치 스스로 사직하고 돌아가 온 도(道)가 피해를 입지 않게 해야 마땅합니다.

그리고 신에게 괴로운 심정과 지극한 바람이 있어 천지와 같고 부모와 같은 성상께 우러러 호소하지 않을 수 없었습니다.

70세에 벼슬을 그만둔다는 것은 예경(禮經)에서 그 연한을 대략적으로 말한 것입니다.[6] 고려 때부터 우리 조선에 이르기까지 4, 50세 혹은 60여 세에 벼슬을 그만두었던 사람을 손으로 이루 다 꼽을 수 없으니, 물러나야 하면 물러나는 것이지 애초에 물러날 나이가 되었는지 아닌지에 구애받지 않았습니다. 대체로 재주와 분수를 헤아려 보고 몸을 받들어 떠난 사람이 있으며, 평소 담담히 물러남을 숭상하고 영광스럽게 나아감을 즐기지 않은 사람이 있으며, 근력이 미치지 못해 편안함을 얻기를 도모한 사람이 있었습니다.

생각건대 신은, 대대로 국가의 은혜를 입어 이름이 관원의 명부에 오르고 온갖 좋은 벼슬을 독차지하여 지위가 육경(六卿)에 올랐습니다. 은덕에 감격하여 신의 몸은 신의 것이 아니니, 본래 담담히 물러남

5 베틀……탄식 : 백성들이 가난하여 베를 짤 재료마저 없다고 탄식함을 말한다. 《시경》〈대동(大東)〉에 "동방의 크고 작은 나라에 베틀 북이 다 비었네.〔小東大東, 杼柚其空.〕"라고 한 데서 나왔다.

6 70세에……것입니다 : 《예기》〈내칙(內則)〉에 "70세가 되면 벼슬을 그만둔다.〔七十致事.〕"라는 내용이 보이고, 〈곡례 상(曲禮上)〉에 "대부는 70세가 되면 벼슬을 그만둔다.〔大夫七十而致事.〕"라는 내용이 보인다.

을 숭상한 것에 대해서는 말할 만한 것이 없거니와, 어찌 혹시라도 편안함을 얻기를 도모하겠습니까. 스스로 역량을 생각하지 않고 죽든 살든 앞을 향해 나아가는 것이 의리로든 분수로든 당연합니다. 지금 신이 간청을 드리는 것은 여러 이유가 있어서가 아닙니다. 사사로운 실정을 돌아보았을 때 실로 물러나기를 그만둘 수 없는 점이 있어서입니다.

신의 선친이 죽음을 앞두고[7] 유명(遺命)을 남기기를 "우리 부자가 임금의 은총을 두터이 입어 가득 차면 넘친다는 두려움을 항상 생각하고 있었다. 나는 사직하고 싶었지만 지금 병이 들어 일어나지 못하니, 너는 반드시 50세를 기준으로 삼아 관리로서의 업적을 이루었느냐 이루지 못했느냐를 따질 필요 없이 과감하게 벼슬에서 물러나 복록을 남겨서 후손에게 물려주라."라고 하였습니다.

신이 눈물을 흘리며 유명을 들은 것이 마치 어제 일인 듯 또렷한데 신의 나이가 어느덧 만 50세가 되었으니, 두려운 마음에 슬퍼지고 화들짝 놀라고 말았습니다. 만약 이 사사로운 실정을 성상께 아뢰어 혜량해 주시는 은혜가 내리기를 바라지 않는다면 이것은 자식이 되어 작록만 탐내어서 선친의 가르침을 헌신짝처럼 내던지는 것입니다. 진실로 이런 이유가 아니라면 어찌 감히 진심을 숨기고 겸양을 가장하여 성명(聖明)한 시대에 곧장 조정을 떠나려는 계책을 세울 수 있겠습니까.

7 신의……앞두고 : 저자의 부친은 이계조(李啓朝, 1792~1855)로 자는 덕수(德叟)이고, 호는 동천(桐泉)이다. 1831년(순조31)에 문과에 급제하였고, 대사성과 이조 판서 등을 역임하였다. 시호는 문정(文貞)이다. 1855년(철종6) 10월 16일에 64세의 나이로 세상을 떠났는데, 당시 저자의 나이는 42세였다. 《經山集 卷14 慶州李氏五世神道碑》

신이 아둔하고 용렬하여 재주를 부릴 만하지 못하다는 것은 명철하신 성상께서 환히 알고 계십니다. 미천한 신의 거취야 지금의 조정에서 보면 거의 큰 바다의 한 국자 물과 같고 등림(鄧林)[8] 속 나뭇가지 하나와 같아서 그 속에 있으나 없으나 아무런 상관이 없습니다. 그러나 신으로 하여금 선친의 유명을 따르고 연로한 모친을 봉양하면서 색동옷 입고 재롱부리는 즐거움[9]을 편안히 행하고 서묘(誓墓)한 뜻[10]을 펼칠 수 있게 해 주신다면, 전야로 물러나 거처하면서 성상의 은택을 노래할 것이고 구구한 소원은 여기에서 영원히 다할 것이며, 뒷날 구천(九泉)에 가서도 또한 선친께 아뢸 말이 있을 것입니다. 이것이 어찌 다만 신의 몸에만 지극한 영광이 될 뿐이겠습니까. 성조(聖朝)에서 인륜을 돈독히 하고 효심을 일으키는 교화에도 반드시 작은 보탬이 없지 않을 것입니다.

옛날 송(宋)나라의 신하 구양수(歐陽脩)는 박주(亳州)와 채주(蔡州)에 있을 때 막 노쇠하기 시작한 때였는데도 여러 차례 물러나기를

8 등림(鄧林) : 전설상의 숲인데, 여기서는 큰 숲을 의미한다. 걸음이 빨랐던 신화 속의 인물인 과보(夸父)가 해를 쫓아가다가 지쳐서 지팡이를 던지자 이 지팡이가 복숭아나무로 변하면서 사방 천 리에 도림(桃林)이 만들어졌는데, 이를 등림(鄧林)이라고도 한다. 《山海經 卷8 海外北經》

9 색동옷……즐거움 : 효자가 어버이를 봉양하는 것을 말한다. 춘추 시대 초(楚)나라의 은사(隱士)인 노래자(老萊子)가 70세의 나이에도 불구하고 어린아이처럼 색동옷을 입고 재롱을 부리며 어버이를 기쁘게 한 고사가 전한다. 《小學 稽古》

10 서묘(誓墓)한 뜻 : 무덤에 맹세한다는 뜻으로, 관직을 버리고 고향으로 돌아가는 것을 말한다. 진(晉)나라의 왕희지(王羲之)가 회계 군수(會稽郡守)로 있다가 평소 경멸하던 왕술(王述)의 감찰을 받게 되자 병을 핑계로 사직한 뒤에 부모의 묘소에 나아가서 더 이상 벼슬하지 않을 것이라고 맹세한 고사에서 나왔다. 《晉書 卷80 王羲之列傳》

청하였습니다.[11] 지금 신은 북쪽 관문을 맡고 있으니 어찌 감히 영수(潁水)로 돌아가겠다는 뜻[12]을 말하겠습니까만 사사로운 의리를 참으로 막기 어려운 점이 있습니다. 이에 감히 간절한 심정을 쏟아내어 지엄하신 성상을 어지럽게 하였습니다. 삼가 바라건대, 인자하신 성상께서는 신의 사정을 특별히 살펴 헤아려 주고 불쌍하게 여기는 마음을 곡진히 더하시어, 신의 번신(藩臣)의 직임을 체차해 주소서. 이어 신에게 삼자함(三字銜)[13]을 허락하시어 조화옹처럼 낳아서 길러 주시는 성상의 은택을 끝까지 베풀어 주소서. 천만번 간절히 바랍니다.

11 옛날……청하였습니다 : 구양수는 61세 때인 1067년에 지박주(知亳州)로 좌천되어 여섯 차례 사직소를 올렸으나 윤허받지 못했고, 64세 때인 1070년에 지채주(知蔡州)로 옮겼을 때 여러 차례 사직소를 올려 치사하였다. 그 후 2년 뒤에 향년 66세로 세상을 떠났다. 노쇠하기 시작하는 때는 원래 50세를 말한다. 《예기》 〈왕제(王制)〉에 "오십에 비로소 쇠한다.〔五十始衰.〕"라는 말이 있다.

12 영수(潁水)로 돌아가겠다는 뜻 : 은퇴하겠다는 뜻을 말한다. 영수는 안휘성(安徽省) 영주(潁州)에 있는 강이다. 구양수는 한때 수령으로 있었던 영주를 사랑하여 〈사영시(思潁詩)〉를 지었고, 마침내 영수 가로 물러나 호를 육일거사(六一居士)로 바꾸고 은거하였다. 《文忠集 卷44 思潁詩後序, 六一居士傳》

13 삼자함(三字銜) : 세 글자로 된 직함이라는 뜻으로, 봉조하(奉朝賀)를 지칭한다. 봉조하는 종2품 이상의 관리가 치사(致仕)한 뒤에 임명되는 벼슬이다.

치사를 청하는 두 번째 소[14]

乞致仕二疏

삼가 아룁니다. 해가 바뀌어 새해 아침을 맞아서 효문전(孝文殿)에 다례(茶禮)를 친히 행하시니[15] 개확(慨廓)[16]하는 마음과 슬퍼하는 심정이 더욱 새로우리라 생각합니다. 마음을 누그러뜨리고 슬픔을 억누르는 방도를 깊이 생각하시고 덕을 증진하고 학업을 닦는 일에 더욱 노력하시어, 예지(睿知)가 날로 자라고 성학(聖學)에 늘 힘쓰시기를 축원하고 바라는 신의 지극한 마음을 가누지 못하겠습니다.

이어 삼가 생각건대, 신이 지극히 간절한 바람을 품고 절박하고 괴로

14 치사(致仕)를……소 : 저자의 나이 52세 때인 1865년(고종2) 1월에 좌의정으로서 올린 치사를 청하는 소이다. 저자는 1864년 6월 15일에 좌의정에 임명되었다. 이 상소는 《승정원일기》 고종 2년 1월 2일 기사에 전문이 수록되어 있으며, 고종은 아직 치사할 나이가 되지 않았다는 이유를 들어 허락하지 않았다. 《承政院日記 高宗 1年 6月 15日, 高宗 2年 1月 2日》

15 효문전(孝文殿)에……행하시니 : 효문전은 철종의 혼전(魂殿)으로 창덕궁(昌德宮) 선정전(宣政殿)에 있었다. 고종은 1865년 1월 1일에 효문전에 나아가 거상 기간에 차를 올리는 예인 주다례(晝茶禮)를 행하였다. 《高宗實錄 卽位年 12月 9日, 高宗 2年 1月 1日》

16 개확(慨廓) : 탄식하고 마음이 텅 빈 듯하다는 뜻으로 원래 소상과 대상이 모두 끝났다는 말로 쓰이는데, 여기서는 철종의 소상(小祥)이 끝났다는 말로 쓰였다. 《예기》 〈단궁 상(檀弓上)〉의 "소상이 되면 세월이 빠른 것을 탄식하고, 대상이 되면 마음이 텅 빈 듯하다.〔練而慨然, 祥而廓然.〕"라고 한 데서 나왔다. 철종은 1863년(철종14) 12월 8일 승하하였는데, 철종의 소상제는 1864년(고종1) 12월 8일에 행하였고, 대상제는 1865년 12월 8일에 행하였다. 《高宗實錄》

운 말씀을 진달했으나 소원을 이루지 못한 것이 이제 3년이 되었습니다.[17] 감격스럽고 두려운 마음에 머뭇거리며 하염없이 세월만 보내고 있으니, 이것이 어찌 신이 하루라도 마음에 잊어서 그런 것이겠습니까.

신은 본래 보잘것없는 몸으로 문명(文明)한 세상을 만나 조정에 출입하며 가까이 모시는 반열에서 성상을 받들었는데, 벼슬을 시작한 이후로 지금까지 이르러 어느덧 백발의 늙은이가 되었습니다. 대궐의 오경(五更 새벽)을 알리는 물시계 소리는 꿈속에서도 어렴풋이 들리니 이름난 정원의 일찍 핀 꽃처럼 우로(雨露)의 은택을 남달리 입었습니다.

신의 선친이 신의 타고난 자질이 경박한 것을 가련하게 여기고 신의 벼슬이 분수에 넘치는 것을 걱정하여 예경(禮經)에서 말한 벼슬을 그만두는 나이를 낮추어 반드시 20년 먼저 벼슬을 그만두게 한 것[18]은 영광스러운 자리에서 일찌감치 물러나 여생을 온전히 보존하라는 뜻에서 나온 것일 것입니다.

신은 한결같은 마음으로 가슴에 새겨서 50세가 되기를 기다렸다가 계해년(1863, 철종14)에 이르러 마치 한계에 멈추는 것[19]과 같이 하여 역마를 통해 봉함(封函)을 올려서 글자마다 눈물을 흘렸으나, 문사(文辭)가 졸렬하여 성상의 마음을 움직이지 못하여 신의 청을 들어주시는

17 신이……되었습니다 : 50세 때인 1863년(철종14) 7월에 함경도 관찰사로서 상소하여 치사를 청한 지 3년이 되었다는 말이다. 17쪽 〈치사를 청하는 소〔乞致仕疏〕〉 참조.

18 신의 선친이……것 : 저자의 부친 이계조(李啓朝)가 저자에게 50세에 벼슬을 그만두라는 유언을 남긴 것을 말한다. 17쪽 주1 참조.

19 한계에 멈추는 것 : 《주역》 〈간괘(艮卦) 구삼(九三)〉에 "한계에 멈춘다.〔艮其限.〕"라고 한 것을 말한다.

일이 더욱 아득해지고 말았습니다.

번진(藩鎭)에서 번진으로 옮겨 주어 노모를 편히 모시게 해 주셨으니[20] 처음부터 끝까지 베풀어 주신 은혜가 지극하지 않은 것이 아니었습니다. 선친의 가르침을 따르지 못하는 것이 마음 아프고 신의 나이가 점차 많아지는 것이 두려웠지만, 미천한 신의 개인적인 소원은 직책에서 돌아가 성상을 뵙는 날에 다 이루어지리라 기대하였습니다. 그런데 마치 몸이 묶인 채 풀려나지 못한 것처럼 하루 이틀 지나다 보니 관찰사로 누리는 성대한 의장(儀仗)의 영광도 마음을 다잡기에 부족하고 누대와 산천의 풍광도 마음을 붙이기에 부족하여, 외람되이 간절한 속마음을 아뢴 것이 또한 여러 번이었습니다.

급기야 재상의 중책에 임명되어 갑자기 과분한 명을 삼가 받들고서 정신과 넋이 다 달아날 지경이었으나 의분(義分)[21]이 지엄하고 다급하였기에, 신은 감히 몸을 마음대로 하지 못하고 두려움을 무릅쓰고서 부끄럽게도 명에 응하여 염치를 내버리고 다른 것은 돌아볼 겨를이 없었습니다. 그리하여 감히 사사로운 실정을 말씀드리지 못했던 것은, 조정에 덕망 높은 원로들이 가득하여 성공을 의지할 데가 있음이 내심 기뻐서였고, 평소 여러 사람의 기대가 전혀 없어 그저 반식(伴食)[22]만

20 번진(藩鎭)에서……주셨으니 : 황해도 관찰사에서 함경도 관찰사로 옮겨 부임한 일을 말한다. 저자는 1861년(철종12) 11월에 황해도 관찰사가 되었고, 이듬해 12월에 함경도 관찰사에 임명되었다.

21 의분(義分) : 신하로서의 의리와 분수를 말한다. 《승정원일기》에는 이 부분이 '처분(處分)'으로 기록되어 있다.

22 반식(伴食) : 모시고 함께 밥을 먹는다는 뜻으로, 하는 일 없이 녹만 먹으며 자리를 차지한 무능한 대신을 말한다. 당 현종(唐玄宗) 때 황문감(黃門監) 노회신(盧懷愼)이

해도 다행이라고 여겨서였습니다.

그런데 눈 한 번 깜짝이는 사이에 해가 또 바뀌어 미천한 신의 나이가 50세에 또 두 살을 더하게 되었습니다. 영화를 탐내고 작록에 연연해하며 다리를 뻗고 자리에 눌러앉아 아직도 귀에 남아 있는 간곡한 선친의 유언을 아예 잊은 듯이 하고 있으니, 신의 어리석음이 끝내 이 지경에 이르고 말았습니다.

더구나 지금은 등극하신 초기의 성대한 때로 교화와 다스림이 매우 밝으니, 뭇 관원을 독려하여 무너진 기강을 진작시키는 것이 바로 삼사(三事 삼공(三公))의 책무입니다. 그런데 물러나기를 구하다가 도리어 승진의 매개로 귀결되고 총애를 누리며 선친의 유훈을 실추시킴을 생각하지 않았으니, 백관의 비웃음과 질타 및 온 나라 사람들의 경악과 의혹이 장차 조정에 부끄러움을 끼치는 데만 그치지 않을 것입니다. 그런데도 오랫동안 헛되이 자리만 보전하고 있으니 장차 그런 재상을 어디에 쓰겠습니까.

아무리 헤아려 보아도 개인적인 실정이 더욱 급박하기에, 감히 다급한 목소리로 천지와 같고 부모와 같은 성상께 하소연합니다. 삼가 바라건대, 명철하신 성상께서는 굽어살펴 헤아리시어 동조(東朝)[23]께 아뢰어 신의 의정(議政)의 직임을 체차하고 신에게 삼자함(三字銜 봉조하(奉朝賀))을 허락해 주시어 궁벽한 초야에서 성상의 은택을 노래하고 뒷날

자미령(紫微令) 요숭(姚崇)에게 매사를 떠넘기니 당시 사람들이 그를 '반식재상(伴食宰相)'이라고 부르며 비난했던 고사에서 나왔다. 《舊唐書 卷98 盧懷愼列傳》

23 동조(東朝) : 고종을 대신해 수렴청정하던 익종(翼宗)의 비 신정왕후(神貞王后) 조씨(趙氏)를 가리킨다.

장차 돌아가 선친을 뵐 면목이 있게 해 주신다면, 신이 비록 죽더라도 오히려 사는 날이 될 것입니다.

치사를 청하는 세 번째 소[24]

乞致仕三疏

삼가 아룁니다. 한 해가 새로 시작되어 삼양(三陽)이 회태(回泰)하고[25] 자전(慈殿 신정왕후(神貞王后))의 교화가 크게 펼쳐지고 성상의 학문이 계속 밝아지니, 삼가 두 손 모아 올리는 미천한 신의 축원하는 마음을 가누지 못하겠습니다. 신이 마침 고향집에 머물러 있어 새해 아침의 문안하는 반열과 닷새에 한 번씩 권강(勸講)하는 자리에 한 번도 나아가 참석할 수 없었기에 그리움이 맺힌 나머지 더욱 황공하기만 합니다.

이어 삼가 생각건대, 신에게 간절한 고충과 지극한 바람이 있다는 것은 명철하신 성상께서 환히 다 알고 계시고 조정에 있는 신료들이 함께 알고 있습니다. 그런데 올해가 지난해보다 더욱 다급한 것은 바로 허락을 받지 못하면 그만둘 수 없는 이유가 있기 때문입니다.

신은 본래 보잘것없는 몸으로 밝은 시대를 만나 관복을 입고 패옥을 드리우고서 높은 벼슬자리를 평탄하게 거쳤고, 부절(符節)과 인끈을

24 치사(致仕)를……소 : 저자의 나이 53세 때인 1866년(고종3) 1월에 판중추부사로서 올린 치사를 청하는 소이다. 이 상소는 《승정원일기》 고종 3년 1월 2일 기사에 전문이 수록되어 있는데, 저자의 직함이 판부사(判府事)로 기록되어 있다. 저자는 1865년 2월부터 판중추부사의 직임을 띤 기록이 보인다. 《高宗實錄 2年 4月 3日》《承政院日記 高宗 2年 6月 12日, 3年 1月 2日》

25 삼양(三陽)이 회태(回泰)하고 : 새해가 되었다는 말이다. 10월의 순음(純陰)에서 한 달이 지날 때마다 양효(陽爻)가 하나씩 살아나서, 1월이 되면 양효가 셋이 생겨 태괘(泰卦)가 된다.

차고 관찰사의 깃발을 날리며 어버이를 편히 봉양하면서 〈남해(南陔)〉의 시를 읊었으니,[26] 성상의 큰 은혜에 감격하여 우러러 받들며 감히 신의 몸을 사사로운 것으로 여기지 않은 것이 지금까지 26년이 되었습니다.

지금 성상께서 처음 등극한 성대한 때를 만나 모든 교화가 새로워져 기쁨의 탄성과 화합의 기운이 온 천지에 화락하게 흘러넘치고, 기이하고 이채로운 길조가 신(神)과 사람에게서 크나큰 천운(天運)을 일러 주고 있습니다. 그러니 비록 미관말직이라 하더라도 누군들 갓에 낀 먼지를 털어내며 한껏 고무된 생각이 없겠습니까.

더구나 신은 가장 먼저 재상으로 임명해 주시는 명을 받아 외람되이 재상의 반열에 끼게 되었으니, 창포와 갯버들처럼 허약한 체질이라 멀리서 가을이 오는 것만 보고도 쉽게 시드는 창포처럼 허약한 몸이지만, 해바라기와 같은 마음이 있어 해를 향하는 것을 절로 금할 수 없습니다. 티끌만큼이라도 보답하기를 생각하고 성심을 다하여 나라를 위해 힘쓰려는 것 또한 본래 가지고 있는 마음이니, 어찌 감히 관직을 버리고 떠나서 수레를 매달아 걸고 한가로이 지낼 것을 청할 생각을 할 수 있겠습니까. 그런데도 물러나겠다는 청을 그만둘 수 없는 신의 상황은 전에 이미 다 아뢰었으니 지금 어찌 다시 번거롭게 덧붙이겠습니까.

신의 모친이 매우 연로한 데다 여러 차례 어려움을 겪었는데, 지난겨

26 부절(符節)과……읊었으니 : 지방관으로 재임하며 어버이를 편안히 봉양했다는 말이다. 〈남해(南陔)〉는 《시경》 〈소아(小雅)〉의 편명인데, 가사는 전해지지 않고 어버이를 봉양하는 효자의 심정을 담고 있다는 내용만 전해진다.

울 생긴 부창증(浮脹證 배가 부풀어 오르는 병)이 지금 와서는 오히려 위중해져서 자리에 누워 오랫동안 위태로운 상황입니다. 고향 산천에 머물며 조섭하려고 하는데 좌우에서 부축해 드릴 때마다 늘 신의 벼슬이 지나치게 높은 것 때문에 근심하는 기색이 얼굴이 드러나니, 이 점이 또 신이 물러나지 않아서는 안 되는 한 가지 이유입니다.

지난 순묘조(純廟朝)에 신의 족조(族祖)인 고(故) 상신(相臣) 경일(敬一)이 모친이 살아 계신다고 상소하여 사직을 청하니, 순묘께서 특별히 허락하여 그 뜻을 온전히 이루도록 하셨습니다.[27] 당시의 큰 은혜를 모자가 함께 영화롭게 여겼고 지금까지도 이 일을 전송하며 성대한 시대의 아름다운 일로 말하고 있습니다.

용렬하고 누추한 신으로서는 비록 전배(前輩)와 나란히 논의될 만하지 못하지만, 만약 성조(聖朝)에서 이미 허락했던 은혜를 신에게 다시 베풀어 주신다면 또한 신의 집안의 고사(故事)가 될 수 있을 것이며, 어찌 훌륭하고 밝은 조정을 빛내는 일이 되지 않겠습니까.

하늘은 지극히 인자하여 만물의 뜻을 이루어 주지 않음이 없습니다. 삼가 바라건대, 인자하신 성상께서는 신의 지극히 간절한 마음과 여러

27 지난……하셨습니다 : 이경일(李敬一, 1734~1820)의 자는 원회(元會)이고 호는 청헌(聽軒)이며, 시호는 효정(孝定)이다. 1775년(영조51)에 문과에 급제하였고, 좌의정까지 올랐다. 우의정으로 있던 이경일이 1805년(순조5) 10월 10일에 상소하여 사직을 청했다가 허락을 받지 못했고, 오히려 10월 15일에 좌의정에 임명되자 이후 12월 5일까지 총 54차례 정사(呈辭)하여 결국 12월 6일에 좌의정에서 임시로 체차된 일이 있었다. 이경일이 1806년 7월 16일에 치사를 청하며 올린 소에 "신이 작년에 무거운 짐을 벗고 노모의 병을 구호하는 데 전심할 수 있었으니, 큰 은혜에 감격하여 온 집안이 축원하였습니다."라는 내용이 보인다. 《承政院日記》《日省錄 純祖 6年 7月 16日》

차례 진달한 소원을 살피시어 동조(東朝 신정왕후)께 아뢰어 특별히 신에게 삼자함(三字銜 봉조하(奉朝賀))을 제수하여 만물을 낳고 길러 주시는 은택을 끝까지 베풀어 주신다면 매우 다행이겠습니다.

치사를 청하는 네 번째 소[28] 성상에게 올리지 않았다 ○ 치사를 청하는 다섯 번째 소는 재상에 거듭 임명되었을 때 지은 소에 보인다
乞致仕四疏 未及徹○五疏見重卜

삼가 아룁니다. 신이 지극히 간절한 바람을 여러 차례 호소하여 성상께 아뢰었으나 보잘것없는 정성이 부족하여 아직 윤허를 받지 못했습니다. 엄중한 비답을 내려 거듭 간절히 타이르시며 진퇴가 중도(中道)에 맞아야 한다는 말씀으로 신을 권면하시고 때에 맞지 않게 너무 일찍 물러난다는 것으로 신을 꾸짖으셨으니,[29] 신이 아무리 목석(木石)처럼 미련하더라도 어찌 감격할 줄 모르겠습니까.

다만 신이 이처럼 간절히 바라는 것은 선친의 유지(遺志)[30]와 노모의

28 치사를……소 : 앞의 〈치사를 청하는 세 번째 소〉가 1866년(고종3) 1월 2일에 올린 것이고, 또 이 네 번째 소에 모친 반남 박씨(潘南朴氏, 1792~1866. 2. 7.)가 생존해 있다는 내용에 근거하면, 1866년 1월에서 2월 사이에 지은 것으로 보인다. 한편 원주의 "치사를 청하는 다섯 번째 소는 재상에 거듭 임명되었을 때 지은 소에 보인다."라는 말은《가오고략》책6에 실린〈다시 임명받은 재상직을 사직하고 아울러 거상하는 정황을 진달하는 소〔辭復拜相職兼陳苫塊情事疏〕〉를 말하는데, 모친의 상기(喪期)가 막 끝난 1868년 윤4월 11일에 다시 좌의정에 제수되자 치사를 청한 소이며,《승정원일기》고종 5년(1868) 윤4월 17일 기사에 대략이 실려 있다.

29 엄중한……꾸짖으셨으니 : 1865년(고종2) 1월에 올린〈치사를 청하는 두 번째 소〉에 내린 고종의 비답에 "진퇴와 출처는 군자가 살펴야 할 것이고 신하의 큰 범절이다. 만약 혹시라도 중도(中道)를 얻지 못한다면 지나치거나 미치지 못한 것이나 똑같이 잘못된 것이다."라는 내용이 보인다. 또〈치사를 청하는 세 번째 소〉에 내린 비답에도 비슷한 내용이 보인다.《承政院日記 高宗 2年 1月 2日, 高宗 3年 1月 2日》

30 선친의 유지(遺志) : 저자의 부친 이계조(李啓朝)가 "쉰 살이 되면 벼슬살이에서

애타는 가르침 때문입니다. 선친이 부탁한 말은 전후로 올린 소장에서 대략 진달한 바 있으며, 신의 모친의 병세가 올해에 들어온 이후로 배나 심해져서 실로 언제 돌아가실지 모를 걱정이 있습니다. 매번 정신이 혼미하여 신음하시는 중에도 번번이 신에게 말하기를 "관직과 품계가 너무 높아 두려움에 마음이 안정되지 않으니, 장차 죽어도 눈을 감지 못할 한이 될 것이다. 오직 마땅히 정성을 다해 애처롭게 호소하여 성상의 마음을 감동으로 돌이켜서 삼자함(三字銜 봉조하(奉朝賀))을 받들어 성세의 온전히 몸을 보전한 사람이 될 수 있다면, 이 병은 차도가 있을 것이고 이 목숨은 연장할 수 있을 것이다."라고 하시며, 간절하고 간곡하여 가르침과 경계가 모두 지극하였습니다. 신이 그 가르침을 들은 뒤로 저도 모르게 소리를 삼키며 얼굴을 가리고 눈물을 흘렸으며, 배나 다급해져 더욱 마음을 잠시도 억누를 수 없게 되었습니다.

무릇 신하가 사직을 청하는 것은 그 뜻이 똑같지 않습니다. 나이가 많아서 예법을 넘지 않으려는 경우도 있고,[31] 자신의 뜻을 고상하게 가져 급류에서 용감히 물러나는 경우도 있습니다.[32] 신은 나이로 보면 수레를 걸어 두고 벼슬에서 물러날 때가 아니고, 벼슬로 보면 곧 가까

업적을 세웠느냐의 여부를 따지지 말고 용감히 물러나라."라고 한 유언을 말한다. 17쪽 주1 참조.

31 나이가……있고 : 《예기》 〈내칙(內則)〉에 "70세가 되면 벼슬을 그만둔다.〔七十致事.〕"라고 하였고, 〈곡례 상(曲禮上)〉에 "대부는 70세가 되면 벼슬을 그만둔다.〔大夫七十而致事.〕"라고 한 것을 따라 사직한다는 말이다.

32 급류에서……있습니다 : 벼슬자리에 연연하지 않고 득의(得意)하였을 때 과감히 물러나는 것을 말한다. 송나라의 전약수(錢若水)가 추밀부사(樞密副使)에까지 올랐다가 42세의 젊은 나이에 물러난 고사에서 나왔다. 《聞見錄 卷7》

운 자리에서 받들어 모시는 반열입니다. 또 만난 시대로 보면 성상께서 등극하신 초기의 경사스러운 때이고, 보답할 의리로 보면 평탄함과 험난함을 가리지 않아야 합니다. 그러니 어찌 감히 성명(聖明)한 시대에 곧장 조정을 떠날 계획을 세울 수 있겠습니까. 오직 선친의 유지를 차마 잊지 못하고 병든 모친의 마음을 위로하려는 것입니다. 이 때문에 신의 처지가 하루가 급한 것이 곧 옛사람에게는 없었던 경우이니, 신이 이에 나아가고 물러남이 때에 맞는지는 따질 겨를이 없습니다.

이제 성상께서 속히 은혜로운 윤허를 내려 신의 지극한 바람을 이룰 수 있게 해 주신다면 신하와 임금이 모두 영광스럽고 효도의 교화가 널리 퍼질 것이니 어찌 성명한 조정을 빛내는 일이 되지 않겠습니까. 돌아가 봉양할 마음이 급하여 말을 잘 다듬지 못하였습니다.

생각건대 전하께서는 신에게 천지와 같고 신에게 부모와 같습니다. 신의 간절한 기원을 자전(慈殿 신정왕후(神貞王后))께 아뢰어 그 뜻을 받아서 신에게 선마(宣麻)의 명을 넘치게 내리시고,[33] 신이 약을 올리며 모시는 정성에 전념하여 모친의 마음을 위로할 수 있게 해 주시고, 모친의 병을 조금이나마 차도가 있게 해 주소서. 그렇게만 해 주시면 온 집안의 모든 사람이 두 손 모아 축원하면서 대대로 분골쇄신하고 죽어서도 결초보은하겠습니다.

33 선마(宣麻)의……내리시고 : 봉조하의 직함을 내려 달라는 말이다. 선마는 조정에서 대신을 임명하거나 원로에게 궤장을 내릴 때 마지(麻紙)에 조서를 써서 선포하는 것을 말한다.

치사를 청하는 여섯 번째 소[34]

乞致仕六疏

삼가 아룁니다. 신이 은혜로운 휴가를 얻어 고향으로 돌아와 조섭한 지 또한 이미 지금까지 한 달이 넘었습니다. 가슴속 깊이 성상의 은덕을 새기고 고향 언덕에 남은 생을 의탁하여 어진 하늘의 우로(雨露) 같은 은택에 한 몸이 흠뻑 젖었습니다. 그러니 신이 어찌 감히 신하로서의 분의(分義)가 어그러짐과 거조의 망령되고 경솔함을 생각지 않고서, 마치 놀란 새와 짐승이 죽을힘을 다해 달아나서 동서를 전혀 분간하지 못하는 것처럼 하겠습니까.

신의 죄는 신 스스로 알고 있는데, 알면서도 고치지 못하는 자는 가장 어리석은 자입니다. 성상의 도량이 하늘처럼 크고 관대함과 인자함이 예사롭지 않으니, 신이 아무리 어리석고 미련하다 한들 어찌 참으로 감격하고 황공해하지 않겠으며 어찌 참으로 흠모하고 찬양하지 않겠습니까. 하지만 신은 몸이 이미 물러났고 부모가 남긴 부탁은 저버리기 어렵습니다. 만약 신이 선친의 가르침을 버린다면 비단 군자들에게 부끄러운 사람으로 여겨질 뿐만 아니라 성세(聖世)의 효(孝)를 일으키는 교화에 누가 됨이 클 것입니다.

만약 이런 이유가 아니라면, 신은 멀리 세상을 피해 산야(山野)에

34 치사(致仕)를……소 : 판중추부사로서 치사를 청한 소로, 저자의 나이 55세 때인 1868년(고종5) 6월에 올린 소이다. 이 소는 《승정원일기》 고종 5년 6월 14일 기사에 축약되어 실려 있다.

사는 몸이 아니고 바로 벼슬하며 대대로 녹봉을 먹은 집안의 후손이니, 어찌 죽든 살든 앞으로 나아가서 물속에 들어가고 불 속에 뛰어들 줄 모르겠습니까. 그러나 먼저 시들어 버린 정원의 꽃처럼[35] 갑자기 사라지는 아침 이슬처럼 지난날의 건강하던 몸이 어느덧 이미 늙어 흰머리가 되었습니다. 숙원을 이루지 못한다면 장차 돌아가신 부모에게 무슨 말을 아뢰겠습니까.

지금 만약 신의 청을 허락하시어 신의 뜻을 이루어 주신다면, 어찌 신처럼 그지없이 어리석은 자만이 곤경에 처하고 낭패한 상황을 벗어날 수 있을 뿐이겠습니까. 신의 부친과 신의 모친도 또한 분명히 지하에서 감격해 칭송할 것입니다.

아! 신은 죄는 산보다 큰데도 아직 처벌을 받지 않았고, 받은 은혜가 바다보다 깊은데도 아직 보답하지 못했습니다. 그런데도 번번이 신의 일신의 사정 때문에 번거로이 응답하시게 하여 지루하고 번다함도 꺼리지 않았으니, 이는 진실로 신의 죄입니다. 하지만 시위의 화살은 이미 떠났고 쏟아진 물은 다시 담기 어렵다고 여겨 무지하고 고집스럽게 성상의 명을 못 들은 체하니, 참으로 목석(木石)만도 못합니다.

신이 부모 곁에서 양육을 받을 때 부모께서 자애로움으로 가르치며 신에게 복이 이르도록 힘써서 신이 성취하는 데 이르기를 고대하였습니다. 그 성취란 우리 전하께서 아랫사람의 마음을 알아주시는 은혜를

35 먼저……꽃처럼 : 송나라의 재상 범질(范質)이 종자(從子) 고(杲)를 경계한 시의 "활짝 핀 정원의 꽃은, 일찍 피었다가 도리어 먼저 시들고, 더디게 자란 시냇가의 소나무는, 울창하여 오래도록 푸른빛을 머금는다.〔灼灼園中花, 早發還先萎. 遲遲澗畔松, 鬱鬱含晚翠.〕"라는 구절에서 나온 말이다. 《宋史 卷249 范質列傳》

내려 주기를 바라는 것이었으니, 이것은 신의 부모의 고심이자 지극한 바람입니다.

그렇다면 오늘날 나아가야 하는데 물러나는 것과 물러나야 하는데 나아가는 것은 모두 전하에게 죄를 짓는 것입니다. 전하에게 지은 죄는 그래도 속죄할 수 있는 날이 있지만, 신의 부친과 신의 모친에게 지은 죄는 구천(九泉)까지 따라가 속죄할 수 없기에, 어리석은 신이 죽을죄를 무릅쓰고 아뢰는 것입니다.

옛사람의 말에, '임금을 섬길 날은 길고 부모를 섬길 날은 짧다.〔事君之日長, 事親之日短.〕'라고 하였습니다. 지금 신의 부모는 세상에 살아 있지 않으니, 개와 말 같은 미천한 신의 정성은 오직 끝없이 전하만을 섬겨야 할 것입니다. 하지만 지킬 것에 대한 소청을 허락받지 못하면 그만둘 줄 모르는 것을 어찌하겠습니까.

신에게 삼자함(三字銜 봉조하(奉朝賀))을 내려 신이 길이 물러나도록 허락하여 철에 따라 문안을 여쭙는 예[36]를 받들게 하신다면 이 또한 신이 임금을 섬길 날이 길어지는 것이 될 것입니다.

부디 성상께서는 신이 한사코 지키려는 것이 다른 이유가 아님을 살펴 주시고, 이어 신이 누차 성상을 번거롭게 한 죄를 다스리소서.

36 철에……예 : 《대전통편(大典通編)》 권3 〈예전(禮典) 조의(朝儀)〉에 "봉조하와 기로소의 당상관은 다만 정월 초하루와 동지와 탄신일에 상복 차림으로 숙배한다.〔奉朝賀、耆老所堂上官, 只於正、至、誕日, 以常服肅拜.〕"라고 하였다.

치사를 청하며 아울러 서원의 훼철에 대해 논하는 일곱 번째 소[37]

乞致仕 兼論書院毁撤七疏

삼가 아룁니다. 신이 여러 차례 성상의 위엄을 범하며 번거롭게 해 드리는 것이 송구하여, 몸을 움츠린 채 고향집에 엎드려 있으면서 지은 죄를 자책하며 어디에서고 처분을 기다리지 않은 날이 없었습니다. 그리고 여름에 내린 비지(批旨)를 한 달이 지나 읽었는데, '선친의 유언을 거듭 어겼다.〔重違遺訓.〕'라는 말씀은 신의 마음을 통촉하신 것이며, '진퇴에 대해 스스로 헤아리라.〔進退自量.〕'라는 말씀은 신의 미혹함을 깨우쳐 주신 것이었습니다.[38] 성상의 속마음을 털어놓으신 유시(諭示)는 사륜(絲綸)[39]과 같아서 벼슬아치들이 이를 암송하

37 치사(致仕)를……소 : 이 상소는 다른 기록에 보이지 않아 작성한 시기가 정확하지 않다. 다만 앞의 소가 1868년(고종5) 6월 14일에 올린 것이고, 뒤의 〈치사를 청하는 여덟 번째 소〔乞致仕八疏〕〉가 1869년 1월 11일에 올린 것이며, 또 이 일곱 번째 소에 여섯 번째 올린 소에 내린 고종의 비답을 언급한 것을 감안할 때, 1868년 7월 무렵 작성한 것으로 보인다.

38 그리고……것이었습니다 : 앞의 1868년 6월 14일에 올린 〈치사를 청하는 여섯 번째 소〉에 내린 고종의 비답에 "경이 유훈을 거듭 어긴 것을 내가 모르는 것이 아니다.〔卿之重違遺訓, 予非不知.〕", "진퇴에 대해 경이 스스로 헤아려야 할 것이다.〔其進其退, 卿可自諒.〕"라는 내용이 보인다. 《承政院日記》

39 사륜(絲綸) : '사'는 가는 실을 말하고, '윤'은 굵은 노끈을 말하는데, 왕의 말을 의미하는 말로 쓰인다. 《예기》 〈치의(緇衣)〉에 "왕의 말이 실처럼 가늘지만, 그 말이 밖으로 나가면 노끈처럼 굵어진다.〔王言如絲, 其出如綸.〕"라고 한 데서 나왔다.

니, 사람들은 모두 신이 이미 물러난 몸이라는 것을 알게 되었습니다. 신은 시일이 오래될수록 더욱 감격하여 눈물이 옷을 가득 적시고 목이 메어 소리도 나오지 않았으니, 실로 존귀한 군부께 어찌 이처럼 큰 은혜를 얻게 되었는지 모르겠습니다.

아! 윗사람이 아랫사람을 다스리는 방법은 오직 '믿음을 주어 믿음을 얻는 것'이며, 아랫사람이 윗사람을 섬기는 방법 역시 오직 '믿음을 주어 믿음을 얻는 것'입니다. 신이 연전에 처음 어전에 나아갔을 때 감히 이를 전하께 말씀드렸습니다. 오늘 전하께서 신이 여러 차례 청한 바를 선뜻 허락하지 않으시는 것은 오랫동안 벼슬한 옛 신하를 차마 대번에 버리지 못하셔서이니, 성상의 뜻이 어디에 있는지를 헤아리지 못하는 것은 아닙니다. 하지만 신이 스스로 슬퍼하는 것은 애초에 물러가고자 하는 신의 마음에 대해 스스로 믿음을 주지 못해서 끝내 윗사람에게 믿음을 얻지 못했다는 것입니다.

신은 처음 벼슬에 나왔을 때부터 성명(聖明)한 세상에서 교화를 입었습니다. 우리 헌종 대왕께서는 한집안의 부자처럼 신을 대해 주셨고, 우리 철종 대왕에 이르러서는 신을 상경(上卿 판서)의 반열에 발탁해 주시고 신에게 관찰사의 직임을 제수하셨으며, 우리 성상께서는 처음 등극하시게 되어서 저를 삼공(三公)의 직임에 올려 두셨습니다. 지위와 대우를 융성하게 해 주시고 직임을 전적으로 맡겨 주신 것이 매우 각별하여 하늘처럼 무겁고 땅처럼 두터웠으니, 신이 돼지와 물고기처럼 아무리 무지하다 하더라도 어찌 받들어 주선하며 만분의 일이나마 조금 보답할 줄 모르겠습니까.

하지만 신이 한사코 고집을 부리는 것은 언덕을 굴러 내려가는 수레와 같아서, 정으로 보나 의리로 보나 결단코 머물게 하거나 막을 이치가 없습니다. 이것은 아마도 신의 운명이 너무 궁박해서 그런 것인 듯합니다. 그렇지만 미천한 신의 실정을 이미 간절하게 다 드러내었으니 성상께서 남김없이 환히 알고 계실 것입니다. 숙원을 이룰 수만 있다면 물이든 불이든 진자리든 마른자리든 가리지 않고 작은 정성이나마 분골쇄신할 여지가 아직 많으니, 이것이 전하께 간절히 바라는 이유입니다.

사람에게는 오상(五常 오륜(五倫))이 있는데 '믿음〔信〕'이 그 근본이 됩니다. 붕우에게 믿음을 얻지 못해도 오히려 버려진 사람이 되는데, 하물며 군상(君上)에게 믿음을 얻지 못해 돌아가신 부모에게 죄를 얻는 사람이야 말해 무엇하겠습니까. 신이 비록 참으로 어리석기는 하지만 오상의 밖으로 스스로 벗어나서 끝내 버려진 사람의 부류로 귀결된다면 어찌 불쌍하지 않겠으며, 어찌 슬프지 않겠습니까.

아! 신은 청명한 조정에서 요행을 얻은 한 사람일 뿐입니다. 벼슬에 나와 30년 동안 탄탄대로를 걸으며 한 가지 어려움도 한 걸음의 곤란함도 겪은 적이 없습니다. 명예와 지위가 갑자기 성대해졌으나 재앙이 이르지 않아서 송장이 내달리고 고깃덩이가 뛰어다니는 꼴로 묘당(廟堂)에서 자리만 차지한 채 녹을 축내며 다시 4, 5년을 보내면 곧 60세의 늙은이가 될 것입니다. 그렇다면 지금 신이 치사를 청하는 것 또한 너무 이르다고 할 수 있는 것이 아닙니다.

게다가 신이 치사를 청한 소가 거의 여덟아홉 번이고 세월은 지금까지 5, 6년이나 되었습니다. 군신 간의 큰 의리를 신이 감히 잊지 못하지만, 부자간의 가르침과 권면 역시 저버릴 수 없습니다. 부모에게 믿음을 주지 못하고서 그 임금에게 믿음을 얻을 수 있었던 자를 신은 아직 들어 보지 못했습니다.

옛사람들은 다급한 사정이 있으면 거듭 아뢰어 성상을 번거롭게 하는 것을 꺼리지 않아서 병들어 아프면 반드시 소리치는 것처럼 하였습니다. 지금 신은 사정이 이미 궁박하고 말은 이미 다 아뢰었습니다. 성상의 위엄을 피하지 않고 만 번 죽을죄를 무릅쓰고 천지와 같고 부모와 같은 성상께 슬프게 호소하오니, 바라건대 성상께서는 신에게 삼자함(三字銜 봉조하(奉朝賀))을 허락하시어 미천한 신의 절개를 온전히 이루도록 해 주시기를 참으로 간절히 기원합니다.

이어 삼가 생각건대, 신은 스스로 산직(散職)에 있는 사람과 같아서 철 따라 문안을 여쭙는 일에도 나아가 참여할 수 없으니, 시정의 득실에 대해 어찌 간여하겠습니까. 하지만 지금 눈앞에 '지위를 벗어나지 않는다.〔不出位〕'는 것[40]을 지키지 못할 한마디 말이 있으니, 부디 성상께서는 살펴 주소서.

우리 조선의 나라를 세운 법도는 '유자를 숭상하고 도를 중시함〔崇儒重道〕'을 큰 기틀로 삼았으니, 열성조에서 이를 배양하고 붙들어 세웠음이 어떠했으며 존숭하고 보호했음이 어떠했습니까. 근자에 들으니, 훼철된 서원(書院)이 거의 천 곳을 넘어서 그 소식을 듣는 자마다 사기(士氣)가 꺾여 유관(儒冠)을 쓰고 유복(儒服)을 입은 자들이 너 나 할 것 없이 길고 짧은 탄식을 내뱉으며 심지어 눈물을 흘리며 통곡하기까지 한다고 합니다. 이러한 상황은 실로 보호해 배양하여 화합으로

40 지위를……것 : 자신의 분수를 벗어나는 일에 대해 조심하는 것을 말한다. 《주역》 〈간괘(艮卦) 상(象)〉에 "군자가 간괘를 보고서 생각함이 지위를 벗어나지 않는다.〔君子以, 思不出其位.〕"라고 하였고, 《논어》 〈헌문(憲問)〉에도 "군자는 생각함이 지위를 벗어나지 않는다.〔君子, 思不出其位.〕"라는 증자(曾子)의 말이 있다.

인도하는 뜻이 아닙니다.

다만 지금 사악한 무리가 나라 안에 가득하여 해와 달이 비추는 곳마다 엄히 징계해 다스리지 않은 것은 아니지만,[41] 혹시라도 완전히 소탕하지 못한 잔당이 있을까 걱정스럽습니다. 그렇다면 지금을 위한 방도로는 바른 기운을 가득 채워 흉악한 기운이 절로 없어지게 하는 것보다 좋은 것이 없습니다. 그리고 사대부와 선비들이 서원 훼철에 대해 입을 다물고 조용히 있는 것은 스스로 두려워하여 감히 말하지 못함에서 연유한 것입니다. 신 또한 스스로 두려워하는 사람 중 하나입니다만 망령되이 진달함을 꺼리지 않는 것은 바로 신의 구구한 작은 충심 때문입니다.

삼가 바라건대, 전하께서는 선현을 높이고 덕망이 높은 이를 예우하는 것이 나라의 근본임을 생각해 주소서.

41 다만……아니지만 : 천주교도를 처형한 이른바 무진박해(戊辰迫害)를 말한 것으로 보인다. 고종이 즉위한 뒤 흥선대원군(興宣大院君)은 1866년(고종3)부터 1873년(고종10)까지 총 네 차례에 걸쳐 천주교를 탄압하였는데, 저자가 이 소를 올리기 전인 1868년 4월에 독일 상인 오페르트가 흥선대원군의 부친 남연군(南延君)의 묘를 도굴하려 한 사건을 계기로 천주교도를 대거 처형한 일이 있었다.

치사를 청하는 여덟 번째 소[42]

乞致仕八疏

삼가 아룁니다. 신이 매년 진달해 호소하여 삼자함(三字銜 봉조하(奉朝賀))을 내려 주시기를 청한 것이 햇수로는 이미 6, 7년이 되었고 소장을 올린 것은 또 장차 8, 9차례나 되어갑니다. 하지만 성상의 들어주심이 더욱 아득해질수록 신의 간절함은 더욱더 다급해졌습니다.

신이 사직을 청한 것은 처음에는 선친의 유훈(遺訓)[43]을 반드시 따르고자 해서였고, 마지막에는 질병 때문에 억지로 벼슬하기 어려워서였습니다. 감히 만년의 절조를 지키기 위해 급류에서 용감히 물러나는 것[44]에 비견할 것이 아니었습니다. 신이 전후로 올린 소에서 평소 품은 생각을 다 진달하였으니, 이는 성상께서도 깊이 통촉하고 계신 것이며 조정에 같이 있는 신하들도 모두 알고 있는 것입니다.

그런데 신의 글재주가 부족하고 정성이 모자라 성상께 재가(裁可)[45] 받는 믿음을 얻지 못하고 한 해 두 해 지나다가 지금에까지 이르렀으

42 치사(致仕)를……소 : 판중추부사로서 치사를 청한 소로, 저자의 나이 56세 때인 1869년(고종6) 1월에 올린 소이다. 이 소는 《승정원일기》 고종 6년 1월 11일 기사에 전문이 실려 있다.

43 선친의 유훈(遺訓) : 50세가 되면 치사(致仕)하라는 부친 이계조(李啓朝)의 유언을 말한다. 17쪽 주1 참조.

44 급류에서……것 : 벼슬자리에 연연하지 않고 득의(得意)하였을 때 과감히 물러나는 것을 말한다. 33쪽 주32 참조.

45 재가(裁可) : 저본에는 원문이 '재(載)'로 되어 있으나, 문맥이 통하지 않아 '재(裁)'로 바로잡아 번역하였다.

니, 이것이 어찌 해와 달처럼 밝으신 성상께서 제대로 살피지 못함이 있어서 그런 것이겠습니까. 오랫동안 벼슬한 옛 신하를 차마 대번에 버리지 못하셔서이니, 신이 비록 목석(木石)처럼 미련하고 돼지와 물고기처럼 어리석기는 하지만 성상의 뜻을 헤아리지 못하는 것은 아닙니다.

하지만 신의 사사로운 실정으로 말하면 천지신명이 곁에서 이를 증명해 주고 병의 실상으로 말하면 허약한 체질에 쇠약해짐이 날로 심해져, 보고 듣는 것이 눈은 바람에 버들개지가 날리는 것처럼 갈수록 어른거리고 귀는 큰 우렛소리에도 오히려 긴가민가하는 듯합니다. 정신과 의식이 이에 따라 어두워져 일을 만나면 생소하고 평범한 격례(格例)도 대부분 번번이 잊어버립니다. 간혹 조정에 나가 등대(登對)하더라도 성상을 계도하는 데 보탬이 없고 묘당에서 자리만 차지한 채 녹을 축내고 있으니 임금을 보필하는 일을 어찌 논하겠습니까.

삼가 국조(國朝)의 고사를 살펴보니, 56세의 나이로 치사한 사람이 있어 역사서에 기록되어 전하며 임금과 신하가 함께 영예를 누리고 있습니다. 신의 미천한 나이가 올해 56세가 되었습니다. 다만 보잘것없는 신이 진실로 어찌 감히 전현(前賢)에 비교될 수 있겠습니까만, 도야해 주고 낳고 길러 주는 은택을 내려 주시어 훗날 오늘 받은 은전(恩典)을 추념할 수 있게 한다면 실로 성세(聖世)의 아름다운 일이 될 것이니, 어찌 우리 전하께 깊이 바라지 않을 수 있겠습니까.

신의 사사로운 실정이 이와 같고 병의 실상이 이와 같은데, 이에 더하여 용렬하고 엉성하며 소루하고 촌스러워 문채까지 없으니, 임금이 예로써 부리는 신하의 말석에 나란히 서기에도 부족한 것이 분명합니다.

선정신(先正臣) 이이(李珥)가 말하기를 "조정에 명리에 담박하여 물러나는 사람이 많다면 나라가 거의 잘 다스려질 것이다."라고 하였으니, 이것은 염치를 중시하고 지위를 탐내 연연해함을 경계한 것입니다. 지금 신이 만족할 줄 알고 그칠 줄 알라는 교훈[46]을 전혀 모른 채 오직 총애와 녹봉만을 도모한다면 지위를 탐내 연연해하는 부류를 벗어나기 어려워서 결국에는 몰염치하여 남의 모욕을 받는 사람이 되고 말 것이니, 어찌 불쌍하고 또 두렵지 않겠습니까.

아! 신이 이미 이처럼 지극히 절박하고 지극히 절실한 간청을 품고 있으면서도 송구한 마음에 사랑하여 살려 주고자 하는 자애로운 성상께 사실대로 아뢰지 않는다면, 이는 스스로를 내버리고 스스로를 막는 것입니다. 이에 또 번다함과 두려움을 피하지 않고 외람되이 간절한 바람을 호소하오니, 부디 성상께서는 신의 실정을 살피고 불쌍하게 여겨 치사하겠다는 신의 청을 허락하여 숙원을 이루도록 해 주신다면 참으로 다행이겠습니다.

46 만족할……교훈 : 《도덕경(道德經)》 44장에 "만족할 줄 알면 욕되지 않고, 그칠 줄 알면 위태롭지 않다.〔知足不辱, 知止不殆.〕"라고 한 것을 말한다.

치사를 청하는 아홉 번째 소[47]

乞致仕九疏

삼가 아룁니다. 신이 삼자함(三字銜 봉조하(奉朝賀))을 내려 주시기를 바라는 것이 마치 굶주리고 목마른 자가 먹고 마시기를 생각하듯 하여, 깨어 있을 때 마음에 쌓이고 맺힌 뜻을 말하고 꿈속에서까지 말한 것이 여러 해가 되었습니다.

옛사람이 '늙기 전에 한가함을 얻는다.〔未老得閑〕'고 하였는데,[48] 지금 신은 나이가 이미 많고 실정과 병이 또 괴롭기까지 합니다. 이런 상황에 이르러서 한가함을 얻기를 청하니 어찌 하루하루가 급하지 않을 수 있겠으며, 또한 어찌 그만둘 수 있는데도 그만두지 않는 것이겠습니까.

근래 들어 신의 쇠약해진 모습은 점점 치료하기 어려워지고 있습니다. 머리털은 이미 다 희끗희끗해졌고 정신은 더욱 혼미해져서 겉으로는 건강해 보이지만 안으로는 실로 쇠약해졌습니다. 다리는 힘없이 후들거려 한 걸음을 옮길 때마다 번번이 넘어질까 걱정스럽고, 눈은

47 치사(致仕)를……소 : 판중추부사로서 치사를 청한 소로, 저자의 나이 57세 때인 1870년(고종7) 7월에 올린 소이다. 이 소는 《승정원일기》 고종 7년 7월 29일 기사에 축약되어 실려 있다.

48 옛사람이……하였는데 : 《어은총화(漁隱叢話)》에 송(宋)나라 범정민(范正敏)의 《돈재한람(遯齋閑覽)》의 기록을 인용하여 "생계를 도모하며 만족하길 기다린다면 어느 때나 만족할까, 늙기 전에 한가로움을 얻어야 한가로워진다네.〔謀生待足何時足, 未老得閑方是閑.〕"라는 시를 소개하였다. 《漁隱叢話 前集 卷39 東坡2》

어른거려서 어지러워 사물을 보는 것이 점점 흐려짐을 느낍니다. 게다가 소리를 잘 듣지 못하는 것이 고질병이 되어서 골목에서 시끄럽게 떠들어도 얼핏 우렛소리를 들은 듯하고 책상 앞에서 말을 주고받아도 무슨 말인지 알아듣지 못하니, 신을 아는 사람은 실제로 병이 든 것을 걱정하고, 신을 모르는 사람들은 핑계한다고 의심합니다. 누구보다 신하를 잘 알아주시는 성상의 마음으로 이런 신의 상황을 필시 환히 알고 계실 것입니다.

신이 보의(寶扆)[49]에 나아가 모시며 대궐 섬돌에서 일을 주선하는 것은 직분이 그러한데도 만나 뵙지 못한 날이 많고, 경서와 사서를 부연해 진술하여 장차 성상의 학문을 성취하게 하는 것은 정성은 그러고 싶은데도 실제로 도움이 되는 공이 없으니, 이는 곧 신의 힘이 미치지 못하고 재주가 미치지 못해서입니다. 하물며 병이 또 점점 깊어지기까지 하니 무슨 말이 더 필요하겠습니까.

아! 석경(石慶)이 치사를 청한 것은 현자에게 길을 양보하려는 것[50]이었지만, 신은 현자에게 길을 양보하기 위해서가 아닙니다. 동중서(董仲舒)가 집으로 돌아간 것은 저술에 종사하려는 것[51]이었지만, 신은

49 보의(寶扆) : 임금의 자리 뒤에 설치하는 병풍을 말하는데, 조정을 의미한다.

50 석경(石慶)이……것 : 석경은 한(漢)나라 무제(武帝) 때 만석군(萬石君)을 지낸 석분(石奮)의 넷째 아들로, 승상에까지 올랐다. 석경이 늙고 지나치게 신중해 함께 일을 할 수 없다고 판단한 무제가 휴가를 주어 집으로 돌아가도록 하자, 석경이 사직소를 올려 "현자에게 길을 양보하겠다.〔避賢者路.〕"라고 한 고사가 전한다. 《史記 卷103 萬石張叔列傳》

51 동중서(董仲舒)가……것 : 한(漢)나라 동중서가 공손홍(公孫弘)의 미움을 받아 교서왕(膠西王)의 승(丞)으로 좌천되자, 병을 핑계로 벼슬을 그만두고 집으로 돌아가

저술에 종사하기 위해서가 아닙니다. 오직 향리(鄕里)에 자취를 감추어서 선산에 의탁해 남은 생을 연명하고 거친 음식을 먹은 뒤 낮잠자며 노래 부르고 읊조리면서 선친의 뜻[52]을 굳게 지켜, 보답하지 않는 것을 보답으로 삼으려는 것입니다.[53]

보잘것없는 미천한 신이 남달리 성대한 은혜를 입어 하찮은 신의 거취를 번번이 성상께서 들어주셨지만, 고향에 있으면 돌아오라고 재촉하시고 돌아오면 애써 머물게 하시니, 신이 비록 물고기와 돼지처럼 어리석고 미련하더라도 어찌 감히 다시 번거롭게 아뢰어서 성상의 은혜를 저버리겠습니까. 하지만 하늘은 덮어 주지 않는 것이 없고, 땅은 실어 주지 않는 것이 없습니다. 신은 또한 천지의 함양 속에 있는 사람이니, 어찌 낳아 주고 길러 주시는 은택을 바라지 않을 수 있겠습니까. 실정이 더욱 급하고 마음이 더욱 간절하여 감히 글을 올려 진달하여서 다시 이전의 호소를 거듭 아룁니다.

삼가 바라건대, 명철하신 성상께서는 굽어살펴 헤아리시어 특별히 신의 청을 허락하시고 즉시 선마(宣麻)의 명[54]을 내리신다면, 이는 신에게는 지극한 영광이고 또한 태평성대의 아름다운 일이 될 수 있을

평생 학문과 저술에만 전념했다고 한다. 《史記 卷121 儒林列傳 董仲舒》《漢書 卷56 董仲舒傳》

52 선친의 뜻 : 50세가 되면 치사(致仕)하라는 부친 이계조(李啓朝)의 유언을 말한다. 17쪽 주1 참조.

53 보답하지……것입니다 : 임금의 은혜에 보답하기 위해 벼슬에 나갔다가 일을 그르쳐 임금에게 심려를 끼치는 것보다는 벼슬에서 물러나 조용히 있는 것을 은혜에 보답하는 길로 삼겠다는 말이다.

54 선마(宣麻)의 명 : 봉조하(奉朝賀)를 내려 주는 명을 말한다. 34쪽 주33 참조.

것입니다. 신은 피눈물을 뿌리며 두려워하고 기원하는 지극한 마음을 가누지 못하겠습니다.

치사를 청하는 열 번째 소[55]

乞致仕十疏

삼가 아룁니다.[56] 신이 듣건대 "무거운 짐을 지고 먼 곳으로 가다가 힘이 다하면 멈추고, 정성을 다해 임금을 섬기다가 병이 나면 반드시 물러나 쉰다."라고 하였습니다.[57] 신은 나이가 들어서 갈수록 노쇠해지고 실정은 갈수록 괴로우며, 드릴 말씀은 이미 다 했으나 뜻은 끝이 없으니, 이는 곧 공적으로는 힘을 펼칠 길이 없기 때문이고 사적으로는 멈출 줄을 알아야 하기 때문입니다.

건장할 때는 힘을 다해 내달리고 늙으면 마땅히 물러나 쉬는 것은 신하의 변함없는 직분입니다. 하지만 신은 재주가 남에게 미치지 못하고 기국(器局)은 나라를 경영할 만한 사람이 아닌데도, 건장할 때는 벼슬을 차지하여 양보하지 않았고 늙어서는 털끝만큼도 이슬만큼도 도움이 되지 못하면서 총애와 영화를 탐하며 잔두(棧豆)를 잊지 못하

55 치사(致仕)를……소 : 판중추부사로서 치사를 청한 소로, 저자의 나이 58세 때인 1871년(고종8) 1월에 올린 소이다. 이 소는 《승정원일기》 고종 8년 1월 3일 기사에 전문이 실려 있다.

56 삼가 아룁니다 : 저본에는 이 내용이 없는데, 상소의 형식을 감안해 《승정원일기》 고종 8년 1월 3일 기사의 내용을 근거로 보충해 넣었다.

57 신이……하였습니다 : 남제(南齊)의 우완지(虞玩之)가 연로함을 이유로 사직을 청한 표(表)에 "신이 듣건대 '무거운 짐을 지고 먼 곳으로 가다가 힘이 다하면 곤란을 겪게 되고, 정성을 다해 임금을 섬기다가 지혜가 다하면 반드시 쓰러진다.'라고 하였습니다.〔臣聞負重致遠, 力窮則困; 竭誠事君, 智盡必傾.〕"라는 내용이 보인다. 《南齊書 卷34 虞玩之傳》

듯 벼슬살이에 연연했습니다.[58] 근래 8, 9년 사이에 열 번이나 올린 소는 부질없이 문장만 꾸민 것이 되었고, 여러 차례 은혜로운 말씀이 내리기만 바라다가 거듭 죄를 범하고 말았습니다.

신이 물러나기를 구하는 것이 어찌 고상함을 바라고 옛사람을 사모하며 임천(林泉)을 애호해서 그런 것이겠습니까. 세상을 떠난 부모를 그리는 슬픈 감회가 일찍부터 마음에 맺혀서입니다. 산소를 보살피고 지키면서 이로써 몸을 온전히 하여 돌아간다면, 처음부터 끝까지 베풀어 주신 은혜에 보답하지 않음으로써 보답하는 정성[59]이 이루어지게 될 것입니다.

열사(烈士)가 명예에 목숨을 바쳐서 상궐(象闕 대궐)에 충성을 다하기를 기약하는 것과 달인(達人)이 만족할 줄 알아서 토구(菟裘)[60]에서 늙어 가기를 굳게 청하는 것은, 신이 비견할 수 있는 경지가 아닙니다. 하지만 주부자(朱夫子)가 말하기를 "사대부가 관직을 사양하고 받고 벼슬에 나아가고 물러나는 것은 자신의 한 몸에 관련된 일일 뿐만이 아니다. 그 처신의 잘잘못은 바로 풍속의 성쇠와 관련되어 있다."라고 하였습니다.[61]

58 잔두(棧豆)를……연연했습니다 : 콩 여물에 연연해 말이 마구간을 떠나지 못하는 것처럼 사소한 명리에 연연해 벼슬살이를 떠나지 못했다는 말이다. 잔두는 말구유에 담긴 콩을 말한다.

59 보답하지……정성 : 48쪽 주53 참조.

60 토구(菟裘) : 원래는 춘추 시대 노(魯)나라의 지명인데, 은거하는 곳을 의미하는 말로 쓰인다. 노나라 은공(隱公)이 환공(桓公)에게 자리를 물려주고 토구 땅으로 돌아가 살고 싶다고 한 고사가 전한다. 《春秋左氏傳 隱公11年》

61 주부자(朱夫子)가……하였습니다 : 주희(朱熹)의 〈한 상서에게 답하는 편지〔答

무릇 벼슬에 나아가고 물러나는 것은 조정의 중요한 예법이며, 병으로 물러나는 것 역시 그중 하나입니다. 지금 신은 귀와 눈이 제구실을 못해 귀가 먹고 눈이 어두워지는 것이 날로 더해 갑니다. 게다가 다리는 몸을 지탱하지 못하고 호흡은 숨결이 고르지 못하기 때문에 병이 있는지 없는지는 형체만 보아도 알 수 있으니, 이것이 신의 사정과 의리로 보아 상소하기를 그만둘 수 없는 이유입니다.

신의 지극한 바람과 괴로운 심정을 성상께서 들어주시어 숙원을 이룰 수 있어서 황마(黃麻 조서(詔書))를 받들고 향리로 돌아가 자랑하게 된다면, 염치를 기르고 예법을 중히 여기는 풍속에 조금의 보탬이 없지는 않을 것입니다. 그 누군들 천지처럼 커서 곡진히 이루어 주시고 도야해 주시는 교화를 두루 우러르지 않겠습니까.

이에 감히 이전에 드린 말씀을 다시 아뢰어 성상의 위엄을 범하였습니다. 삼가 바라건대, 성상께서는 신의 물러나려는 청을 특별히 허락하시어 미천한 신의 절조를 온전히 이루게 해 주시기를 매우 간절한 마음으로 청합니다.

韓尙書書〕〉에 보인다. 한 상서(韓尙書)는 한원길(韓元吉)이다. 《晦庵集 卷25》

치사를 청하는 열한 번째 소[62]

乞致仕十一疏

삼가 아뢰니다. 벼슬에 나아가고 물러나는 것은 신하의 중대한 일이니, 물러나겠다고 말하고서 물러나지 않은 사람이 없었습니다. 이 때문에 명유(名儒)와 석학(碩學)의 선배들이 여러 차례 상소하며 그만두지 않았으니, 실제로 물러남을 중요하게 여겨서입니다.

신이 물러나겠다고 아뢴 지 이미 10년이 되었고 열한 번이나 번다하게 상소하였으니, 세월이 순식간에 흘러 나이는 갈수록 많아지고 마음은 갈수록 괴롭습니다. 바라건대 인자하게 감싸 주시는 하늘 같은 성상께서는 신의 나이가 많음을 불쌍하게 여기시고 신의 고충을 살펴 주소서.

삼가 송(宋)나라 때의 고사를 상고해 보니, 정사에서 물러나려는 자가 두 번 청하면 허락해 주었습니다. 그런데 조개(趙槩)[63]는 세 번을 청하였고, 최여지(崔與之)[64]는 열세 번이나 청하고서야 허락을 받았으

62 치사(致仕)를……소 : 판중추부사로서 치사를 청한 소로, 저자의 나이 59세 때인 1872년(고종9) 1월에 올린 소이다. 이 소는 《승정원일기》 고종 9년 1월 7일 기사에 전문이 실려 있다.

63 조개(趙槩) : 송나라 때 우성(虞城) 사람으로 자는 숙평(叔平), 시호는 강정(康靖)이다. 구양수(歐陽修)의 벗이었고, 참지정사(參知政事)를 거쳐 태자소부(太子少傅)로 치사하였다.

64 최여지(崔與之) : 송나라 때 증성(增城) 사람으로 자는 정자(正子), 호는 국파(菊坡)이며, 시호는 청헌(淸獻)이다. 촉(蜀) 지방의 안무사(按撫使)를 지낸 뒤 치사하였고, 뒤에 조정에서 우승상(右丞相)을 제수하자 열세 번이나 상소하여 사양하였다.

니, 이것은 모두 나이 많은 원로를 생각하는 뜻이었습니다. 신은 최여지의 상소 수에는 미치지 못하지만, 조개의 수는 이미 넘었습니다. 성상께서 옛 신하를 후하게 예우하는 것임을 신이 모르는 것은 아닙니다만, 물러나도 될 자가 물러나는 것 역시 태평성대의 아름다운 일입니다.

아! 우리 조선에서 봉조청(奉朝請 봉조하(奉朝賀))이 된 사람이 100여 명인데, 모두 열조(列朝)의 아름답고 밝은 시대에 살았던 사람들입니다. 이들이 벼슬에 나아갈 때는 바둑돌을 쌓아 올리듯 조심스러웠습니다. 하지만 물러날 때는 제방이 터지듯 단번에 행하였으니, 어느 날 아침 벼슬을 그만두고 향리로 돌아가 은자(隱者)의 각건(角巾)을 쓸 계획을 세운 것이 아니라 질병이 고질이 되어 힘이 미치지 못했기 때문이었습니다.

옛사람이 말하기를 "사대부는 하루라도 〈귀거래사(歸去來辭)〉를 읽지 않아서는 안 된다. 무릇 내외의 구분이 명확해진 뒤에야 벼슬에서 물러나기가 쉬워지니 수천 대의 수레와 만종(萬鍾)의 녹봉도 나의 마음을 어지럽힐 수 없다."라고 하였습니다.[65]

지금 신은 학문은 성취했다고 할 만한 것이 없고 재주는 세상에 쓰일 만한 것이 없습니다. 게다가 선친의 가르침[66]이 있기에, 오직 뜻을 이루

65 옛사람이……하였습니다 : 동주(東州) 이민구(李敏求, 1589~1670)의 〈여자구가 〈귀거래사〉에서 집자하여 지은 율시 삼십 수에 붙인 발문〔呂子久歸去來辭集字律詩三十首跋〕〉의 내용을 축약해서 인용한 것이다. 여자구는 여이징(呂爾徵)이다. 《東州集 卷3》

66 선친의 가르침 : 저자의 부친 이계조(李啓朝)가 "쉰 살이 되면 벼슬살이에서 업적을 세웠느냐의 여부를 따지지 말고 용감히 물러나라."라고 한 유언을 말한다. 17쪽

지 못하고 몸이 먼저 썩을까만 걱정스럽습니다. 그렇게 되면 반드시 공적으로나 사적으로나 모두 합당하지 못함에 이를 것임은 분명하게 따져 보지 않더라도 절로 알 수가 있습니다.

남의 아름다움을 이루어 주는 것은 군자(君子)가 인정하였습니다.[67] 이에 감히 외람됨을 피하지 않고 다시 이전의 간청을 아룁니다. 삼가 바라건대, 전하께서는 신에게 삼자함(三字銜 봉조하(奉朝賀))을 후하게 내려 주시어 하찮은 신의 절조를 온전히 이루게 하여 자리를 차지해 녹만 먹고 있다는 비난에서 벗어나게 해 주시기를 매우 간절한 마음으로 청합니다.

주1 참조.

67 남의……인정하였습니다 : 《논어》 〈안연(顔淵)〉에 "군자는 남의 아름다움을 이루어 주고, 남의 악함을 이루어 주지 않으니, 소인은 이와 반대이다.〔君子成人之美, 不成人之惡, 小人反是.〕"라는 공자의 말이 있다.

치사를 청하는 열두 번째 소[68]

乞致仕十二疏

삼가 아룁니다. 신이 벼슬에서 물러나기를 청한 지 이미 10년이 넘었고 미천한 신의 나이도 만 60세가 되었습니다. 신의 마음은 마치 시위를 떠난 화살과 같고, 신의 몸은 마치 매이지 않은 배와 같아서 고향 산을 오가는 것이 바로 한 마리의 물오리나 기러기의 종적과 같을 뿐입니다.

천지처럼 인자하시어 만물의 뜻을 이루어 주지 않음이 없고 일월처럼 밝으시어 미미한 것도 밝혀 주지 않음이 없으시니, 억지로 벼슬하기 어려운 사사로운 의리와 지극히 절박한 신의 고충은 아마도 성상께서 알고 계실 것입니다. 하지만 신이 불초하여 글은 뜻을 제대로 전하지 못하고 정성은 믿음으로 성상을 감동시키지 못하여, 해마다 올린 간청에 윤허를 받을 기약은 아직 멀기만 하여 상하가 서로 버티다 한갓 은명(恩命)만 더 입게 되었습니다.[69] 신이 신을 보기에도 더없이 부끄러운데 조정에 함께 있는 사람들이 비웃고 손가락질하며 장차 뭐라고 하겠습니까.

옛사람이 신하의 직분에서 이미 물러나 돌아간 뒤에도 오히려 왕실에

68 치사(致仕)를……소 : 영중추부사로서 치사를 청한 소로, 저자의 나이 60세 때인 1873년(고종10) 4월에 올린 소이다. 이 소는 《승정원일기》 고종 10년 4월 22일 기사에 축약되어 실려 있다. 저자는 1873년 3월 6일에 정1품 영중추부사에 제수되었다. 《承政院日記》

69 은명(恩命)만……되었습니다 : 영중추부사에 임명된 것을 말한다.

대해 간절한 마음으로 충심을 다했던 것은 대대로 벼슬한 신하이기 때문에 그런 것입니다. 신 역시 대대로 벼슬한 집안의 후손이니, 어찌 밝은 시대에 작은 공이라도 바쳐서 성상께 보답하고 알아주신 은혜를 갚으려 하지 않고, 곧장 뒷걸음치고 물러나 시끄럽게 울어 마지않는 봄날 개구리나 가을날 매미처럼 단지 번거롭게 상소하기만 일삼겠습니까.

언덕과 도랑에서 고기 잡고 나무하는 것은 신이 즐기는 일이 아니고, 궁벽하고 한가한 곳에서 쓸쓸히 보내는 것은 신이 편히 여기는 것이 아닙니다. 신의 노쇠함이 더욱 빨라져 시력과 청력이 하루가 다르게 손상되어, 옛날에는 환히 보이던 것이 지금은 눈을 갖다 대어야 겨우 구별되고 옛날에는 잘 들리던 것이 지금은 귀를 기울여도 들리지 않습니다. 발바닥에 병이 생겨 절뚝거리고 반걸음만 걸어도 멈춰 서며, 바람에 버들개지가 날리는 듯 눈이 어른거리고 서리 내린 뒤의 잎처럼 살갗은 마르고 꺼칠하며, 정신이 혼몽하고 아득하여 살펴 아는 것이 없습니다. 지금 비록 파리한 몸을 억지로라도 지팡이에 의지해 다시 이전의 길을 따르려 해도 근력은 마음을 따라 주지 않고 병은 몸에서 떠나지 않으니 어찌하겠습니까.

목욕재계하고 소를 봉해 올려 거듭 성상의 위엄을 범하여, 만에 하나의 요행을 얻어 살아서는 성상의 은혜에 힘입어 물러나 살 수 있고 죽어서는 부모에게 부끄러움이 없기를 바라오니, 이것이 구구한 신의 큰 소망입니다.

삼가 바라건대, 성상께서는 애처롭게 여기고 가엾게 여기며 불쌍하게 여기고 가련하게 여기시어 특별히 선마(宣麻)의 명[70]을 내려 주시

70 선마(宣麻)의 명 : 봉조하(奉朝賀)를 내려 주는 명을 말한다. 34쪽 주33 참조.

어, 신이 초심을 저버리지 않아 거짓과 기망(欺罔)의 죄에서 벗어나게 해 주시기를 간절히 기원합니다.

치사를 청하는 열세 번째 소를 올리며 아울러 아들 수영에게 휴가를 내려 주기를 청하는 소[71]

乞致仕十三疏 兼請壽榮給暇

삼가 아룁니다. 신이 듣건대, 하고자 하는 것을 반드시 따라 주는 것[72]은 아랫사람을 이해해 주는 인(仁)이며, 범하면서도 숨김이 없는 것[73]은 윗사람을 섬기는 의리라고 하니, 구구한 신이 원하는 바를 숨김이 없어야 할 곳에 감히 한 번 드러내 아뢰지 않을 수 있겠습니까.

《서경》 〈주서(周書) 주관(周官)〉에 이르기를 "총애받는 자리에 있으면 위태로움을 생각하여 두려워하지 않음이 없도록 하라. 두려워하지 아니하면 두려워할 곳으로 들어갈 것이다.〔居寵思危, 罔不攸畏, 不畏入畏.〕"라고 하였고, 고어(古語)에 이르기를 "가엽게 여겨 주는 것도 운명이고, 가엽게 여겨 주지 않는 것도 운명이다.〔哀之命, 不哀之亦命.〕"라고 하였습니다.[74] 신은 실로 변변치 않은 사람이라서 스스로

71 치사(致仕)를……소 : 영의정으로서 치사를 청하는 소로, 저자의 나이 61세 때인 1874년(고종11) 10월에 올린 소이다. 이 소는 《승정원일기》 고종 11년 10월 11일 기사에 전문이 실려 있다. 저자는 1873년 11월 13일에 영의정에 제수되었다. 한편, 수영(壽榮)은 저자의 아들로, 저자가 이 소를 올리기 직전인 1874년 8월 22일에 직부전시(直赴殿試)의 명을 받았고 9월 22일에 문과에 급제하였다. 《承政院日記》

72 하고자……것 : 《서경》 〈주서(周書) 태서(泰誓)〉에 "하늘은 백성들을 가엾게 여겨서 백성들이 원하는 바를 하늘은 반드시 따라 준다.〔天矜于民, 民之所欲, 天必從之.〕"라는 구절이 있다.

73 범하면서도……것 : 《예기》 〈단궁 상(檀弓上)〉에 "임금을 섬길 때 면전에서 직간하여 숨김이 없어야 한다.〔事君, 有犯而無隱.〕"라는 구절이 있다.

두려워할 곳으로 들어가는 데 이르렀으니, 우리 전하의 낳아 주고 이루어 주며 곡진히 보호해 주시는 사랑으로써 필시 신을 측은한 마음으로 애처롭고 불쌍히 여기실 것입니다.

아! 신이 처음 벼슬을 시작하여 이제 34년이 되었습니다. 허물이 다 드러나고 앞길이 어떨지 분명하니, 이는 성상께서 환히 알고 계시는 것일 뿐만 아니라 신이 스스로 알고 있으며, 또한 일세의 안목을 갖춘 자들이라면 헤아려 알고 있을 것입니다. 그러니 산림으로 물러나 살면서 성상의 교화를 노래하고 읊조리며 여생을 마치는 것이 바로 신이 진심으로 바라고 간절히 원하는 것입니다.

그런데 원보(元輔 영의정)의 직임이 시골에 왕래하는 신의 발걸음 앞에 외람되이 이르고 짊어져야 할 책임이 두려움에 위축된 신의 몸에 오롯이 맡겨졌습니다. 임금의 명에 속히 달려가야 하는 의리가 엄중해 감히 염치를 무릅쓰고 나아가 응하지 않을 수 없었으나, 자리를 차지하여 녹만 축낸다는 비난은 스스로 걱정할 겨를도 없고, 소임을 감당하지 못해 일을 그르치는 데 대한 경계를 생각하면 그 폐해가 장차 어디로 돌아가겠습니까.

조정의 정책을 계획하고 국가의 논의를 결단하는 일[75]은 그 조처가

74 고어(古語)에……하였습니다 : 한유(韓愈)의 〈과거에 응시할 때 어떤 이에게 준 편지〔應科目時與人書〕〉에 “힘 있는 사람이 가엽게 여겨 주는 것도 운명이고, 가엽게 여겨 주지 않는 것도 운명이다.〔其哀之命也, 其不哀之命也.〕”라는 구절이 있다. 《韓昌黎集 卷18》

75 조정의……일 : 재상의 직임을 말한다. 한(漢)나라 성제(成帝) 때 어사대부(御史大夫)의 자리가 비자 곡영(谷永)이 설선(薛宣)을 추천하면서 “조정의 정책을 계획하고 국가의 논의를 결단하기에 충분하다.〔足以謀王體, 斷國論.〕”라고 한 데서 나왔다. 《漢

알려진 것이 없고, 공경하여 밝히고 조화시켜 다스리는 일[76]은 훌륭히 보필했다고 어찌 말하겠습니까. 위로는 임금의 마음을 정성으로 계도하지 못하고 아래로는 조정을 가지런히 정돈하지 못했으며, 국가의 재용이 텅 비었는데도 메워 넣을 계책이 없고 풍속이 무너졌는데도 진작시킬 방책이 없으니, 첫째도 신의 죄요 둘째도 신의 죄입니다. 차지하지 말아야 할 자리에 그대로 눌러앉아 과분하게 맡겨 주신 소임을 저버렸으니 이는 불충이며, 영화로운 벼슬길에 매몰되어 선친의 가르침[77]을 내팽개쳤으니 이는 불효입니다. 신하가 되어 스스로 이 지경에 빠졌으니 어찌 얼굴을 들고 조정에 서서 여러 신료에게 모범을 보일 수 있겠으며, 또한 장차 죽어서 무슨 말로 구천에서 선친을 뵙고 말씀드리겠습니까.

보잘것없는 정성을 조금도 바치지 못했는데 미천한 신의 나이가 이미 육순을 넘었으니 상황도 다급하고 마음도 슬픕니다. 지난번 동릉(東陵)에서 하룻밤을 묵던 날이 때마침 신의 생일이었으니,[78] 땅은 우리

書 卷83 薛宣傳》

76 공경하여……일 : 재상의 직임을 말한다. 《서경》 〈주서(周書) 주관(周官)〉에 삼공(三公)과 삼고(三孤)의 역할을 논하며 "도를 논하고 나라를 다스리며 음양을 조화하여 다스린다.〔論道經邦, 燮理陰陽.〕", "공의 다음이 되어 조화를 넓혀 천지를 공경하여 밝혀서 나 한 사람을 보필한다.〔貳公弘化, 寅亮天地, 弼予一人.〕"라고 한 데서 나왔다. 참고로 삼고는 주(周)나라 때 삼공의 다음가는 벼슬인 소사(少師)·소부(少傅)·소보(少保)를 말한다.

77 선친의 가르침 : 저자의 부친 이계조(李啓朝)가 저자에게 50세에 벼슬을 그만두라는 유언을 남긴 것을 말한다. 17쪽 주1 참조.

78 지난번……생일이었으니 : 동릉(東陵)은 동구릉(東九陵)을 말한다. 고종은 1874년(고종11) 8월 11일에 동릉에 나아가 건원릉(健元陵)·원릉(元陵)·수릉(綏陵)·경릉

선왕(先王)의 영령이 오르내리는 곳이고 날은 신의 부모가 저를 낳아 고생한 날이었습니다. 지난날의 남다른 예우를 회상하니 오운(梧雲)의 슬픔[79]이 더욱 더해졌고, 날이 새도록 잠을 이루지 못하는 감회가 일어 〈육아(蓼莪)〉의 슬픔이 곱절이나 깊어졌습니다.[80]

뜻하지 않게 자애로운 성상께서 곡진히 은혜를 베푸시어 신을 돌보아 주심이 극진하였고 온화한 말씀이 참으로 융숭하였습니다. 법가(法駕)를 타고 대궐로 돌아오시자마자 연이어 보배로운 글씨를 내리시어 충(忠)자로써 신을 신칙하시고 정(正)자로써 신을 면려하셨습니다. 신이 어떤 사람이기에 이처럼 세상에 다시없을 영광과 총애를 입고 이처럼 평범하지 않은 대우를 바랐겠습니까. 뼈에 스민 감격의 깊이는 강과 바다의 비유도 오히려 얕을 정도이고, 몸에 쌓인 허물의 무게는 언덕과 산의 비유도 가벼울 정도입니다. 그런데 도리어 신의 영화를 매개로 삼아 또 한 가지 죄를 더하게 되었습니다.

신은 본래 독자로서 늦게 아들 하나를 낳아서 길렀는데 어릴 때부터 질병이 많아 겨우 형체를 갖추었습니다. 보살피고 감싸는 것에만 힘써

(景陵) 등에 전알(展謁)하고 친제(親祭)한 뒤에 하룻밤을 묵었다. 한편 저자의 생일은 8월 12일이며, 당시 생일이 환갑이었다. 《高宗實錄》

79 오운(梧雲)의 슬픔 : 선왕을 생각하는 슬픔을 말한다. 오운은 창오(蒼梧)의 구름을 말하는데, 창오는 순(舜) 임금이 묻힌 산 이름이다. 두보(杜甫)의 시에 "머리 돌려 순 임금 향해 절규하나니, 창오에 구름이 정녕 시름겹네.〔廻首叫虞舜, 蒼梧雲正愁.〕"라는 구절이 있다. 《史記 卷1 五帝本紀》《杜少陵詩集 卷2 同諸公登慈恩寺塔》

80 날이……깊어졌습니다 : 돌아가신 부모에 대한 슬픔이 더해졌다는 말이다. 《시경》〈소아(小雅) 소완(小宛)〉에 "날이 새도록 잠을 이루지 못하여, 두 분 부모님을 생각하노라.〔明發不寐, 有懷二人.〕"라는 구절이 있다. 〈육아(蓼莪)〉는 《시경》의 편명으로, 생전에 효도하지 못한 자식의 슬픔을 노래한 시이다.

단지 어미 소가 송아지를 핥아 기르는 사랑만 주었고, 배불리 먹이고 따뜻하게 입히기만 하고 가르치지 않아서 늘 제멋대로인 돼지 같다는 탄식을 하였습니다.

과장(科場)에는 한 걸음도 발을 들여놓기를 허락한 적이 없었으니, 지난번 임자(任子)의 은전[81]은 비록 성상의 큰 은혜 덕분이라고 하더라도, 이번에 급제시켜 주신 은혜는 애초에 꿈에서도 생각지 않았던 것입니다. 신이 신을 보아도 이미 매우 놀라운데, 다른 사람이 신의 일을 논한다면 장차 이 일을 뭐라고 하겠습니까.

또 과거 급제는 국가의 공적인 기물이며 사림(士林)이 목표로 삼는 것입니다. 만일 이 어리석고 지각없는 아이가 지푸라기를 줍듯 아무 어려움 없이 훔쳐 가진다면, 급제하기 위한 요행의 문과 부정한 샛길을 이로 인해 막지 못하게 될 것이고, 독서하며 뜻을 품은 선비들이 맥이 풀려 걸음을 물리게 될 것이니, 어찌 두려워하고 경계해야 하지 않겠습니까.

옛날에 여몽정(呂蒙正)은 아들 종간(從簡)이 수부 원외랑(水部員外郎)에 임명되는 것을 보자 상주하여 "천하에 재주와 능력이 있는 사람으로서 암혈(巖穴)에서 늙어 가는 사람이 한이 없습니다. 신의 아들은 이제 막 강보에서 벗어나 아무것도 모르는데 이처럼 총애하는 명을 받으니, 남모르는 견책에 걸려들까 두렵습니다."라고 하였습니다.[82] 신

81 지난번 임자(任子)의 은전 : 저자의 아들 이수영이 1874년(고종11) 2월 14일에 음관(蔭官)으로 동몽교관(童蒙敎官)에 임명된 것을 말한다. 임자는 나라에 공로가 큰 사람의 아들을 관직에 등용하는 것을 말한다. 《承政院日記》

82 옛날에……하였습니다 : 여몽정(呂蒙正)은 송나라 때 사람으로 자는 성공(聖功), 시호는 문목(文穆)이며, 진종(眞宗) 때 재상에 올랐고 허국공(許國公)에 봉해졌다.

이 지금 외람되이 중임을 맡아서 아직 한 명의 선비를 추천하고 한 명의 현자에게 직임을 맡겨 여러 지위에 나열하고 백관(百官)을 다스리는 것을 도모하지 못했습니다. 그런데 신의 어린 자식이 관원의 머릿수만 채우면서도 태연히 가져야 할 벼슬인 양한다면, 신이 여몽정에게 어찌 천 년 뒤에 부끄럽지 않겠습니까. 성상께 머리를 조아리며 속히 환수해 주시기를 청해야 하나 감히 그렇게 하지 못하고, 참으로 감격하고 황공하여 넋이 빠져 시간만 끌면서 미적거리다가 지금에 이르고 말았으니, 이 또한 신의 죄 가운데 하나입니다.

신의 자식은 나이가 겨우 18세입니다. 설령 10년 후에 벼슬에 나가더라도 신이 급제했던 나이[83]에 불과하니, 임금을 섬길 날이 많지 않음을 걱정하지 않습니다. 다시 향리로 돌려보내 거칠게라도 학업을 닦고 출사하여 벼슬에 이바지하게 한다면 먼 옛날의 고사를 모방하는 것일 뿐만 아니라 실제로 또한 근래에도 그러한 사례가 있습니다.

복을 아껴 두는 것이 두려움 때문이라는 것은 오히려 느긋한 소리에 속합니다. 처음에 내린 은혜는 이미 격례(格例)를 훌쩍 뛰어넘은 것이고 나중의 두터운 바람은 진실로 신의 마음에서 나온 것입니다.

삼가 바라건대, 전하께서는 신을 불쌍히 여기시고 신의 뜻을 곡진히 이루어 주셔서 영의정의 직책을 속히 체차하시고 이어 치사하게 해 주소서. 신의 아들 수영(壽榮)에게는 특별히 10년의 휴가를 내리시어 신으로 하여금 두려워하지 않으면 두려워할 곳으로 들어가는 상황에

저자가 인용한 글은 여몽정의 상소를 축약한 것이다. 《宋史 卷265 呂蒙正傳》《宋名臣言行錄 前集 卷1》

83 신이 급제했던 나이 : 저자는 28세 때인 1841년(헌종7) 3월에 문과에 급제하였다.

거듭 들어가게 하지 마시고, 또한 어리석고 둔한 신의 자식으로 하여금 총애받는 자리에 있는 것의 위태로움을 두려워할 줄 알게 하소서. 그렇게만 해 주신다면 신의 부자는 죽은 이를 살려 주고 백골(白骨)에 살을 돋게 한 것처럼 처음부터 끝까지 보살펴 주시는 은혜를 입을 수 있을 것이니, 이 큰 소망으로 마음을 가누지 못하겠습니다.

치사를 청하는 열네 번째 소[84]

十四疏

삼가 아룁니다. 신이 연전에 사신의 일을 마치고 돌아왔을 때[85] 이미 물러나기를 청하는 뜻을 거듭 아뢰었습니다. 그런데 일이 생겨[86] 사사로운 실정을 말씀드릴 겨를이 없었기에 울울한 생각만 가지고 마음만 담아둔 채 오늘에 이르렀습니다.

신이 삼자함(三字銜 봉조하(奉朝賀))을 얻기를 바라면서 사직하기를 청하였으나 사직하지 못한 것이 어느덧 15년이란 오랜 세월이 흘렀습니다. 신보다 먼저 청한 자도 모두 윤허를 받았고 신보다 뒤에 청한 자도 은혜로운 윤허를 받았는데, 유독 신 혼자만 배회하며 아직 떠나지 못하고 있습니다. 병세를 아뢰고 실정을 아뢰는 것이 진실로 또한 번다하였으니 우러러보나 굽어보나 부끄러워서 몸 둘 바를 모르겠습니다

84 치사(致仕)를……소 : 영중추부사로서 치사를 청한 소로, 저자의 나이 64세 때인 1877년(고종14) 1월에 올린 소이다. 이 소는《승정원일기》고종 14년 1월 9일 기사에 전문이 실려 있는데, 저자의 직함이 영부사(領府事)로 기록되어 있다. 저자는 1875년 4월 22일 영의정을 사직하고 영부사가 되었다.《高宗實錄》

85 신이……때 : 저자는 62세 때인 1875년(고종12) 7월에 왕세자 책봉 주청정사로 연경에 갔다가 12월에 복명하였다. 왕세자는 뒷날의 순종으로, 고종과 명성왕후(明聖王后) 사이에서 태어나 2세 때인 1875년 2월 18일에 왕세자 책봉례를 행하였다. 당시 저자는 책봉도감 도제조를 맡았다.《高宗實錄》

86 일이 생겨 : 1875년에 서계(書契) 접수 문제로 발생한 일본과의 외교 갈등 및 이로 인해 발생한 1876년 2월의 강화도 조약 체결 등을 말한 것으로 보인다. 서계는 예조의 관원과 일본의 외교 담당자 사이에 주고받는 외교 문서이다.

만, 감히 옛사람의 숨김이 없어야 한다는 뜻[87]을 본받아 천지와 같고 부모와 같은 성상 앞에 다 드러내어 말씀드리는 것입니다.

아! 신의 집안은 한미한 데다 대대로 장수한 사람이 없습니다. 신의 선조부(先祖父)는 일찍 부모를 여읜 분으로 50세에 비로소 문과에 급제하고 70세가 되어서야 겨우 높은 관작에 올랐습니다.[88] 신의 선친은 60세에 높은 벼슬에 오르자[89] 항상 경계하고 두려워하는 마음을 품고 상소하여 물러가기를 청하였으나 은거하고자 하는 뜻을 이루지 못한 채 세상을 떠났습니다. 신은 생각이 여기에 미칠 때마다 길이 하늘에 사무치는 한을 안고서 선친의 유훈(遺訓)[90]을 대략이나마 지켜서 신의 아비와 조부가 이루지 못한 뜻을 이루어야겠다고 맹세하였습니다. 지척에 계신 성상의 위엄을 여러 차례 범하면서도 물러나겠다고 청하기를 그칠 줄 몰랐던 것은 바로 이 때문입니다.

신은 늙기도 전에 품계가 지극해져 50세부터 사직을 청하였는데, 미천한 신의 나이가 이제 이미 신의 아비가 세상을 떠난 나이[91]가 되었

87 옛사람의……뜻 : 임금을 섬길 때 숨김없이 직간해야 한다는 뜻을 말한다. 59쪽 주73 참조.

88 신의 선조부(先祖父)는……올랐습니다 : 저자의 조부는 이석규(李錫奎, 1758~1839)로 자는 치성(穉成)이고, 호는 동강(東江)이며, 초명은 영석(永錫)이다. 50세 때인 1807년(순조7)에 고양 군수(高陽郡守)로 있다가 문과에 급제하였고, 이후 이조 판서와 예조 판서를 거친 뒤 70세 때인 1827년(순조27)에 숭정대부에 올랐다. 《承政院日記 純祖 27年 12月 13日》

89 신의……오르자 : 저자의 부친 이계조(李啓朝)가 60세 때인 1851년(철종2)에 예조 판서에 임명된 것을 말한 것으로 보인다. 《承政院日記 哲宗 2年 5月 22日》

90 선친의 유훈(遺訓) : 50세가 되면 치사(致仕)하라는 부친 이계조(李啓朝)의 유언을 말한다. 17쪽 주1 참조.

습니다. 그런데 신이 만약 시간만 끌며 미적거리다가 허약한 체질이 다 손상되어 사직하려는 처음의 뜻을 이루지 못한 채 하루아침에 죽어 언덕과 골짜기에 나뒹굴게 된다면, 장차 무슨 면목으로 저승에서 선신(先臣)을 대할 것이며 또 장차 무슨 말로 한 시대 사람의 비웃음에 대해 풀어줄 것이며, 스스로 떳떳한 이 마음을 속이지 않았음을 밝히겠습니까.

돌아보건대 지금 하늘의 조화처럼 만물의 뜻을 이루어 주지 않음이 없어 환히 굽어살피고 걱정스럽고 애처롭게 여기시니, 만약 신이 만년을 여유 있게 보내며 몇 년의 시간을 얻게 된다면, 이는 모두 우리 전하께서 내려 주신 은혜이며 온전히 보전해 주시는 큰 은택일 것입니다.

송나라 신하 구양수(歐陽脩)가 말하기를 "양한(兩漢) 이래로 비록 삼공(三公)의 귀한 자리에 있더라도 아침에 조정을 떠나 저녁에 전리(田里)로 돌아가서 그칠 줄 아는 사람을 권면하였다."라고 하였으니,[92] 이것은 만년의 절조를 중시해서 그랬던 것입니다. 신이 비록 높은 작위를 한 번 사양하여 마침내 평범한 백성이 된다고 하더라도 성대한 은혜를 입은 것이니, 다시 어찌 잔두(棧豆)를 잊지 못해 연연함[93]이 있겠으며 또한 어찌 결초보은하려는 소망이 없겠습니까.

삼가 바라건대, 명철하신 성상께서는 신의 괴로운 충심을 헤아려

91 신의 아비가……나이 : 저자의 부친 이계조는 1855년(철종6) 10월 16일에 향년 64세로 세상을 떠났다. 《經山集 卷14 慶州李氏五世神道碑》

92 송나라……하였으니 : 구양수의 〈박주에서 치사를 청하는 두 번째 표〔亳州乞致仕第二表〕〉에 나오는 말을 축약해서 인용한 것이다. 《文忠集 卷93》

93 잔두(棧豆)를……연연함 : 콩 여물에 연연해 말이 마구간을 떠나지 못하는 것처럼 사소한 명리에 연연해 벼슬살이를 떠나지 못한다는 말이다.

주시어 속히 선마(宣麻)의 명[94]을 내려 주시기를 매우 간절히 기원합니다.

94 선마(宣麻)의 명 : 봉조하(奉朝賀)를 내려 주는 명을 말한다. 34쪽 주33 참조.

치사를 청하는 열다섯 번째 소[95]

乞致仕十五疏

삼가 아룁니다. 신이 듣건대, "임금을 섬기는 예는 젊고 건장할 때 감히 힘쓰지 않아서는 안 되고, 스스로 처신하는 의리는 늙고 병들었을 때 돌아가지 않아서는 안 된다."라고 하였습니다.[96] 옛날 신이 건장했을 때[97] 이미 힘써 정사에 종사하였으니, 이제 신이 늙었는데도 돌아가지 않는다면 부끄러움을 잊은 것입니다. 신이 물러나기를 청하는 것이 어찌 명성을 위한 것이겠습니까. 단지 병이 들어 한가함을 얻는 것이 본래 신의 지극한 바람이었을 뿐입니다.

아! 사대부는 염치를 중히 여기니, 떠나겠다고 하고서 떠나지 않은 경우는 아직 들어 보지 못했습니다. 이는 모두 노쇠함이 나이와 함께 나란히 진행되고 질병이 쇠약한 몸을 따라서 찾아와 갈 길은 먼데 나이는 한계가 있어서 시간이 재촉하고 종소리가 다그치기 때문입니다. 그런데도 태평한 세상에서 즉시 대번에 사직을 허락하지 않으신 것은 또한 따뜻한 봄날의 온기와 단비처럼 적셔 주는 은혜를 베풀어 마른나

95 치사(致仕)를……소 : 영중추부사로서 치사를 청한 소로, 저자의 나이 65세 때인 1878년(고종15) 1월에 올린 소이다. 이 소는 《승정원일기》 고종 15년 1월 10일 기사에 전문이 실려 있다.

96 신이……하였습니다 : 송나라 소철(蘇轍)의 〈장안도를 대신해 치사를 청하는 표〔代張公安道乞致仕表〕〉 중 세 번째 표(表)에 보인다. 《欒城集 卷49》

97 건장했을 때 : 저본에는 원문이 '장(狀)'으로 되어 있으나, 《승정원일기》의 기록에 근거하여 '장(壯)'으로 바로잡아 번역하였다.

무와 시든 풀 같은 신을 낳고 길러 주는 성상의 품 밖으로 차마 버리지 못해서일 것입니다.

신은 대대로 벼슬해 온 집안의 자손으로서 벼슬하지 않을 의리가 없습니다. 하지만 수레는 가벼운데 짐이 겹겹이 쌓이고 기반은 약한데 담장이 높음을 항상 두려워했으니, 무너져 내릴 위험이 있음을 사람들이 지목하고 귀신들도 내려다보고 있습니다. 더구나 나이는 칠순에 가깝고 여기에 더해 병까지 걸렸으니, 펼치고 싶은 충심이 있어도 기혈이 몸에 꽉 차지 않아서 육시(六時)[98] 중에 오시(五時) 동안은 맥이 빠져 있고 열 걸음 가는 동안 일곱 걸음 넘어집니다. 정신이 산란해 희미하고 어지러워 집안의 자잘한 일도 스스로 처리하지 못하고, 아침 저녁으로 함께 있는 사람도 성명을 기억하지 못하며, 일상적인 편지를 한 달이 다 되도록 답장을 잊기도 하고 하루에 두 번 답장을 보내기도 합니다. 거의 걸어 다니는 고깃덩어리나 나무 인형과 같아 하나의 병든 폐물(廢物)이 되고 말았으니, 비록 앞뒤에서 분주히 내달리며 독려하고 진작시키고자 한들 무슨 털끝만큼의 공을 이룰 수 있겠습니까.

옛사람의 말에 "무익한 자식과 쓸모없는 신하는 사랑하지 않고 기르지 않는다.〔無益之子, 無用之臣, 不愛不畜.〕"라고 하였습니다.[99] 신은 집에는 불효를 저지르고 나라에는 불충을 저질렀습니다. 해마다 상소

98 육시(六時) : 불가(佛家)에서 하루를 여섯으로 구분한 시각으로 새벽, 정오, 석양, 초야(初夜), 중야(中夜), 후야(後夜)를 말한다.

99 옛사람의……하였습니다 : 삼국(三國) 시대 조식(曹植)이 자신의 능력을 시험해 줄 것을 청하며 올린 소에 "자애로운 아비라도 무익한 자식은 사랑하지 않고, 어진 임금이라도 쓸모없는 신하는 기르지 않는다.〔慈父不能愛無益之子, 仁君不能畜無用之臣.〕"라고 한 내용이 보인다. 《三國志 魏志 卷19》

하여 물러나게 해 줄 것을 호소하였으나 해처럼 밝으신 성상의 마음을 움직이지 못하고 그저 번거로이 비답만 내리게 하여 거듭 죄를 지었으니, 이러한 신하는 사는 것이 죽는 것만 못합니다.

삼가 바라건대, 자애로우신 성상께서는 신의 간절한 바람을 살펴 즉시 삼자함(三字銜 봉조하(奉朝賀))을 내려 주시어, 신으로 하여금 시골로 돌아가 산수 간에서 조섭하며 여생을 마칠 수 있게 해 주신다면 참으로 큰 다행이겠습니다.

치사를 청하는 열여섯 번째 소[100]

乞致仕十六疏

삼가 아룁니다. 신의 노쇠함과 병약함은 날로 더해지고 달로 증가하고 있으며, 신이 물러나겠다고 아뢰는 것은 해마다 쌓이고 세월도 오래되었습니다. 신이 바라는 것이 오직 여기에 있고 사람들이 신을 대신해 걱정하는 것도 오직 여기에 있습니다. 신이 신을 보는 것이나 다른 사람이 신을 보는 것이나 결국은 단지 '물러남〔退〕'이라는 한 마디에 지나지 않습니다.

신이 물러남에 대해 신 스스로를 위해서만 곰곰이 생각한 것이 아닙니다. 신의 거취에 대해 논해 보자면, 해마다 물러가겠다고 말해 놓고 해마다 아직 물러가지 않으니 거의 임금에게 좋은 값을 받고자 한다는 혐의가 있습니다. 죽을 날이 머지않은 신의 한 몸이야 우선 논하지 않더라도, 예의와 염치가 무너져 손상되는 것으로 이보다 더 심한 것이 없습니다. 과거 선배들이 고집했던 바를 되짚어 생각해 보면, 모두가 처음 시작할 때 훌륭한 마무리를 지을 것을 생각하여[101] 반드시 자신의 뜻을 얻고서야 그만둔 것이니, 진실로 오늘 신이 아뢰는 말씀에서 벗어나지 않습니다.

100 치사(致仕)를……소 : 영중추부사로서 치사를 청한 소로, 저자의 나이 66세 때인 1879년(고종16) 1월에 올린 소이다. 이 소는 《승정원일기》 고종 16년 1월 5일 기사에 전문이 실려 있다.

101 처음……생각하여 : 《서경》 〈상서(商書) 태갑 하(太甲下)〉에 "끝을 삼가되 처음부터 한다.〔愼終于始.〕"라는 말이 보이는데, 이를 원용한 표현이다. 처음부터 훌륭히 마무리할 것을 생각하라는 의미이다.

무릇 신의 처신이 선배들의 만분의 일에도 미치지 못하지만, 평소에 간절히 바라던 것을 길이 맹세하며 잊지 않았던 것은 발돋움해서라도 선배들을 따르기를 바라서였으니, 이것이 바로 신이 마치 미치지 못할 것처럼 여기면서 스스로 후회할 줄 몰랐던 이유입니다.

아! 신은 대대로 벼슬한 집안의 자손이라서 벼슬하지 않을 의리가 없습니다. 젊어서 벼슬길에 나온 뒤로 명리의 마당에서 분주히 내달리며 온갖 신고를 두루 겪었고, 중서(中書 의정부)에 들어온 지 어느새 15년이라는 긴 시간이 흘렀으며, 치사를 청하는 소를 올린 것도 또 여러 해가 되었습니다.

하지만 처음의 뜻을 이루는 것은 아직도 더디기만 하고 눈앞의 잔두(棧豆)에 연연하며[102] 고달픈 모습으로 백수의 늙은이가 되어서도 여전히 스스로 한가히 쉴 겨를이 없습니다. 100리 떨어진 시골 마을에 일이 있으면 그때마다 달려가서 1년을 통틀어 헤아려 보면 서울에 있는 날이 반이 조금 넘으니, 지척에 계신 성상의 은혜로운 비답만 번거로이 내리게 하고 조그마한 보답도 바치지 못하였습니다. 아무짝에도 쓸모없는 몸이 됨이 점점 심해져 소생할 기약이 없으니, 천둥이 치고 수레에 땔감을 가득 실어 놓아도 그 소리와 모습을 분간하지 못합니다. 여기에 더해 다리는 몸을 지탱하지 못하고 호흡은 숨이 고르게 이어지지 못합니다. 한번 조정의 반열에 나가면 추한 모습이 비웃음만 사니, 한갓 헛된 이름만 관원의 명부에 들어 있어서 허깨비만 인간 세상에 남아 있는 꼴입니다. 변함없는 일념은 오로지 조금이라도 죄가 없을 때 몸을

102 잔두(棧豆)에 연연하며 : 콩 여물에 연연해 말이 마구간을 떠나지 못하는 것처럼 사소한 명리에 연연해 벼슬살이를 떠나지 못했다는 말이다.

이끌고 물러나 때때로 문안을 여쭙는 예를 행하면서 병든 몸을 조리하는 것에 있을 뿐입니다.

옛날에는 도(道)에 뜻을 두는 것을 산을 이루는 것에 비유하였으니, 혹시라도 한 삼태기의 흙 때문에 산을 이루는 일을 그르칠까 걱정하면서 "그만두는 것도 나아가는 것도 모두 나에게 달린 것이지 남에게 달려 있지 않다.〔其止其往, 皆在我而不在人.〕"라고 하였습니다.[103] 신의 상황은 이미 8, 9할의 지점에 이르렀으니, 오직 작은 것을 쌓아 많은 것을 이루고 이전의 공을 버리지 않아야 합니다.[104] 돌아보건대 지금은 밝으신 성상의 세상이라 만물의 뜻을 이루어 주지 않음이 없으니, 어찌 차마 일개 미천한 신으로 하여금 이미 이룬 공을 거두어서 중도에 그치도록 하겠습니까.

삼가 바라건대, 전하께서는 상소를 그만두기 어려운 신의 형편을 헤아려 특별히 물러가도록 허락하시어 구차하게 자리만 훔치고 있다는 비난에서 벗어나게 해 주시기를 매우 간절히 기원합니다.

103 옛날에는……하였습니다 : 《논어》 〈자한(子罕)〉에 공자가 학문의 완성과 시작의 과정을 비유하면서 "비유하자면 산을 만들면서 마지막 흙 한 삼태기를 붓지 않아 산을 이루지 못하고 중지함도 내가 중지하는 것이며, 비유하자면 산을 만들 때 평지에 흙 한 삼태기를 처음 붓더라도 나아감은 내가 나아가는 것이다.〔譬如爲山, 未成一簣, 止, 吾止也; 譬如平地, 雖覆一簣, 進, 吾往也.〕"라고 하였다. 공자의 이 말은 《서경》 〈주서(周書) 여오(旅獒)〉의 "아홉 길 산을 만들 때 한 삼태기의 흙이 부족하여 공이 허물어진다.〔爲山九仞, 功虧一簣.〕"라는 말을 부연한 것이다.

104 오직……합니다 : 바로 위 각주에 인용한 《논어》 〈자한(子罕)〉의 구절에 붙은 주희(朱熹)의 주석에 "배우는 자가 스스로 힘쓰고 쉬지 않으면 작은 것을 쌓아 많은 것을 이루고, 중도에 그만두면 예전의 공이 모두 허사가 된다.〔蓋學者, 自强不息, 則積少成多, 中道而止, 則前功盡棄.〕"라는 내용이 보인다.

치사를 청하는 열일곱 번째 소[105]

乞致仕十七疏

삼가 아룁니다. 염치는 나라의 기반이니, 옛날 나라를 다스리는 법도에 어찌 일찍이 이를 중시하지 않은 적이 있었습니까. 우리 조정의 사대부들은 이름을 닦고 행실을 가다듬되 특히 염치를 보존하여 그 본성을 온전히 하고 그 선을 지켰습니다. 비록 어리석은 백성이라 하더라도 모두 의리의 엄중함을 알아서 맑은 의론이 경시하는 것을 두려워하지 않은 자가 없습니다.

신은 부끄러움을 참으면서 미련하고 우둔하여 지조와 절개가 없다는 비난을 깨닫지 못한 채 떠나겠다고 말하고도 떠나지 않은 지 십수 년의 오랜 세월이 흘렀습니다. 다섯 가지의 부끄러움[106]에 대한 비난과 예의염치에 대한 경계에 대해 무지몽매하여 조롱과 비방을 돌아보지 않았습니다.

때때로 의관을 갖추고 조정에 나가서 나약하게 좋은 말만 하고 고집을 부린 병통이 있었으니[107] 비록 죽기 전에 조금이나마 신하의 분수를

105 치사(致仕)를……소 : 영중추부사로서 치사를 청한 소로, 저자의 나이 66세 때인 1879년(고종16) 9월에 올린 소이다. 이 소는《승정원일기》고종 16년 9월 7일 기사에 전문이 실려 있다.

106 다섯 가지의 부끄러움 : 지위에 있으면서 훌륭한 말이 없는 것, 말만 있고 행실이 없는 것, 덕이 있는 자를 등용했다가 다시 그를 물러나게 하는 것, 땅은 남음이 있으나 백성이 부족한 것, 일의 많고 적음은 남과 비슷한데 아랫사람을 진작시키지 못해 남의 공이 자신의 두 배가 되는 것 등을 말한다.《禮記 雜記下》

수행하려다 그렇게 된 것이지만 또한 염치를 잊은 그릇된 사람에 가깝습니다. 돌아보건대 지금은 성명(聖明)한 세상이니 어찌 꽉 막힌 이 일개 미천한 신하를 용납하여 염치를 배양하는 정사에 누가 되게 한단 말입니까.

옛날 정사에 참여했다가 70세에 벼슬을 그만둘 수 있었던 것[108]은 임금이 그의 재주와 역량에 도움을 받다가 그의 노쇠함을 불쌍히 여겼기 때문입니다. 그런데 신은 젊어서는 도움이 될 만한 재주와 역량이 없었고, 늙어서는 불쌍히 여길 만한 노쇠함이 심합니다. 미천한 몸이 어느덧 쇠약하고 병든 사람이 되었고, 애타게 사직을 간청한 지 오래되었습니다. 진실로 이는 재주가 없기에 물러나야 하고 이미 늙었기에 물러나야 하는 것이니, 나이가 아직 이르지 않았다는 것에 꼭 구애될 필요가 없습니다. 더구나 '물러나려는 경의 뜻을 성취할 날이 있을 것이다.'라는 하교를 삼가 받들어 비답과 하유(下諭)에서 읽은 적이 한두 번이 아닙니다.

밝으신 성상께서는 남김없이 환히 알고 계시고, 어리석은 신의 뜻은 고집스레 바뀌지 않습니다. 지금 만약 두렵고 부끄러워 낯 두껍게 머뭇거리며 이 상태로 시간만 끌며 지나다가 불행히 하루아침에 갑자기 죽어서 바라던 바를 이루지 못한다면, 예(禮)로써 움직이고 의(義)로

107 때때로……있었으니 : 저자가 이 상소를 올리기 직전인 1879년(고종16) 7월에 조선이 일본에 원산(元山)을 개항하였는데, 저자가 인천(仁川)의 개항만은 극구 반대한 일을 말한 것으로 보인다. 《高宗實錄 16年 6月 16日, 7月 18日》

108 옛날……것 : 《예기》 〈내칙(內則)〉에 "70세가 되면 벼슬을 그만둔다.〔七十致事.〕"라는 내용이 보이고, 〈곡례 상(曲禮上)〉에 "대부는 70세가 되면 벼슬을 그만둔다.〔大夫七十而致事.〕"라는 내용이 보인다.

써 머무는 도리를 장차 어디에서 강구하겠습니까. 신의 실정이 이 지경에 이르니 황공할 뿐입니다. 감히 글을 엮어서 이전에 아뢰었던 말씀을 다시 아뢰니, 삼가 바라건대 성상께서는 특별히 불쌍히 여기는 교화를 베푸시어 신에게 삼자함(三字銜 봉조하(奉朝賀))을 허락하여 여생을 보전할 수 있게 해 주신다면 참으로 다행이겠습니다.

치사를 청하는 열여덟 번째 소[109]

乞致仕十八疏

삼가 아룁니다. 신은 지난해에 지극한 바람을 거듭 호소하였으나 아직 숙원을 이루지 못하고 여러 차례 성상의 비답만 번거로이 내리게 하였습니다. 아직 치사할 나이에 이르지 않았다는 말씀으로 거듭 전교를 내리시니, 신은 감격스럽고 두렵기만 합니다.

성상의 뜻이 어디에 있는지 모르는 것이 아닙니다만, 예경(禮經)에서 '70세'라고 한 것[110]은 성인(聖人)이 이러한 연한을 두어서 후인들에게 넘지[111] 말도록 보여 주신 것일 뿐입니다. 실제로 그 기한의 조만(早晩)과 선후(先後)는 딱 잘라서 이것으로 구애받을 필요는 없습니다. 예컨대 20세에 관례(冠禮)를 행하고, 30세에 아내를 맞이하고, 40세에 처음 벼슬하는 제도[112]의 경우, 예로부터 지금까지 반드시 이 연한을 따랐다는 것을 들어 보지 못했으니, 어찌 유독 치사에 대해서만 70세가 되기를 기다리겠습니까.

109 치사(致仕)를……소 : 영중추부사로서 치사를 청한 소로, 저자의 나이 67세 때인 1880년(고종17) 2월에 올린 소이다. 이 소는 《승정원일기》 고종 17년 2월 10일 기사에 전문이 실려 있다.

110 예경(禮經)에서……것 : 19쪽 주6 참조.

111 넘지 : 저본에는 원문이 '유(踰)'로 되어 있으나 의미가 통하지 않아, 《승정원일기》의 기록에 근거하여 '유(踰)'로 바로잡아 번역하였다.

112 예컨대……제도 : 20세와 30세의 제도는 《예기》 〈내칙(內則)〉에 보이고, 40세에 벼슬하는 것은 〈곡례 상(曲禮上)〉에 보인다.

신은 처음 벼슬할 때부터 이미 사리에 밝지 못해 털끝만큼도 훌륭한 계책을 내어 나라를 위해 충성을 바친 적이 없습니다. 게다가 50세에도 알려진 명망이 없었고[113] 70세가 어느덧 임박하였으니, 분수로 보아 마땅히 물러나야 하며 다른 것은 돌아볼 겨를이 없습니다.

아! 옛날의 신하 중에 군부에게 지우(知遇)를 받고 애처로이 여겨줌을 받은 자가 모두 몇 사람이나 되겠습니까. 신은 이미 명철하신 성상께 지우를 받았으니, 어찌 감히 '사랑하면 살기를 바라는' 은혜를 내리시는 성상께 애처로이 여겨줌을 받기를 바라지 않겠습니까.

신은 성상께서 교화시키고 길러 주시는 만물 가운데 하나이니, 의리상 정성을 다해 분골쇄신하여 하늘로 여기는 성상께 보답해야 마땅합니다. 하지만 기혈(氣血)이 심히 쇠해진 것이 전보다 백배나 더합니다. 한번 침석에서 일어나고 누우려 해도 반드시 옆 사람이 부축해 주기를 기다려야 하고 잠깐만 걸어도 반드시 연이어 헐떡이는 소리를 내어서 아침 이슬처럼 위태롭고 기러기 터럭처럼 가벼운 정도일 뿐만이 아니니, 어찌하겠습니까. 이런 상태로는 남은 영예가 절로 싫을 뿐만 아니라 또 남은 삶도 절로 싫어집니다.

옛말에 이른바 "조정에는 그만두지 못할 관직이 없고, 세상에는 다하지 않을 나이는 없다.〔朝中無不休之官, 世上無不盡之年.〕"라고 한 것[114]

113 50세에도……없었고 : 《논어》 〈자한(子罕)〉에 "후생이 두려울 만하니 앞으로 올 후생들이 지금 나보다 못할 줄을 어찌 알겠는가. 그러나 나이 40, 50세가 되어도 알려짐이 없으면 또한 두려워할 것이 없다.〔後生可畏, 焉知來者之不如今也? 四十五十而無聞焉, 斯亦不足畏已.〕"라는 내용이 보인다.

114 옛말에……것 : 명나라 섭향고(葉向高)의 《윤비주초(綸扉奏草)》 권5 〈각신을 보충하기를 청한 여섯 번째 소〔請補閣臣第六疏〕〉에 고어(古語)로 인용되어 있는데,

은 바로 신을 두고 한 말입니다. 전하께서 이런 상황에서는 응당 고식(姑息)을 깨고 은혜 내리기를 재결하여 미천한 신의 절개를 보존하게 해 주셔야 할 것입니다. 그렇게 하신다면 성대한 조정에서는 신하를 물러가게 하는 것이 바로 신하를 온전히 보전하는 것이 되고, 사사로운 의리에서는 사직을 청하는 것이 바로 몸을 조정에 바치는 것이 됩니다.

지금 비록 시골에 의탁해 살아가면서 마른나무처럼 여생을 마치려 하지만, 나라에 큰 경사가 있으면 올 것이고 나라에 큰 논의가 있으면 올 것입니다. 신이 어찌 넘실넘실 흘러가는 물처럼 길이 떠나서 곧장 성명(聖明)한 시대와 결별하여, 지우를 받고 애처로이 여겨줌을 받은 은혜를 생각지 않고 단지 만족할 줄 알고 그칠 줄 아는 계책만 읊조리고 있겠습니까.

천종(千鍾)의 녹봉은 사양하기가 매우 쉽지만 한 마디의 무거운 말은 결단하기가 심히 어렵습니다. 신의 말이 이미 결단을 내렸으니 신의 녹봉은 사양해야 합니다. 생각만 품은 채 시간을 허비하기보다는 차라리 다급한 목소리로 애처로이 호소하는 것이 더 낫기에, 외람됨과 번거로움을 피하지 않고 감히 글을 올립니다.

삼가 바라건대, 천지와 같고 부모와 같은 성상께서는 굽어살펴 주시어 속히 삼자함(三字銜 봉조하(奉朝賀))을 허락하시어 낳아 주고 길러 주시며 교화시켜 주시는 은택 안에서 본성을 이루도록 해 주시기를 매우 간절히 바랍니다.

'불휴지관(不休之官)'이 '불파지관(不罷之官)'으로 되어 있다.

치사를 청하는 열아홉 번째 소[115]

乞致仕十九疏

삼가 아룁니다. 봄에 신이 늙고 병든 실상을 다 진달해 지엄하신 성상께 토로하여 들어주시기를 바랐습니다. 하지만 성상의 믿음을 얻어 윤허를 받는 일은 여전히 아득하고 도리어 은총만 받게 되었으니, 몇 달이 지나는 동안 더욱더 두렵고 황공하였고 뒤이어 답답한 마음이 생겼습니다.

신의 지금 상황은 오관(五官 다섯 가지 감각기관)이 모두 병들었습니다. 말을 들을 때는 지척에서 하는 대화도 벽을 사이에 두고 하는 것과 다름이 없고, 살피고 볼 때는 오가는 수레에 실린 땔나무도 마치 안개가 낀 듯 희미하게 보이며, 입으로 숨을 내쉬고 들이마시는 것과 코로 냄새를 분간하는 것은 겉으로는 외물을 감각하는 듯하지만 실제로는 제구실하지 못합니다. 이런 증상이 한 가지만 있는 것도 오히려 의원이 경계하는데, 만일 혹시라도 마음이 괴롭거나 생각이 어지럽기라도 한다면 마치 중증(重證)을 앓은 듯[116] 급격히 정신이 쇠약해져 장차 며칠도 버티지 못할 것입니다. 게다가 두 다리는 뻣뻣하여 앉을 때는 땅에 던져지듯 하고 일어날 때는 번번이 물건을 잡아야 하니, 온갖 병이

115 치사(致仕)를……소 : 영중추부사로서 치사를 청한 소로, 저자의 나이 67세 때인 1880년(고종17) 7월에 올린 소이다. 이 소는 《승정원일기》 고종 17년 7월 7일 기사에 전문이 실려 있다.

116 마치……듯 : 저본의 원문은 '여경중증(如輕重證)'인데, 문맥이 잘 통하지 않아 《승정원일기》의 기록에 근거하여 '여경중증(如經重證)'으로 바로잡아 번역하였다.

번갈아 찾아와 한번 몸을 펴고 일어나려 해도 방법이 없습니다.

위태한 때가 닥쳐오는데 실낱같이 미약한 몸을 억지로 독려하여 스스로 물러나 쉬지 않고 망령되이 벼슬의 반열에 나아가고자 한다면, 이는 떨어지려는 잎새에 바람이 불고 기울어지려는 그릇에 물을 붓는 것과 같아서, 반드시 상황이 잘못될 것은 불을 보듯 뻔합니다. 신의 사정이 이러하니 어디에 간들 병든 몰골일 것입니다.

신의 한 몸의 생사야 진실로 돌아볼 것이 없지만 예의와 염치가 무너지고 손상됨이 과연 어떻겠습니까. 오직 마땅히 조용히 거처하며 정신을 보양하여 조금 살아갈 날을 늘여서, 여생에는 보답하지 않는 것으로 성상의 은혜에 보답하기를[117] 도모해야 합니다. 그렇다면 신의 거취는 굳이 따져 말하지 않더라도 결정된 것입니다.

무릇 신하가 조정에 서서 임금을 섬기면서 대궐에서 예를 행하고 빛나는 모습을 의지하고 가까이하며 때로 훌륭한 자태를 우러러보는 것은, 진실로 미천한 분수의 지극한 영광이며 천하의 지극한 즐거움입니다. 그러나 한스러운[118] 것은 파리한 몸에 뼈가 드러나고 가쁜 숨을 이어가기 어려워 그저 성상이 계시는 대궐 쪽을 바라보고 제 몸을 돌아보며 부끄러워하고 슬퍼할 뿐인 점입니다.

베개에 기대어 남에게 대신 쓰게 하여 거듭 성상을 번거롭게 하고 어지럽히는 죄를 범하니, 삼가 바라건대 명철하신 성상께서는 불쌍히

117 보답하지……보답하기를 : 벼슬에 나가지 않는 것을 보답하는 방법으로 삼겠다는 말이다. 48쪽 주53 참조.

118 한스러운 : 저본의 원문은 '한(限)'인데, 문맥이 통하지 않아 《승정원일기》의 기록에 근거하여 '한(恨)'으로 바로잡아 번역하였다.

여겨 살펴 주심을 곡진히 더하시어 즉시 선마(宣麻 조서(詔書))를 허락해 삼자함(三字銜 봉조하(奉朝賀))을 얻게 하여 남은 생을 마치게 해 주시기를 매우 공손히 기원합니다.

치사를 청하는 스무 번째 소[119]

乞致仕二十疏

삼가 아룁니다. 신하가 임금을 섬기면서 은혜에 보답할 책무를 생각하지 않고 오직 편안함만 차지하려 한다면 이것이 어떠한 죄이며, 성상을 번거롭게 하고 어지럽히는 두려움을 생각하지 않고 오로지 은혜를 바라기만 일삼는다면 이것은 또 어떤 죄이겠습니까. 신이 구구한 사정으로 누차 상소하기를 해마다 한 번 하는 것도 모자라서 두 번, 세 번에 이른 것[120]은 실로 편안함만 차지하거나 은혜를 바란 것이 아닙니다.

신의 병은 줄곧 오래도록 이어져 나을 기약이 없고, 신의 몸은 갈수록 더욱 외롭고 쓸쓸해져 다시는 떨쳐 일어날 가망이 없습니다. 신의 병이 요행을 기대할 수 없음은 스스로 아는 것은 이미 말할 것도 없거니와, 신의 몸이 이에 따라서 쓸모가 없다는 것은 누군들[121] 헤아리지 못하겠습니까.

아! 신은 근년 이래로 큰 은혜를 두터이 입어 생각하는 것이 있으면

119 치사(致仕)를……소 : 영중추부사로서 치사를 청한 소로, 저자의 나이 67세 때인 1880년(고종17) 10월에 올린 소이다. 이 소는 《승정원일기》 고종 17년 10월 12일 기사에 전문이 실려 있다.

120 두……것 : 앞의 열여덟 번째와 열아홉 번째 치사를 청하는 소와 이 소는 모두 1880년에 올린 것이다.

121 누군들 : 저본의 원문은 '취(就)'인데, 문맥이 통하지 않아 《승정원일기》의 기록에 근거하여 '숙(孰)'으로 바로잡아 번역하였다.

반드시 아뢰었고 바라는 것이 있으면 반드시 이루었는데, 유독 거취에 관한 일만은 성상의 마음을 돌리지 못했습니다. 지척에 계시는 성상의 은총이 신의 한 몸에 유독 많이 입혀졌고, 구중(九重)의 하교가 10년 동안 매번 번거롭게 내렸습니다.[122] 전후에 곡진히 보호해 주신 것이 모두 신을 권면하고 신을 만류하여 사랑하고 독실히 보살피신 것입니다. 남들이 보면 비록 지극히 영광스럽다고 할 것이나 신이 스스로 돌아보면 더욱 죄를 지었다고 느낄 뿐이니, 이 때문에 걱정하고 두려워하여 병도 따라서 고질이 되었습니다.

무릇 무망(無妄)[123]에서 생긴 병은 오직 약으로 치료할 수 있지만 지금 신의 병은 약으로 치료할 수 있는 것이 아닙니다. 오로지 우리 성상께서 사랑하고 불쌍히 여기는 은혜를 특별히 내려 곧장 물러나도록 허락하여 살길을 열어 주심에 달려 있을 뿐입니다. 그러니 신이 감히 천지와 같고 부모와 같은 성상 앞에 한편으로는 시골 백성이 되고 한편으로는 실낱같은 호흡을 이어가 처음부터 끝까지 낳아 주고 길러 주시는 은택을 입기를 바라지 않을 수 있겠습니까.

또 신의 선친이 유언으로 남긴 간절한 당부는 쉰 살에 벼슬을 그만두

122 10년……내렸습니다 : 저본의 원문은 '매번십년(每煩十年)'이다. 《승정원일기》에는 원문이 '매번십행(每煩十行)'으로 기록되어 있는데, '매번 윤음을 번거롭게 내리게 하였습니다.'로 번역된다. 십행은 군주가 내리는 조서를 말한다. 문맥상 《승정원일기》의 기록이 옳은 듯한데, 우선 저본의 기록을 따라 번역해 두었다.

123 무망(無妄) : 저본의 원문은 '무망(無忘)'으로 되어 있는데, 문맥이 통하지 않아 《승정원일기》의 기록에 근거하여 '무망(無妄)'으로 바로잡아 번역하였다. 무망(無妄)은 잘못이 없다는 뜻으로, 《주역》 〈무망괘(无妄卦) 구오(九五)〉에 "잘못이 없는데도 생긴 병은 약을 쓰지 않아도 기쁜 일이 있으리라.〔无妄之疾, 勿藥有喜.〕"라는 말이 있다.

어 재앙을 없애라는 것이었는데 신이 쉰 살에 물러가기를 청하였으나 아직 뜻을 이루지 못하였고, 예순이 되고 일흔이 가깝도록 잔두(棧豆)에 연연하고 있으니,[124] 선친의 유훈을 내버리고 재앙을 자초하는 것을 어찌 벗어날 수 있겠습니까.

만년에 한가로운 삶을 청한 것은 이미 지금 처음 청하는 일이 아니고 영예로운 벼슬길에 대한 생각이 식은 것은 예전보다 한층 더하기에, 신하의 분수와 의리가 중요함을 생각하지 않고 감히 성상의 위엄을 범하며 역말 편에 애처롭게 호소합니다.

삼가 바라건대, 자애로운 성상께서는 굽어살펴 헤아려 신에게 삼자함(三字銜 봉조하(奉朝賀))을 허락하여 병든 신으로 하여금 편안히 조리할 수 있게 해 주시기를 매우 간절히 기원합니다.

124 잔두(棧豆)에 연연하고 있으니 : 콩 여물에 연연해 말이 마구간을 떠나지 못하는 것처럼 사소한 명리에 연연해 벼슬살이를 떠나지 못했다는 말이다.

스물한 번째 치사를 청하여 윤허를 받은 소[125]

乞致仕二十一 準請疏

삼가 아뢰니다. 신이 선친의 가르침[126]을 마음에 새기고 오랜 세월의 바람을 안고서 올해 봄부터 가을까지 세 번이나 진심을 호소하여[127] 말은 이미 다하였고 실정도 다 아뢰었으니, 이것이 어찌 신이 그만둘 수 있는데도 그만두지 않는 것이겠습니까. 다만 지금 신의 상황이 애처롭고도 외로워 집에 있을 때는 낯을 들 기색이 없고 남을 대할 때는 입을 열 마음조차 싫습니다. 날마다 기다리는 것은 오직 저승사자가 오는 것일 뿐이니, 이생과 이 세상에서 무슨 마음에 걸릴 해야 할 일이 있겠습니까.

다만 우러러 바라는 것은, 오직 하늘처럼 덮어서 가려 주고 땅처럼 실어서 길러 주시어 성상의 은혜로 우로(雨露)와 같이 적셔 주고 하해(河海)와 같이 포용하여 신의 뜻을 이루어 주시고 신을 사랑해 불쌍히 여겨 주시는 것에 있을 뿐입니다. 다행히 살길을 얻어 조금이나마 살아

125 스물한……소 : 영중추부사로서 치사를 청한 소로, 저자의 나이 67세 때인 1880년(고종17) 10월에 올린 소이다. 이 소는《승정원일기》고종 17년 10월 16일 기사에 전문이 실려 있다. 고종은 이 상소에 대해 저자에게 봉조하(奉朝賀)의 직함을 내리며 치사를 허락한다는 비답을 내렸다.

126 선친의 가르침 : 저자의 부친 이계조(李啓朝)가 저자에게 50세에 벼슬을 그만두라는 유언을 남긴 것을 말한다. 17쪽 주1 참조.

127 올해……호소하여 : 앞의 열여덟 번째, 열아홉 번째와 스무 번째 치사를 청하는 소를 말하는데, 모두 1880년에 올린 것이다.

갈 날을 연장할 수 있다면, 이로부터 신이 얻는 나이는 우리 성상께서 내려 주시는 것이 아님이 없을 것입니다. 그렇다면 신이 비록 오늘 벼슬을 그만두고 떠난다 하더라도, 크고 작은 일이 있고 다급한 때가 닥쳤을 때 신이 어찌 감히 팔짱만 끼고 한 걸음 물러나서 태연히 모른 체 하겠습니까.

아! 신이 벼슬에 나아갔을 때 머리부터 발끝까지 터럭 하나까지지도 모두 성상의 은택에 젖었으니, 그렇다면 신이 물러날 때 신의 깊숙한 속마음을 어찌 명철하신 성상께 숨기겠습니까. 옛사람이 사정이 다급할 때 임금의 위엄을 범하기를 꺼리지 않고 아뢰었지만 모두 너그러이 용서해 주는 은혜를 입었습니다. 신이 지금 처한 사정은 더욱 다급하여 참으로 그만두기가 어렵기에, 이에 감히 외람됨을 피하지 않고 역말 편에 다시 성상을 번거롭게 합니다.

삼가 바라건대, 자애로운 성상께서는 즉시 선마(宣麻)를 명하시어[128] 미천한 신으로 하여금 선친의 가르침을 이행하고 숙원을 이루도록 해 주신다면 매우 다행이겠습니다.

128 선마(宣麻)를 명하시어 : 봉조하(奉朝賀)의 직함을 내려 달라는 말이다. 34쪽 주33 참조.

부주附奏

돈유를 받은 뒤에 올린 부주[129]
敦諭後附奏

신이 길을 떠나 막 도성 부근에 이르렀을 때 사신이 이미 누추한 집[130]에 임하여 돈유하는 하교를 전해 주었으니, 돌아보아 주신 은혜가 융숭하고 간절하였습니다. 중책을 맡기고 성대히 기대한 것이 마치 옛날 명철한 군주가 보필하는 신하를 예우하던 일과 같았으니, 신이 어찌 감히 감당할 수 있겠으며 신이 어찌 감히 차지할 수 있겠습

129 돈유(敦諭)를……부주(附奏) : 1864년(고종1) 6월 15일에 저자를 좌의정에 임명한 고종은 이튿날인 6월 16일에 돈유하여 속히 조정으로 들어올 것을 명하였다. 당시 함경도 관찰사의 임기를 마치고 돌아오던 저자가 7월 14일에 고종의 돈유를 받고 아뢴 글이 바로 이 부주이다. 저자는 좌의정의 명을 거두기를 청하였으며, 이틀 뒤인 7월 16일에 좌의정을 사직하는 첫 번째 소를 올렸다. 《高宗實錄》《嘉梧藁略 冊6 辭左議政疏》 한편, 《승정원일기》 고종 1년 7월 14일 기사에, 저자에게 고종의 돈유를 전달한 뒤 결과를 보고하는 사변가주서(事變假注書) 고경준(高景晙)의 서계(書啓)에 저자의 이 부주가 실려 있다. 부주는 임금의 유시에 대해 서계나 장계(狀啓) 등에 함께 실은 당사자의 답변을 말한다.

130 누추한 집 : 《승정원일기》 고종 1년 7월 14일 기사에 의하면, 저자의 한양 집은 동부(東部) 숭신방(崇信坊) 청수동계(淸水洞契)에 있었는데 현재의 서울 성북구 정릉동(貞陵洞) 일대이다.

니까.

신이 조정에서 멀리 떠나 있는 동안 슬프고 경사스러운 시기를 겪었기에[131] 대궐 지붕이 멀리 눈에 들어오자 성상을 그리워하는 마음이 배나 더하였습니다. 하지만 철문을 막아 놓은 듯 한 걸음도 나아갈 수 없었던 것은, 신이 분수를 따지고 의리를 헤아려서 거취를 신중히 하느라 그런 것이 아닙니다. 단지 신의 몸에 띠고 있는 직함과 성상께서 생각해 주신 것이 실로 조금도 논의할 만한 여지가 없는 것이며 진실로 천부당만부당한 일이기 때문입니다.

천금의 보배를 아무런 공이 없는 사람에게 내리면 가난한 사람이라도 받지 않으며, 궁정(弓旌)의 예를 행할 때 신분에 맞지 않게 하여 부르면 천한 자도 가지 않습니다.[132] 무릇 크고 작은 벼슬을 사양하거나 받는 것은 각각 마땅해야 합니다. 지금 신이 비록 오만하다는 죄에 대한 처벌을 받더라도 감히 외람되이 성상의 명에 응할 생각을 못 하는 것은, 신에게 진실로 곰곰이 헤아려 봄이 있어서입니다. 이는 해와 달처럼 밝은 성상께서 필시 환히 통촉하고 계실 것이며, 같은 조정에 있는 신료들의 논의도 필시 이해하고 헤아려 줄 것입니다.

131 신이……겪었기에 : 저자가 함경도 관찰사로 재직하던 1863년에 철종이 승하하고 고종이 등극한 일을 말한다.

132 궁정(弓旌)의……않습니다 : 궁정의 예는 사람을 초빙하는 예를 말한다. 궁정은 활과 깃발인데, 《춘추좌씨전》 소공(召公) 20년에 "활을 써서 사를 부르고, 깃발을 써서 대부를 부른다.〔用弓招士, 用旌招大夫.〕"라는 구절이 있다. 또 《맹자》 〈만장 하(萬章下)〉에, 대부를 부를 때 사용하는 깃발로 우인(虞人)을 부르자 우인이 죽음을 각오하고 감히 나아가지 않았다는 내용이 보인다. 우인은 산림과 천택을 관리하던 벼슬아치이다. 한편 저본에는 '궁정(弓旌)'이 '육현(六弦)'으로 되어 있는데, 문맥이 통하지 않아 《승정원일기》의 기록에 근거하여 바로잡아 번역하였다.

두려움과 부끄러움에 벌벌 떨면서 신의 속마음을 아뢰오니, 오직 바라건대 속히 성상의 명을 어긴 죄를 물어서 조정의 기강을 진작시키소서.

별유를 받은 뒤에 올린 부주[133]

別諭後附奏

신이 외람되이 과분한 은혜를 받은 뒤로 달이 이미 바뀌었고 날이 또 많이 지났습니다. 너무도 황공하여 죽으려 했으나 죽지 못하고 성상의 명을 어긴 죄가 쌓여 벌을 받을 날만 기다렸습니다. 어제 부주(附奏)를 통해 다급한 속마음을 대략 진달하여 하늘처럼 인자하신 성상께서 낳아 주고 길러 주는 은택을 곡진히 내려 주시기를 바랐습니다.

그런데 잠필(簪筆)의 신하[134]가 누추한 신의 집에 거듭 찾아왔고 사륜(絲綸)[135] 같은 하교가 또 미천한 신에게 과분하게 내렸으니, 임금과 부모에 대한 그리움이라는 말로 깨우쳐 주시고 옛날 신의 선조가 생각난다는 말로 격려하셨습니다.[136] 성대히 추어주심은 곤룡포보다 빛나

133 별유(別諭)를……부주 : 앞의 1864년(고종1) 7월 14일에 올린 〈돈유를 받은 뒤에 올린 부주〔敦諭後附奏〕〉에 대해 이튿날인 7월 15일에 다시 출사하라는 전교(傳敎)가 내리자, 저자가 이에 답한 부주이다. 《승정원일기》 고종 1년 7월 15일 기사에, 동부 숭신방 청수동계의 집에 있는 저자에게 고종의 별유를 전달한 뒤 결과를 보고하는 사변가주서 고경준(高景晙)의 서계에 저자의 이 부주가 실려 있다.

134 잠필(簪筆)의 신하 : 잠필은 관원이 관(冠)이나 홀(笏)에 붓을 꽂아서 서사(書寫)에 대비하는 것을 이르는 말로, 예문관 검열이나 승정원 주서 등의 관원을 잠필지신(簪筆之臣)이라고 한다. 여기서는 사변가주서 고경준을 가리킨다.

135 사륜(絲綸) : '사'는 가는 실을 말하고, '윤'은 굵은 노끈을 말하는데, 왕의 말을 의미하는 말로 쓰인다. 38쪽 주39 참조.

136 임금과……격려하셨습니다 : 저자에게 내린 전교에 "대궐 지붕이 눈에 들어오고 집이 점차 가까워짐에 임금과 부모를 그리는 마음이 더욱 마땅히 어떠했겠느냐", "충신의 가문에서 경을 얻었기에……내 마음이 한창 옛날 경의 선조에 대한 생각으로 간절한

는 포상과 같고[137] 간절하신 기대는 물이 새는 배를 막을 헌 옷과 같아서[138] 하찮은 신의 거취를 마치 정사의 근본에 관계된 것처럼 하셨으나, 신은 그만한 사람이 아니니 어찌 감히 이를 감당하겠습니까.

돌아보건대 지금은 처음 등극하신 성대한 때로 모든 일을 새롭게 하고 있으니 재상을 선발하는 일이 얼마나 중요한 일이겠습니까. 음양의 원기를 조화하여 교화를 돕는 책임이 여기에 달려 있고, 임금을 높이고 백성을 보호하는 공이 여기에 달려 있으니, 반드시 온 나라 사람들이 '됐다. 우리 재상으로 정할 수 있다.'라고 하는 사람이라야 합니다. 그런데 조금도 잘난 것이 없고 전혀 합당하지도 않은 일개 미천한 신을, 백성의 큰 기대를 생각지 않고 발탁하여 모두가 올려다보는 자리에 두셨으니, "이런 자도 정사에 참여한단 말인가!"라던 비난[139]이 오히려 신의 몸에 돌아오게 되었고, "세상일을 알 만하다."라는 탄식[140]을 하게 만들어서 성군의 시대에 누를 끼치게 되었습니다. 그러니

데, 경이 어찌 그렇지 않겠는가."라는 내용이 보인다. 선조는 백사(白沙) 이항복(李恒福)을 말하는 듯하다. 《承政院日記 高宗 1年 7月 15日》

137 성대히……같고 : 더없이 빛나는 칭찬이라는 말이다. 진(晉)나라 범녕(范寧)의 〈춘추곡량전서(春秋穀梁傳序)〉에 "공자의 한 글자의 포상이 화려한 곤룡포를 내려 주는 것보다 영광스럽다.〔一字之褒, 寵踰華袞之贈.〕"라고 한 데서 나왔다.

138 간절하신……같아서 : 대단히 크게 기대했다는 말이다. 《주역》 〈기제괘(旣濟卦) 육사(六四)〉에 "물이 새는 곳에 헌 옷을 마련해 두고 종일토록 경계한다.〔繻有衣袽, 終日戒.〕"라고 하였고, 정전(程傳)에서 "배에 틈이 있어 물이 새면 헌 옷으로 막는다.〔舟有罅漏, 則塞以衣袽.〕"라고 하였다.

139 이런……비난 : 송(宋)나라의 명재상 여몽정(呂蒙正)이 처음 벼슬하여 조정에 들어가자 어떤 관원이 "이런 자도 정사에 참여한단 말인가.〔此子亦參政耶!〕"라고 했던 고사가 전한다. 《宋史 卷265 呂蒙正傳》

말하고 보는 사람이 놀라 의혹하는 것과 조처가 뒤집힌 것이 과연 어떠하겠습니까.

"헤아려 본 뒤에 들어가라.〔量而後入.〕"[141]라고 한 것은 군자가 경계한 것이고, "할 수 없는 자는 그만두라.〔不能者止.〕"[142]라고 한 것은 옛사람의 말입니다. 이것이 신이 스스로 예의와 염치를 지키려 한계를 그어 놓고 미련스럽게 고집하면서 바꾸지 않는 이유이니, 이는 신의 한 몸을 위한 계책이 아니라 바로 국가를 위한 일입니다. 사람을 잘 알아보는 성상의 현명함으로 보자면, 마땅히 신에 대한 처분이 있어야 할 것입니다.

번다한 말로 겸양을 가식하는 것은 의리상 감히 할 수 없기에, 삼가 마땅히 마음과 정신을 거두어 모아 대략 간절한 속마음을 다 피력해서 명을 거두시기를 바라는 청을 속히 올리겠습니다.

140 시사(時事)를……탄식 : 당(唐)나라 때의 문신 정경(鄭綮)은 헐후시(歇後詩)로 세상을 풍자하곤 했는데, 소종(昭宗)이 그를 예부 시랑(禮部侍郎) 동중서 문하평장사(同中書門下平章事)에 임명하자 정경이 "헐후시를 쓴 내가 재상이 되다니, 세상일을 알 만하다.〔歇後鄭五作宰相, 時事可知矣.〕"라고 한 고사가 전한다. 헐후시란 시의 마지막 구절을 숨겨 뜻을 함축하는 방식의 시체이다. 《舊唐書 卷179 鄭綮傳》

141 헤아려……들어가라 : 《예기》 〈소의(少義)〉에 "임금을 섬길 때는 자신의 역량을 헤아려 본 뒤에 들어가고, 들어가고 난 뒤에 헤아리지 않는다.〔事君者, 量而后入, 不入而后量.〕"라는 구절이 보인다.

142 할……그만두라 : 《논어》 〈계씨(季氏)〉에, 공자가 계씨의 잘못을 막지 못한 염구(冉求)를 책망하면서 "힘을 펼쳐 지위에 나가서 제대로 할 수 없으면 그만두라.〔陳力就列, 不能者止.〕"라고 한 주임(周任)의 말을 인용한 내용이 있다. 주임은 옛날의 훌륭한 사관(史官)의 이름이다.

동조의 별유를 받은 뒤에 올린 부주[143]

東朝別諭後附奏

신이 외람되이 다급한 목소리로 호소하는 글을 올리고 곡진히 헤아려 주시는 인자한 은혜가 내리기를 마음속으로 바랐습니다만, 분수에 넘치는 일이라 사정을 다 아뢰지는 못하고 마음이 다급하여 글을 제대로 다듬을 겨를이 없었습니다. 이에 성상의 깊은 마음을 돌이키지 못해 허락을 받는 일이 더욱 아득해졌는데, 따뜻한 비답을 받들고 보니 도리어 성대히 권장하시는 은혜를 입었습니다. 한번 돌보고 마음 써 주시는 은혜를 입을 때마다 번번이 하나씩 더 죄만 보태게 되었습니다. 이러던 차에 자전(慈殿)의 전교가 한꺼번에 이르렀는데 빛나는 은혜는 전에 없던 것이었고 이끌고 깨우쳐 주심이 간절하셨으니, 신처럼 용렬하고 미천한 자가 감당할 수 있는 것이 아닙니다.

신이 삼가 두 전하의 은혜로운 유지를 읽으니 처음부터 끝까지 수백 마디의 말씀이 간곡하고 정성스러웠습니다. 독실한 충정을 바친 신의 선조를 생각하시며 신에게 성상을 보도할 책무를 맡기셨고, 나라의

143 동조(東朝)의……부주 : 앞의 1864년(고종1) 7월 15일에 올린 〈별유를 받은 뒤에 올린 부주[別諭後附奏]〉에 대해 이튿날인 7월 16일에 다시 대왕대비인 신정왕후(神貞王后)의 전교가 내리자, 저자가 이에 답한 부주이다. 동조는 여기에서는 당시 수렴청정을 하고 있던 신정왕후를 이른다. 《승정원일기》 고종 1년 7월 16일 기사에 신정왕후의 전교가 실려 있고, 아울러 동부 숭신방 청수동계의 집에 있던 저자에게 동조의 별유를 전달한 뒤 결과를 보고하는 사변가주서 고경준(高景晙)의 서계에 저자의 이 부주가 실려 있다.

형세와 백성의 근심을 걱정하시며 신에게 세상을 구제할 것을 기대하셨으니, 어느 하나 신의 피부를 찌르지 않고 신의 폐부에 스며들지 않는 것이 없었습니다. 두 손으로 받들고 수없이 머리를 조아리며 한편으로는 눈물이 흐르고 한편으로는 진땀이 흘렀으니, 신하가 되어 이처럼 특별한 지우(知遇)를 받은 자가 모두 몇이나 되겠습니까.

지우를 입었을 때 감격하는 것은 대등한 사이에서도 오히려 그런 것이고, 은혜에 보답하기를 생각하는 마음은 떳떳한 본성을 지닌 사람이라면 누구나 지닌 것입니다. 진실로 한 치의 재주나 한 푼의 능력이라도 지녀 나라에 도움이 되고 백성에게 보탬이 된다면, 비록 머리 위에서 철륜(鐵輪)을 굴린다고 한들 또한 어찌 사양하거나 피하겠습니까.[144] 하지만 신이 재주가 없음은 하늘이 부여한 바에 의한 것이고, 신이 능력이 없음은 사람들의 식견으로 이미 판별된 것입니다.

군주의 명령은 출사를 재촉해 다그치는 것보다 엄한 것이 없지만, 억지로 하기 어려운 것을 억지로 하게 하는 것은 구경(九經) 중 아랫사람의 마음을 살피는 도리[145]가 아닙니다. 신하의 분수는 임금의 명에 급히 달려가는 것을 공경으로 삼지만, 마땅히 나아가서는 안 되는데 나아가는 것은 예의와 염치로 몸가짐을 단속하는 의리가 아닙니다.

돌아보건대 지금 윗사람과 아랫사람에게 손상됨이 없고 공적으로나

144 머리……피하겠습니까 : 목숨을 잃더라도 피하지 않을 것이라는 말이다. 철륜(鐵輪)은 쇠로 만든 수레바퀴로, 불교의 전설에 지옥에서 악귀를 제압하는 형구(刑具)라고 한다.

145 구경(九經)……도리 : 구경은 《중용장구》 제20장에 나오는 천하와 국가와 집안을 다스리는 아홉 가지 큰 법도를 말하는데, 그중에 '여러 신하의 마음을 살피는 것〔體群臣〕'이 있다.

사적으로나 모두 다행스럽게 되는 것은 오직 이 과분하게 내린 명을 속히 거두어 특별히 신의 본래의 바람을 이루어 주시는 것뿐입니다. 사신이 누추한 신의 집을 지키고 서 있는 것은 갑절이나 황공한 일이니, 속히 소환해 주시기를 매우 간절히 기원합니다.

사직소에 대한 비답을 받은 후 해래 사관을 통해 올린 부주[146]

疏批後偕來附奏

신이 왕명을 거역하는 죄를 범하면서 속마음을 피력한 글을 올렸으니, 부주로 아뢰고 상소로 아뢰기를 지극히 간절히 하면서 땅에 엎드려 두려움에 벌벌 떨며 우러러 성상께 바라고 기원하였습니다. 당일에 또 윤음을 내리시어 성대한 영광이 온몸에 가득하였으니, 특별한 은혜는 더욱 극진하고 융숭한 위임은 더욱 돈독하였습니다. 걸출한 선비의 명성이 있다는 말씀으로 비유하시고 아녀자와 어린아이도 칭송했다는 말씀으로 추어주시며,[147] 글자마다 은혜로운 말씀으로 정성스레 깨우쳐 주셨습니다. 비할 데 없이 미천한 신이 존귀하신 군부께 어찌 이런 은혜를 얻게 되었는지 모르겠습니다.

돼지나 물고기 같은 미물도 은혜에 감격한다는 것을 신이 모르지

146 사직소에……부주 : 저자는 51세 때인 1864년(고종1) 7월 16일에 앞의 〈동조의 별유를 받은 뒤에 올린 부주〔東朝別諭後附奏〕〉를 올린 뒤 같은 날 좌의정을 사직하는 첫 번째 소를 올렸다. 《嘉梧藁略 冊6 辭左議政疏》 이에 고종은 당일에 사관을 보내 함께 조정에 들어오라는 비답을 내렸는데, 이 부주는 그 이튿날인 7월 17일 비답에 답해 올린 것이다. 《승정원일기》 고종 1년 7월 17일 기사에, 저자에게 고종의 비답을 전달한 뒤 결과를 보고하는 사변가주서 고경준(高景晙)의 서계에 저자의 이 부주가 실려 있다. 해래 사관(偕來史官)은 당사자와 함께 오라는 명을 받고 나아간 승지나 사관을 일컫는 말인데, 여기서는 고경준을 가리킨다.

147 걸출한……추어주시며 : 고종의 비답에 "경은 대성(臺省)과 관각(館閣)에서 일찍부터 걸출한 선비의 명성을 드러내었고, 목민관과 관찰사로서 아녀자와 어린아이의 칭송까지 두루 함께 받았다."라는 말이 보인다. 《承政院日記 高宗 1年 7月 17日》

않으며, 견마(犬馬)와 같은 보잘것없는 충성을 바치는 것도 신이 역시 바라는 바입니다. 그런데도 다시 미련하고 아둔하여 마치 변동이 없는 듯한 것이 어찌 다른 이유가 있어서이겠습니까. 진실로 그릇이 걸맞지 않고 역량이 미치지 못하며 분수로 보아 감당할 수 없기 때문입니다.

지금 신이 임명된 직임은 관각(館閣)이나 관찰사에 비할 바가 아닙니다. 옛말에 "재상의 직임은 함부로 빌려주어서는 안 되고, 또한 분수에 맞지 않는 사람이 멋대로 처해서도 안 된다. 적임자가 아닌 사람에게 빌려주는 것은 정사의 잘못이고, 자기 자리가 아닌 곳에 처하는 것은 자신의 재앙이다."라고 하였습니다. 신이 만약 엄한 명에 내몰려 외람됨을 무릅쓰고 앞으로 나아갔다가, 위로는 재능을 헤아려 등용하는 것에 오점을 남기고 아래로는 여론의 기대를 무너지게 한다면, 나라에는 은혜를 저버리게 되고 집안에는 욕을 보이게 되니, 이는 신이 만 번 죽더라도 스스로 속죄할 수 있는 것이 아닙니다. 신이 비록 어리석기는 하지만 어찌 감히 애초의 뜻을 굳게 지키며 신하로서의 분수와 의리를 전혀 몰라서 그런 것이겠습니까.

부주는 격식이 엄하여 감히 장황하게 아뢰지 못하니, 오직 마땅히 정성을 다해 거듭 호소하며 처분을 청하겠습니다. 사신이 밤을 새우며 머물러 있는 것이 더욱 마음이 편치 않으니, 지극히 황공하여 공손히 엄벌을 기다릴 뿐입니다.

두 번째 사직소를 올린 뒤 별유를 받고 올린 부주[148]

再疏後別諭附奏

재차 간절한 심정을 아뢰어 살펴 헤아려 주시는 은혜가 내리기를 마음속으로 바랐는데, 거듭 비답과 하교를 받드니 돌아보아 주신 성대함이 두터웠습니다. 군주를 높이고 백성을 보호하며 대중을 포용하고 여론을 안정시키는 것은 바로 옛날 재상이 될 만한 재목이어야 담당할 수 있는 것입니다.[149] 만약 평소에 학술과 역량이 온축된 자가 아니라면, 윗사람은 가벼이 임명해서는 안 되고 아랫사람은 외람되이 나아가서는 안 됩니다.

지금 성상께서 신에게 기대하고 권면하며 신에게 어려운 임무를 맡기시는 것이 마치 신에게 참으로 재능이 있어서 그런 것처럼 하시는데, 신이 무슨 학술과 무슨 역량으로 이 직책을 만분의 일이나마 감당할 수 있겠습니까.

148 두……부주 : 저자는 1864년(고종1) 7월 18일에 좌의정을 사직하는 두 번째 소를 올렸는데, 고종은 당일에 윤허하지 않는다는 비답을 내리고 다시 별유(別諭)를 내려 해래 사관(偕來史官)을 보내 저자를 데리고 오도록 하였다. 이 부주는 7월 19일에 고종의 비답과 별유에 답해 올린 것이다. 《承政院日記》《嘉梧藁略 冊6 辭左議政再疏》 한편, 《승정원일기》 고종 1년 7월 19일 기사에, 동부 숭신방 청수동계의 집에 있는 저자에게 고종의 비답을 전달한 뒤 결과를 보고하는 좌승지 이규석(李奎奭)의 서계에 저자의 이 부주가 실려 있다.

149 군주를……것입니다 : 저자의 두 번째 사직소에 대한 고종의 비답에 저자의 능력을 칭찬하면서 "군주를 높이고 백성을 보호할 수 있을 것이며, 대중을 포용하고 여론을 안정시킬 수 있을 것이다."라고 한 내용이 보인다. 《承政院日記 高宗 1年 7月 18日》

지금 또 내리신 별유(別諭)를 삼가 읽어 보니 승지(承旨)에게 대신과 함께 오라고 하신 명까지 있었습니다. 성대히 마음 써 주시고 보살펴 주시는 것이 갈수록 더 무거워졌습니다. 마침내 훈로(勳勞)와 명절(名節), 학술과 경제(經濟)라는 말씀으로 선대의 업적을 신에게 면려하시고, 나라에 보답하고 집안을 계승하며 선조를 추모하여 오늘날에 보답하라는 말씀으로 미천한 신을 권면하셨습니다.[150] 신이 두 손으로 이를 받들고서 감격의 눈물을 흘리며 다른 것은 생각할 겨를이 없습니다. 다만 신이 신을 헤아려 보건대 참으로 그 명을 받들 가망이 조금도 없기에, 움츠려 엎드린 채 항상 잊지 못하면서 견책이 내리기만을 기다리고 있습니다.

하지만 줄곧 입을 다물고 오래도록 시간만 보내는 것은 또한 임금의 명을 어기고 오만하게 구는 신에게 죄만 더하는 것이고 지루한 말로 부대(附對 부주로 대답함)하는 것은 실로 황공한 일이기에, 삼가 다시 글을 올려서 도타운 윤허가 내리기를 간절히 기원하겠습니다. 그리고 근신(近臣)이 누추한 신의 집 앞을 지키고 있는 것은 더욱 황송한 일이니, 삼가 바라건대 속히 소환해 주소서.

150 훈로(勳勞)와……권면하셨습니다 : 고종의 별유(別諭)에 "훈로(勳勞)와 명절(名節)은 경의 집안에서 대대로 지켜온 것이고, 학술과 경제는 경의 선대의 사업이다. 나라에 보답하고 집안을 계승하는 것은 경이 뜻을 세운 것이고, 선조를 추모하고 오늘날에 보답하는 것은 경이 내세운 것이다."라는 내용이 보인다. 《承政院日記 高宗 1年 7月 18日》

세 번째 사직소를 올린 뒤 올린 부주[151]
三疏後附奏

간절한 심정을 여러 차례 상소로 아뢰었으나 아직 성상의 마음을 움직이지 못하였고, 벼슬을 사양하고 제수받는 것[152]은 신이 스스로 헤아려 보니 이미 분명한데도 아직 윤허의 명을 아끼셨습니다. 심지어 두 분 선왕께서 보살피고 대우함이 성대하셨다는 것과 선신(先臣)의 충정(忠貞)이 독실하였다는 것으로 깨우쳐 주시고 면려하기까지 하셨습니다. 선왕을 추념하여 오늘날에 보답하는 것은 신의 평소의 바람이고, 선조를 계승해 훌륭함을 이어가고자 하는 것은 인지상정이니, 만약 신이 조금이라도 기대에 비슷한 점이 있다면 어찌 감히 오랫동안 버티며 망설이겠습니까.

사은숙배하지 않은 그동안의 쌓인 죄에 대해 아직 처분을 받지 못했

151 세……부주 : 저자는 1864년(고종1) 7월 19일에 좌의정을 사직하는 세 번째 소를 올렸는데, 고종은 당일에 윤허하지 않는다는 비답을 내리고 다시 전유(傳諭)하여 해래사관(偕來史官)을 보내 저자를 데리고 오도록 하였다. 이 부주는 7월 20일에 고종의 비답과 대왕대비 신정왕후(神貞王后)의 전교에 답해 올린 것이다. 《承政院日記》《嘉梧藁略 冊6 辭左議政三疏》 한편, 《승정원일기》 고종 1년 7월 20일 기사에, 저자에게 고종의 비답을 전달한 뒤 결과를 보고하는 우승지 이규석(李奎奭)의 서계에 저자의 이 부주가 실려 있다.

152 벼슬을……것 : 저자의 세 번째 사직소에 내린 고종의 비답에 "벼슬을 사양하고 받으며 나아가고 물러나는 것은 또한 오직 의(義)를 중하게 여기고 때를 중하게 여기는 것이다. 의로 보아 받아야 하면 받고, 때로 보아 나아가야 하면 나아가는 것이다."라는 말이 보인다. 《承政院日記 高宗 1年 7月 19日》

기에 숨을 죽인 채 견책이 내리기만을 기다리고 있었는데, 성상의 은혜로운 말씀이 거듭 내려오고 자전(慈殿)의 전교까지 연이어 내려와[153] 오랫동안 번거롭게 응대하시도록 하였으니, 신은 이에 참으로 황송하여 이러지도 못하고 저러지도 못하고 있습니다. 아무 말 않은 채 가만히 있자니 오만한 죄가 더욱 심해지고, 다시 하소연하자니 감히 번거로움을 끼치는 것이 두렵습니다.

지금 막 들것에 실려 시골집[154]으로 돌아왔는데 급하게 오느라 노독에 시달린 데다 또 더위까지 먹었습니다. 조금 몸을 추스른 뒤에 염치를 무릅쓰고 조정에 나가서 은혜로이 헤아려 주시기를 바라겠습니다. 승지가 밤을 새우며 지키고 있어 더욱 송구하니 먼저 소환해 주시기를 매우 간절히 바랍니다.

153 성상의……내려와 : 《승정원일기》 고종 1년(1864) 7월 20일 기사에 고종의 전교와 대왕대비 신정왕후(神貞王后)의 전교가 수록되어 있다.

154 시골집 : 경기도 양주(楊州)의 천마산(天磨山) 동쪽 가오곡(嘉梧谷)에 있는 저자의 별서(別墅)를 말한다.

좌의정에 거듭 제수된 뒤에 올린 부주[155]

重卜後附奏

신은 어떤 사람이며 의정(議政)은 어떤 관직입니까. 한 번 벼슬을 더럽힌 것에 대해 아직도 공의(公議)가 마뜩잖게 여기고 있는데 지금 이렇게 거듭 제수하시니, 중서(中書 의정부)에 수치를 끼침이 이보다 더 심한 것이 없습니다.

아무런 공도 세우지 못한 자리를 받들어 감당할 가망이 없기에 지난번에 한 통의 상소로 진달하여 속마음을 드러내 보였으니, 바로 신하는 품고 있는 생각이 있으면 숨김없이 아뢰어야 한다는 의리 때문이었습니다. 그리고 지극히 높은 하늘이 아무리 작은 미물도 감싸 주지 않음이 없는 것처럼, 지극히 밝은 해는 아무리 으슥한 곳도 밝혀 주지 않는 곳이 없는 것처럼 행여 숙원을 이루어 여생을 마칠 수 있기를 내심 바랐습니다.

그런데 삼가 비지(批旨)를 받들어 보니, 내쳐 물리치지 않으시고

155 좌의정에……부주 : 저자는 1864년(고종1) 6월에 좌의정에 임명되어 세 차례 사직소를 올렸으나 윤허받지 못했다가 이듬해 2월 21일과 25일에 다시 두 차례 사직소를 올려 해임된 뒤 5월까지 수원 유수(水原留守)로 재직하였다. 그 뒤 1868년(고종5) 윤4월 11일에 다시 좌의정에 임명되자 윤4월 17일에 사직소를 올렸는데, 고종은 윤허하지 않는다는 비답을 내리고 이어 사관을 보내어 속히 조정으로 들어오라는 전교를 내렸다. 이 부주는 그 전교를 받고 올린 것이다. 《高宗實錄》《嘉梧藁略 冊6 辭復拜相職兼陳苦塊情事疏》 한편, 《승정원일기》 고종 5년 윤4월 18일 기사에, 양주(楊州) 가오곡(嘉梧谷)에 있는 저자에게 고종의 전교를 전달한 뒤 결과를 보고하는 사변가주서 김우현(金禹鉉)의 서계에 저자의 이 부주가 실려 있다.

도리어 수백 마디의 은혜로운 윤음을 과분하게 내려 주시어 반복하여 가르치시며, 곧장 이별하고 떠날 수 없었을 것이라는 말씀으로 깨우쳐 주시고 선공후사(先公後私)하라는 말씀으로 면려하셨습니다.[156]

신이 두 손으로 받들고 수없이 머리를 조아리며 감격의 눈물로 얼굴을 적셨으니 비록 오늘 갑자기 죽는다고 하더라도 진실로 여한이 없습니다. 하지만 꽉 막힌 성품은 바뀌기 어렵고 굳은 고집은 더욱 견고해져서 비록 힘써 나아가고자 해도 할 수가 없으니, 오직 땅에 엎드려 두려워할 뿐입니다.

다시 만 번 죽음을 무릅쓰고라도 간절히 아뢰어서 명을 거두어 주시는 은혜를 입기를 기약하겠습니다.

156 곧장……면려하셨습니다 : 1868년(고종5) 윤4월 17일에 올린 저자의 사직소에 대해 내린 고종의 비답에 "경이 50세에 관직을 그만두려는 것이 선친의 유훈이 있어서임은 알지만, 나의 돌봐줌 때문에 곧장 결정하지 못했을 것이다.……국가가 어려움을 당한 때와 조야(朝野)가 우러러보고 그리워하는 때에는 선공후사하여 다른 것을 돌아볼 겨를이 없는 것은 사세가 그렇게 하지 않을 수 없기 때문이다."라는 말이 보인다. 《承政院日記》

별유를 받은 뒤에 올린 부주[157]

別諭後附奏

사관(史官)이 돌아갈 때 부주로 속마음을 아뢰고 움츠린 채 집에 엎드려서 오직 엄한 견책이 내기리만을 기다리고 있었습니다. 그런데 뜻밖에 마음을 펴 보이시는 하교를 황량한 시골의 적막한 물가에 거듭 내리시어, 백성과 국가의 일로써 책임을 지우시고 나아가고 물러나는 일로써 깨우쳐 주셨습니다.[158] 하지만 백성과 나라의 일은 신의 재주와 재능으로 경영할 수 있는 것이 아니고, 나아가고 물러나는 일은 실로 신의 사정상 어쩔 수 없는 것입니다. 글을 엮어 장차 아뢰려다가 한가하게 미적거리는 죄를 스스로 범하였으니, 신의 마음은 여기에 이르러 아, 또한 슬픕니다.

부주의 격식이 엄격하여 감히 길게 말할 수가 없기에, 마땅히 성상께 아뢰는 상소에서 간절한 마음을 남김없이 드러내도록 하겠습니다.[159]

157 별유(別諭)를……부주 : 앞의 1868년(고종5) 윤4월 18일에 올린 부주를 받은 고종이 당일에 다시 조정으로 들어오라는 별유를 내렸는데, 이 부주는 그 별유를 받고 올린 것이다. 《승정원일기》 고종 5년 윤4월 19일 기사에, 양주 가오곡에 있는 저자에게 고종의 별유를 전달한 뒤 결과를 보고하는 겸춘추(兼春秋) 김태환(金太煥)의 서계에 저자의 이 부주가 실려 있다.

158 백성과……주셨습니다 : 고종이 내린 별유에 "백성의 일과 나라의 계획이 어느 때인들 크게 관계가 없겠는가.……대관(大官)의 진퇴는 정치가 잘 다스려지는가 소홀해지는가가 달려 있다."라는 말이 보인다. 《承政院日記》

159 마땅히……하겠습니다 : 저자는 1868년 윤4월 20일 상소하여 좌의정을 사직하면서 아울러 치사(致仕)를 청하였다. 《嘉梧藁略 冊6 再辭兼陳應避仍請休致疏》

두 번째 소를 올린 후 올린 부주[160]

再疏後附奏

신이 전하께 아뢴 것은 신에게 있어서 진실로 인륜의 관건입니다. 인륜은 어버이를 섬기는 것에 근본을 두니, 어버이의 가르침을 받들고 어버이의 뜻에 순종하는 것이 바로 그 큰 법도입니다. 한 번이라도 어버이의 뜻을 어김이 있으면 이는 어버이를 잊는 것이니, 어버이를 잊는 것은 불효 가운데 가장 큰 것입니다.

지금 전하께서 신을 부르신 것은 장차 신에게 성상을 보필하는 재상의 책무를 맡기려는 것이니 국가를 생각하여 집안을 잊어야 함을 신이 모르는 것은 아니지만, 신이 집안에서 이미 어버이의 뜻을 받들지 못한다면 어떻게 집안에서 행하던 효를 옮겨 국가에 충성을 다하겠습니까.

아! 신은 본래 한 마리 오리나 기러기처럼 왕래하는 하찮은 사람으로 만년에 들어 논밭 사이에서 본 것이라고는 채전(菜田)을 일구고 농사짓는 등의 일뿐입니다. 묘당(廟堂)에서 성상을 보좌하여 백성을 널리 구제하는 일로 말하면 신이 일찍이 감히 생각지도 못한 것이었으니, 사직소를 재차 올려서 시골로 돌아가기만을 기약하였습니다.

160 두……부주 : 저자가 1868년(고종5) 윤4월 20일에 좌의정을 사직하는 두 번째 소를 올리자 고종은 윤허하지 않는 비답을 내리고, 이어 전교를 내려 사관에게 전하게 하였다. 이 부주는 그 전교를 받고 올린 것이다. 《承政院日記》《嘉梧藁略 冊6 再辭兼陳應避仍請休致疏》 한편, 《승정원일기》 고종 5년 윤4월 21일 기사에, 양주 가오곡에 있는 저자에게 고종의 전교를 전달한 뒤 결과를 보고하는 겸춘추(兼春秋) 노진섭(盧鎭燮)의 서계에 저자의 이 부주가 실려 있다.

그런데 잠필(簪筆)의 신하[161]가 성상의 융성한 비답을 크게 선포하여 한밤중 깊은 촌구석에 은혜로운 빛이 찬란하게 빛나니, 전에 없던 은혜로운 대우에 신이 어찌 감히 감격하고 두려워하지 않겠습니까. 만약 막중한 책무를 벗고 신의 본분으로 돌아갈 수 있게 해 주신다면 삼가 원임(原任) 관원의 신분에 나아가 즉시 길을 떠나 다시 조정에 등대(登對)하여 사모함에 맺힌 정성을 펼 수 있을 것입니다. 하지만 현직이 해면되기 전에는 사사로운 의리에 구애되어 반걸음도 나가기 어려우니, 며칠만 기다려 주신다면 현도(縣道)를 통해 글을 올리겠습니다.[162] 이미 지은 죄에 또 죄를 더하니 아뢸 바를 모르겠습니다.

161 잠필(簪筆)의 신하 : 잠필은 관원이 관(冠)이나 홀(笏)에 붓을 꽂아서 서사(書寫)에 대비하는 것을 이르는 말로, 예문관 검열이나 승정원 주서 등의 관원을 잠필지신(簪筆之臣)이라고 한다. 여기에는 겸춘추 노진섭(盧鎭燮)을 말한다.

162 현도(縣道)를……올리겠습니다 : 지방에 있는 관원이 상소할 때 자신이 거주하는 고을에 상소를 바치면, 고을 수령이 감사에게 상소를 보내고 감사가 승정원으로 올려보냈다. 이러한 과정을 통해 올리는 상소를 '종현도상소(從縣道上疏)' 또는 '현도소(縣道疏)'라고 불렀다.

별유를 받은 뒤에 올린 부주[163]

別諭後附奏

어제 사관이 돌아갈 때 이미 현도(縣道)를 통해 소장을 올리겠다고 우러러 하소연하였습니다. 신의 속마음을 남김없이 모두 아뢰었는데 근신(近臣)이 잇달아 와서 은혜로운 별유를 크게 선포하니, 신은 감격스러움에 방황하면서 몸 둘 바를 모르겠습니다.

나아가고 물러나는 일에 대해 신이 어찌 감히 제 맘대로 행하려는 뜻이 있겠습니까. 하지만 나아가서 나라의 일을 논하는 것은 졸렬한 능력으로서 감히 감당하지 못할 것이고, 물러나서 선친의 가르침[164]이라고 말하는 것은 고집스러운 성품으로 힘써 지킬 수 있으니, 이는 바로 신이 자세히 살펴 헤아린 것입니다. 단지 의리의 본래 의미만 알고 현실적인 도리에 완전히 어두워 지엄하신 성상을 번거롭게 대답하도록 하는 데 이르고 말았으니, 신의 죄가 이에 이르러 만 번 죽어도 용서받을 수 없습니다. 사신이 누추한 곳에서 지키고 있는 것은 더욱 두렵고 답답하니, 속히 명을 내려 소환하소서.

163 별유(別諭)를……부주 : 앞의 1868년(고종5) 윤4월 21일에 올린 부주를 받은 고종이 당일에 다시 사관을 보내 저자와 함께 조정으로 들어오도록 하라는 별유를 내렸는데, 이 부주는 그 별유를 받고 올린 것이다. 《승정원일기》 고종 5년 윤4월 22일 기사에, 양주 가오곡에 있는 저자에게 고종의 전교를 전달한 뒤 결과를 보고하는 사변가주서 김우현(金禹鉉)의 서계에 저자의 이 부주가 실려 있다.

164 선친의 가르침 : 저자의 부친 이계조(李啓朝)가 저자에게 50세에 벼슬을 그만두라는 유언을 남긴 것을 말한다. 17쪽 주1 참조.

영의정에 제수된 뒤에 올린 부주[165]

拜領相後附奏

신은 정사의 근본인 재상의 근처에는 철문을 친 듯한 한계로 나아가기 어려운 의리가 있습니다. 강호의 물고기가 서로를 잊은 듯이 유유자적하고, 토끼를 잡겠다고 그루터기만 지키고 있는 것처럼 변통할 줄 모른 채 궁벽한 시골에서 엎드려 지내며 편안하고 한가롭게 세월을 보내고 있었습니다. 그런데 천만뜻밖에도 영의정에 임명한다는 명이 하늘에서 내려오고 왕의 사신이 잇달아 이르러 처음부터 끝까지 100여 마디나 되는 은혜로운 유시를 크게 선포하였는데, 자나 깨나 조정을 생각하라는 말씀으로 권면하시고 좋은 계책과 좋은 결단을 기대한다는 말씀으로 경계하셨습니다.[166] 신은 두려움에 몸이 떨리고 오장이 찢어지고 무너지는 듯하여 몸 둘 바를 모르겠습니다.

165 영의정에……부주 : 1873년(고종10) 11월 13일에 저자를 영의정에 임명한 고종은 11월 14일에 사관을 보내 속히 출사하라는 전교를 내렸는데, 이 전교를 받고 올린 부주이다. 《승정원일기》 고종 10년 11월 15일 기사에, 양주 가오곡에 있는 저자에게 고종의 전교를 전달한 뒤 결과를 보고하는 가주서 허윤(許綸)의 서계에 저자의 이 부주가 실려 있다. 한편 저자는 11월 16일에 영의정을 사직하는 첫 번째 소를 올렸다. 《嘉梧藁略 冊7 辭領議政疏》

166 자나……경계하셨습니다 : 고종이 내린 전교에 "정자(程子)가 말한 '몸은 전야(田野)에 있더라도 자나 깨나 조정만을 염려한다.'라는 말을 생각지 않을 수 있겠는가. 지금 재상이 없어 낭묘(廊廟)의 문이 닫히고 기무(機務)가 적체되었으니, 나는 방현령(房玄齡)과 두여회(杜如晦)의 좋은 계책과 좋은 결단을 경에게 기대하노라."라는 내용이 보인다. 《承政院日記 高宗 10年 11月 14日》

무릇 신하가 벼슬을 사양하고 받을 때 그 명예와 몸가짐이 판가름 나니, 옛날의 사대부 가운데 이에 대해 머뭇거리지 않은 이가 없었고 이에 대해 두려워하지 않은 이가 없었던 것은 염치를 중시하였기 때문입니다. 신의 사정과 처지는 남들과 다른 점이 있으니, 말하자니 가슴이 먼저 막히고 생각하자니 눈물이 하염없이 흐릅니다.

융숭한 유지가 내렸기에 감히 실상을 다 말씀드릴 수 없고 부주(附奏)의 격식이 엄격하여 더욱 감히 장황하게 말씀드릴 수 없습니다. 삼가 마땅히 놀란 정신을 수습한 뒤 감히 글을 지어 올려 명을 거두시는 은혜를 내려 주시기를 바라겠습니다.

돈유를 받은 뒤에 올린 부주[167]

敦諭後附奏

신은 삼가 은혜로운 유지를 받들고 나서부터 온 마음이 놀라고 두려워 여러 날이 지나도록 몸 둘 바를 몰랐습니다. 그런데 어젯밤 사관이 성상의 비답을 받들고 와서 선포하였고, 지금 또 승지가 연이어 성상의 유지를 전하였는데 승지와 함께 조정으로 들어오라는 명이 있었으니, 이는 격례(格例)를 넘어선 은전입니다. 전에 없던 큰 은혜가 갈수록 더 무거우니, 두 손으로 받들어 백 번 절하면서 눈물이 쏟아지듯 흘렀습니다.

효심을 옮겨 충성해야 함을 신이 모르는 것이 아닙니다.[168] 옛날 잘 다스려진 시대에는 충신을 구할 때 반드시 효자의 가문에서 구하였습니다. 충성과 효도는 본래 다른 두 가지가 아니어서, 어버이에게 효도하지 못하면서 임금에게 충성할 수 있던 자는 신이 아직 들어 보지 못했습니다.

한 마리 말과 두 명의 종을 보내신 것은 곧 송(宋)나라의 어진 재상으

167 돈유(敦諭)를……부주 : 저자는 1873년(고종10) 11월 15일에 영의정에 제수한 명을 거두어 달라는 부주를 올린 뒤 이튿날 사직소를 올렸다. 이에 고종은 11월 17일에 사직을 윤허하지 않는다는 비답을 내리고 사관을 보내 속히 조정으로 들어올 것을 명하는 전교를 내렸는데, 이 전교를 받고 올린 부주이다. 《승정원일기》 고종 10년 11월 19일 기사에, 저자에게 고종의 전교를 전달한 뒤 결과를 보고하는 좌부승지 이기용(李起鏞)의 서계에 저자의 이 부주가 실려 있다.

168 효심을……아닙니다 : 고종이 내린 전교에 "효심을 옮겨 충성하는 것이 또한 경의 오늘날 책무이다."라는 내용이 보인다. 《承政院日記 高宗 10年 11月 17日》

로서 명망이 중하여 사람들이 이마에 손을 얹고 멀리서 바라보며 공경했던 자가 감당할 수 있던 것입니다.[169] 신처럼 전혀 비슷하지도 않고 백에 하나도 남만 못한 사람이 다만 시골에서 지낸다는 이름을 빌려서 외람되이 분에 넘치는 하교를 받들게 되었으니, 이것이 어찌 난쟁이가 발돋움해서 키가 커진 것과 다르겠습니까.

무릇 사군자 가운데 밝은 시대를 만나고 성스러운 군주를 만나서도 재덕(才德)을 거두어 감추고 떠난 경우가 왕왕 있는데, 저들이 어찌 대의(大義)를 몰라 차마 영영 떠난 것이겠습니까. 필시 마음에 참으로 부득이한 바가 있어서일 것입니다. 신이 몸은 비록 물러나더라도 영영 떠나가서 돌아오지 않았던 부류와는 같지 않습니다. 철에 따라 문안을 여쭙는 반열과 원임(原任)들이 연이어 참여하는 말석에는 항상 따라 들어와서 조금이나마 그리움에 맺힌 마음을 펴는 것이 신의 큰 소원입니다.

그런데 만약 지금 신에게 국정을 조화시키는 재상의 직임을 맡기시

169 한……것입니다 : 고종이 저자에게 내린 전교에 말 한 마리와 종 두 명을 보내니 즉시 길에 오르라고 명한 내용이 보이는데, 이는 어진 재상을 맞이한다는 의미를 담고 있다. 북송(北宋)의 재상 사마광(司馬光)이 조정에서 물러나 15년 동안 낙양(洛陽)에 살다가 신종(神宗)이 즉위한 후 선인태후(宣仁太后)가 섭정할 때 다시 재상으로 등용되었는데, 이때의 상황을 소식(蘇軾)이 〈사마온공신도비(司馬溫公神道碑)〉에서 "그 재상은 누구인가? 태사인 온공이로다. 공이 서쪽에서 왔는데 말 한 필에 동자가 둘이로다.〔其相誰何? 太師溫公. 公來自西, 一馬二童.〕"라고 노래한 데서 나왔다. 백성이 이마에 손을 얹고 바라보았던 재상 역시 사마광을 말한다. 사마광이 낙양에 사는 동안 대궐에 나아갈 때마다 위사(衛士)들이 모두 손을 이마에 얹고 공경스럽게 바라보면서 "이분이 사마 상공(司馬相公)이시다."라고 한 고사가 전한다. 《承政院日記 高宗 10年 11月 17日》《東坡集 卷86》《宋史 卷336 司馬光列傳》

고 큰 내를 건너갈 배와 노의 임무를 책임 지우신다면, 이는 행할 수도 없는 일이고 말도 되지 않는 것입니다. 만약 혹시라도 총애와 이록을 탐내고 영광스럽게 여겨 멈출 줄을 몰랐다면, 어찌 10년 동안 강호(江湖)에서 촌부(村夫)와 벗이 되어 단지 누에치기와 길쌈을 이야기하며 여생을 보내겠다고 맹세할 수 있었겠습니까.

신의 마음이 이미 정해져 변동할 길이 없으니, 다시 마음을 드러내어 진언하여 성상께서 마음을 돌리시도록 바라겠습니다. 근시(近侍)가 누추한 곳에서 지키고 있어 매우 황공하오니, 속히 명을 내려 소환하소서.

참판과 함께 오라는 명을 받은 뒤에 올린 부주[170]

亞卿偕來後附奏

신이 움츠리고 엎드려 처벌을 기다리던 중에 재신(宰臣) 반열의 신하[171]가 성상의 유지(諭旨)를 크게 선포하니, 누추한 집에 빛이 나고 한 고을 사람들이 발돋움하여 바라보았습니다. 신은 황공하고 감격스러워 손을 씻고 공경히 받들어 읽었는데, 비답과 유지로 분명하게 깨우쳐 주신 바가 정성스럽고 간곡하였습니다.

심지어 성상의 생각이 신의 선조에까지 닿아서 대대로 이어온 공이라는 말씀으로 독려하시고[172] 신의 처지를 곡진히 생각하시어 다시 뜻을 이루어 줄 날이 있을 것이라고 하교하기까지 하셨으니, 아홉 번 머리를 조아리고 백 번이나 절하면서 저도 모르게 눈물이 마구 흘렀습

170 참판과……부주 : 1873년(고종10) 11월 19일에 올린 앞의 부주에 대해 고종은 이튿날 다시 이조 참판을 보내 함께 조정으로 들어오라는 전교를 내렸는데, 이 전교를 받고 올린 부주이다. 《승정원일기》 고종 10년 11월 22일 기사에, 저자에게 고종의 전교를 전달한 뒤 결과를 보고하는 이조 참판 홍긍주(洪兢周)의 서계에 저자의 이 부주가 실려 있다.

171 재신(宰臣) 반열의 신하 : 재신은 종2품의 관원을 말하는데, 여기서는 종2품 이조 참판인 홍긍주를 말한다.

172 성상의……독려하시고 : 1873년 11월 20일에 내린 고종의 전교에 "경을 다시 재상으로 가려 뽑아 이리저리 돌아보지 않고 반드시 영의정으로 올리려는 것은 경이 문충공(文忠公)의 자손이기에 특별히 문충공의 옛 직함을 제수한 것이다.……이는 경의 집안이 대대로 이어온 공으로 나도 이것을 경에게 기대한다."라는 내용이 보인다. 문충공은 이항복(李恒福)을 말한다. 《承政院日記》

니다. 성상의 하교가 이런 정도에까지 이르렀으니 신이 어찌 임금을 높이고 백성을 돌보아야 할 의리와 분수 및 묘당의 일이 적체된 시급함을 모르겠습니까.

그리고 성군을 보호하는 직임[173]에 있어 옛 대신이 모두 말하기를, "내의원에 나아가 안부를 여쭈고 나서 비록 물러 나와 한가히 있더라도 아침부터 저녁까지 반걸음을 떼는 동안도 독실하게 마음을 재계하여 한 번도 5일 동안 사이를 둔 적이 없었습니다."라고 하였는데,[174] 신은 이 말을 항상 마음에 두고 있습니다. 신이 지금 매우 오랫동안 직임을 비우고 있습니다만, 늘 염두에 두고 있는 정성이야 어찌 감히 나아가거나 물러나는 즈음에 조금이라도 해이해짐이 있겠습니까.

다만 신의 사정이 한번 떠나 돌아가기 어려운 것이 마치 비탈길을 내려가는 듯한 형세와 같아서 비록 우레와 같은 위엄이 위에 있고 부월(斧鉞)의 주벌이 뒤따른다 해도 조금도 움직일 길이 없어 단지 죽음만이 있을 뿐입니다. 이에 외람되지만 다시 간절한 마음을 아뢰어 낮은 곳의 소리도 들어 주는 성상의 마음을 돌리기를 바라겠습니다. 그리고 재신이 궁벽하고 누추한 곳에 머물러 있어 송구한 마음이 더해 가니, 부디 바라건대 소환해 주소서.

173 성군을 보호하는 직임 : 여기서는 내의원(內醫院)의 직임을 말한다. 저자는 고종 원년인 1864년부터 1880년(고종17)까지 내의원 도제조의 직임을 맡았던 기록이 보인다. 《承政院日記》

174 옛……하였는데 : 예컨대 1835년(헌종1) 10월 3일에 우의정 박종훈(朴宗薰)이 내의원 도제조의 직임을 해직시켜 줄 것을 청하는 상소에 거의 유사한 내용이 보인다. 《承政院日記》

판서와 함께 오라는 명을 받은 뒤 양주(楊州)의 옥사에 나아가서 서명하며 올린 부주[175]

正卿偕來後州獄胥命附奏

방금 팔좌(八座 판서)의 중신(重臣)이 와서 은혜로운 유지를 선포하니, 처음부터 끝까지 300여 언이나 되는 말씀이었습니다. 참으로 감히 받들어 감당할 수 없는 말씀일 뿐만 아니라, 또 참으로 감히 받들어 들을 수 없는 하교가 있었습니다.[176]

황공하고 떨려 죽고 싶어도 그렇게 할 수 없으니, 본주(本州 양주(楊州))의 옥사(獄舍)로 달려가서 엎드려 석고대죄하여 머리를 조아리며 오직 부월(斧鉞)의 주벌이 내리기를 기다리겠습니다.

175 판서와……부주 : 1873년(고종10) 11월 22일에 올린 앞의 부주에 대해 고종은 이튿날 다시 형조 판서를 보내 함께 조정으로 들어오라는 전교를 내렸는데, 이 전교를 받고 올린 부주이다. 《승정원일기》 고종 10년 11월 24일 기사에, 저자에게 고종의 전교를 전달한 뒤 결과를 보고하는 형조 판서 박제인(朴齊寅)의 장계(狀啓)에 저자의 이 부주가 실려 있다. 서명(胥命)은 임금의 책망을 받거나 잘못을 저지른 관원이 임금의 처벌 명령을 기다리는 것을 말한다.

176 또……있었습니다 : 고종이 내린 전교에서 "이렇게까지 말하였는데도 여전히 다시 한결같이 고집을 부린다면 내가 직접 맞이하러 가는 일이 있더라도 경을 오게 하지 않고는 그만두지 않을 것이다."라고 한 내용을 말한다. 《承政院日記 高宗 10年 11月 23日》

양주(楊州)의 옥사에서 서명한 뒤에 올린 부주[177]

州獄胥命後附奏

신이 삼가 옛사람이 옥중에서 상서(上書)[178]한 뜻에 따라 만 번 죽기를 무릅쓰고 인자하게 덮어 주시는 하늘 같은 성상께 애처로이 호소하였습니다. 은혜로운 유시와 따뜻한 비답으로 반복하여 깨우쳐 주시어 마치 자상한 아비가 미욱한 자식을 타이르듯 하시니, 은덕을 베풀어 주시는 뜻은 전에 없던 것이었고 은혜로운 예우는 더욱 정성스러웠습니다. 신이 죽을 지경에서 다시 살아나게 되고 죄를 짓고도 영예를 차지하게 되니, 감격스러운 눈물이 얼굴을 뒤덮어 무슨 말로 답해야 할지 모르겠습니다.

무릇 필부(匹夫)도 뜻을 지녀서 시신이 도랑에 버려질 것을 잊지 않고,[179] 성군(聖君)은 인(仁)을 체득하여 만물의 본성을 굽히게 하지

177 양주(楊州)의……부주 : 1873년(고종10) 11월 24일에 올린 앞의 부주를 받은 고종은 당일에, 직접 맞이하러 가겠다는 구절을 삭제하게 한 뒤 다시 전교를 내렸으며, 이어 11월 26일에도 전교를 내렸는데, 이 전교를 받고 올린 부주이다. 《승정원일기》 고종 10년 11월 27일 기사에, 저자에게 고종의 전교를 전달한 뒤 결과를 보고하는 형조판서 박제인(朴齊寅)의 장계(狀啓)에 저자의 이 부주가 실려 있다.

178 옛사람이 옥중에서 상서(上書) : 한(漢)나라 추양(鄒陽)이 〈옥중상서(獄中上書)〉를 올려 자신의 뜻을 해명했던 고사가 전한다. 《史記 卷83 鄒陽列傳》

179 필부(匹夫)도……않고 : 춘추 시대 제(齊)나라 경공(景公)이 사냥할 때 예법에 맞지 않게 정(旌)이라는 깃발을 사용하여 우인(虞人)을 부르자, 우인이 죽음을 각오하고 가지 않았다. 이를 두고 공자가 "지사는 시신이 도랑에 버려지는 것을 잊지 않고 용사는 자기 머리를 잃는 것을 잊지 않는다.〔志士不忘在溝壑, 勇士不忘喪其元.〕"라고

않습니다. 신의 구구한 고충(苦衷)이 성상을 번거롭게 만들어 죽을죄를 더욱 더하는 것임을 알고 있습니다만, 너무도 곤궁하고 절박하여 다급한 목소리로 호소하지 않을 수 없습니다.

다만 삼가 생각건대, 유시하신 하교 가운데 몇 구절은 신하로서 받들어 듣지 못할 것이 있으니 너무도 두려워 몸 둘 바가 없는 것이 이전과 다름이 없습니다. 금오문(金吾門 의금부의 정문) 밖으로 나가 엎드려 오직 주벌의 법이 내리기를 기다리겠습니다. 중신(重臣)이 누추한 곳에 뒤따라 이르러 황송하고 민망한 마음이 더하니, 부디 소환해 주소서.

칭찬했던 고사가 전한다. 우인은 산림과 천택을 관리하던 벼슬아치이다. 《孟子 滕文公下》

금오문에서 서명한 뒤에 올린 부주[180]

金吾胥命後附奏

신의 죄가 산처럼 쌓였는데도 성상의 은혜가 강과 바다처럼 깊어서 벌을 받아야 마땅한데도 벌을 받지 않고, 내쳐야 마땅한데도 내쳐지지 않았으며, 온화한 유지가 갑자기 내려와 유시한 분부 중의 구절을 도로 거두도록 하신 명까지 있었습니다.[181] 신이 비록 돼지와 물고기, 나무와 돌만 못하기는 하지만, 어찌 감히 다시 성상을 번거롭게 하는 것을 일삼을 수 있겠습니까.

지금 염치를 다 버리고 성상 앞의 조그마한 자리에 나아가서 용안을 직접 뵙고 진심을 아뢰어서 헤아려 주시는 은혜를 입기를 기원하겠습니다.[182]

180 금오문(金吾門)에서……부주 : 1873년(고종10) 11월 24일에 올린 앞의 부주를 받은 고종은 당일에, 직접 맞이하러 가겠다는 구절을 삭제하게 한 뒤 다시 전교를 내렸으며, 이어 11월 26일과 27일에도 전교를 내렸다. 이 부주는 이 전교를 받고 올린 것이다. 《승정원일기》 고종 10년 11월 27일 기사에, 금오문 밖에서 명을 기다리는 저자에게 고종의 전교를 전달한 뒤 결과를 보고하는 형조 판서 박제인(朴齊寅)의 서계에 저자의 이 부주가 실려 있다.

181 유시한……있었습니다 : 《승정원일기》 고종 10년 11월 27일 기사에, 고종이 11월 26일 저자에게 내린 전교 가운데 '내가 이미' 이하 72자를 즉시 도로 거두어 대신의 마음을 편안하게 해 주도록 하라고 명한 내용이 보인다.

182 지금……기원하겠습니다 : 고종은 이날 자경전(慈慶殿)에서 저자를 소견(召見)하였다. 《承政院日記 高宗 10年 11月 27日》

수비를 받은 뒤에 올린 부주[183]

手批後附奏

신이 외람되이 간절한 바람을 아뢰고서 엄한 벌이 내리기를 공손히 기다렸습니다. 천만뜻밖에도 승선(承宣 승지)이 성상께서 손수 써서 내린 비답을 전해 주었으니 은하수가 환히 하늘을 돌고 보배로운 광채가 땅을 비추었습니다. '감당할 만하고 차지할 만하다.'라는 말씀으로 깨우쳐 주시고 '나라를 염려하여 집안을 잊으라.'라는 말씀으로 권면하시어[184] 종이에 가득한 은혜로운 말씀이 매우 평범하지 않았으니, 참으로 전에 없이 보기 드문 특별한 은전이었습니다. 신은 놀랍고 두려워 오장이 무너져 내렸으며 감격의 눈물이 얼굴을 가렸습니다.

183 수비(手批)를……부주 : 저자는 1873년(고종10) 11월 13일에 영의정에 임명되자 여러 차례 사직소를 올렸으나 윤허를 받지 못하여 영의정의 직임을 수행하였다. 이 부주는 1874년 3월 16일에 올린 사직소에 대해 윤허하지 않고 출사를 독려하는 고종의 비답에 답해 올린 부주이다.《承政院日記》《嘉梧藁略 冊7 辭領議政疏, 辭領議政疏〔再疏〕》한편,《승정원일기》고종 11년 3월 16일 기사에, 서울 남부(南部) 훈도방(薰陶坊) 저동(苧洞) 부근의 거처에 머물던 저자에게 고종의 전교를 전달한 뒤 결과를 보고하는 행 좌승지 이교익(李喬翼)의 서계에 저자의 이 부주가 실려 있다. 수비(手批)는 임금이 직접 써서 내린 비답을 말한다.

184 감당할……권면하시어 : 1874년 3월 16일에 올린 사직소에 대한 고종의 비답에 "경은 감당할 수 없고 차지할 수 없다고 말하는데, 나는 경의 재능과 덕망은 반드시 감당할 만하고 차지할 만하다고 말하겠다. 경은 자신을 지키는 게 아니고 어버이의 가르침을 지키는 게 아니라고 말하는데, 나는 경이 나라를 염려하여 집안을 잊는 것이 바로 몸을 지키고 어버이의 가르침을 지키는 것이라 말하겠다."라는 내용이 보인다.《承政院日記》

군신이 서로 함께 일을 처리하는 즈음은 온갖 교화의 근원이니, 그 분수는 지극히 엄격하고 그 의리는 지극히 엄밀합니다. 임금이 신하를 대하는 것은 믿어 주는 것을 귀하게 여기고, 신하가 임금을 섬기는 것은 속이지 않음을 귀하게 여깁니다. 신이 외람되이 군주를 속이지 않는 작은 마음으로써 믿어 주시는 성상의 마음을 돌릴 수 있기를 기대하여 연이어 여러 차례 글을 올려서 망령되이 번거롭게 하여, 위에 계신 성상의 뜻을 오래도록 수고롭게 하였고 아래로 은혜로운 유시가 날마다 번거롭게 내리도록 하고 말았습니다.

신하의 죄 가운데 가식적인 사양을 통해 총애를 얻으려는 것보다 더 큰 것이 무엇이겠습니까. 성상의 헤아려 주심을 받지 못하고 도리어 두터운 은혜만 불러왔으니, 신은 실로 스스로 부끄럽거니와 사람들은 이를 무어라고 말하겠습니까.

당(唐)나라 신하 육지(陸贄)의 말에 "윗사람이 된 자는 나라가 다스려지기를 바라지 않는 사람이 없고, 아랫사람이 된 자는 충성하기를 원하지 않는 사람이 없습니다.〔爲上莫不求治, 爲下莫不願忠.〕"라고 하였습니다.[185] 전하께서 다스려지기를 바라는 것이 이처럼 간절하시니, 신이 충성하기를 원하는 것이 진실로 어찌 남보다 못하겠습니까. 그러나 재능은 미치지 못하고, 덕(德)은 일컬을 만한 것이 없습니다. 늘 한밤중에도 잠을 이루지 못하고 단지 '훌륭한 임금은 있는데 현명한

185 당(唐)나라……하였습니다 : 육지(陸贄)는 당나라 덕종(德宗) 때 한림학사(翰林學士)를 지낸 충신이다. 위 내용은 덕종이 건중(建中) 4년(783)에 당시의 긴요한 일을 물었을 때 육지가 상하(上下)의 마음이 통하는 것이 중요하다고 답하는 내용에 보인다.《資治通鑑 卷229 唐紀45》《翰苑集 卷13 奏草3 奉天請數對群臣兼許令論事狀》

신하는 없다.〔有君無臣〕'[186]는 탄식만 간절하였습니다. 기필코 번잡한 직무에서 벗어나 시골의 산천으로 돌아가고자 하는 것은 신의 일신을 위해 사사롭게 드리는 말씀이 아니라 실로 국사의 성패(成敗)를 위하여 아뢴 것입니다.

옛날의 군자는 하루라도 그 지위에 서 있으면 하루 동안 그 관직에서 성실히 일하였으며, 하루라도 그 관직에 걸맞음을 얻지 못하면 감히 하루라도 그 지위에 서 있지 않았습니다.[187] 그런데 신은 한갓 그 지위만 훔친 채 그 직무를 수행함이 없어 죄만 더하고 있으니, 신의 정황은 하루하루가 견책을 기다리는 날이 아님이 없습니다.

신은 이에 나아가기도 물러나기도 모두 어렵고, 죽을 수도 살 수도 없습니다. 소원은 있으나 이루지 못하고 소회는 있으나 다 토로할 수가 없으니, 불안하고 두려워서 돌아갈 곳이 없는 곤궁한 사람과 같습니다. 잠시 어전에 나아가기를 기다렸다가 아직 다 말씀드리지 못한 속마음을 다시 아뢰겠습니다.

186 훌륭한……없다 : 당나라 한유(韓愈)의 〈금년에 과거와 전선(銓選)을 임시로 정지한 것에 대해 논한 장〔論今年權停擧選狀〕〉에 "신하들의 현명함이 옛사람에 미치지 못하고, 또 국가에 마음을 다 바쳐 폐하와 한마음이 되어 폐하의 정치를 돕지 못하니, 훌륭한 임금만 계시고 현명한 신하는 없는 것입니다.〔群臣之賢不及於古, 又不能盡心於國, 與陛下同心, 助陛下爲理, 有君無臣.〕"라는 내용이 보인다. 《唐宋八大家文抄 卷1 昌黎文鈔1 表狀》

187 옛날의……않았습니다 : 주희(朱熹)의 〈진 승상에게 하례하는 편지〔賀陳丞相書〕〉에 보인다. 《晦庵集 卷24》

양주(楊州)의 옥사에서 서명하며 올린 부주[188]

州獄胥命附奏

신이 양주 고을의 옥사에서 서명(胥命)하는 중에 삼가 은혜로운 유지(諭旨)를 받았습니다. 15자를 도로 거두신 일[189]뿐만 아니라 100여 자의 믿는다는 하교가 있었으니, 땅에 엎드려 황공하여 저도 모르게 감격의 눈물이 얼굴을 가렸습니다.

다만 삼가 생각건대, 신하가 되어 남의 탄핵을 당한 자가 참으로 어찌 한정이 있겠습니까만, 어찌 신이 지금 당한 것과 같겠습니까.

188 양주(楊州)의……부주 : 저자는 1874년(고종11) 3월에 두 차례 영의정을 사직하는 소를 올렸으나 윤허받지 못했다. 이후 11월 29일에 전 장령 손영로(孫永老)가 상소하여, 부정한 방법으로 아들을 과거에 급제시켰고 뇌물을 받았다는 등의 내용으로 저자를 탄핵하였다. 탄핵을 받은 저자가 성 밖으로 물러 나가자 고종은 11월 30일부터 12월 3일까지 총 네 차례에 걸쳐 돌아오라는 전교를 내렸고, 불복하자 12월 4일에 저자를 파직하였다. 12월 5일에 고종은 다시 저자를 영의정에 제수한다는 명을 내렸다. 12월 9일에 고종은 저자가 양주 고을의 옥에서 처분을 기다린다는 보고를 받자 즉시 조정으로 돌아오라는 전교를 내렸는데, 이 전교를 받고 올린 부주이다. 이 부주를 받은 고종은 저자를 천안군(天安郡)에 중도부처(中途付處)하라는 명을 내렸다. 《高宗實錄》 한편 《승정원일기》 고종 11년 12월 11일 기사에, 저자에게 고종의 전교를 전달한 뒤 결과를 보고하는 좌승지 남정룡(南廷龍)의 장계(狀啓)에 저자의 이 부주가 실려 있다.

189 15자를……일 : 《승정원일기》 고종 11년 12월 9일 기사에, "그러나 경이 혹 이 때문에 마음에 불안하게 여긴다면 어제의 하유(下諭) 가운데 '경이 만약 나를〔卿若以予〕' 이하의 15자를 특별히 도로 거둘 것이니"라는 내용이 보인다. 고종이 12월 8일에 내린 전교에서 "경이 만약 나를 함께 큰일을 하기에 부족하다고 여긴다면, 진실로 '도가 부합하지 않으면 떠난다'는 뜻을 분명히 말해야 할 것이다.〔卿若以予爲不足有爲, 則固當洞言其不合則去.〕"라고 한 것을 도로 거두겠다는 말이다.

그가 논열(論列)하면서 능멸하고 떠드는 것이 이르지 않는 것이 없으니, 이것은 신이 근래에 받은 총애가 너무 높아 귀신이 노하고 사람이 시기하여 마침내 낭패에 이르러 운명이 다한 것입니다. 다시 누구를 원망하고 탓하겠습니까. 오직 마땅히 문을 닫고 허물을 반성하며 궁벽한 산골에서 명을 다해야 할 것입니다. 이는 오직 신의 작은 지조 때문에 그러할 뿐만이 아니며, 오직 신의 협소하고 꽉 막힌 고집 때문에 그러할 뿐만이 아닙니다. 바로 조야(朝野)의 나라 사람으로서 신을 아는 자든 신을 모르는 자든 함께 헤아리고 있는 것입니다.

이번의 이 은혜는 평범함에서 훨씬 벗어나 일월(日月)처럼 비추어 주고 산림처럼 포용하시니, 신이 어떤 사람이기에 이 지위에 있으면서 이런 총명(寵命)을 받는단 말입니까. 성상의 뜻이 대신을 예우하고 공경하는 고사에서 나온 줄 모르는 것은 아닙니다. 하지만 신은 비난이 뼈를 찌르고 비웃음과 모욕을 면전에서 당하여 허물을 이미 가릴 수 없고 더러움을 실로 씻기 어려우니, 무슨 공경할 만하고 예우할 만한 것이 있기에 부질없이 남다른 은혜를 내리기를 이처럼 정중하게 하신단 말입니까.

나아가는 것은 진실로 감히 할 수 없거니와 물러가는 것 역시 감히 할 수 없으며, 한결같이 입을 다물고 있는 것도 감히 할 수 없는 일이기에, 삼가 외람됨이 글을 올려서 성상께서 마음을 돌리시기를 바라야 할 것입니다. 근시(近侍)가 100리 먼 곳까지 뒤따라와서 지극히 송구하고 민망하오니 속히 명을 내려 소환하소서.

중도부처하라는 명이 환수된 뒤에 올린 부주[190]

付處還收後附奏

신이 엄명을 받들고부터 두려움으로 땀이 등을 적시고 오장이 무너져 황급히 길을 떠났으나 30리도 못 가서 명을 도로 거두셨다는 하교를 삼가 받았고, 연이어 경월(卿月)의 신하[191]가 성상의 온화한 유지를 전하였습니다. 유지의 뜻이 간절하여 정성스레 반복해 깨우쳐 주시는 것이 마치 자상한 아비가 미욱한 자식을 타이르듯 하시니, 신이 아홉 번 머리를 조아리고 백 번 읽으며 지극히 감격하여 눈물을 흘렸습니다.

아! 신은 성세(聖世)의 일개 한낱 버려진 물건일 뿐입니다. 악한 소문에 사람들이 다 귀를 막고 추한 냄새에 사람들이 다 코를 막으니, 전하께서 비록 더러움을 닦아 주고 씻어 주어 구덩이에서 꺼내어 돗자리 위에 놓으려 하시더라도 여론의 비웃음과 세교(世敎)의 무너짐은 어찌하겠습니까.

190 중도부처(中途付處)하라는……부주 : 앞의 1874년(고종11) 12월 11일에 올린 부주를 받은 고종은 저자를 천안군(天安郡)에 중도부처하라는 명을 내렸다가, 이튿날인 12월 12일에 명을 도로 거두고 속히 조정으로 돌아오라는 전교를 내렸다. 이 부주는 이 전교를 받고 올린 것이다. 《승정원일기》 고종 11년 12월 14일 기사에, 저자에게 고종의 전교를 전달한 뒤 결과를 보고하는 형조 참판 김학근(金鶴根)의 장계(狀啓)에 저자의 이 부주가 실려 있다.

191 경월(卿月)의 신하 : 높은 관원을 일컫는 말이다. 《서경》 〈주서(周書) 홍범(洪範)〉에 "왕이 살펴야 할 것은 해이고, 경사는 달이고, 사윤은 날이다.〔王省惟歲, 卿士惟月, 師尹惟日.〕"라고 한 데서 나왔다. 여기서는 형조 참판 김학근을 말한다.

은혜로운 소명(召命)이 내렸으니 의리상 마땅히 수레와 신이 준비되기를 기다리지 않고 달려가야 할 것입니다. 그러나 나아가고자 하면 담장과 벽이 앞에 있고, 일어서고자 하면 칼날과 화살촉이 뒤에 있어서 처지가 이 지경까지 이르렀으니 참으로 낭패하여 진퇴양난입니다. 신이 이에 두려워할 줄 모르는 것은 아니지만 힘써 버티는 죄를 기꺼이 범하고, 은혜를 저버리는 것인 줄 모르는 것은 아니지만 길이 뜻을 지켜 충성하는 의리로 한계를 지은 것입니다.

신의 실정이 갈수록 더욱 절박하니 오직 마땅히 정성을 쌓아 다시 호소하여 처벌받기를 바랄 것입니다. 재신(宰臣)이 궁벽한 마을까지 뒤따라온 것은 더욱 두렵고 민망하니 속히 명을 내려 소환하소서.

명소를 반납하고 시골로 돌아온 뒤에 올린 부주[192]
納命召還鄕後附奏

신이 어제 또 남의 비방을 당하니 두려움과 부끄러움으로 위축되어 몸 둘 곳이 없습니다. 사직소를 남겨서 시골로 돌아감을 고하고 망령되이 명소(命召)를 반납한 것은 신의 한 몸만을 위하고자 하는 계책이 아닙니다. 신처럼 불초한 자가 하루 동안 조정에 있으면 구중(九重)에 계신 성상께 하루의 근심을 끼치고, 이틀 동안 조정에 있으면 구중에 계신 성상께 이틀의 근심을 끼치기 때문입니다. 가장 좋은 것은 신이 도성에서 자취를 없애고 길이 시골집에 엎드려 있어야 마침내 조정의 상황이 안정되는 날이 있을 것이기에, 드물게 있는 규례를 방자하게 행하였습니다.

그런데 성상의 도량이 하늘처럼 커서 신에게 벌을 내리지 않으시고

192 명소(命召)를……부주 : 저자는 1874년(고종11) 12월 16일에 입시하여 고종을 알현한 뒤 12월 20일부터 24일까지 총 다섯 차례에 걸쳐 정사(呈辭)하였으나 모두 윤허를 받지 못했다. 그런데 12월 24일에 전 정언(正言) 정면수(鄭勉洙)가 상소하여, 정조가 수원(水原) 화성(華城)을 새로 조성할 때 침원(寢園) 아래에 묻어 두었던 비석을 저자가 기미년(1859, 철종10)에 멋대로 파내어 선묘(先墓)에 세운 일이 있다고 탄핵하였다. 탄핵을 받은 당일에 저자는 사직소를 올려 사실관계를 해명한 뒤 명소를 반납하고 고향으로 돌아갔다. 고종은 사직을 윤허하지 않고 사관을 보내 속히 돌아오라는 전교를 내렸는데, 이 부주는 이 전교를 올린 지은 것이다. 《承政院日記》《嘉梧藁略 冊7 因鄭勉洙疏後自引疏》 한편, 《승정원일기》 고종 11년 12월 25일 기사에, 양주(楊州)의 퇴계원(退溪院)에 있는 저자에게 고종의 전교를 전달한 뒤 결과를 보고하는 사변가주서 박응면(朴應冕)의 서계에 저자의 이 부주가 실려 있다.

도리어 온화한 비답을 내리시고 이어 돈후한 소명(召命)을 내리셨습니다. 종이에 가득한 말씀이 모두 마음과 뜻이 서로 신뢰함에서 나온 것이었으니, 뼈에 새기고 가슴에 새기며 무슨 말을 아뢰어야 할지 모르겠습니다.

아! 신의 이와 같은 행동이 어찌 대의를 전혀 몰라서 그런 것이겠습니까. 죄를 지은 몸이 다시 도성문을 들어갈 수 없다는 것은 신만 스스로 매우 분명히 알 뿐이 아니며 한 시대의 공론(公論)이 절로 있으니, 신이 어찌 감히 부끄러움도 모른 채 조정에 나아가 염치의 중함을 돌아보지 않겠습니까. 두려움을 안은 채 그대로 시골길을 찾아가며 한번 동문(東門)을 나서니 눈물이 앞을 가렸습니다. 단지 입으로 성상의 은혜로운 말씀을 외며 대궐 쪽을 바라볼 뿐입니다.

명소를 반납하고 시골로 돌아온 뒤에 두 번째로 올린 부주[193]
再次附奏

신이 감히 신의 마음에 따라 멋대로 행동하여 무례하고 공손하지 않아서, 저지른 잘못이 이미 무거운 데다 죄를 더한 것이 여기에 이르렀으니, 국법으로 다스린다면 죽어도 용서받지 못함이 마땅합니다. 하지만 너그러운 용서를 입어 극형을 벗어날 수 있었고 승지가 또 와서 명소를 전해 주었습니다. 돈후한 하교를 거듭 간절히 내리시어 정면수(鄭勉洙)가 거짓으로 무함한 부분에 대해 분명히 풀어 주시고 임금과 신하가 서로 덕을 닦는 도리에 대해 힘써 깨우쳐 주시어[194] 꾸짖음과 격려가 두루 지극하였고, 이어 승지와 함께 오라는 명까지 있었습니다. 그러니 신이 어찌 감히 그날로 길을 떠나 우리 성상께서 진심으로 타이르는 말씀을 공경히 받들지 않을 수 있겠습니까.

193 명소(命召)를……부주 : 앞의 1874년(고종11) 12월 25일에 올린 부주에 대해 고종은 당일에 승지를 보내 명소를 다시 전하라는 전교를 내렸다. 그리고 명소를 받은 저자가 12월 26일에 이를 재차 반납하자, 고종은 다시 전교하여 저자에게 조정으로 돌아오라는 명을 내렸다. 이 부주는 이 전교를 받고 올린 것이다. 《승정원일기》 고종 11년 12월 27일 기사에, 양주(楊州) 가오곡(嘉梧谷)에 있는 저자에게 고종의 전교를 전달한 뒤 결과를 보고하는 좌승지 남정룡(南廷龍)의 장계(狀啓)에 저자의 이 부주가 실려 있다.

194 돈후한……주시어 : 1874년 12월 25일에 고종이 내린 전교에 "정면수(鄭勉洙)의 상소는 이미 거짓을 꾸민 것이고 거짓은 이미 처벌을 받았다.……군신 상하가 진실로 마땅히 분발하여 다른 것은 돌아보지 않고 서로 덕을 닦고 함께 힘쓸 때이다."라는 내용이 보인다. 《承政院日記》

하지만 앞의 풍랑이 아직 잠잠해지기도 전에 뒤의 풍랑이 다시 일어났으니,[195] 전하께서 비록 신을 불쌍히 여기시고 신을 보호해 감싸 주시려고 하더라도 장차 어떻게 그 시끄러움을 진정시키고 사태가 점점 커져 나감을 막으시겠습니까. 이 때문에 도성문 가까이에는 반걸음도 나아가기 어렵습니다. 힘을 다해 버티는 것이 죄가 되는 줄 알면서도 힘을 다해 버티고, 성상의 뜻을 저버리는 것이 죄가 되는 줄 알면서 성상의 뜻을 저버리는 것이, 어찌 신이 내켜서 하는 것이겠습니까. 참으로 일의 형세 때문에 그런 것입니다.

밤이나 낮이나 눈물을 흘리고 가슴을 치며 스스로 슬퍼하면서 감히 장황하게 부주(附奏)를 올리지도 못하고 감히 당돌하게 사실대로 대답할 수도[196] 없기에, 땅에 엎드려 두려워 떨면서 어떻게 대답해야 할지 모르겠습니다.

195 하지만……일어났으니 : 앞의 풍랑은 11월 29일에 전 장령(掌令) 손영로(孫永老)가 저자를 탄핵한 것을 말하며, 뒤의 풍랑은 12월 24일에 전 정언(正言) 정면수(鄭勉洙)가 저자를 탄핵한 것을 말한다. 129쪽 주192 참조.

196 사실대로 대답할 수도 : 저본에는 원문이 '봉실(封實)'로 되어 있는데 의미가 통하지 않아, 《승정원일기》의 '대실(對實)'이라는 기록에 근거하여 바로잡아 번역하였다.

명소를 반납하고 시골로 돌아온 뒤에 세 번째로 올린 부주[197]
三次附奏

신이 속죄하기 어려운 죄를 지었으나 세상에 없던 은혜를 입어서 잠시 파직되었다가 곧 서용(敍用)되었으니 이미 매우 너그러운 은전이었습니다. 그런데 온화한 유지(諭旨)를 궁벽한 시골의 적막한 물가에 잇달아 내려서 남김없이 풀어 주시고 새해 아침의 하례 의식에 참석하라고 명하실 줄 어찌 생각이나 했겠습니까.

아! 임금이 신하에게 은혜를 더하는 것이 진실로 어찌 한정이 있겠습니까마는, 보잘것없는 미천한 신에게 무슨 취할 만한 것이 있기에 한 번 더하고 두 번 더하며 더하기를 그치지 않으시는 것입니까. 신이 오늘까지 목숨을 보전할 수 있었던 것은 모두 우리 전하께서 하사하신 것이며, 정성스레 이끌어 깨우쳐 주시기를 마치 정수리에 침을 놓는 듯이 하시고 자애롭게 덮어 주시기를 마치 날개로 알을 품는 듯이 하시니, 신이 아무리 분골쇄신한다고 한들 감히 그 만분의 일이라도 갚을 수 있겠습니까.

지금 이처럼 돈후한 소명을 간곡하게 거듭 내려 반드시 신을 부르고

197 명소(命召)를……부주 : 앞의 1874년(고종11) 12월 27일 자 부주를 받고 고종은 저자를 파직하라는 전교를 내렸다가 12월 28일에 다시 서용하라는 명을 내리고 새해 아침의 축하 의식에 참석하라는 전교를 내렸다. 이 부주는 이 전교를 받고 올린 것이다. 《승정원일기》 고종 11년 12월 29일 기사에, 저자에게 고종의 전교를 전달한 뒤 결과를 보고하는 사변가주서 이응면(李應冕)의 서계에 저자의 이 부주가 실려 있다. 《승정원일기》의 전후 기록에 근거하면 이응면은 박응면(朴應冕)의 오류로 보인다.

자 하시는 것이 전과 다름없으니, 성상의 의도가 옛 신하를 예로 대우하는 의리에서 나온 것인 줄 모르는 것은 아니지만, 신의 감읍하고 황공하며 걱정되는 심정이 좁은 길에서 몸을 돌릴 수 없는 것보다 더합니다. 삼가 외람됨을 무릅쓰고 글을 올려서 길이 시골집으로 내쳐서 이 여생을 마치게 해 주시기를 빌겠습니다.

도성에 들어와 올린 부주[198]

入城附奏

깊은 밤 궁벽한 시골에 사관이 와서 성상의 비지를 전하였으니 자상한 내용의 가르침으로 차근차근 정성스럽게 타이르셨습니다. 감격하고 황공하여 몸 둘 바를 모르던 중에 삼가 왕세자의 책봉례를 행한다는 명이 정해져 성대한 의식이 장차 거행될 것이라는 소식을 들었습니다. 향기롭고 풍요롭고 상서롭고 온화한 기운이 중외(中外)에 넘치니, 신이 이웃 마을의 부로(父老)들과 손을 이마에 대고 천세(千歲)를 외치며 덩실덩실 춤추는 지극한 기쁨을 이기지 못했습니다.

다만 보잘것없는 신의 거취에 대해 아직 결론이 나지 않았으니, 전후로 서너 달 동안 성상의 잠자리가 편안하지 못했던 것이 오직 이 때문이었고 조정의 상황이 안정되지 않았던 것도 또한 이 때문이었습니다. 신이 어떤 사람이기에 줄곧 명을 어겨 시끄럽게 하기를 그치지 않아서 성상의 응답하시는 번거로움을 전혀 모르는 체한단 말입니까.

새해 아침에 나아가 성상을 뵙는 것은 경사를 함께하는 것이지만

198 도성에……부주 : 고종은 1875년(고종12) 1월 1일에 저자를 왕세자 책봉도감 도제조로 임명하였다. 저자는 이 명을 받고 곧장 상소하여 사직을 청하였으나 고종은 윤허하지 않고 사관을 보내 저자와 함께 입조하라는 전교를 내렸는데, 이 부주는 이 전교를 받고 올린 것이다. 《承政院日記》《嘉梧藁略 冊7 附奏後辭免疏》 왕세자는 고종과 명성황후의 둘째 아들로 태어난 훗날의 순종이다. 《승정원일기》 고종 12년 1월 3일 기사에, 양주(楊州) 가오곡(嘉梧谷)에 있는 저자에게 고종의 전교를 전달한 뒤 결과를 보고하는 사변가주서 박응면(朴應冕)의 서계에 저자의 이 부주가 실려 있다.

신은 그 반열에 참여할 수 없었고, 서추(西樞 중추부(中樞府))의 옛 직함으로 미천한 신을 거두어 주셨으나[199] 신은 공경히 숙배(肅拜)할 수 없었습니다. 그리고 신이 전석(前席)에서 아뢴 바 원임(原任)으로 공무를 행한다는 말은 장차 사실대로 고하지 않은 죄를 면할 수가 없을 것이니, 그렇다면 신의 죄는 더욱 성상을 속인 것을 피할 수 없고 우리 전하께서 성심으로 대하여 심복(心腹)의 자리에 두신 지극한 뜻을 거듭 저버린 것입니다.

하물며 지금은 절뚝발이와 앉은뱅이도 모두 일어나는 때이니, 기쁘고 축하하는 마음이 송구하고 부끄러운 마음보다 앞서서 신의 사정이 고집을 부리기에 어려워 감히 교외에 태연히 거처하지 못하겠습니다. 외람됨을 무릅쓰고 도성문에 들어가 무거운 분수와 의리를 대략이나마 펴고서 다시 처분받지 않은 벌을 기다리겠습니다. 잠필(簪筆)의 신하[200]과 함께 오라고 하신 명은 일반적인 격례(格例)를 벗어난 것이라 더욱 민망하니, 속히 명을 내려 먼저 소환하소서.

199 서추(西樞)의……주셨으나 : 1874년(고종11) 12월 29일에 저자를 영중추부사로 임명한 것을 말한다. 《承政院日記》

200 잠필(簪筆)의 신하 : 잠필은 관원이 관(冠)이나 홀(笏)에 붓을 꽂아서 서사(書寫)에 대비하는 것을 이르는 말로, 예문관 검열이나 승정원 주서 등 사관을 잠필지신(簪筆之臣)이라고 한다. 여기서는 사변가주서 박응면을 가리킨다.

각신과 함께 오라는 명을 받은 뒤에 올린 부주[201]

閣臣偕來後附奏

신은 남은 재앙이 아직 끝나지 않고 쌓인 죄를 아직 처분받지 못한 상황에서 또 다른 사람의 비난이 닥쳐서 신의 몸이 거의 피폐해졌습니다. 신은 장차 무슨 말로 사람들의 입을 막겠으며 성상께서는 다시 어떻게 신의 허물을 덮어 주시겠습니까. 시골로 달아나 엎드려 있기를 마치 곤궁하여 돌아갈 데가 없는 사람처럼 하고 있었는데, 천만뜻밖에도 특별히 내각(內閣)의 신하에게 명하여 성지(聖旨)를 전하게 하셨습니다. 처음부터 끝까지 147자의 말씀으로 분명히 풀어 주시고 가르쳐 주신 것이 우로(雨露)처럼 은혜로운 가르침과 상설(霜雪)처럼 위엄 있는 가르침이 아닌 것이 없었습니다. 신은 이를 받들어 반도 읽기 전에 저도 모르게 목 놓아 소리치며 감격해 눈물을 흘리면서 몸 둘 바를 몰랐습니다.

무릇 좋은 때를 만난 신하가 어찌 한정이 있겠습니까만, 어찌 신이 오늘날 지우(知遇)를 받은 것 같은 신하가 있겠습니까. 이것이 신이

201 각신(閣臣)과……부주 : 1875년(고종12) 1월 12일에 부호군(副護軍) 이승택(李承澤)이 상소하여, 저자가 수원 화성(華城)의 비석을 마음대로 사용했다고 탄핵한 전 정언(正言) 정면수(鄭勉洙)의 상소를 다시 거론하며 저자의 처벌을 요구하였다. 정면수의 상소에 대해서는 129쪽 주192 참조. 이에 고종은 이승택을 원악도(遠惡島)에 유배하라는 명을 내렸고, 저자에게 조정으로 돌아오라는 전교를 내렸다. 이 부주는 이 전교를 받고 올린 것이다. 《승정원일기》 고종 12년 1월 14일 기사에, 양주 가오곡에 있는 저자에게 고종의 전교를 전달한 뒤 결과를 보고하는 검교직각(檢校直閣) 김영수(金永壽)의 장계(狀啓)에 저자의 이 부주가 실려 있다.

이전에 신의 몸을 잊은 채 외람됨을 무릅쓰고 나아갔던 이유입니다. 그런데 지금 하나의 비석으로 인하여 사달이 거듭 생겨나 대궐에 계신 성상께 근심을 끼치고 팔방에 전해져 웃음거리가 되고 있으니, 실로 이것은 불초한 신의 죄입니다.

이 사건의 허실에 대해서는 이미 성상께서 이미 환히 알고 계시니 신이 감히 시끄럽게 떠들지 않겠습니다. 그리고 '거듭 참담한 탄핵을 당하고서도 움츠려 엎드려 있을 것을 생각하지 않고 빈번히 내린 은혜로운 유시를 빙자하고 더없이 중한 경사스러운 연회를 기회로 삼아 다시 도성문에 들어 염치를 무너뜨렸으니 신이 스스로 반성하기에 겨를이 없어야 한다.'라고 한 것으로 말씀드린다면,[202] 이런 내용으로 죄를 성토한 것은 신이 마땅히 받아들여 잘못으로 삼아야 할 것입니다. 사정이 이에 이르렀으니 다시 무슨 낯이 있겠습니까.

그러나 '다시 망령되어 은총을 믿고서 의기양양 활개 치며 아무 일도 없는 것처럼 한다.'라고 한 것으로 말씀드리면, 진실로 이는 '수치를 참고 부끄러움을 견디면서 저들이 비웃든 말든 내버려둔 채 자리만 지키고 있다.'는 것입니다. 신의 거취는 여기에서 판가름이 났으니, 삼가 마음과 정신을 수습하여 외람됨을 무릅쓰고 글을 올려 엄한 처벌

202 거듭……말씀드린다면 : 1875년(고종12) 1월 12일에 부호군 이승택(李承澤)이 올린 상소에 "일의 유무와 말의 허실을 막론하고 비록 미관말직이라 하더라도 이런 탄핵과 논박을 받으면 진실로 마땅히 부끄러워하며 움츠리고 엎드려서 허물을 자책하기에 겨를이 없어야 할 것입니다.……그런데도 은혜로운 유시가 빈번히 내림을 빙자하여 의기양양하게 다시 조정에 들어와 태연히 아무 일도 없던 듯이 하고 있으니, 진실로 한 푼어치의 떳떳한 본성이 있다면 어찌 이처럼 할 수 있겠습니까."라는 내용이 보인다. 《承政院日記》

이 내리기를 바랄 것입니다. 성상을 곁에서 모시는 신하가 누추한 곳을 지키고 있는 것은 더욱 송구하고 민망하니, 속히 명을 내려 소환하소서.

도성 밖으로 나아와 올린 부주[203]

進詣城外附奏

신은 속마음을 피력하여 소를 봉하여 올리고서 석고대죄하고 있었는데, 온화한 비답이 갑자기 내려오니 188자의 말씀이 글자마다 은혜가 빛나서 숲의 나무도 빛을 발하였습니다. 신은 수없이 머리를 조아리며 공경히 받들어 읽자니 오장이 떨리고 두려웠습니다.

무릇 예상치 못하게 찾아온 재앙과 무함하고 기만하는 말은 옛날의 이름난 석유(碩儒)에게는 참으로 부끄러울 것도 없고 손상될 것도 없습니다. 하지만 신의 보잘것없는 미천함과 더러운 혐의를 쓴 자취는 스스로 뜻을 지키는 것과 다시 일어나는 것에 대해 아득히 기약할 수가 없고, 단지 스스로 성상의 은택을 그르치고 임금의 명을 욕되게 할 뿐입니다.

아! 선비의 출처(出處)는, 부르시면 수레에 멍에 매기를 기다리지 않고 나가다가도 때로는 편안하게 누워 있기도 하였고, 혹 처음에는 비록 담을 따라 피했다가도[204] 결국 억지로 명을 받드는 상황에 이르기

203 도성……부주 : 앞의 1875년(고종12) 1월 14일의 부주를 올린 뒤 저자는 이튿날인 1월 15일에 체차를 청하는 소를 올렸다. 이에 고종은 허락하지 않는 비답을 내리고, 이어 전교를 내려 각신(閣臣)에게 저자와 함께 조정으로 들어오라고 하였다. 이 부주는 이 전교를 받고 올린 것이다. 《承政院日記》《嘉梧藁略 冊7 李承澤疏後自引疏》 한편, 《승정원일기》 고종 12년 1월 17일 기사에, 저자에게 고종의 전교를 전달한 뒤 결과를 보고하는 검교직각(檢校直閣) 김영수(金永壽)의 장계에 저자의 이 부주가 실려 있다.

204 담을 따라 피했다가도 : 벼슬에 나가려 하지 않는다는 말이다. 위(魏)나라 문후(文侯) 때의 사람인 단간목(段干木)이 문후가 찾아오자 담장을 넘어 달아났다〔踰垣而

도 하였습니다.

그러나 신의 경우로 말하면 일이 외부로부터 이르고 말이 남에게서 나와 치욕이 여러 차례 더해져 몸을 조금씩 적셔 발끝까지 더럽혀졌습니다. 비록 물이 골짜기로 흘러가듯 일심으로 조정에 나아가고자 하더라도 몸을 일으키려고만 하면 발이 묶여 있는 듯해서 나아갈 수 없습니다. 신의 사정이 이 지경에 이르렀으니 또한 이를 어찌하겠습니까. 만약 나라의 두터운 은혜를 잊고 제 한 몸 편하기만을 꾀하는 것이라면 하늘의 해처럼 밝으신 성상께서 반드시 곧장 신을 주벌할 것이니. 신이 어찌 감히 이런 짓을 하겠습니까.

감히 누추한 집에 그대로 엎드려 있지 못하고 도성문 밖에 이르렀으니, 삼가 다시 한 통의 소를 올려 용서하지 말고 엄히 처벌하시기를 우러러 청하겠습니다. 서청(西淸)의 근신(近臣)[205]이 오랫동안 누추한 골목에 머물러 있어서 갈수록 더욱 황공하오니, 속히 명을 내려 소환하소서.

辟之]는 고사가 전한다.《孟子 滕文公下》

205 서청(西淸)의 근신(近臣) : 서청은 대궐 안의 깊숙하고 조용한 곳을 가리키는데, 여기서는 규장각(奎章閣)을 이른다. 서청의 근신은 여기서는 검교직각 김영수(金永壽)를 지칭한다.

도성에 들어가 올린 부주[206]

入城附奏

신이 시골집에 편안히 거처하며 다만 은혜만을 입고 있자니 너무도 송구하고 두려워서 도성 가까운 곳에 나아가 엎드려 진심을 아뢰어 간절히 바란 것은 사세(事勢)가 궁박하여 나온 것으로 어쩔 방도가 없어서였습니다.

예로부터 대관(大官) 가운데 탄핵을 당하고 죄를 성토받으면서도 이를 무릅쓰고 지위를 차지하고서 의기양양 부끄러워할 줄 몰랐던 자가 어찌 있었던 적이 있었습니까. 한 번이라도 탄핵을 받게 되면 탄핵을 받은 자의 바람을 따라 내쳤던 것은 단지 조정의 사리와 체통 때문에 그렇게 한 것입니다. 그러나 지금 신이 처한 바는 비록 시임(時任)과 차이는 있으나 누구나 올려다보는 재상의 자리라는 점에서는 같습니다. 그러므로 성상을 번독스럽게 하는 것을 피하지 않고 여러 차례 하늘 같은 위엄을 범하여 위로는 성상의 보살핌에 답하고 아래로는 마음속에 쌓인 것을 다 아뢰었는데, 매번 번거롭게 하면서 호소할 때마

206 도성에……부주 : 앞의 1875년(고종12) 1월 17일에 올린 부주를 받은 고종은 당일에 저자에게 속히 집으로 돌아가라는 전교를 내렸으며, 이에 저자는 다시 당일에 상소하여 처벌을 내려 줄 것을 청하였다. 상소를 받은 고종은 각신(閣臣)과 함께 조정으로 들어오라는 전교를 내렸는데, 이 부주는 이 전교를 받고 올린 것이다. 《承政院日記》 《嘉梧藁略 冊7 李承澤疏後自引疏〔再疏〕》 한편, 《승정원일기》 고종 12년 1월 18일 기사에, 저자에게 고종의 전교를 전달한 뒤 결과를 보고하는 검교직각 김영수(金永壽)의 장계에 저자의 이 부주가 실려 있다.

다 황공하게도 은혜로운 말씀을 더 내려 주셨습니다.

오늘에는 융성한 비답이 내려지고 연이어 도타운 하교가 있었으니, 세자를 책봉할 날이 머지않아서 공역(工役)을 감독하는 일이 매우 촉박하다는 말씀으로 가르쳐 주시고, 또 책문(冊文)을 지어 올릴 기한이 얼마 남지 않았다는 말씀으로 반복해서 깨우쳐 주셨으며, 심지어는 공사와 경중의 구별을 하라는 말씀으로 책망하기까지 하셨습니다.[207] 신이 비록 돼지와 물고기만 못하다고 하나 어찌 구중(九重)에서 날마다 애쓰시는 성상을 잊고 하찮은 신의 의리를 넘을 수 없다고 고집할 수 있겠습니까.

신하의 분수와 의리로 보아 감히 성상의 은혜로운 뜻을 받들지 않을 수 없으므로 잠시 도성에 들어와 사사로이 머무는 곳에 거적을 깔고 엄한 벌이 내리기를 기다리니, 이는 실로 보답하지 않음으로써 보답하는 것이 될 것입니다.[208] 근신(近臣)이 따르며 지키고 있어 매우 민망하니, 속히 명을 내려 소환하소서.

207 세자를……하셨습니다 : 1875년(고종12) 1월 17일에 내린 고종의 비답에 "또 막중한 경사를 만나 공역(工役)을 감독하는 일이 한창이고, 책문을 지어 올리는 임무는 더욱 중대한 일에 관계되므로 기한이 얼마 남지 않아 조금도 늦출 수 없다. 경은 모름지기 공사와 경중의 구별에 대해 깊이 헤아리라."라는 내용이 보인다. 《承政院日記》

208 이는……것입니다 : 임금의 은혜에 보답하기 위해 직임을 맡았다가 일을 그르치기보다는 벼슬에서 물러나 조용히 있는 것을 보답하는 방법으로 삼는다는 말이다.

거듭 영의정에 제수된 뒤에 올린 부주[209]

重拜後附奏

신이 지난번에 중서(中書 의정부)의 직임에 대해 해면되기를 구했으나 즉시 해면하지 않으셨고, 벌이 내리기를 기다렸으나 벌을 더하지 않으셨습니다. 이에 여러 차례 성상의 위엄을 범하면서 답답하게도 변할 줄을 모른 채 사직 단자를 올리고 사직소를 올려 마침내 헤아려 주시는 은혜를 입어 본분(本分)으로 돌아와 이를 지키게 되었습니다. 마치 새장에 갇혔던 새가 숲속으로 풀려난 듯하고 연못에 살던 물고기가 큰물로 풀려난 듯하였으니, 크나큰 은혜에 감사하면서 여생을 마치리라 기약하였습니다.

그런데 천만뜻밖에도 거듭 영의정에 제수하는 명이 해면되고 난 뒤에 또 이르렀는데 성상의 따뜻한 유지(諭旨)가 글자마다 정중하였고 이어 승지를 보내 함께 오라는 명을 내리셨으니, 신은 오장이 다 떨리고 사지를 어찌해야 할 줄 모르겠습니다.

아! 원보(元輔 영의정)는 어떤 직임이며 신은 어떤 사람입니까. 아침에 바꾸었다가 저녁에 제수하시면서 조금도 어려워하거나 신중히 하지

209 거듭……부주 : 고종은 1875년(고종12) 2월 15일에 영중추부사 이유원을 다시 영의정에 제수하라는 전교를 내렸다. 이 부주는 이 전교를 받고 올린 것이다. 당시 저자는 한양 서부(西部) 양생방(養生坊) 창동계(倉洞契)의 처소에 거처하고 있었는데, 현재의 서울 중구 남창동(南倉洞) 일대이다. 《승정원일기》 고종 12년 2월 15일 기사에, 저자에게 고종의 돈유(敦諭)를 전달한 뒤 결과를 보고하는 행 좌승지 이교익(李喬翼)의 서계(書啓)에 저자의 이 부주가 실려 있다.

않으시어 은혜로운 명령이 세 번이나 신의 한 몸에 내렸으니, 은혜로운 유지가 지나치게 더럽혀진 것은 진실로 말할 것도 없거니와 어찌 사람이 관직에 어울리지 않고 관직이 사람 때문에 낮아지는 것을 생각하지 않으신단 말입니까.

처음에 신이 한 번 사직하여 물러나기를 청한 것은 관직의 중함 때문이었고, 지금 신이 한사코 고집하며 나아가기 어려워하는 것 역시 관직의 중함 때문입니다. 신이 어찌 감히 명을 받고 곧장 응하여 일신의 비루함을 완전히 잊어버리고 염치를 무너뜨려 손상시키겠습니까.

창졸간에 부주로 답하는 것이어서 자세히 다 말씀드리기 어려우니, 삼가 외람됨을 무릅쓰고 글을 올려 간절한 심정을 토로하겠습니다. 성상을 가까이 모시는 신하가 누추한 곳을 지키고 있어 매우 황송하니, 속히 명을 내려 소환하소서.

사직소에 대한 비답을 받은 뒤에 올린 부주[210]

疏批後附奏

신이 다행히도 성상의 훈도에 힘입어 치욕을 씻었는데,[211] 은혜로운 비답이 갑자기 내려와 위로해 주심이 신의 분수를 넘었고, 질책하고 면려하심이 엄중하니 감격스럽기도 하고 황공하기도 하여 몸 둘 바를 몰랐습니다.

신이 어찌 감히 사양해서는 안 되는데 사양하여 나라를 저버리는 죄를 달게 여겨 범하겠습니까. 오직 이미 물든 옷을 아직 빨아서 말리지 못했고 이미 썩은 그루터기를 소생시킬 가망이 없어[212] 절로 사군자의 반열에 끼일 수 없기 때문입니다.

그런데 이번에 왕세자의 첫돌이 돌아온 달을 맞아 이미 책봉의 예를 행할 길일을 택한 거조가 있었고, 신에게 태사(太師 세자사(世子師))의

210 사직소에……부주 : 앞의 1875년(고종12) 2월 15일에 부주를 올린 저자는 이튿날인 2월 16일에 영의정을 사직하는 소를 올렸는데, 고종은 사직을 허락하지 않고 다시 조정에 나오라는 전교를 내렸다. 이 부주는 이 전교를 받고 올린 것이다.《高宗實錄》《嘉梧藁略 冊7 辭領議政疏》한편,《승정원일기》고종 12년 2월 16일 기사에, 저자에게 고종의 전교를 전달한 뒤 결과를 보고하는 행 좌승지 이교익(李喬翼)의 서계에 저자의 이 부주가 실려 있다.

211 신이……씻었는데 : 1875년 1월 12일에 부호군 이승택(李承澤)이 상소하여 저자가 수원 화성(華城)의 능침에 있는 돌을 마음대로 사용했다고 탄핵한 일에 대해 고종이 저자의 억울함을 풀어준 것을 말한다. 137쪽 주201 참조.

212 오직……없어 : 저자가 부호군 이승택의 탄핵을 받고 1875년 1월 15에 체차를 청하며 올린 소에 이 내용이 보인다.《承政院日記》《嘉梧藁略 冊7 李承澤疏後自引疏》

직책을 제수하고 신에게 정사(正使)의 임무를 명하시어[213] 신으로 하여금 상서로운 구름이 감도는 가운데에서 일을 주선하게 하셨습니다. 신이 비록 다시 몸과 이름에 욕을 당하여 사람들의 많은 비웃음과 손가락질을 받는다고 해도, 기뻐서 발을 구르며 춤추는 자리에서 사사로운 의리를 걱정할 겨를이 있겠습니까. 신은 이에 다른 것은 돌아볼 겨를이 없이 염치를 무릅쓰고 조정에 나아갈 것이며, 시일을 기다렸다가 다시 간절한 마음을 아뢰겠습니다. 근신(近臣)이 누추한 곳을 지키고 있어 매우 황공하고 민망하니, 속히 명을 내려 소환하소서.

213 왕세자의……명하시어 : 왕세자는 훗날의 순종을 말한다. 순종은 2세 때인 1875년(고종12) 2월 8일에 첫돌을 맞이하고, 2월 18일에 왕세자 책봉례를 행하였다. 당시 저자는 책봉도감 도제조를 맡았다. 또 저자는 1875년 1월 7일에 왕세자 책봉 주청정사에 임명되었고, 2월 15일에 영의정과 세자사(世子師)에 임명되었다. 《高宗實錄》

은혜로운 서용에 대해 올린 소의 비답을 받은 뒤에 올린 부주[214]

恩敍疏批後附奏

신이 일전에 사관(史官)이 돌아갈 때 대략 부주(附奏)를 올리고 이어서 신의 속마음을 다 아뢰고서[215] 공손히 엄한 처벌이 내리기를 기다리고 있었습니다. 그런데 우레와 같은 엄한 형벌은 더해지지 않고 도리어 우로(雨露)와 같은 은택을 입었으니, 온화한 비답을 멀리까지

214 은혜로운……부주 : 1881년(고종18) 윤7월 6일에 개화를 반대하는 경기도 유생 신섭(申櫻) 등이 상소하여 대신(大臣)을 탄핵하자, 저자는 윤7월 14일에 평안도 중화부(中和府)에 정배(定配)의 명을 받았다가 윤7월 25일에 경상도 거제부(巨濟府)로 이배되었으며, 같은 해 12월 11일에 석방되어 서울로 돌아왔다. 이후 가오곡(嘉梧谷)에 칩거하던 저자는 1882년(고종19) 6월 5일에 임오군란(壬午軍亂)이 발생하고 6월 10일에 고종의 왕비 민씨(閔氏)가 군란 통에 승하했다는 소식을 접하고서 6월 12일에 입조하였다. 그런데 민씨의 생사가 확인되지 않은 상황에서 흥선대원군(興宣大院君)이 국장(國葬) 절차를 강행하려 하자, 저자는 6월 15일과 17일에 강로(姜㳣)와 함께 국장의 명을 취소할 것을 청하였으나 허락을 받지 못하고 가오곡으로 돌아갔다. 이후 고종이 7월 1일에 즉시 서울 집으로 돌아오라는 전교를 내리자, 저자는 7월 3일에 남은 죄를 처벌해 달라는 내용으로 상소하였는데, 이 부주는 이 상소에 대한 비답을 받고 지어 올린 것으로 보인다. 《高宗實錄》《承政院日記》《嘉梧藁略 冊7 恩敍敦諭後疏》 한편, 《승정원일기》 고종 19년 7월 7일 기사에, 저자에게 고종의 전교를 전달한 뒤 결과를 보고하는 경기도 관찰사 홍우창(洪祐昌)의 장계(狀啓)에 저자의 이 부주가 실려 있다.

215 신이……아뢰고서 : 여기서 부주는 1882년 7월 2일에 사변가주서 양봉제(梁鳳濟)를 통해 부주한 것을 말하는데, 즉시 서울 집으로 돌아오라는 고종의 7월 1일 자 전교에 답해 올린 것이다. 뒤이어 저자는 7월 3일에 남은 죄를 처벌해 달라는 내용으로 상소하였다.

베푸시어 아름다운 광채가 두루 비추었습니다. 정성스러운 하교와 진심 어린 유지(諭旨)로 너그러이 용서함을 아끼지 않으시니, 이것은 일상적인 격식을 벗어난 매우 지극한 은총이며 두터운 은덕에서 나온 것입니다. 신이 죽을죄를 지었는데도 죽지 않은 것은 전하께서 다시 살려 주셨기 때문이니 신이 어찌 그 사이에서 요행을 바라겠습니까. 오늘의 은혜로운 명이 모두[216] 어디에서 나온 것인지 모르겠습니다.

아! 신은 겨우 큰 바다를 건너서 귀양살이에서 돌아와 달팽이처럼 시골집에 틀어박혀 그럭저럭 시일을 보내며 실낱같은 목숨을 이어가고 있습니다. 강호에서 세상에 대한 생각을 이미 잊고 온전히 약(藥)에 의지해 살았으니, 여생과 만년은 단지 이와 같을 뿐이었습니다.

그런데 천만뜻밖에도 변란(變亂 임오군란(壬午軍亂))이 일어났다는 소식을 듣고 놀라고 황급하여 저도 모르게 발걸음이 곧장 앞으로 나아가 명을 받들어 등대(登對)하였는데, 성상을 가까이에서 뵌 것은 절로 다행스러운 일이었으나 반차(班次)[217]에서 물러 나와서는 부끄러움으로 얼굴[218]이 다시 붉어졌습니다. 한 몸의 잘못을 돌이켜 생각해 보니 진실로 다시 나아갈 희망이 없어서 두려움으로 식은땀을 흘리면서 혼미한 정신을 추슬러 시골집으로 돌아왔던 것입니다.

216 모두 : 저본에는 원문이 '구(懼)'로 되어 있으나 문맥이 통하지 않아, 《승정원일기》의 기록에 근거하여 '구(俱)'로 바로잡아 번역하였다.

217 반차(班次) : 저본에는 원문이 '반차(斑次)'로 되어 있으나 문맥이 통하지 않아, 《승정원일기》의 기록에 근거하여 바로잡아 번역하였다.

218 얼굴 : 저본에는 원문이 '운(韻)'으로 되어 있으나 문맥이 통하지 않아, 《승정원일기》의 기록에 근거하여 '안(顔)'으로 바로잡아 번역하였다.

이미 식어 버린 마음은 더욱 싸늘해지고 이미 썩은 뼈에 다시 살이 돋지 않는 듯하였는데, 갑자기 성상의 윤음(綸音)이 특별히 구중(九重)의 하늘에서 내려와 지금 이때는 다른 때와 다르다고 경계하시고 글을 지어 올리는 일을 재촉하셨습니다.[219] 지금 이때가 이미 다른 때와 다르다고 하시니 신이 감히 멀리 떠날 수가 없고, 지어 올릴 글이 진실로 장례에 관한 일이니 신이 감히 사사로운 사정을 말씀드릴 수 없습니다.

높은 곳에 계시니 다만 옥 같은 궁궐이 추울까 걱정되며,[220] 장안(長安)을 매번 북두성(北斗星)에 의지해 바라본다고 하였으니,[221] 이것은 모두 옛사람이 죽든 살든 앞으로 나아가고 차마 곧장 결별하지 못해서 그런 것입니다. 앉아서 성상의 은총만 불렀으니 죄가 더욱 무겁고, 한여름 비 내리는 길에 역마를 타고 오게 하여 성상의 사신이 고생하게 했으니, 신이 어찌 침상에 편히 누워 쉬면서 분수를 범하고 의리를

219 지금……재촉하셨습니다 : 1882년(고종19) 7월 1일에 내린 고종의 전교에 "지금 이때는 다른 때와 다를 뿐만 아니라 글을 지어 올리는 일에는 사사로운 것을 말해서는 안 된다. 경은 모름지기 이를 헤아리고 즉시 경의 서울 집으로 돌아오라."라는 내용이 보인다. 《承政院日記》 글을 지어 올리는 일은 고종의 비(妃) 민씨(閔氏)의 시책문(諡冊文)을 지어 올리는 것을 말하는데, 당시 저자는 시책문 제술관(諡冊文製述官)에 임명되었다. 《高宗實錄 19年 6月 15日》

220 높은……걱정되며 : 송나라 신종(神宗) 때 소식(蘇軾)이 황주(黃州)로 귀양 가서 지은 가사(歌詞)에 "또 임금이 계신 옥 같은 궁궐, 높은 곳이 추위를 이기지 못할까 걱정되네.〔又恐瓊樓玉宇, 高處不勝寒.〕"라는 구절이 보인다. 《東坡詞 水調歌頭》

221 장안(長安)을……하였으니 : 두보(杜甫)의 〈가을 흥취 여덟 수〔秋興八首〕〉 중 제2수에 "기주부 외로운 성에 지는 해 기우는데, 매번 북두성에 의지해 장안을 바라보네.〔夔府孤城落日斜, 每依北斗望京華.〕"라는 구절이 있다. 《杜少陵詩集 卷17》

저버리는 죄를 달갑게 여겨 범하겠습니까. 조금 병이 낫기를 기다렸다가 들것에 실려 도성에 들어가 명을 어긴 죄에 대한 벌을 받겠습니다.

가오고략

제9권

議의 啓계

계啓

조참에서 힘써야 할 일을 진달한 계[1]

朝參陳勉啓

오늘은 바로 새해의 1월 10일입니다. 우리 전하께서 특별히 조참(朝參)의 예를 행하시어 성상의 뜻은 부지런히 힘쓰시고 예절과 의식은 엄숙하니, 모든 벼슬아치의 반열에 있는 자 중에 그 누군들 행해야 할 일을 아뢰고 행해서는 안 되는 일을 폐지하도록 건의하여 성상의 아름다운 명에 부응하려 하지 않겠습니까.

돌아보건대 오늘날 왕정(王政)의 시무(時務) 가운데 분명하게 짚어서 진언할 만한 것이 한 가지 일만이 아니지만 대소 신료들이 이미 모두 진언하였으니 신이 다시 번잡하게 아뢸 필요가 없습니다. 다만

1 조참(朝參)에서……계(啓) : 저자의 나이 32세 때인 1845년(헌종11) 1월 10일에 경희궁(慶熙宮) 숭정문(崇政門)에서 조참을 거행할 때 홍문관 응교로서 참여해 진달한 계이다. 동일자 《승정원일기》 기사에 이 계의 전문이 수록되어 있다. 한편 《승정원일기》 헌종 11년 1월 2일 기사에, 1월 5일에 거행할 조참을 1월 10일에 거행할 것을 명한 내용이 보인다. 조참은 종친과 문무백관이 정전(正殿)의 정문에서 왕을 알현하고 시사에 대해 아뢰는 행사로, 매월 5일, 11일, 21일, 25일 네 차례씩 행하였으며, 왕과 신하 모두 정식 복장을 갖추고서 신하가 왕에게 사배례(四拜禮)를 행하였다.

삼가 생각건대, 다스림을 확립하는 근본은 마음을 바로잡는 것에서 벗어나지 않고, 마음을 바로잡는 요체는 오로지 학문을 부지런히 하는 데 달려 있습니다. 학문을 부지런히 하지 않으면서 마음을 바로잡기를 구하고, 마음을 바로잡지 않으면서 다스림을 확립할 수 있었던 것은 신이 들어 보지 못했습니다.

대저 마음은 한 몸의 주인이고 만사의 강령(綱領)입니다. 사방 한 치의 작은 마음을 온갖 욕심이 엿보고 있으니, 만약 선(善)을 택하여 굳게 잡아 지키지 않는다면 외물에 의해 흔들리고 빼앗기기 쉽습니다. 그러므로 반드시 학문에 대해 노력을 배가하여 서책을 마주해 혹시라도 방기(放棄)하지 않아서 항상 엄한 스승이 앞에 있고 권면해 주는 벗이 뒤에 있는 것처럼 한다면 이 마음이 한결같이 바르게 되고 천하의 일 역시 그에 따라 바르게 될 것이니, 이로써 다스림을 확립한다면 다스림의 도구가 다 펼쳐지게 될 것입니다. 비유하자면 갖옷을 들면 털이 가지런히 정돈되고,[2] 푯말이 반듯하면 그림자도 곧은 것과 같습니다.

지금 우리 전하께서 정전(正殿)의 정문에 나와 도움을 구하는 일은 진실로 정사에 부지런히 힘쓰는 성대한 뜻에서 나온 것입니다. 이 마음을 미루어 넓혀 가시어 부지런히 학문에 힘쓰는 데까지 이른다면 온갖 교화가 바르게 되기를[3] 기약하지 않아도 절로 바르게 될 것이니, 어찌

2 갖옷을……정돈되고 : 《순자(荀子)》 〈권학편(勸學篇)〉에 예법을 준수하는 것을 비유하여 "마치 갖옷의 옷깃을 들고 다섯 손가락을 구부려 흔들면 가지런히 정돈된 털을 이루 다 헤아릴 수 없는 것과 같다.〔若挈裘領, 詘五指而頓之, 順者不可勝數也.〕"라는 구절이 있다.

3 온갖……되기를 : 《승정원일기》에는 이 부분의 원문이 '만화지원(萬化之原)'으로

아름답지 않겠습니까.

삼가 바라건대, 지금부터 계속하여 날마다 경연에 납시어 수시로 신하들을 접견하여 다스림의 방도를 자문하시고, 깊숙한 궁중에 계실 때라도 마음을 보존하고 내면을 살피는 공부에 더욱 힘쓰소서.

선유(先儒)가 말하기를 "임금이 천하를 다스릴 때는 반드시 그 천하를 다스리는 사람의 주인을 바로잡고, 신하가 임금을 보필할 때는 반드시 먼저 임금의 주인을 바로잡는다."라고 하였으니,[4] 이른바 '주인'은 바로 마음입니다. 부디 전하께서는 힘쓰소서.

되어 있는데, "온갖 교화의 근원인 임금의 마음이"로 번역된다.

4 선유(先儒)가……하였으니 : 송나라 양만리(楊萬里)의 〈천려책(千慮策) 군도 상(君道上)〉에 보이는데, 송 효종 즉위 초기에 남송의 내정과 외교에 대해 논한 글이다. 《誠齋集 卷86 千慮策 君道上》

호남의 환곡 폐단에 대한 계[5]

湖南還弊啓

호남의 환곡 폐단은 그렇지 않은 고을이 없는데, 창평현(昌平縣)의 경우로 말하면 여러 해 동안 누적된 포흠(逋欠)이 곧 고질적인 폐단이 되었습니다. 호조의 회계 장부에 기록된 원래의 환곡 총 12만 1189석(石) 남짓 가운데 경술년(1850, 철종1)[6]에 포흠을 징수할 때 지징(指徵)[7]할 데가 없는 것이 아직도 5만 3837석 남짓이 되었습니다. 그리고 거두어들인 돈 가운데 3만 3600냥으로 값을 낮추어[8] 곡식 5만 6000석으로 바꾸어서 각 고을에 이전하였는데, 뒤이어 비변사의 관문(關文)으로 인해 원래 나라에서 정한 상정가(詳定價)로 다시 환산하여 곡식 1만 1200석으로 바꾸었으니, 축난 것이 4만 4800석입니

5 호남(湖南)……계 : 저자의 나이 39세 때인 1852년(철종3) 2월 15일에 전(前) 전라도 관찰사로서 입시하여 진달한 계이다. 동일자 《승정원일기》 기사에 이 계의 전문이 수록되어 있다. 저자는 1850년(철종1) 12월에 전라도 관찰사에 임명되어 1851년 12월까지 재직한 바 있다.

6 경술년 : 저본에는 무술년(1838, 헌종4)으로 기록되어 있으나, 《승정원일기》 해당 기사에는 경술년(1850, 철종1)으로 기록되어 있다. 또 《승정원일기》 철종 3년(1852) 6월 10일 기사에 좌의정 이헌구(李憲球)가 저자의 이 계를 인용한 곳에도 '경술'로 기록되어 있으므로, 이 기록에 따라 바로잡아 번역하였다.

7 지징(指徵) : 세금을 낼 사람이 죽거나 달아나서 그의 일족이나 이웃에게 징수하는 것을 말한다.

8 값을 낮추어 : 저본에는 원문이 '감급(減給)'으로 되어 있는데, 문맥이 통하지 않아 《승정원일기》의 기록에 근거하여 '감가(減價)'로 바로잡아 번역하였다.

다. 이를 올해의 모곡(耗穀)[9]과 아울러 계산하면 4만 9203석 남짓이 됩니다. 이 숫자를 도로 본 현의 포흠 장부에 기록하니 이것은 원래 거두지 못한 것과 더욱 차이가 나고 다시 징수할 방도도 없으니, 거두지 못한 것과 이전하면서 축난 것을 통틀어 계산하면 도합 10만 3040석 남짓이 됩니다.

경술년(1850, 철종1) 겨울에 환곡의 숫자를 마감할 때 본현(本縣)에서 아직 거두지 못했다고 보고해 와서 해당 현령을 처벌하는 조처가 있기까지 하였고, 신해년(1851, 철종2) 겨울에 또 예전대로 거두지 못했기에 신이 이미 장계(狀啓)로 보고하여 처벌을 청하였습니다.

다만 삼가 생각건대, 본현의 환곡에 대한 정사가 결딴난 것은 이미 말할 것도 없거니와 콩알만 한 작은 고을에 열 집 가운데 아홉 집이 비었으니, 지금 당장 거두도록 요구하는 것은 시행할 수 없는 정사입니다. 신이 여러 차례 엄히 신칙하며 다방면으로 방략을 강구하지 않은 것은 아니지만, 형세상 어찌할 방법이 없기에 신 또한 황송하여 몸 둘 바를 모르겠습니다. 하지만 만약 지금 변통하지 않는다면 경사(京司)에서 관장하는 도내의 양곡이 창평현 하나로 인해 몇 년 되지 않아 장차 본곡(本穀)[10]이 다 없어질 염려가 있습니다.

위에서 말씀드린 원래 거두지 못한 5만 3837석 남짓과 이전하면서 축난 4만 9203석 남짓은 다만 올해가 흉년임을 돌아볼 때 징수할 길이 없습니다. 이전에 이런 고을에 대해서 풍년이 들기를 기다렸다가 징수

9 모곡(耗穀) : 환곡을 받을 때 곡식을 쌓아둘 동안 축이 날 것을 미리 셈하여 한 섬에 몇 되씩 덧붙여 받는 곡식을 말한다.

10 본곡(本穀) : 곡식을 빌려주고 이자를 받아 쓰게 하였던 일정량의 곡식을 말한다.

한 사례가 또한 이미 많기는 합니다만, 감히 마음대로 처리하지 못합니다.

해서의 삼정에 대한 계[11]

海西三政啓

전부(田賦)

결총(結摠)[12] 가운데 무릇 비옥하고 토질이 좋은 논밭은 결복(結卜)을 가볍게 매기고, 척박하고 토질이 낮은 논밭은 결복을 무겁게 매긴 것이 많습니다. 좋은 전장(田庄)은 부호가가 소유한 것이고 척박한 땅은 곤궁한 백성이 개간한 것인데 농지를 측량하던 처음부터 세력이 같지 않아 전도된 것이 이와 같습니다. 해마다 포락(浦落)과 성천(成川)으로 전지(田地)의 모습을 완전히 잃었는데도 영탈(永頉) 전지에 들지 않아 백징(白徵)으로 세금을 거두는 경우가 흔하게 있습니다.[13] 또 간혹 냇가의 모래 섞인 땅과 새로 일군 곳이 없지 않은데 감독하는 무리가 죽기로 작정하고 굳게 숨기며 보고하지 않으니, 곳곳

11 해서(海西)의……계 : 저자의 나이 49세 때인 1862년(철종13) 윤8월 23일에 황해도 관찰사로 삼정(三政)의 폐단을 구제할 방안에 대해 올린 계이다. 동일자 《승정원일기》 기사에 이 계가 요약되어 수록되어 있다. 저자는 1861년(철종12) 11월 25일에 황해도 관찰사에 임명되어, 이듬해 12월 18일 함경도 관찰사에 임명될 때까지 재임하였다. 《哲宗實錄》

12 결총(結摠) : 토지세 징수의 기준이 되는 논밭 면적의 전체 숫자를 말한다.

13 포락(浦落)과……있습니다 : 홍수로 논밭이 영구적인 재해를 입었으나 세금 징수 대상에서 빠지지 않는다는 말이다. 포락은 전답의 두둑이 홍수에 밀려 떨어져 나가는 것을 말하고, 성천(成川)은 홍수로 논밭이 개천으로 변하는 것을 말한다. 영탈(永頉)은 영구적인 재해를 말한다. 백징(白徵)은 조세를 면제한 땅이나 납세 의무가 없는 사람에게 세금을 물리는 것이다.

마다 실제로 답사하지 않으면 조사해 낼 수 없습니다.

농지를 다시 측량해 작결(作結 결세(結稅)를 책정함)하는 것은 시기를 기약할 수 있는 것이 아니고, 비록 지극히 공정하게 하더라도 좋아하지 않는 자가 많아서 필연적으로 원망하고 비방하고 거짓을 선동하여 일을 망치고야 말 것입니다.

또 만약 이 일을 다스리려면 먼저 적임자를 얻고 또 재력을 갖추어야 논의해 볼 수 있는데, 사람과 재력이 많지 않을뿐더러 이리저리 뇌물을 써서 허실이 뒤섞이면 공연히 소란만 불러올 뿐 조금도 실효가 없을 것임은 반드시 닥치게 될 형세이니, 마땅함을 따라 적절하게 보완하는 것만 못합니다.

1. 각 고을의 결총이 양안(量案)에 분명히 실려 있으니, 백성들이 수백 년 동안 부담을 덜어 주고 생활을 안정시켜 주는 은택을 입어 개간할 수 있는 곳이 이미 다하여 남은 것이 없습니다. 그리고 십수 년 이래 흉년이 빈번히 이어지고 홍수와 가뭄이 모두 심하여서, 홍수에 쓸려 갔는데도 영구적인 재해지로 지정되는 은택을 입지 못한 곳과 유랑하거나 사망하여 황폐해져서 주인이 없는 땅은 세금을 거둘 길이 없습니다. 그런데도 심지어 걸복(乞卜 결세에 덧붙여 요구하는 돈)이라 칭하며 결민(結民 결세를 내는 백성)에게 분배하여 세금을 내도록 하기까지 하니 이미 이것은 염려할 일입니다. 더구나 또 환가기(還加起)[14]라는 명목을 더해 실제 경작의 유무와 다소를 헤아리지 않고 몇

14 환가기(還加起) : 오래 묵혔거나 폐기되었다가 다시 경작하는 전지를 조사하여 실제 결수(結數)에 추가하는 것을 말한다.

결(結) 몇 복(卜)으로 일정한 규식을 삼아 해마다 첨가해 기록하니 그 세월이 오래 쌓이자 곧 손써볼 수 없는 고질이 되었습니다. 이것이 허복(虛卜)[15]이 생겨나는 한 가지 근원입니다. 만약 사실에 따라 재해를 입은 전지를 뽑아 조사하되 수효를 한정하지 않고 적발하는 대로 기록하고, 만약 새로 일군 곳이 없어서 억지로 숫자를 채울 필요가 없게 되면 아마도 실질적인 은혜가 될 수 있을 것입니다.

2. 여러 해 동안 묵혀둔 전답 가운데 영구 재해지로 지정되는 은택을 입지 못하여 해마다 의례적으로 장계를 올려 새로운 재결(災結)로 바꾸어서 면세 혜택을 내려 줄 것을 청하는 전지가 1000결(結)에 가까우니, 이것은 한두 해 만에 이루어진 숫자가 아닙니다. 햇수가 이미 오래된 것은 실상을 조사해 밝히기가 어렵지만, 이미 해마다 면세 혜택을 내려 주었다면 영구적인 재해지와 차이가 없으니 원총(元摠)에서 영구히 빼버리는 것만 못합니다. 이외에 성천(成川)과 포락(浦落) 등 묵혀둔 전지에 들지 않은 것을 해마다 백징(白徵)하여 백성들의 억울한 마음이 풀리지 않으니, 이 또한 재해지를 자세히 살펴서 특별히 면제해 주도록 한다면 실로 백성의 고통을 가엾게 여기는 은택이 될 것입니다.

3. 전답의 소출로 납부해야 하는 부세 이외에는 공역(公役)에 응할 다른 것이 따로 없는데 근년 이래 갖가지 명목이 나와 다방면으로 강

15 허복(虛卜) : 땅이 없는 사람에게 허위로 땅을 소유한 것으로 만들어 강제로 매기는 결세이다.

제로 징수하고 있습니다. 공용(公用)이니 읍용(邑用)이니 하는 명목을 붙이고, 심지어 군포(軍布)에 이르기까지 걸핏하면 결세(結稅)에 덧붙여 불법으로 징수하면서 또 오히려 만족스럽지 못할 것을 걱정합니다. 아전들의 포흠을 결민(結民)에게 징수하니, 애처로운 저 결민이 무슨 수로 버틸 수 있겠습니까. 민심이 흩어지는 것은 실로 여기에서 말미암습니다.

본도(本道 황해도)의 경우로 말씀드리면, 결가(結價 토지 1결당 매기던 조세액)의 액수가 고을마다 같지 않고 또 허다한 과외(科外)의 일로 결세에 붙여 요구하니, 늘어나는 것만 있고 줄어드는 것이 없어 거의 한정이 없습니다. 결세에 덧붙이는 명목은 가장 긴급한 공용 이외의 것에 대해 일체를 엄히 막으소서. 또 예결(預結 결세를 미리 징수한다는 말로 보임)이라는 명목이 언제 처음 생겼는지 모르겠으나 관리들 사이에서 부담을 덜고자 하여 곧 이를 묘책으로 여깁니다. 하지만 가을에 거둘 것을 봄에 거두고 이듬해에 거둘 것을 올해 거두니 나대(挪貸)[16]와 다름이 없습니다. 필경 세납(稅納)이 축나고 마을이 소란스러워지는 것을 이루 다 말할 수 없을 것이니 또한 엄히 금지하소서.

4. 산골 군(郡) 5개 고을과 장산(長山) 이북 11개 고을의 결세는 모두 대전(代錢)으로 상납합니다. 그러므로 총액을 거두어들이고 결세 이외의 고을에서 쓰는 잡다한 비용은 그 양에 따라 더 거둡니다. 각 고을의 규례가 비록 똑같지 않다고는 하나 긴요하지 않은 명목 역시 많습니다. 무릇 결세는 본래 정해진 규식이 있는데 어찌 고을마다 같

16 나대(挪貸) : 빌려 온 것을 다시 다른 사람에게 빌려주는 것을 말한다.

지 않아 그 양이 현격하게 서로 차이가 나게 할 수 있겠습니까. 가장 적은 고을의 규례에 따라 시행하여 고르게 하는 정사로 삼으시고, 긴요하지 않은 허다한 명목은 일괄 삭감하소서.

5. 장산(長山) 이북 11개 고을의 세미태(稅米太 전세로 바치는 쌀과 콩)를 대전(代錢)하도록 허락한 것은 예부터 내려온 규례입니다. 근년 이래 경사(京司)에서는 세태(稅太)로 받은 콩을 아랫사람에게 지급할 때 콩이 부족하여 본래대로 콩으로 납부하기를 요구하는 것이 곧 해마다 규례가 되었습니다. 그러자 경차인(京差人) 무리가 값을 높여서 집전(執錢 곡식을 돈으로 거둠)하는데, 거두어들일 때는 많이 취하여 한도가 없고 서울에 상납할 때는 필요한 비용에 대해 절제가 없습니다. 이는 결민에게 있어서 이로움과 해로움이 현격히 차이가 날 뿐만이 아닙니다. 원래의 결전(結錢)을 모두 납부하는 속에 세태가(稅太價)가 아울러 포함되어 마련해야 하는데, 지금 또 본래대로 콩으로 거두는 것을 요구하면서 모두 납부하는 태가(太價)를 줄여 주지 않으니, 이것은 거듭 징수하는 것입니다. 신의 감영(監營)에서는 지금 막 줄여 주라는 뜻을 공문으로 알렸습니다. 상납은 이전대로 대전(代錢)하는 정식을 따라 시행하고, 만약 부득이하여 본래 명목인 콩으로 상납할 때가 있다면 차인(差人)을 보내지 말고 전적으로 해당 고을에서 직접 바치도록 요구하소서.

6. 부세를 선혜청(宣惠廳)에 납부하고 호조에 납부하는 것은 법전의 규정입니다. 그런데 무술년(1838, 헌종4)부터 사복시(司僕寺)의 서리(書吏)에게 지급할 세전미(稅田米 전세로 내는 좁쌀) 중 550여 석에

대해 호조로 이획(移劃)하라는 관문을 받았습니다. 관문이 처음 내려오자 해주(海州)·평산(平山)·금천(金川) 등 세 고을에 몫을 나누어 정하고 높은 값으로 환산하여 찾아갔습니다. 그 뒤에는 오로지 해주에만 옮겨 놓았는데 고을의 관례라고 하면서 시가(市價) 외에 정해진 분수를 크게 넘어섰습니다. 값을 정할 때 매우 심하게 윽박지르고 을러대어 결국에는 저들이 원하는 바에 따라 시행하니, 결민이 입은 피해가 지금까지 그칠 때가 없었습니다.

지난 계축년(1853, 철종4)에 특별히 혁파하였는데 겨우 두 해가 지나자 폐단이 다시 이전과 같아졌으니, 납부할 때가 이르면 백성들이 모두 이마를 찌푸려서 장차 일이 생길 염려가 있습니다. 어찌 한 명의 서리가 이익을 추구한다고 하여서 온 고을에서 원성이 나오도록 하겠습니까. 떼어서 옮겨 주는 한 조항을 영구히 근절하여 끝없는 폐단을 막으소서.

7. 전부(田賦)에 관한 일입니다. 토지의 경계를 바로잡아 부세를 제정한 것이 삼대(三代)의 훌륭한 법도이자 왕도정치의 시작입니다.[17] 작황의 등급을 나누어 세금의 총액을 정할 때 반드시 신중하고 엄격하게 하여 비록 파속(把束)[18]의 작은 양이라 하더라도 감히 허실을 서로 속이지 않는 것은, 위로는 국가의 재정에 관계되고 아래로는 백

17 토지의……시작입니다 : 등문공(滕文公)이 맹자에게 정전법(井田法)에 대해 묻자 맹자가 말하기를 "무릇 인정은 반드시 토지의 경계를 다스림에서부터 시작한다.〔夫仁政, 必自經界始.〕"라고 대답하였다. 《孟子 滕文公上》

18 파속(把束) : 전답의 결세(結稅) 단위인 줌〔把〕과 뭇〔束〕을 말한다.

성의 고통에 관계되기 때문입니다.

본도의 원래 결수는 7만 6866결 35부(負) 8속(束)인데 허결(虛結)이 6344결 75부 8속입니다. 이것은 한때의 재해로 인해 손상되어서 생긴 허결이 아니라 오랜 세월 묵혀둔 것이 점점 누적되어 조사해서 토지대장에 올릴 수 없는 지경에 이른 것이니, 오로지 토지 경계의 어지러움에서 말미암은 것입니다. 다시 척량(尺量)하여 바로잡아 고치는 것이 법에 있기는 하지만 반드시 적임자를 얻고 재원을 마련해야 비로소 논의할 수 있습니다. 그렇다면 먼저 가장 심한 몇몇 고을부터 시험삼아 다시 측량하게 하여 이로써 차차 실마리를 잡아 나가는 것이 아마 편리할 듯합니다.

많은 수의 허결로 말씀드리면, 하소연할 데 없는 백성에게 해마다 백징(白徵)하니 매우 불쌍하고 가엾습니다. 궁토(宮土)의 면세결(免稅結)[19] 가운데 도내에 있는 것은 전답이 모두 1012결 남짓인데 삼수량(三手糧)[20] 외에는 모두 정부(正賦 조세)를 면제받는 것입니다. 당초에 절수(折受)[21]를 마련한 것은 중히 여긴 바가 본래 특별해서이니, 도로

19 궁토(宮土)의 면세결(免稅結) : 궁토는 궁가(宮家)에 속한 토지로, 궁장(宮庄) 또는 궁방전(宮房田)이라고도 한다. 궁방(宮房)은 조선 시대에 왕실의 일부인 궁실과 왕실에서 분가하여 독립한 대원군·왕자군·공주·옹주가 살던 집을 통틀어 이른다. 궁방전은 출세결(出稅結)과 면세결(免稅結)로 구별된다.

20 삼수량(三手糧) : 훈련도감에 속한 포수(砲手)·살수(殺手)·사수(射手) 등 삼수를 양성하는 데 필요한 재원을 충당한다는 명목으로 따로 징수한 조세이다. 1602년(선조35)에 처음 징수하기 시작해 1894년(고종31)까지 계속하였다. 삼수미(三手米)라고도 한다.

21 절수(折受) : 각 궁방(宮房)이 국가로부터 지급받아 결세를 받는 토지를 말한다.

거두어들이기가 어려운 점이 있습니다. 하지만 그 외 다른 궁방(宮房)의 사사로운 토지 가운데 정공(正供)에서 누락된 것은 그 숫자가 매우 적지 않고, 간혹 거짓으로 궁토라 칭하여서 세금을 징수할 수 없는 곳도 있습니다. 지금 크게 징계하는 때를 맞아[22] 만약 절반이라도 변통함이 있다면 무엇을 꺼려서 하지 않겠습니까.

백성이 있고 난 뒤에 나라가 있고, 나라가 있고 난 뒤에 또한 궁토(宮土)가 있습니다. 신이 생각하기에, 백징하는 허결을 영구 재해지로 처리하도록 허락하고 궁토의 면세결 중 줄일 수 있는 것을 환속(還屬)시키며, 조세를 탈루하거나 거짓으로 궁토라 칭하는 것 역시 일일이 조사해 찾아내어 원래의 결수에 붙인다면 조금이나마 면세의 궁토를 줄여 국가의 전결에 보태는 것이 될 것입니다. 또 부족한 수량이 있다면 결(結)마다 알맞게 헤아려 보태어서 원총(元摠)을 채울 수 있을 것입니다. 이렇게 한다면 허복(虛卜 허위로 매긴 세)을 나누어 징수당하는 결민에게 부담을 줄여 주는 효과가 있을 것입니다.

서울에 거주하는 사대부의 전토 가운데 각 고을에 흩어져 있는 것에 대해서는 정부(正賦)는 진실로 이곳과 저곳의 차이가 없습니다. 그러나 해당 고을의 대동법(大同法)에 의해 부담하는 역(役)에 대해서는 하나도 거론하지 않아 공평한 정사에 흠결이 있으니, 혹 부득이하게 공적인 일로 인해 결세를 거두게 된다면 궁토와 서울에 거주하는 사대부의 장토(庄土)에도 똑같이 분배하여 결민들의 부담을 덜어 주소서.

22 지금……맞아 : 당시는 1862년(철종13) 2월에 발생한 진주 농민 항쟁을 진압한 뒤 얼마 되지 않은 시점으로, 삼정이정청(三正釐整廳)을 설치하여 삼정의 개혁을 위한 개선 방안을 강구하고 있었다.

군적(軍籍)

근래에 군사의 총 숫자에 인원이 비는 것은 그 폐단이 생기지 않은 고을이 없고, 그 폐단이 고질이 되지 않은 곳이 없습니다. 한산(閑散)한 무리[23]가 없지 않지만, 습속이 고아(古雅)하지 않아서 군민(軍民)을 마치 종처럼 천시하여 군역(軍役)을 회피하는 것이 뜨거운 물과 타는 불길을 피하는 것과 다름이 없습니다. 매번 도망치거나 늙거나 죽거나 해서 탈이 생길 때마다 임장(任掌)의 무리가 혹시라도 이들을 가지고 결원을 채우기라도 하면, 한산한 무리가 매질하고 욕을 하는 것이 원수를 대하는 것보다 심합니다. 이 때문에 어쩔 수 없이 허위로 군안(軍案)에 숫자만 채워 넣으니, 한 해 두 해가 지난 뒤에는 온 마을에 군오(軍伍 군대의 대오)를 채울 사람이 없는 경우까지 있습니다. 이것이 이른바 '약간의 현재 남아 있는 자는 젖먹이와 병든 늙은이와 지극히 천한 무리가 아님이 없다.'라는 것입니다. 한 사람이 조사해서 결정하면 조종하고 농간을 부려 간사한 수단이 갖가지로 나와서 열 사람이 파산하고 온 고을에 소란이 일어납니다. 백성을 잘 지탱해 보호하고 자리 잡고 편안히 거처하게 하는 방도는 오직 민호의 총 숫자를 견주어 헤아려서 합당한 쪽으로 안배하는 것에 달려 있습니다.

1. 민호의 총 숫자는 12만 8000여 호인데 서울과 지방의 규정된 군사의 총 숫자는 도합 15만 9000여 명이니, 비록 민호에 분배해서 군정(軍丁)을 내게 하더라도 이미 서로 맞지 않습니다. 게다가 그중에 유

23 한산(閑散)한 무리 : 직역(職役)이 없는 사족 집안의 자제를 가리키는 말이다.

향(儒鄕)[24]과 한산(閑散)이 또 그 반을 차지하니, 허오(虛伍)[25]가 많은 것은 실로 당연한 형세입니다. 서울과 지방을 따지지 말고 정군(正軍) 이외에 군포(軍布)를 납부하는 군정 중에서 긴요하지 않은 명목을 가려내어 대대적으로 줄인다면 아마도 폐단을 줄일 수 있을 것입니다.

2. 선원록청(璿源錄廳)에서 관문(關文)을 발급하여 군역을 면탈(免脫)하는 것이 관례가 되었습니다.[26] 근래에 군민(軍民)들 가운데 조금이라도 세력이 있으면 비록 재물을 다 써서 파산한다고 하더라도 간혹 다른 사람의 족보를 사서 온갖 꾀를 내어 그 족보에 의탁해 이서(吏胥)에게 뇌물을 주고 청탁해서 공문을 받아내려고 도모합니다. 그래서 한집안 안에서 수십 명이 군대의 대오에서 일제히 면제받으니, 선원록청의 관문이 꼬리를 물고 이어져 지금까지 그칠 때가 없었습니다. 이는 진실로 군역을 면탈하는 끝없는 구멍입니다. 선원록청에 감결(甘結 하급 관청에 보내는 공문)을 보내 더 이상 요청에 따라 면탈을 허락하지 못하게 하시고, 관문을 발급하는 한 가지 일을 영구히 막으소서.

24 유향(儒鄕) : 향교의 재임(齋任) 등을 맡은 자와 향청(鄕廳)의 향임(鄕任)을 맡은 자를 합쳐 부르는 말이다.

25 허오(虛伍) : 군적(軍籍)에 등록만 되어 있고 실제로는 없던 군정(軍丁)을 말한다.

26 선원록청(璿源錄廳)에서……되었습니다 : 선원록청은 왕실의 족보인 《선원록(璿源錄)》의 간행을 담당한 부서이다. 영조 때 왕실의 계파에 속한 사람에 대해 군역이나 잡역 등을 완전히 면제해 주는 것을 법제화시켰는데, 이후 부정한 방법으로 왕실의 족보에 이름을 올려 군역에서 벗어나는 일이 관례처럼 일어났다고 한다.

3. 본도(本道)는 삼도(三道)의 요충지에 있으며 서쪽으로는 연주(燕州)와 계주(薊州)에 접하고 남쪽으로는 등주(登州)와 내주(萊州)로 통하여 중국 배가 왕래하고 서양 선박이 출몰하는 곳이어서 바다와 육지를 엄히 경계해야 합니다. 그런데 습속이 나약하고 선량하여 군대의 일을 가리켜 장난으로 여깁니다. 각 영(營)·읍(邑)·진(鎭)·성(城)에 있는 군기(軍器)는 진실로 비상시를 대비하는 것입니다. 그런데 점검하는 일을 오랫동안 폐기하여 군사적인 대비는 날로 해이해지고 무기도 이에 따라 훼손되어서 거의 하나도 온전하게 남아 있는 것이 없습니다.

신이 감영(監營)에 부임한 뒤 수령들에게 물어보고 따로 탐지해 보니 그렇지 않은 고을이 하나도 없었고, 무기의 형체와 도식(圖式)이 어떤 모양인지도 몰랐으니, 참으로 이른바 '이웃 나라에 알려지게 해서는 안 된다.'라고 하는 것입니다.[27] 하지만 무기를 수리하고 보완하려면 소요와 유언비어를 부르게 될까 염려하는데, 때에 맞게 조처하는 논의가 아닌 적이 없지만 만약 이처럼 소요와 유언비어를 염려한다면 군기를 수리할 수 있는 날이 없을 것입니다. 비록 해마다 으레 하는 군사 조련을 맞이해서도 장수는 세울 만한 깃발이 없고 군사는 잡을 만한 무기가 없는데, 하물며 또 예기치 못한 상황이 발생할 때야 말해 무엇하겠습니까.

27 이른바……것입니다 : 춘추 시대 노(魯)나라의 자사(子思)가 위(衛)나라 임금에게 구변(苟變)을 천거하자, 위나라 임금은 구변이 백성에게 세금을 거두면서 남의 달걀 두 개를 먹었다는 이유로 등용하지 않겠다고 하였다. 이에 자사가 "두 개의 달걀 때문에 방패 같고 성 같은 든든한 장수를 버리시니, 이것은 이웃 나라에 알려지게 해서는 안 될 일입니다."라고 한 고사가 전한다. 《資治通鑑 卷1 周紀1 安王 25年》

신이 생각하기에, 도내에 있는 모사(某司)의 곡식 중 몇천 석을 떼어 주는 것을 허락하여 각 영읍의 군기 가운데 수리할 수 있는 것과 새로 갖출 수 있는 것을 뜻에 따라 조처하여 마련하게 한다면 아마도 모든 도가 일신될 것이며, 군비(軍備)를 다스리는[28] 정사에 만에 하나의 보탬이 없지 않을 것입니다.

4. 감영(監營)·병영(兵營)·수영(水營)의 별무사(別武士)와 기사(騎士)에 대해 과거를 실시해 선발하는 것은 좋은 법제입니다. 하지만 최근 지극히 힘없는 상인(常人)과 천인(賤人)을 억지로 채워 넣고 매번 도시(都試)[29] 때가 되면 단지 점고(點考)만 하고 갈 뿐이니, 군제(軍制)의 문란함과 법을 만든 뜻의 무너짐이 이보다 심한 것이 없습니다.

무릇 문(文)을 업으로 하는 사람은 유(儒)가 되고, 무(武)를 업으로 하는 사람은 기사(騎士)에 속했으니, 이것이 옛날의 법도입니다. 별무사의 경우로 말씀드리면, 본래 반민(班民 양반 동네에 사는 사람) 가운데 녹명(錄名)[30]하고 과거에 응시한 자이니 결코 함께 대오가 되는 것을 부끄러워할 이유가 없습니다. 그런데도 모두 이를 피하려고 생각하는

28 군비(軍備)를 다스리는 : 저본에는 원문이 '힐계(詰戒)'로 되어 있으나, 《서경》 〈주서(周書) 입정(立政)〉의 "능히 너의 융복과 병기를 잘 다스리라.〔其克詰爾戎兵.〕"라는 구절에 근거하여 '힐융(詰戎)'으로 바로잡아 번역하였다.

29 도시(都試) : 매년 봄과 가을에 무사(武士)를 선발하던 시험이다. 중앙에서는 병조와 훈련원(訓鍊院)의 당상관이, 지방에서는 관찰사와 병마절도사가 시행하였다.

30 녹명(錄名) : 과거 응시자가 원서(願書)를 내고 성명을 등록하는 것을 말한다. 녹명관(錄名官)은 원서를 검토하여 과거 응시의 결격 사유 유무를 판단하였다.

것은 몰기(沒技)한 사람이 막힘을 당한 뒤에[31] 의욕을 잃어서 그렇게 된 것이 아님이 없습니다.

신이 올봄에 각종 도시(都試)를 시행하였는데 시험에 응하기를 원하는 자가 몇 사람 없었고, 이른바 녹명한 자들은 활쏘기와 말타기에 어두워 전혀 모양새를 갖추지 못했으니, 군대의 일을 생각하면 참으로 한심합니다.

관서(關西 평안도)와 해서(海西 황해도)가 국경의 요새인 것은 똑같습니다. 하지만 유독 본도에 대해서만은 아직도 몰기한 사람이 곧장 전시(殿試)의 응시를 허락하는 명을 받지 못하고 있으니,[32] 무사들이 낙담하여 재주를 내던져 버림은 어쩌면 괴이하게 여길 것이 없을 것입니다. 비록 반민(班民)이라고 하더라도 따로 신칙해 별무사에 입록(入錄)하여 정원에 넣으소서. 몰기에 관한 일은 속히 옛 관례의 은전을 회복하도록 허락하는 것이 아마도 사리에 합당할 듯합니다.

5. 군적(軍籍)에 관한 일입니다. 군대를 만들어 나라를 지키도록 하는 것은 불의의 사태를 경계하고 외적의 침입을 막기 위한 것이니,

31 몰기(沒技)한……뒤에 : 몰기는 도시(都試)의 시험 과목인 철전(鐵箭)·유엽전(柳葉箭)·편전(片箭)·기추(騎芻)·조총(鳥銃) 등 다섯 과목 가운데 한 과목 이상에서 만점을 받는 것을 말한다. 막힘을 당했다는 것은 제대로 된 벼슬자리를 얻지 못했다는 말이다.《강석화, 조선 후기 평안도의 별무사, 한국사론 42, 서울대 국사학과, 1999》

32 하지만……있으니 : 1710년(숙종36) 평안도에 처음 별무사가 창설된 이후, 도시의 몰기자에 대해 곧장 전시(殿試)에 응시하는 자격을 주었다가 이후 시험의 부정 등 여러 문제점을 이유로 자격을 취소하기도 하는 등 결정의 번복이 있었다고 한다.《강석화, 조선 후기 평안도의 별무사, 한국사론 42, 서울대 국사학과, 1999》

바로 '편안해도 위태로움을 잊지 않는다.〔安不忘危.〕'[33]는 뜻입니다. 태평한 시절이 오랫동안 지속됨에 따라 군사들의 노고를 생각하여 그 번(番)을 정지시키고 베〔布〕로 대신하도록 허락한 것은, 진실로 백성의 고통을 불쌍히 여기며 다친 사람을 보살피듯, 갓난아이를 보호하듯이 백성을 대하는[34] 성대한 뜻에서 나온 것입니다. 그런데 근년 이래로 미리 방비하는 중요함을 생각지 않아서 다만 베를 징수하는 폐단만 되었으니, 백성들이 유랑하거나 사라지거나 달아나거나 늙어서 곧장 인상착의를 기록해 채워 넣지 않으면 한두 해 뒤에는 남은 사람이 거의 없을 것입니다.

규정된 군사의 원래 숫자인 15만 9676명 중에 빈 인원이 9만 3610명이나 될 만큼 많으니, 그 군포를 받을 때 요구할 곳이 없습니다. 임장(任掌)의 무리가 이름에 따라 부류를 나누어서 친족에게 징수하면 친족의 폐단이 되고, 마을 사람에게 징수하면 마을 사람의 폐단이 되며, 결민(結民)에게 징수하면 결민의 폐단이 되었습니다. 날마다 억울함을 호소하는 것은 바로 빈 인원에 대해 군포를 거두는 한 가지 일이니, 도 전체가 다 똑같습니다.

33 편안해도……않는다 : 《주역》 〈계사전 하(繫辭傳下)〉에 "군자는 편안해도 위태로움을 잊지 않고, 보존되어도 망함을 잊지 않고, 다스려져도 어지러움을 잊지 않는다. 이 때문에 몸이 편안하여 국가가 보존될 수 있는 것이다.〔君子安而不忘危, 存而不忘亡, 治而不忘亂, 是以身安而國家可保也.〕"라는 구절이 있다.

34 다친……대하는 : 《맹자》 〈이루 하(離婁下)〉에 "문왕은 백성을 보기를 다친 사람을 대하듯이 하였다.〔文王視民如傷.〕"라는 구절이 있고, 《서경》 〈주서(周書) 강고(康誥)〉에 "마치 갓난아이를 보호하듯 하면 백성들이 편안히 다스려질 것이다.〔若保赤子, 惟民其康乂.〕"라는 구절이 있다.

죽어서 백골이 된 자를 군안(軍案)에 기록한 것은 오히려 논할 것도 없거니와 심지어 아들 낳기를 원하지 않기까지 하니, 그 실상이 참으로 슬픕니다. 이는 실로 뼈에 사무치는 병폐에 관계되며 화기(和氣)를 해치는 큰 원인입니다.

만약 기록된 이름에 따라 인상착의를 조사하고자 한다면 필시 소요를 불러올 것이고, 또 만약 빈 인원 전체를 견감해 준다면 경영(京營)[35]에서 다른 것으로 대신 지급하는 데 필요한 비용을 장차 계속 이어서 쓸 수 없을 것입니다.

대개 한산(閑散)의 민정(民丁)에 대해 '옛날에는 있었으나 지금은 없다'라고 말하는 것이 아닙니다. 애통하게도 저 교활한 부류가 온갖 꾀를 내어 벗어나기를 도모하여 혹은 세력 있는 양반가에 몸을 의탁하기도 하고, 혹은 향교와 서원에 거짓으로 이름을 기록하기도 한 자가 적지 않습니다. 지금 만약 각 궁장(宮庄)에 소속된 사람들과 아울러 양반가의 묘노(墓奴 묘지기), 향청(鄉廳)과 작청(作廳)의 모속(募屬)[36] 등 군역을 벗어나기를 도모하는 허다한 명목을 한꺼번에 샅샅이 조사한다면 몇천 명의 한산(閑散)의 민정(民丁)을 얻을 수 있을 것이니, 이들을 각 해당 고을의 인원이 빈 군오에 옮겨 충당하게 하소서. 그 나머지 부족한 인원은 만약 조정의 전에 없던 은택을 입지 못한다면 바로잡을 방법이 없습니다.

35 경영(京營) : 서울에 있던 군영(軍營)인 훈련도감·금위영(禁衛營)·어영청(御營廳)·수어청(守禦廳)·총융청(摠戎廳)·용호영(龍虎營) 등을 통틀어 일컫는 말이다.

36 향청(鄉廳)과 작청(作廳)의 모속(募屬) : 향청은 지방의 수령을 자문하고 보좌하던 자치 기구이며, 작청은 아전이 집무하는 청사를 말한다. 모속은 사모속(私募屬)으로, 정부에서 공인한 직역 이외에 각 기관이 각종 명목을 붙여 모은 백성을 달한다.

환곡(還穀)

본도(本道) 환곡의 폐단은 이미 극에 달했습니다. 민호(民戶)의 총계는 12만 8000호 남짓인데, 그 가운데 갖가지 잡다한 탈로 면제된 민호를 제외하면 실제로 환곡을 받는 민호는 7, 8만 호에 불과합니다. 받는 곡식의 총량으로 말하면, 회내곡(會內穀)과 회외곡(會外穀)[37] 및 서울과 지방의 각종 곡물을 쌀로 환산하면 39만여 석입니다. 이 7, 8만 호에서 40만 석에 가까운 곡식을 감당하게 되니, 아무리 공평하게 분배한다고 하더라도 민호마다 받아 가야 하는 양이 마땅히 5, 6석을 밑돌지 않습니다.

그런데 환곡 장부가 문란하여 각 고을의 총 민호 수가 실제보다 많은 곳도 있고 적은 곳도 있어서 아무리 의지할 데 없는 지극히 천한 자라 해도 환곡을 받는 수가 거의 10포(包)에 가까우니, 가난하고 천한 사람과 홀아비와 과부 같은 부류들이 어찌 뿔뿔이 흩어지지 않을 수 있겠습니까.

군향곡(軍餉穀 군량으로 쓰는 곡식)의 탕감을 청하는 것은 감히 하지 못하지만, 각 사(司)의 곡식은 비록 돈으로 대신해 바치게 하여 이송하고자 하더라도 곡식이 적은 고을에서는 또 받아낼 길이 없습니다. 반드시 크게 변통해야만 비로소 약간이라도 효과가 있을 수 있을 것입니다.

1. 환곡으로 받는 좁쌀 1석의 값이 3냥인 것은 바로 서울과 지방에서

37 회내곡(會內穀)과 회외곡(會外穀) : 회내곡은 호조의 회계 장부에 기록된 환곡을 의미하는 말로, 회부곡(會付穀)·원회(元會)·원회곡(元會穀)이라고도 한다. 회외곡은 회계 장부에 기록하고 남은 곡식을 말한다.

통용하는 법규입니다. 하지만 유독 본도에서만은 5전(錢)을 더 받는 관례가 있습니다. 이것은 본도에서 지출해 쓰는 것에 불과하며 본래 경사(京司)의 소관이 아닙니다.

현재 칙수곡(勅需穀)과 비공곡(婢貢穀) 등의 모조(耗條)[38]는 모두 3냥 값으로 회계 장부에 기록하고 주사(籌司 비변사)에 보고합니다. 또 각 아문(衙門)으로 말하면, 호조·병조·총융청(摠戎廳)·수어청(守禦廳)·훈국(訓局 훈련도감)·균역청(均役廳) 등이 환곡으로 운영하는 본도 소재의 곡물 역시 모두 3냥의 값으로 본전을 주어서 애초에 5전을 더 주는 것이 없습니다. 그런데 모전(耗錢 이자)은 차인(差人)의 무리가 본도에서 걷는 관례를 따라 3냥 5전을 거두어 가고 상납할 때는 3냥으로 마감하니, 매우 사리에 맞지 않습니다.

서울과 지방의 곡식을 막론하고 백성에게 거두는 것 가운데 5전을 더 걷는 조목을 일체 제거하여 백성들의 힘을 덜게 하는 것은 아마도 그만두지 못할 정사일 듯합니다.

2. 근래 서울의 각사(各司)에서 갖가지 모곡(耗穀)[39]을 시가로 계산해 돈으로 바꾸어 취해 가는데, 전혀 상법(常法)이 아닙니다. 이미 정해진 규례가 있으니 진실로 바꿀 수 없는데 그때그때에 따라 값을

38 칙수곡(勅需穀)과……모조(耗條) : 칙수곡은 칙사를 대접하는 데 드는 비용을 위해 마련한 곡식을 말하며, 비공곡(婢貢穀)은 여종이 독립된 가호를 이룬 경우 신역(身役)을 대신하여 바치는 곡식을 말한다. 모조는 환곡을 거둘 때 축나거나 손실될 것을 대비해 미리 여분으로 덧붙여 받는 것을 말한다.

39 모곡(耗穀) : 환곡의 이자를 받을 때 곡식을 쌓아둘 동안 축이 날 것을 미리 셈하여 한 섬에 몇 되씩 덧붙여 받는 곡식을 말한다.

올리고 내리니 백성이 그 해를 받습니다. 진실로 그렇게 하는 근원을 따져 보면 이것은 차인의 무리가 이익을 얻으려는 수단에 불과하며, 관아의 일꾼이나 병영의 군사에게 늠료로 지급할 비용에 반드시 보탬이 되지는 않을 것입니다. 각 해당 관사에 감결(甘結 하급 관청에 보내는 공문)을 보내 시가에 따라 돈으로 바꾸어 취하는 한 가지 일을 영구히 막으소서.

3. 영하(營下)[40] 각 창고에 거두는 환곡의 모곡과 월과미(月課米)[41] 가운데 해마다 정례로 회계 장부에 기록하는 것이 1000포(包)를 밑돌지 않습니다. 여기에 더해 각 고을에서 이전해 온 곡식을 간간이 가져와 붙이니, 환곡의 총량이 점점 불어나서 지금 3만 9000여 석에 이를 정도로 많습니다.

한 호(戶)가 받을 환곡이 많게는 16석이고 적더라도 4, 5석에 가까운데, 가을에 거두어들일 때 환곡을 마련해서 납부할 방법이 없는 자에게는 값싼 곡식으로 수량만 따져서 대신 바치는 것을 허용한 지 이미 여러 해가 되었습니다. 이른바 '환곡'이라는 것이 빈 껍질이 아닌 것이 없어서 그저 돌멩이만 남았으니, 이런 빈 껍질뿐인 곡식을 나누어 주고 알차고 좋은 곡식을 바치기를 요구하는 것은 형세로 보아 그렇게 할 수밖에 없습니다. 이 때문에 잉환(仍還)[42]과 와환(臥還)[43] 등의 폐단은

40 영하(營下) : 감영·병영·수영·유수영(留守營) 등이 소재한 고을을 가리킨다.

41 월과미(月課米) : 중앙에서 지방 관아에 매월 부과하는 세미(稅米)를 말한다.

42 잉환(仍還) : 환곡을 갚거나 거두지 않고 그대로 내버려두는 것을 말한 것으로 보인다.

환민(還民 환곡을 꾸어다 쓰는 백성)의 소원에서 나온 것이고, 와채(臥債)[44]·잉채(仍債)[45]·방채(防債)[46] 등의 명목 역시 환민이 스스로 바란 것에서 나왔습니다. 그러나 이를 기회로 늘어나고 더해져서 일을 맡은 무리가 이익을 쓸어 담는 수단이 되었고 이것이 그대로 이어져 잘못된 관례가 되고 말았습니다. 양을 헤아려 도량형기를 바로잡고 규례를 살펴 환곡을 출납한다면 실로 상법(常法)이 되겠지만, 다그쳐서 받아내라는 것은 바로 백징(白徵)[47]을 그대로 두어서 한갓 빈껍데기 장부만 끼고 있는 것입니다. 만약 서울의 관사에서 돈으로 바꾸어 마련할 때가 있으면 돈으로 환산해 징수한 것과 민호에게 빚을 지운 것이 첩징(疊徵 중복 징수)을 면치 못합니다. 지금 호조에 정해진 환곡의 총량을 바로잡고 정리하는 때에 이것 또한 마땅히 변통함이 있어야 합니다. 각 항목의 빚을 우선 통렬히 금지하여서 이로써 조금이나마 백성을 위로하는 뜻을 보이소서.

4. 환곡에 관한 일입니다. 환곡을 설치한 법은 곡식을 남겨 두어 뜻하지 않은 사태에 대비하고 곡식을 나누어 주어 흉년에 백성을 구제

43 와환(臥還) : 겨울에 환곡을 거두지 않고 거둔 것으로 문서를 꾸며 보고하고, 봄에 환곡을 나누어 주지 않고 나누어 준 것으로 문서를 꾸미는 것을 말한다. 번질(反作)이라고도 한다. 《牧民心書 戶典 穀簿》

44 와채(臥債) : 빚진 원금을 갚지 않고 해마다 이자만 갚는 것을 말한다

45 잉채(仍債) : 빚을 그대로 남겨 두는 것을 말한 것으로 보인다.

46 방채(防債) : 환곡의 빚을 대신 내주고 이자를 붙여 받는 것을 말한 것으로 보인다.

47 백징(白徵) : 조세를 면제한 땅이나 납세 의무가 없는 사람에게 세금을 물리는 것을 말한다.

하려는 것이니, 진실로 훌륭한 법입니다. 모곡(耗穀)은 바로 축난 곡식을 보충하기 위한 것에 불과합니다. 그런데 폐단의 근원이 날로 불어나 모곡 취하는 것을 요긴한 수요로 삼고, 나누어 주는 것이 점점 많아져서 환곡을 다 나누어 주는 것을 통상적인 규례로 삼았습니다. 교활한 농간질이 거듭 생겨나 알곡이 쭉정이로 변하여 쌓아둔 곡식 가운데 믿을 만한 것이 한 톨도 없습니다. 환곡의 출납은 단지 창고를 맡은 이속(吏屬)의 이익을 취하는 수단만 될 뿐이니, 실제로 백성들의 끝없는 폐단이 되었습니다.

환민(還民)의 말에 "환곡은 내지도 말고 들이지도 말라. 알차고 좋은 쌀을 한 석 혹은 반 석만 집집마다 백납(白納)[48]하게 하면 기꺼이 따르지 않을 사람이 없을 것이다."라고 하는 것은, 대개 환곡의 폐단이 모곡을 바치는 데 있지 않고 출납하는 데 있다고 여기기 때문일 것입니다.

본도에 있는 각종 환곡을 쌀로 환산하면 39만 석이니, 모곡은 마땅히 3만 9000석이 되어야 하고 그 값은 마땅히 13만 6500냥이 되어야 합니다. 해마다 이 13만 냥의 돈을 얻으면 서울의 관사에 상납하고 본도에서 관원에게 지급하는 급료로 충분합니다. 각 고을에 나누어 준 환곡에서 다만 모전(耗錢 이자)만 걷어도 경상비용은 부족해질 염려가 없고 백성의 힘은 조금 덜어 주는 효과가 있을 것입니다. 하지만 이것은 법을 벗어난 것이니 갑자기 논의할 수 없습니다.

대개 도내 민호(民戶)의 총 숫자로 헤아려 보면 각종 탈면(頉免 의무나 책임에서 면제됨)한 민호가 3분의 1을 족히 넘으니, 남아 있는 민호에게

48 백납(白納) : 환곡을 바칠 의무가 없는 사람이 강압에 의해 억지로 바치는 것을 말한다.

분배하는 것은 너무나도 합당하지 않습니다. 지금 당장 폐단을 바로잡을 방도는 오직 균등히 분배하는 것에 있고, 균등히 분배하고자 한다면 우선 탈면한 민호부터 혁파한 뒤에야 우리만 괴롭다는 탄식을 없앨 수 있을 것입니다.

그러나 탈면한 민호는 대부분 궁장(宮庄)의 둔민(屯民)[49]에 있는데, 임금의 재가를 받은 공문서가 있기도 하고 인장이 찍힌 관에서 발급한 확인서가 있기도 해서 감히 마음대로 처리하지 못합니다. 지난 을묘년(1855, 철종6)에 이런 내용을 계청하여 윤허를 받아 거의 실제의 혜택이 아래에까지 이르렀습니다. 그런데 각 궁방(宮房)과 각 영(營)에서 서로 공문서를 발급하여 얼마 뒤 또 그대로 탈면하니 폐단이 다시 이전과 같아졌습니다.

만약 각종 탈면한 민호를 특별히 명하여 혁파하게 하신다면, 신이 삼가 민호를 헤아려 환곡을 계산하고 적절하게 조처하여 온 도내의 수많은 백성이 혜택을 골고루 입어서 편안히 살 터전을 얻도록 하겠습니다.

삼정(三政)과 관련된 일

1. 서울의 각사(各司)에 각종 물품을 상납하고 진상할 때 바치는 인정 잡비(人情雜費)[50]는 본래 규례로 정해진 것이 있고, 지방 고을에

49 궁장(宮庄)의 둔민(屯民) : 궁장은 각 궁가(宮家)에 필요한 경비와 왕족의 제사 비용을 위하여 지급하는 토지인데, 궁방전(宮房田) 또는 궁방둔전(宮房屯田)이라고도 한다. 둔민은 궁장을 경작하는 농민을 말한다.

50 인정 잡비(人情雜費) : 전세(田稅)·대동(大同)·삼수미(三手米) 등을 거둘 때 받았던 잡비를 말한다. 원인정(元人情)이라고도 하였다.

서 거행할 때도 응당 써야 할 실제 수효가 있습니다. 그런데 십수 년 이래 이른바 인정 잡비라는 것이 해마다 증가하자 받아들이는 감관(監官)과 색리(色吏)[51]를 잡아 가두고 대신 징수하니, 이는 먹지도 않은 잡비를 함부로 포흠한 일이 됨을 면치 못합니다. 그리고 마지막에 채워 넣을 때는 반드시 환민(還民)과 결민(結民)을 침탈하여 책임을 지우는 데 이르게 됩니다.

호조에 상납하는 쌀과 좁쌀에 대해 뱃삯과 인정 잡비를 건건이 마련하고, 상납한 뒤에 으레 상정 저치미(詳定儲置米) 중에서 회감(會減)[52]한 것을 내줍니다. 그런데 최근에는 나누어줄 때 단지 뱃삯만 떼어 주고 인정 잡비는 전액을 삭감하니 결국 피해가 백성에게 돌아갑니다. 규례에 따라 정해진 수효대로 떼어 주게 하여 백징(白徵)에서 벗어나게 하소서.

또 해주(海州)의 박석(薄石)을 운반해 바치는 것은 당초에 지정(卜定)한 견양(見樣)[53]이 본래 있으니, 견양보다 작아서 퇴짜를 맞는 것은 그래도 괜찮습니다. 하지만 인정(人情)을 더 주지 않는다는 이유로 길이와 너비와 두께가 견양보다 훨씬 초과하는 것을 무단히 퇴짜를

51 감관(監官)과 색리(色吏) : 감관은 지방 각 영(營)·읍(邑)·진(鎭)에서 호적, 양전, 군적, 조세, 대동(大同), 조운, 환곡, 개시(開市) 등의 정기적인 특정 실무를 감독, 수행하도록 차출된 담당자이다. 색리는 일정한 소임을 맡은 아전을 말한다.

52 회감(會減) : 받을 것과 줄 것을 상쇄하여 회계 처리하는 것을 말한다.

53 지정(卜定)한 견양(見樣) : 지정은 국가나 관아에서 필요한 물품이나 인력 등을 지방에 부과하여 공급하게 하는 것을 말한다. 원래 부과하는 원지정(元卜定), 별도로 부과하는 별지정(別卜定), 추가로 지정하는 가지정(加卜定)으로 나뉜다. 견양은 물건에 정해 놓은 일정한 치수와 양식을 말한다.

놓고 멋대로 뇌물을 요구하여 해당 색리(色吏)가 가산을 탕진하게 만들었으니, 이를 미루어 생각한다면 그 폐단의 근원을 알 만합니다. 별도로 각사(各司)에 경계하여 원래의 인정 잡비 이외에는 함부로 침탈하지 못하도록 하여 약간의 폐단이나마 제거하소서.

2. 경영문(京營門)[54] 소속으로 각 둔(屯)에 파견된 별장(別將)이 저지르는 폐단은 그 종류가 한두 가지가 아닙니다. 장연(長淵)에 소재한 태탄둔(苔灘屯)의 별장은 둔전(屯田)에서 세금으로 걷는 쌀을 부랑배에게 나누어 주고 이자를 배로 더해서 그 일족에게 독촉하고 차인(差人)을 보내 잡아가니, 곤욕이 지극하여 백성들이 버티기 어렵습니다.

해주(海州)에 소재한 감수둔(甘水屯)의 별장은 재작년에 둔전을 측량한다고 하며 근처의 원전(元田 원래의 양안에 기록된 논밭) 51결(結) 90부(負)를 강제로 압류하였습니다. 그러니 원결(元結 원전(元田))의 부족분은 형세로 보아 장차 결민에게 재차 징수하게 될 것입니다.

재령(載寧)에 소재한 철현둔(鐵峴屯) 별장의 둔(屯) 작황은 소출이 많지 않은 것이 아닌데도 폐단을 만드는 것이 더욱 심합니다. 훈련도감에 상납하는 정철(正鐵 불순물이 없는 철)은 본래 민호에 배정해서 철을 만드는데 애초에 부족하다는 탄식이 없습니다. 그런데 또 철을 사 온다는 명목을 두어서 사사로이 이익을 취하는 수단으로 삼습니다. 매년 9월과 10월 사이에 철을 사 오는 본전(本錢)을 나누어 준다고 하고서 각처의 무뢰배에게 20냥을 수령했다는 수표를 받고 단지 10냥만 지급

54 경영문(京營門) : 경영(京營)과 같은 말이다. 175쪽 주35 참조.

합니다. 그 10냥 안에서 5냥은 으레 별장이 먹고, 2냥 5전은 중개하고 보증을 선 둔속(屯屬)이 또한 가져다 쓰니, 실제로 받는 것은 단지 2냥 5전뿐입니다. 그런데 이듬해 3, 4월에 이르러 20냥을 본전으로 해서 갑리(甲利 곱으로 쳐서 받는 이자)를 덧붙여서 철을 사 오게 하는 돈으로 바꾸어 놓습니다. 또 근(斤)과 양(兩)으로 분할해서 절가(折價 환산)하여 40냥으로 만들어 버립니다. 징수할 때 이르러서는 둔전의 차인(差人)이 사방으로 나가 그 부형과 족속을 잡아가 혹은 구금하기도 하고 혹은 고문하기도 하여 죄를 만들어 내는 것이 비할 바가 없으니, 가까운 곳의 조금 여유 있는 백성들은 모두 재산을 탕진하고 사방으로 떠돌고 있습니다.

또 화전(火田)으로 말씀드리겠습니다.[55] 평지밭의 하루갈이와 비교하면 화전은 사흘 갈이를 해야 하니, 심은 조와 콩 등의 곡물을 시가에 따라 마련하자면 화전에서 하루갈이로 납부할 것이 거의 2민(緡)이 됩니다.

무릇 다른 궁가(宮家) 둔답(屯畓)의 조세는, 보(洑)를 쌓아 물을 끌어오기 때문에 두락(斗落 마지기)마다 2, 3두(斗)의 세를 걷습니다. 오직 본둔(本屯)은 애초에 둔답을 만들 때부터 보를 쌓은 곳이 없고 모두 백성들이 칸칸마다 물을 끌어와 각자 둔답을 일군 것입니다. 그러니 본래 민결(民結 백성이 내는 결세(結稅))에 따라 조세를 걷는 것이 마땅한데도, 마침내 1부(負)의 값인 8, 9전(錢)으로 8월 초에 창고를 열고

55 또 화전(火田)으로 말씀드리겠습니다 : 철현둔은 철현진(鐵峴鎭)이라고도 하는데, 진군(鎭軍) 250명이 해마다 신철(薪鐵) 50근을 바치고 또 화전을 개간하여 각종 곡물 70석가량을 세금으로 바친다는 기록이 보인다. 《萬機要覽 軍政篇2 訓鍊都監 諸鎭》

독촉해 거두어들입니다. 이는 새 곡식이 아직 나오기 전에 묵은 곡식값으로 환산해 준다는 뜻입니다. 이는 실로 둔의 별장이 본도의 영(營)과 읍(邑)에서 관할하는 사람이 아님에서 말미암은 것입니다. 그러므로 고려하거나 거리끼는 것 없이 방자하게 행동해 폐단이 되는 것이며, 경영(京營)에서는 또한 그 상황을 모두 다 환히 알고 있지는 않습니다.

위에서 거론한 태탄둔과 감수둔과 철현둔 등 세 둔의 별장을 신의 감영에서 관리하게 하고, 지방관에게 조세 거두는 일을 감찰하게 하고 별장에게 주어서 그들로 하여금 상납하게 하소서. 감수둔의 강제로 압류한 민결(民結) 51결 90부를 원결(元結)로 돌려 부쳐서 백성의 원망을 그치게 하소서.

3. 병영(兵營)과 수영(水營)은 본래 사송(詞訟 민사 소송)을 처리하는 관아가 아닙니다. 혹여 빚과 관련된 소송을 듣고 심리한다고 하더라도 외읍(外邑)에 관문(關文)을 보내 평민을 수색해 붙잡아 오게 하는 것이 어찌 응당 행해야 할 일이겠습니까.

부랑배가 영속(營屬)[56]과 한통속이 되어 환전(還錢 환곡 운용에 관련된 돈)과 결전(結錢)을 빙자하여 허위 수표와 가짜 빚으로 이익을 나누어 가질 계책으로 삼습니다. 그리고 최근에 습속이 된 것은 일상적으로 소장(訴狀)을 올리면 관례에 따라 판결문을 써주되, 때로는 지방관의 이름을 채워 넣기도 하고 때로는 토포관(討捕官)[57]의 이름을 채워 넣기

56 영속(營屬) : 감영·병영·수영 등에 딸린 아전과 종을 통틀어 일컫는 말이다.
57 토포관(討捕官) : 각 진영에서 도둑 잡는 일을 맡아보던 벼슬인데, 진영장(鎭營將)이 겸직하였다. 토포사(討捕使)라고도 한다.

도 하여 마치 감영에서 규례에 따라 거행하듯이 하니, 사목(事目 규정)에 어긋나는 것이 이보다 심한 것이 없습니다.

신이 감영에 부임한 초기에 이미 따로 신칙해서 막았습니다만, 이후에도 영구히 이를 준수할지는 보장하기 어렵습니다. 그러니 군무(軍務)에 관한 일 외에는 소송을 듣고 심리할 수 없다는 뜻으로 옛 규정을 거듭 밝히는 것이 어떻겠습니까?

4. 각 역참(驛站)의 폐단은, 하나는 역참에 말을 바칠 때 사사로이 청탁하는 것이고, 또 하나는 근거 없이 남파(濫把)[58]하는 것입니다. 매번 말을 바칠 때 한산(閑散)[59]이 온갖 꾀를 써서 청탁을 도모하여 시원찮은 말을 바치고 비싼 값을 받으니, 해당 역참의 마전(馬錢)이 이로 인해 크게 축납니다. 관서(關西)에서 올라오며 역마를 타고 온 인원이 경기도의 역참에 이르러서도 역마를 교체하지 않은 채 그대로 타고 역참을 지나갑니다. 또 간혹 사사로이 길을 가는 자가 감영·병영·수영 군관(軍官)의 초료(草料)[60]를 얻어 함부로 타고 가기를 도모하기도 합니다. 또 때로는 크고 작은 별성(別星)의 행차[61] 중에 초료를 지닌 자가 말을 가마와 바꾸고 마호(馬戶 역마를 기르는 역인(驛人)) 등에게 가마 삯을 강제로 징수하기 위해 으르고 위협해 다그

58 남파(濫把) : 법령이나 규정을 어기고 역마를 함부로 차출하여 타는 것을 말한다.

59 한산(閑散) : 직역(職役)이 없는 사족 집안의 자제를 가리키는 말이다.

60 초료(草料) : 초료장(草料狀)의 준말로, 공무로 출장하는 관원에게 연도의 각 역참에서 역마·식료 등을 공급하도록 명령하는 문서를 말한다.

61 별성(別星)의 행차 : 중앙 정부에서 지방에 파견하는 대소 관원의 행차를 두루 일컫는 말이다.

쳐서 받아내며 곤장(棍杖)과 태장(笞杖)을 번갈아 가하니, 칙사의 행차나 사신의 행차와 같습니다. 삼영문(三營門)[62]의 신임과 구임이 행차할 때 이졸(吏卒)들의 불필요한 비용이 너무 많을 뿐만 아니라, 급할 때는 말을 세내어 타서 빚이 산더미와 같습니다. 역복(驛復)[63]할 돈이 모두 빚을 갚는 데 들어가도 오히려 부족하니, 폐단을 구제할 본전을 청해서 얻더라도 본전을 보상할 방법이 없습니다. 결국에는 그 피해가 고달프고 잔약한 마호에게 돌아가 버틸 방법이 없어 태반이 유랑하며 도망쳐 버렸습니다. 비어 있는 말을 대신 채울 기약이 없을 뿐만 아니며, 각 역참의 역위전(驛位田)[64]이 황폐해져 유실되는 것이 오직 여기에서 말미암습니다. 이것이 그 폐단의 대략입니다.

이른바 말을 바칠 때 청탁하는 폐단 및 병영과 수영에서 남파하는 절목(節目)은 신의 감영에서 이미 금지하였습니다. 하지만 별성의 행차 중에서 가마를 세내는 삯을 강제로 징수하는 것은 만약 별도로 막지 않는다면 후일의 폐단을 막을 수 없을 것입니다.

5. 금천(金川)은 쇠잔하고 피폐한 고을인데 통행 많은 큰길에 있는 역참이라 번다히 지응(支應)[65]할 일이 거의 없는 날이 없습니다. 미봉책으로 간신히 버티는 것을 오직 조포(助浦)의 물산에 의지하고 있

62 삼영문(三營門) : 원래는 훈련도감·금위영·어영청을 말하는데, 여기서는 감영·병영·수영을 말한 것으로 보인다.

63 역복(驛復) : 역에 딸린 논밭에 대해 조세를 면제해 주는 일을 말한다.

64 역위전(驛位田) : 역에서 쓰는 경비를 조달하기 위해 경작하는 전답을 말한다.

65 지응(支應) : 관리가 공무로 출장을 갈 때 필요한 물건을 출장지 지방 관아에서 대주던 일을 말한다.

는데, 본 포(浦)에 모이는 각종 물품은 모두 도고(都賈)[66]가 있어서 사방 사람들이 와서 주인(主人)[67]이 되니, 한 사람만 살이 찔 뿐이며 다른 사람들은 어찌해 볼 방법이 없습니다. 많은 상인이 장사하며 오가는 큰 도회지를 타지 사람의 좋은 터전으로 만들어 버리고 본래 그 땅에 사는 사람은 거기에 참여하지 못하니 곧 객지나 마찬가지입니다. 이에 본래 살던 백성들이 점차 흩어져서 허액(虛額)의 증가와 환호(還戶 환곡을 받는 민호)의 감소를 불러왔습니다. 각종 도고를 영구히 혁파하고 본토 사람들에게 각자 맡아 관리하게 한다면 포(浦)에는 전담해 관리하는 데서 생기는 폐단이 없을 것이고, 고을은 소생할 희망이 있게 될 것입니다. 그리고 이곳 이외 바닷가 각 고을과 포구의 도고라는 명색을 하나같이 통렬히 혁파한다면 실로 무궁한 은혜가 될 것입니다.

또 균역청에 바치는 해세(海稅)는 바로 바닷가 고을에서 어살[68]로 물고기를 잡고 소금가마를 소유하고 배를 부리는 사람에게 거두어 상납하는 것입니다. 하지만 근래에 어살과 소금가마가 낡아서 못 쓰는 것이 대부분인데 세금으로 걷는 돈은 예전과 같으니, 이웃과 일족에게 억지로 징수하는 것을 면치 못합니다. 어살과 소금가마가 있는 곳을 한번 샅샅이 조사해 실상에 따라 세금을 걷는 것은 그만둘 수 없는

66 도고(都賈) : 상품을 매점매석해서 가격 상승과 매매 조작을 노리던 상인 또는 그 조직을 말한다.

67 주인(主人) : 공물(貢物)로 바치는 물건을 도맡아 주선하여 바치던 사람을 말한다. 민간인 중에서 선정하여, 각 관아에서 물건값을 미리 주어 이들에게 물건을 사서 바치게 하였다.

68 어살〔漁箭〕 : 물고기를 잡기 위해 물속에 꽂은 목책을 말한다.

일입니다.

6. 저리(邸吏)[69]를 설치한 법령의 뜻은 오직 공문서를 올리고 내리며 다급한 소식을 통하게 하려는 것일 뿐입니다. 이 때문에 역가(役價 보수)가 있고 예급(例給 규례에 따라 지급하는 금전)이 있어서 후한 쪽을 따라 마련하여 생계를 유지할 수단으로 삼게 하였습니다. 그리고 관속(官屬)이 왕래할 때 드는 비용과 시급히 상납할 것 중 기한을 넘겨 말썽이 생긴 것은 상황에 따라 임시로 변통해 주었다가 그해 말에 이르러 갑변(甲邊 높은 이자)으로 거두어들이니, 고을로 보나 저리로 보나 실로 양쪽이 다 편리한 것입니다.

그런데 근래에 저리 무리가 빚을 연좌시켜 징수하는 것을 조정에서 금한다는 것을 생각하지 않고, 오랫동안 본 고을에 머물러 있으면서 고을과 촌락 사이의 부랑배들을 돈이 되는 물건으로 여깁니다. 혹은 7, 800냥 혹은 1000여 냥의 빚을 내주었다고 칭하며 몰래 가짜 증서를 받고서 반드시 곱절의 이자를 받습니다. 빌려준 돈을 거두어들일 때는 환전(還錢)과 군전(軍錢)[70]을 따지지 않고 먼저 옮겨서 떼어내어 가져가니, 그 가짜 증서의 돈을 끝내는 공금으로 변환시켜 그 부형과 친척을 침탈하여 온갖 죄명을 만들어서 수색해 잡아가며 못하는 짓이 없습

69 저리(邸吏) : 경저리(京邸吏)를 말한다. 원래 지방 관청에서 서울 관청과의 연락 사무를 맡아보도록 서울로 파견한 향리인데, 대동법 실시 이후에는 서울에 거주하는 사람들이 그 임무를 맡았다. 주로 읍의 공물과 부세 상납 등을 담당하였다.

70 환전(還錢)과 군전(軍錢) : 환전은 환곡의 운용과 관련된 돈을 말하고, 군전은 군역 대상자 중에 정군(正軍)으로 입역하지 않는 보인(保人)이 군포 대신 내는 돈인 군보전(軍保錢)을 말한다.

니다. 가산을 탕진하는 일이 이어져 온 관내가 떠들썩하고, 마지막에 생기는 폐단으로는 심지어 결렴(結斂)[71]하는 일까지 있습니다. 이것이 참으로 백성의 화합을 해치는 하나의 큰일인데도 늘 있는 일처럼 여깁니다.

신이 작년 겨울 칙사를 맞이하는 길에 황주(黃州)와 봉산(鳳山) 사이에 이르렀는데, 두 고을의 백성들이 10명씩 100명씩 무리를 지어 길을 막고 하소연하는 일이 저채(邸債)[72]에 관한 것일 뿐이었습니다. 문장(文狀 관아의 서류)을 살펴보고 널리 탐문해 보니 비단 두 고을뿐만 아니라 다른 군들도 마찬가지였습니다. 고을 안의 무뢰배가 바깥 마을의 연소한 자들을 종용하여 노름빚과 술값, 국수값 등을 애매모호하게 뒤섞어 억지로 증서를 받아내 몰래 저리에게 주고 무거운 이자를 붙여서 기어코 받아내고야 맙니다. 억울하게 징수당한 백성들이 산골짝에 모여서 곡하기도 하고 흐느끼기도 하면서 장차 소란을 일으키려 하다가, 때마침 칙사의 행차가 변경에 다다랐을 때였는데, 또 감영 고을의 도회지에 와서는 다행히 흩어져 떠났습니다.

이것은 신이 직접 목도한 일이니 그렇다면 소란을 불러오기에 충분하다는 것을 분명히 알 수 있습니다. 온 도를 통틀어 논하자면 병영과 수영의 이 폐단이 더욱 심하고 토포관(討捕官)이 징수하는 것이 더욱 혹독합니다. 비록 지나간 일이기는 하지만 듣는 것도 오히려 놀라우니,

71 결렴(結斂) : 결세(結稅)에 덧붙여 불법으로 돈이나 곡식을 더 거두어들이는 것을 말한다.

72 저채(邸債) : 저리(邸吏)가 백성의 공납을 대납해 줌으로써 백성들이 저리에게 지는 빚을 말한다.

각 고을에 엄히 신칙해 저리에게 빚을 진 고을의 장리(將吏 군관)와 노령(奴令 관노(官奴)와 사령(使令)) 등의 관속(官屬)과 바깥 고을 백성에게 책임을 떠넘기는 일을 절대 들어주지 말게 하소서. 그리하여 촌민들로 하여금 억울하게 가산을 탕진하고 떠돌게 됨을 면하게 하신다면 실로 막대한 은택이 될 것입니다.

7. 놀고먹는 자제들은 글공부도 하지 않고 농사도 짓지 않으며, 오직 벗들과 술 마시고 잡스러운 재주 부리기만을 좋아하고 즐기니, 이미 고을과 마을에서 용납받지 못합니다. 그래서 밤낮으로 꾀하는 것이 부형을 속이고 서울의 무뢰배와 부화뇌동하여 맞장구치는 것이니, 넉넉하게 사는 친척의 이름을 멋대로 써넣어서 보증서로 만들고 사사로이 변조해 공적인 것으로 바꾸어 버립니다. 필경에는 서울과 지방의 각 아문에서 영읍(營邑)을 거치지 않고 곧장 수색해 잡아가서 가세를 기울게 하고 재산을 파탄하게 하니, 사방으로 떠도는 자가 계속 이어집니다. 열 집이 있는 작은 마을에서 이 우환을 한번 겪고 나면 전체 숫자가 텅 비게 되는 것을 면치 못합니다. 군정의 빈 숫자와 환곡의 빈 숫자가 달마다 더해지고 해마다 늘어나는 것은 또한 이것에서 말미암으니, 이것을 엄히 막지 않는다면 폐단이 장차 끝이 없을 것입니다. 다른 도의 백성을 영읍을 거치지 않고 곧장 잡아가는 것은 법에서 벗어난 일입니다. 전후로 주사(籌司 비변사)에서 신칙이 매우 엄할 뿐만이 아니었지만, 한결같이 준행하지 않아서 마치 일상적인 것처럼 되었습니다. 어떤 일을 막론하고 만약 잡아들일 일이 있다면 하례(下隷)를 차출해 보내지 말고 일일이 영문(營門)에 관문(關文)을 보내 영문에서 잡아 보내게 하는 것이 실로 일의 체면에 합당할 것입니다.

힘써야 할 일을 진달한 계[73]

陳勉啓

황천과 조종(祖宗)께서 우리나라를 보살펴 주시어 전하께서 성스러운 자질을 타고나 왕위를 계승하시고 자성(慈聖 신정왕후(神貞王后))께서 큰 계책을 정하여 종묘사직을 안정시켰습니다. 천명이 끝없이 이어지는 것은 우리 성상께서 처음 정사를 어떻게 하느냐에 달려 있습니다. 지금 자성께서 훈계하시고 백성들이 축원하는 것은 오로지 전하께서 성인이 되고 현인이 되는 것이며, 나라의 운수가 억만년을 이어가는 것입니다. 성현이 되고 현인이 되는 근본은 바로 학문에 부지런히 힘쓰는 것이고, 억만년을 이어가는 근본은 바로 백성을 사랑하는 것입니다.

지금 전하께서는 춘추가 유충(幼沖)하여 옛 성인이 심법(心法)을 주고받은 내용과 역대 제도의 가감에 대해 아직 강론하여 완전한 경지에 이르지는 못했습니다. 이것이 학문에 힘쓰는 것이 한시가 급한 이유입니다. 지금 백성들의 생업이 고달픈 상황에 있으니 힘을 덜어 주고 부역을 가볍게 해 주는 법도와 곤궁한 자를 불쌍히 여기고 억울함을 풀어 주는 방도는 바로 반드시 강구되고 바로잡혀야 할 것입니다. 이것이 백성의 일이 하루라도 지체됨이 염려스러운 이유입니다.

73 힘써야……계 : 저자의 나이 51세 때인 1864년(고종1) 7월 22일에 창덕궁 희정당(熙政堂)에서 좌의정으로 입시하여 올린 계인데, 저자는 동년 6월 15일에 좌의정에 임명되었다. 한편 이 계는 동일자 《승정원일기》에도 수록되어 있는데, 수렴청정하던 대왕대비 신정왕후(神貞王后) 조씨(趙氏)의 답이 함께 실려 있다.

옛날 은(殷)나라 고종(高宗)과 주(周)나라 성왕(成王)이 즉위한 처음에 부열(傅說)과 소공(召公)이 진언하여 학문에 전념하는 것을 덕을 닦는 근본으로 삼게 하였으며, 백성을 화합시키는 것을 하늘의 명이 영원하기를 기원하는 근본으로 삼도록 하였습니다.[74] 이것은 참으로 만대토록 군주의 귀감이 되거니와 더욱이 오늘에 마땅히 본받아야 할 것입니다.

'학문에 부지런히 힘쓰는 것'은 곧 과정(課程)을 엄격히 하고 잠시도 중단됨이 없어서, 반드시 깊이 젖어 들고 계속해 밝혀서 날로 고명한 경지에 이르기를 기약하는 것입니다. '백성을 사랑하는 것'은 백성의 아픔을 자신의 아픔처럼 여기고 백성을 보살피기를 어린아이를 보살피듯이 하여, 반드시 어루만져 주고 품어 주어서 날로 선왕을 이어 태평세상의 성대함을 보기를 기약하는 것입니다. 이렇게 하면 위에서는 치세의 교화가 융성해지고 아래로는 조화로운 기운이 흘러넘쳐서 하늘의 마음도 기뻐하여 복록이 와서 모일 것입니다.

신이 두 손 모아 송축하는 것이 실로 여기에 있으니, 삼가 바라건대 항상 성상의 마음속에 유념하소서.

74 옛날……하였습니다 : 《서경》 〈상서(商書) 열명 하(說命下)〉에 부열(傅說)이 고종(高宗)에게 "처음부터 끝까지 학문에 전념한다면 그 덕이 닦여짐을 자신도 깨닫지 못할 것입니다.〔終始典于學, 厥德修罔覺.〕"라고 한 내용이 보인다. 또 《서경》 〈주서(周書) 소고(召誥)〉에 소공(召公)이 성왕(成王)에게 "왕의 원수 백성인 은나라 백성과 여러 군자와 순종하는 백성들을 데리고……왕께서 하늘의 영원한 명을 기원함에 바치나이다.〔王之讐民、百君子、越友民……用供王能祈天永命.〕"라고 하였는데, 이에 대해 명나라 왕초(王樵)는 《상서일기(尙書日記)》 권12 〈소고〉에서 "덕을 공경히 행하고 백성을 화합시켜 하늘의 영원한 명을 기원하였다.〔敬德諴民, 祈天永命.〕"라고 풀이하였다.

‘믿음’이라는 말로 힘쓰시기를 권면 드리는 계[75]

信字仰勉啓

나라를 다스리는 요체는 바로 ‘믿음〔信〕’이라는 말입니다. 사계절처럼 미덥다고 하는 것은 하늘이 믿음을 주기 때문이고, 만백성에게 믿음을 받는 것[76]은 현명한 임금이 믿음을 주기 때문입니다.

믿음은 오상(五常)의 근본입니다. 사람은 천지의 기운을 받아서 태어나는 것이니 믿음을 지니지 않은 사람이 없지만, 온갖 거짓이 가려서 믿음을 잃지 않는 자가 드뭅니다. 오직 총명하고 지혜로운 임금만이 호령을 내고 명령을 낼 때 믿음을 부절로 삼으며, 덕을 베풀고 은혜를 펼칠 때 믿음을 보배로 삼아서, 한 번 말하고 한 번 침묵하고 한 번 일하고 한 번 행할 때 믿음을 주지 않은 적이 없습니다.

이 때문에 임금의 말이 한 번 나오면 조정에서 믿음을 얻고 수령에게 믿음을 얻으며 백성에게 믿음을 얻게 되니, 그런 뒤에야 중외(中外)와 원근(遠近)의 어느 한 사람 믿지 않는 사람이 없어서, 음양이 조화를 이루고 뭇 생명이 화합하여 부정한 기운이 그 사이에서 행해질 수 없게 됩니다.

75 믿음이라는……계 : 저자의 나이 51세 때인 1864년(고종1) 7월 22일에 창덕궁 희정당(熙政堂)에서 좌의정으로 입시하여 올린 계이다. 앞의 고종에게 올린 〈힘써야 할 일을 진달한 계〉와 같은 날에 올린 것으로, 《승정원일기》에 더욱 자세히 수록되어 있다.

76 만백성에게……것 : 《서경》 〈상서(商書) 중훼지고(仲虺之誥)〉에, 중훼가 탕(湯) 임금의 덕을 찬양하며 “너그럽고 인자할 수 있어서 그 덕이 드러나 만백성에게 믿음을 받았습니다.〔克寬克仁, 彰信兆民.〕”라고 한 구절이 있다.

만약 혹시라도 아침에 한 번 명을 내렸다가 저녁에 한 번 법을 바꾼다면, 아무리 좋은 말과 훌륭한 행동이라도 백성들이 믿지 않을 것이니, 그 법을 어디에서 시행하겠으며 그 명을 어디에서 따르겠습니까.

바야흐로 지금 전하께서 새로 정사를 시작하시는 때에 온갖 폐단을 모두 제거하고 온갖 교화를 모두 새롭게 하여 진실로 믿음으로써 정사를 펼친다면 나라를 다스리는 것은 어렵지 않을 것이며 백성을 이끄는 것은 매우 쉬울 것입니다.

신이 함경도 관찰사로 재직할 때 매번 조정의 명이 있으면 그 은혜로운 뜻을 깊은 산골짜기와 궁벽한 포구에까지 널리 폈습니다. 그리고 지난겨울 북관(北關 함경도)에서 동전을 주조하는 것을 철폐하게 되었던 일[77]로 말씀드리면, 조정의 명이 처음 내려왔을 때는 거짓된 말로 서로 선동하며 백성들이 믿지 않았습니다. 그런데 영원히 철폐한다는 명을 내려 매우 측은하게 여기는 마음을 보이시고, 계속해서 1만 냥을 특별히 하사하는 은전을 내리시니,[78] 이에 어리석은 백성들이 너도나도 덩실덩실 춤추면서 모두 말하기를 "미덥도다, 우리 임금님의 말씀이여! 미덥도다, 임금님의 마음이여!"라고 하였습니다.

우리 전하께서 처음 정사를 행하시며 믿음을 보여 주신 것이 단지

77 지난겨울……일 : 고종이 즉위한 해인 1863년 12월 20일에 수렴청정하던 대왕대비 신정왕후(神貞王后) 조씨(趙氏)가 북관(北關)에서 동전을 주조하는 것을 철폐하라는 명을 내린 기록이 보인다. 당시 저자는 함경도 관찰사로 재직하고 있었다. 《高宗實錄》 저본에는 '북관'이 '북궐(北闕)'로 되어 있는데, 《승정원일기》의 기록에 근거하여 바로잡아 번역하였다.

78 1만……내리시니 : 《승정원일기》 고종 1년(1864) 5월 15일 기사에 관련 내용이 보인다.

이 한 가지 일만이 아니지만 신이 눈으로 본 것이 이와 같으니, 바로 이것이 이른바 '나라를 다스리는 것은 어렵지 않을 것이며 백성을 이끄는 것은 매우 쉽다.'고 말씀드린 것입니다.

임금이 믿음을 중요하게 여기면 명을 내는 것을 신중히 합니다. 명을 내는 것이 번다하면 아랫사람에게 믿음을 줄 수 없습니다. 옛날에 당나라 태종(太宗)이 죄수 400명을 풀어 주었는데 약속한 대로 날짜에 맞추어 돌아왔습니다.[79] 이것은 사람들에게 깊은 믿음을 주어서 화기(和氣)를 이르게 한 것입니다. 지금 전하께서 말씀을 하지 않아도 믿음을 주어서 그 믿음이 돼지와 물고기 같은 미물들에게까지 이른다면, 간사함이 날로 그치고 아름다운 상서(祥瑞)가 불어나 이르러서 삼대(三代)의 치세를 오늘날에 다시 보게 될 것입니다. 힘쓰고 힘쓰소서.

79 옛날에……돌아왔습니다 : 당나라 정관(貞觀) 6년(632)에 태종이 사형에 해당하는 죄를 지은 죄수 390명을 풀어 주면서 이듬해 가을에 형벌을 받으러 다시 돌아오게 하였는데, 기약한 날짜에 죄수들이 모두 돌아오니 태종이 이들의 신의를 가상히 여겨 사면해 주었던 고사가 전한다.《新唐書 卷56 刑法志46》

구리를 사들일 때 생긴 빚 40만 냥의 탕감을 청하는 계[80]

貿銅債四十萬兩蕩減啓

북관(北關)에는 별달리 크게 폐단이 될 것이 없습니다. 그리고 이미 세금을 낼 사람이 죽거나 없어져서 징수할 곳이 없는 환곡의 절미(折米)[81] 4만 2100석 남짓을 탕감해 준 일이 있었고, 이어서 산골과 바닷가 고을의 남세(濫稅)와 도고(都賈) 등을 혁파하는 명이 있었습니다.[82] 이에 온 도내의 몇만 명이나 되는 백성들이 그 교화 속에서 덩실덩실 춤추지 않는 사람이 없었습니다.

오직 고치기 어려운 폐단은 돈의 주조를 철폐하고 난 뒤에 남은 혼란입니다. 돈을 주조하는 일을 지금 영구히 철폐하기는 했지만, 갑산(甲山)에서 구리를 사들일 때 생긴 빚에 대한 위조 증서와 가짜 채권이 온 도내에 가득하여 가난한 자와 부유한 자를 막론하고 관련되지 않은 사람이 없습니다. 서울과 지방 각지의 모리배가 그 틈을 노려서 장차 그 이익을 긁어모을 우려가 있으니, 구리를 사들일 때 생긴 빚에 관계

80 구리를……계 : 저자의 나이 51세 때인 1864년(고종1) 7월 22일에 창덕궁 희정당(熙政堂)에서 좌의정으로 입시하여 올린 계이다. 앞의 고종에게 올린 〈힘써야 할 일을 진달한 계〉와 같은 날에 올린 것으로, 《승정원일기》에도 수록되어 있다. 한편 《임하필기》에도 본 계와 관련된 내용이 수록되어 있다. 《林下筆記 卷25 春明逸史 蕩減銅債》

81 절미(折米) : 가을에 갚아야 할 곡물 등을 쌀로 환산한 것을 말한다.

82 산골과……있었습니다 : 《승정원일기》 고종 1년 2월 17일에 기사에, 함경도 관찰사 이유원이 균세(均稅)를 가탁하는 것과 다시마의 도고(都賈)를 혁파하는 것에 대해 올린 장계에 대한 전교에 관련 내용이 보인다. 도고는 상품을 매점매석해서 가격 상승과 매매 조작을 노리던 상인 또는 그 조직을 말한다.

되는 것은 일절 거론하지 말라는 뜻을 함경도에 분부하소서. 평안도의 강계(江界) 등 고을에도 이러한 폐단이 없지 않을 것이니, 똑같이 평안도 관찰사에게도 신칙하는 것이 어떻겠습니까?

때아닌 우레가 치는 재이가 생긴 뒤 인책하는 계[83]

雷異後引咎啓

엊그제 때아닌 우레가 치는 재이(災異)가 또 무엇 때문에 거듭 일어난 것입니까? 지난번 우리 전하께서 도움을 구하는 하교를 내리시고, 또한 우리 자성(慈聖 신정왕후)께서 자책하시는 말씀이 너무나 정성스럽고 간절하여 하늘을 감동시키기에 충분하였습니다.[84] 그런데 얼마 지나지 않아서 하늘의 위엄이 이렇게 겹쳤으니, 혹시 윗사람과 아랫사람이 서로 권면하는 뜻이 그저 겉치레로 응하여 형식만 갖추는 데로 돌아가서입니까?

신이 삼가 12개 항목[85]의 자책하고 면려하시는 뜻을 보건대 깊이 경계하고 두려워하시어 잘못을 듣기를 구하셨으니, 훌륭한 전하의 말씀을 참으로 흠모하고 찬양하였습니다. 다만 생각건대 재이는 잘 다스

83 때아닌……계 : 저자의 나이 51세 때인 1864년(고종1) 10월 5일에 창덕궁 희정당(熙政堂)에서 좌의정으로 입시하여 올린 계이다. 동일자 《승정원일기》에도 수록되어 있다. 때아닌 우레는 겨울에 우레가 울리는 것을 말한다. 《예기》 〈월령(月令)〉에 "중추의 이달에 추분이 들어 낮과 밤이 반으로 나뉘며, 우레가 땅속으로 들어가 처음으로 소리를 거둔다.〔是月也, 日夜分, 雷始收聲.〕"라는 내용이 보인다. 《고종실록》에 의하면, 1864년 9월 4일과 10월 1일에 우레가 쳤다는 기록이 보인다.

84 지난번……충분하였습니다 : 1864년 9월 4일에 우레가 치자 대왕대비인 신정왕후(神貞王后)는 정사의 잘못된 부분을 살피라는 전교를 내렸고, 고종은 스스로 반성하는 뜻을 보이며 신하들에게 왕의 잘못을 지적하는 글을 지어 올리게 하였다. 《高宗實錄》

85 12개 항목 : 1864년 10월 2일에 고종이 전교를 내려 우레의 변고가 일어난 이유를 12개 항목으로 나누어 살피며 반성하는 내용이 《승정원일기》에 보인다.

려진 세상에도 많이 있고 허물은 성인도 벗어나기 어렵습니다. 대개 재이를 만나서 자신을 수양하고 잘못을 듣고서 반드시 고치는 것이 바로 치세를 장구히 이어가는 방법이요 더욱 성인이 되는 공부입니다. 그러므로 초(楚)나라 장왕(莊王)은 재이가 없는 것을 두렵게 여겼으며,[86] 은(殷)나라 탕왕(湯王)은 허물을 고치는 것을 아름답게 여겼습니다.[87]

돌아보건대 지금은 온갖 법도가 잘 거행되어 말씀드릴 만한 전하의 허물이 없는 듯하지만, 만약 있으면 이를 고치고 없으면 더욱 힘쓰소서. 무릇 한 번 명을 내고 한 가지 일을 할 때 한결같이 하늘의 마음에 부합하고 하늘의 뜻에 따르며 가부를 결정하시어, 잘못을 뉘우치는 마음을 항상 재앙이 내렸을 때 뉘우치는 마음과 같게 한다면, 높이 있는 하늘이 낮은 곳에 있는 성상의 마음을 알아주어 온갖 상서가 절로 이를 것입니다.

신은 보잘것없는 재주로 외람되이 재상의 반열에 끼었습니다. 설령 일을 이루는 데 의지할 곳이 있으니 돕기만을 기다린다고 하더라도,

86 초(楚)나라……여겼으며 : 초나라 장왕(莊王)은 하늘과 땅에 재이가 나타나지 않으면 산천의 신에게 기도하면서 "하늘이 나를 잊었는가?"라고 했다는 고사가 전한다. 이에 대해 북송(北宋)의 사마광(司馬光)은 인종(仁宗)에게 올린 글에서 "초나라 장왕은 재이가 없는 것을 두려움으로 여겼습니다."라고 하였다. 《說苑 君道》《傳家集 卷25 論財利疏》

87 은(殷)나라……여겼습니다 : 은나라 중훼(仲虺)가 탕(湯) 임금의 덕을 찬양하며 "허물을 고치는 데 인색하지 않으셨다.〔改過不吝.〕"라고 한 것에 대해, 사마광이 "군주가 된 자는 진실로 허물이 없는 것을 현명함으로 여기지 않고, 허물을 고치는 것을 아름다움으로 여긴다.〔爲人君者, 固不以無過爲賢, 而以改過爲美也.〕"라고 하였다. 《書經 仲虺之誥》《資治通鑑 卷12 孝惠皇帝》

하는 일 없이 녹봉만 먹어 부끄러움이 쌓이고 일을 감당하지 못해 송구함이 지극합니다. 그러니 생각건대 신을 일찌감치 물리치는 것이 목전의 급한 정사입니다.

옛날에 송(宋)나라 인종(仁宗)이 수재(水災)를 만나 훌륭한 대책을 구하자, 구양수(歐陽修)가 원로를 등용하여 재상의 자리에 두기를 청하였습니다.[88] 진실로 재상에 대해 적임자를 얻으면 음양이 조화롭게 다스려져[89] 재이가 없어지기 때문입니다. 신이 때마침 시골집에 있어 즉시 견책을 청하지 못하다가 비로소 이 작은 자리를 빌려서 얕은 견해를 대략 아뢰었으니, 바라건대 명철한 성상께서는 깊이 생각하고 멀리 내다보셔서 속히 신의 간청을 윤허하시어, 실질로써 하늘에 응하는[90] 방도로 삼으소서.

88 옛날에……청하였습니다 : 송나라 인종 가우(嘉祐) 원년(1056) 5월과 6월에 수재가 나자, 구양수가 〈재차 수재를 논한 장〔再論水災狀〕〉을 지어 올려 포증(包拯), 장괴(張瓌), 여공저(呂公著), 왕안석(王安石) 등 인재를 추천하며 등용하기를 청하였는데, 이를 말하는 것으로 보인다. 《文忠集 卷110》

89 진실로……다스려져 : 《서경》 〈주서(周書) 주관(周官)〉에 "태사와 태부와 태보를 세우니, 이들이 삼공이니, 도를 논하고 나라를 다스리며 음양을 조화하여 다스린다.〔論道經邦, 燮理陰陽.〕"라는 구절이 있다.

90 실질로써 하늘에 응하는 : 한(漢)나라 애제(哀帝) 때의 승상 왕가(王嘉)가 애제에게 진언하며 "백성을 감동시키는 것은 행동으로써 하고 말로써 하지 않으며, 하늘에 응하는 것은 실질로써 하고 형식으로써 하지 않는다.〔動民以行, 不以言, 應天以實, 不以文.〕"라고 한 내용이 있다. 《漢書 卷45 息夫躬傳》

경회루에서 입시하여 힘써야 할 일을 진달한 계[91]

慶會樓入侍陳勉啓

성상의 천추절(千秋節)에 임금과 신하가 막 새로 중건을 마친 법궁(法宮)에서[92] 경사스럽게 모였으니, 기뻐하며 두 손 모아 송축하는 것은 노소를 막론하고 모두 같은 마음입니다.

무릇 임금의 탄신일에 술잔을 올려 축수할 때 술과 음식을 마련하는 비용을 줄여 가난한 백성을 구제하는 것이 옛날 사람들이 장수를 축원하는 가장 좋은 방법이었습니다.

돌아보건대 지금 사방이 풍요로워 모든 일이 막힘없이 통하고 강역은 안정되어 평안합니다. 나라의 가장 좋은 상서는 백성들이 굶주리고 추위에 떨지 않는 것[93]이니, 진실로 보살피고 구휼함을 권면할 필요도 없거니와, 주(周)나라 문왕(文王)이 백성의 힘으로 누대를 짓고 연못

91 경회루(慶會樓)에서……계 : 저자의 나이 55세 때인 1868년(고종5) 7월 25일에 경회루에서 판중추부사로 입시하여 올린 계이다. 이날 고종의 생일을 맞아 시원임(時原任) 대신들을 불러 경회루에서 연회를 베풀었다. 이 계는 동일자 《승정원일기》에도 수록되어 있다. 한편 저자는 이날의 감회를 시로 읊기도 하였다. 《嘉梧藁略 冊2 慶會樓宴群臣隨諸大夫後參班退出不勝慶忭之忱》

92 막……법궁(法宮)에서 : 법궁은 경복궁(景福宮)을 말한다. 경복궁은 1865년(고종2)에 중건을 시작해 1867년 11월 16일에 중건을 완료하였고, 1868년 7월 2일에 고종이 경복궁으로 이어(移御)하였다. 《高宗實錄》

93 나라의……것 : 소식(蘇軾)의 시에 "비와 바람 순조로워 백곡이 풍성하니, 백성들이 굶주리고 추위에 떨지 않음이 최고의 상서라네.〔雨順風調百穀登, 民不飢寒爲上瑞.〕"라는 구절이 있다. 《蘇東坡詩集 卷39 支嘆》

을 만들 때 백성들이 자식처럼 모여들었던 것[94]은 다친 사람을 대하듯이 하고 갓난아이를 보호하듯이 한 은택[95]이 백성들의 뼛속까지 스며들었기 때문입니다.

바라건대 전하께서는 실제적인 은택이 아랫사람에게 이르는 정사에 힘쓰시어 옛날 주나라 문왕만이 그 아름다움을 독차지하지 않도록 하소서. 이것이 실로 하늘의 영원한 명을 기원하는 근본입니다.

94 주(周)나라……것 : 《시경》 〈대아 영대(靈臺)〉와 《맹자》 〈양혜왕 상(梁惠王上)〉에 보인다.

95 다친……은택 : 174쪽 주34 참조.

친경 때 힘써야 할 일을 진달한 계[96]

親耕陳勉啓

오늘 행하는 예(禮)는 100년 만의 성대한 일입니다.[97] 위로는 자성(粢盛)[98]을 바쳐 효성을 돈독히 하고 공경을 지극히 하며, 아래로는 교화를 이루어 근본에 힘쓰고 백성을 넉넉하게 하는 것입니다.

우리 전하께서 길한 해일(亥日)에 선농단(先農壇)의 제사에서 친히 강신주를 따르시어 매우 일찍 풍년을 기원하는 뜻을 붙이셨습니다.[99]

96 친경(親耕)……계 : 저자의 나이 58세 때인 1871년(고종8) 2월 10일에 고종이 선농단(先農壇)에 거둥하여 적전(籍田)을 친경할 때 판중추부사로서 입시하여 올린 계이다. 동일자 《승정원일기》에도 수록되어 있다.

97 오늘……일입니다 : 고종 이전의 마지막 친경은 1767년(영조43) 2월 26일에 거행되었는데, 그때 편찬한 《친경의궤(親耕儀軌)》가 현재 남아 있다. 친경 의식은 1475년(성종6) 1월에 처음 시작되었으며, 조선 전 시기에 걸쳐 모두 16차례 거행되었다. 고종의 친경 후 순종 때 두 차례 더 거행되었다.

98 자성(粢盛) : 제기에 담은 찰기장〔黍〕과 메기장〔稷〕이라는 뜻으로, 제사에 사용하는 곡식을 통칭한다.

99 우리……붙이셨습니다 : 친경 의식은 경칩이 지난 후의 첫 번째 해일(亥日)에 선농단에 나아가 제향을 올린 뒤 다시 날을 잡아 적전에서 밭을 가는 것으로 진행되었다. 《고종실록》에 의하면 고종은 1871년 1월 20일 경술일에 선농단에 나아가 제향한 것으로 기록되어 있는데, 20일에 재숙한 뒤 신해일인 21일 새벽에 선농단에서 제향을 지낸 것으로 보인다. 《춘관통고(春官通考)》 권41 〈길례(吉禮) 선농(先農)〉에 의하면, 선농단에서의 제향은 오전 1시 15분인 축시(丑時) 1각에 거행한다. 매우 일찍 풍년을 기원한다는 것은 《시경》 〈대아(大雅) 운한(雲漢)〉의 "풍년을 기원하기를 매우 일찍 하였으며, 사방의 신에 대한 제사와 토지신에 대한 제사를 늦게 지내지 않았네.〔祈年孔夙, 方社不莫.〕"라고 한 데서 나왔다.

또 길일을 가려[100] 검은 쟁기와 아홉 가지 씨앗을 담은 푸른 상자를 싣고 생가(笙歌)의 시장(詩章)[101]을 연주하면서, 제후의 존귀한 몸으로 밭을 거닐어 신을 적시며 다섯 번 쟁기를 미는 예[102]를 행하였습니다. 윤음(綸音)을 반포하여 농사를 펼칠 것을 명하고 몸소 백성을 이끄시는 것은 또한 성인이 때에 맞게 교화를 행하는 뜻입니다. 담장처럼 에워싸서 보고 듣는 자들이 그 누군들 술잔을 받아 취하고 은덕에 배부른 아래에서 발을 구르며 춤을 추지 않겠습니까.

옛날에 맥구(麥丘)의 늙은이가 제(齊)나라 임금에게 말씀을 올리기를 "원하건대 온 나라의 굶주린 백성들에게 하사해 주소서.〔願賜一國之飢者.〕"라고 하였으니,[103] 이것은 송축을 잘한 것입니다. 돌아보건대

100 또 길일을 가려 : 고종은 1871년(고종8) 2월 10일에 선농단(先農壇)에 거둥하여 적전(籍田)을 친경하였다. 《高宗實錄》

101 생가(笙歌)의 시장(詩章) : 등가악(登歌樂)을 말한다. 《임하필기》 권38 〈해동악부(海東樂府) 친경악(親耕樂)〉에 "임금이 대차(大次)에서 나오면 〈여민락(與民樂)〉을 연주하고 〈천립(天粒)〉을 노래한다."라는 내용이 보인다. 〈여민락〉은 조선 때 만든 아악의 하나로 임금의 거둥 때나 궁중의 잔치 때 연주하였으며, 〈천립〉은 조선 성종이 1475년(성종6)에 친경 의식을 행하면서 신하에게 명해 짓게 한 악장 이름이다.

102 다섯……예 : 제후가 적전에 가서 몸소 쟁기를 다섯 번 미는 의식인 오퇴례(五推禮)를 말한다. 《예기》 〈월령(月令)〉에 "천자가 삼공·구경·제후·대부를 거느리고 몸소 적전을 경작하는데, 천자는 세 번 쟁기를 밀고, 삼공은 다섯 번 밀며, 경과 제후는 아홉 번 민다.〔帥三公、九卿、諸侯、大夫, 躬耕帝籍, 天子三推, 三公五推, 卿諸侯九推.〕"라는 내용이 보인다.

103 옛날에……하였으니 : 춘추 시대 제(齊)나라 환공(桓公)이 사냥을 나갔다가 굶주린 한 노인을 만나 음식을 하사하자, 노인이 "원하건대 온 나라의 굶주린 백성들에게 하사해 주소서.〔願賜一國之飢者.〕"라고 했다는 고사가 전한다. 맥구(麥丘)의 노인은 사냥을 나온 환공에게 축수한 노인인데, 여기서는 환공이 만난 노인과 같은 노인으로

지금 농사의 때를 알려 주는 농상성(農祥星)이 새벽에 남쪽 하늘 가운데 뜨고[104] 온화한 봄바람이 십이율(十二律)에 응하며, 누런 구름과 자색 기운이 상서로운 해와 북두의 별을 받들어 감싸니, 성주(成周)[105]의 치세를 다행히 이날에 다시 보게 되었습니다.

바라건대 전하께서는 육부(六府)[106]를 다스리고 구곡(九穀)을 보배로 여기며 옥체를 부지런히 하여 아랫사람을 이끄시어 자강불식(自强不息)의 도에 힘쓰소서.

보았다. 《資治通鑑 卷200 唐紀16 高宗 上之下 顯慶元年》《韓詩外傳 卷10》

104 농사의……뜨고 : 농상성(農祥星)은 동방 칠수의 하나인 방수(房宿)의 이칭이다. 입춘 날 새벽에 농상성이 남쪽 하늘 가운데에 뜨면 농사지을 때로 여겼다고 한다. 《國語 周語上 韋昭注》

105 성주(成周) : 주나라 주공(周公)이 성왕(成王)을 보필하여 제도를 완비하고 흥성한 시대를 이룩한 시기를 일컫는 말이다.

106 육부(六府) : 사람의 생활에 필수적인 수(水)·화(火)·목(木)·금(金)·토(土)·곡(穀)을 말한다. 《書經 大禹謨》

다시 재상에 제수된 뒤 힘써야 할 일을 진달한 계[107]

重卜後陳勉啓

현재 백성을 위한 걱정과 나라를 위한 계책으로 절실하고 다급한 일은 한두 가지로 헤아릴 수 없습니다. 하지만 대소 신료들이 손을 모아 기원하는 것은 바로 오직 '성학(聖學)에 힘쓰시는 것'이고, 팔도의 백성들이 기대하는 것 역시 오직 '성학에 힘쓰시는 것'입니다.

대개 나라의 치란(治亂)과 백성의 고락은 오로지 성학에 힘쓰느냐 아니냐에 달려 있는데, 성학에 힘쓴다는 것이 어찌 다만 장구(章句)를 읽고 외는 것만을 말하겠습니까. 성현의 심법(心法)은 경전에 있고 역대의 사적(事迹)은 역사서에 실려 있으니, 깊이 침잠하여 음미하고 탐구하여 마음으로 터득하고 온몸으로 이해해야 합니다. 하늘을 공경하는 것은 복희씨(伏羲氏)가 천시(天時)에 성대히 합했던 것[108]을 생각하고, 백성을 사랑하는 것은 요(堯) 임금이 고루 밝히신 것[109]을 생각하

107 다시……계 : 저자의 나이 60세 때인 1873년(고종10) 12월 1일에 영의정으로서 입시하여 진달한 계이다. 동일자 《승정원일기》에도 수록되어 있다. 저자는 1873년 11월 13일에 영의정에 임명되었다. 제목에서 '다시'라고 한 것은 1865년(고종2) 2월 좌의정에서 물러난 뒤 재상직에 다시 임명되었음을 의미한다. 한편, 당시는 최익현(崔益鉉)의 상소에 의해 흥선대원군(興宣大院君)이 물러나고 11월 5일 고종이 친정(親政)을 시작한 지 한 달이 채 되지 않은 시점이었다.

108 복희씨(伏羲氏)……것 : 복희씨가 천하를 다스릴 때 팔괘를 그은 일을 말한 것으로 보인다. 천시(天時)에 성대히 합한다는 것은 《주역》 〈무망괘(无妄卦) 상(象)〉의 "선왕이 보고서 천시에 성대히 합하여 만물을 기른다.〔先王以, 茂對時, 育萬物.〕"에서 나온 것인데, 이 구절이 복희씨와 관련된 내용은 찾지 못했다.

소서. 간언을 받아들이는 것은 순(舜) 임금이 남에게서 취하여 선(善)을 하신 것[110]을 생각하고, 정사에 부지런히 힘쓰는 것은 문왕(文王)이 해가 기울 때까지 겨를이 없었던 것[111]을 생각하소서. 검소함을 숭상하여 풍속을 변화시키는 것은 위(衛)나라 문공(文公)이 두꺼운 명주로 만든 거친 관(冠)을 썼던 것[112]을 생각하고, 경비를 줄여 재정을 넉넉하게 하는 것은 한(漢)나라 문제(文帝)가 100금(金)을 아꼈던 것[113]을 생각하소서. 무릇 한 번 정책을 시행하고 한 번 움직이는 사이에도 반드시 모두 경전에 부합하게 하고 역사서를 거울로 삼는다면, 태평하고 성대한 교화를 이루기가 어렵지 않을 것입니다.

109 요(堯)……것 : 《서경》 〈요전(堯典)〉에 "구족이 이미 화목하거늘, 백성을 고루 밝히셨다.〔九族旣睦, 平章百姓.〕"라는 내용이 보인다.

110 순(舜)……것 : 《맹자》 〈공손추 상(公孫丑上)〉에 "순 임금은 이보다도 더 위대함이 있었으니, 선을 남과 함께하시어 자신을 버리고 남을 따르시며, 남에게서 취하여 선을 함을 좋아하셨다.〔大舜有大焉, 善與人同, 舍己從人, 樂取於人以爲善.〕"라는 내용이 보인다.

111 문왕(文王)이……것 : 《서경》 〈주서(周書) 무일(無逸)〉에, 문왕의 덕을 찬양하며 "아침부터 해가 중천에 뜰 때와 기울 때에 이르도록 한가히 밥 먹을 겨를도 없으시어 만민들을 모두 화합하게 하셨다.〔自朝至于中昃, 不遑暇食, 用咸化萬民.〕"라는 내용이 보인다.

112 위(衛)나라……것 : 위나라가 적인(狄人)의 침략으로 패망하자 제나라 환공(桓公)이 적인을 정벌하고 초구(楚丘)에 성을 쌓은 다음 위나라 문공(文公)을 위나라 임금으로 세워 주었다. 문공은 근검절약하며 두꺼운 명주로 만든 거친 옷과 관을 쓰고서 백성들과 고락을 함께하여 위나라를 부흥시킨 고사가 전한다. 《春秋左氏傳 閔公2年》

113 한(漢)나라……것 : 한나라 문제(文帝)가 천상(天象)을 관찰하는 노대(露臺)를 지으려고 하다가 100금의 비용이 든다는 것을 알고서 "100금은 중등 생활을 하는 열 집의 재산이다."라고 하고, 그만두게 했다는 고사가 전한다. 《漢書 卷4 文帝紀4 贊》

지금 전하께서는 춘추(春秋)가 한창때이니 성학(聖學)에 항상 민첩하게 하여 얻는 효험[114]이 있어야 합니다. 그런데 하루고 이틀이고 느긋하게 시간을 보내며 한가로이 즐기시어, 진강 때의 《시경》과 소대(召對) 때의 통사(通史)에 대해 또한 이미 한 해가 지났는데도 아직 공부를 마치지 못하였습니다. 이와 같아서야 어찌 계속해 밝혀서 학문이 광명하게 되는 경지[115]에 더욱 나아가는 것을 바랄 수 있겠습니까.

비록 옛글을 기억하여 남의 물음에 응대나 하는 여항(閭巷) 선비의 학문도 오히려 반드시 2, 30세의 총명이 왕성할 때 부지런히 노력하여 그 근본을 세운 연후에야 비로소 성취할 수가 있는데, 하물며 제왕의 수신제가(修身齊家)하고 치국평천하(治國平天下)하는 공부야 말해 무엇하겠습니까.

또 지극히 존귀한 지위로서 지극히 번다한 일을 다스리는 것은, 만약 혹시라도 뜻을 세움이 견고하지 않고 과정(課程)이 엄격하지 않기라도 하면 구습에 이끌려 중단함에 이르기가 쉽습니다. 일단 혹시라도 중단하게 되면 세월이 물처럼 흘러간다는 탄식을 하게 되니,[116] 어찌 크게

114 항상……효험 : 《서경》 〈상서(商書) 열명 하(說命下)〉에, 은나라 부열(傅說)이 고종(高宗)에게 "배움은 마음을 겸손하게 하고 힘써서 항상 민첩하게 하면 그 닦여짐이 올 것입니다.〔惟學遜志, 務時敏, 厥修乃來.〕"라고 하였다. 채침(蔡沈)은 그 주석에서, 부족한 점이 있을 때 남의 말을 받아들이고 부지런히 노력하면 마치 샘물이 솟아나듯 끝없이 닦여져서 학문이 자신의 몸에 얻어질 것이라고 하였다.

115 계속해……경지 : 《시경》 〈경지(敬之)〉에 "나 소자가 총명하지 못하여 공경하지 못하나, 날로 나아가며 달로 진전하여, 학문이 계속해 이어 밝혀서 광명함에 이르려 한다.〔維予小子, 不聰敬止, 日就月將, 學有緝熙于光明.〕"라는 구절이 보인다.

116 혹시라도……되니 : 주희(朱熹)가 여조겸(呂祖謙)에게 보낸 편지에 "공부는 중단되기 쉽고 의리는 궁구하기 어려운데, 세월은 물처럼 흘러가니 매우 걱정되고 두려워

경계하여 살펴야 할 부분이 아니겠습니까.

전하께서 누차 수고로이 하교하시고 곡진히 예우를 베푸시어 신을 조정의 윗자리에 이르게 하셨는데, 신이 간절하게 권면하는 것은 성학(聖學)에 힘쓰시는 것보다 앞서는 것이 없습니다. 전하께서 만약 신이 올린 말씀을 으레 하는 이야기나 형식적인 것으로 여겨 받아들이는 실제가 없다면, 감히 알지 못하겠습니다만, 전하께서 신을 불러서 장차 어디에 쓰시려 하시는지요?

오늘부터 강학하는 자리를 자주 열어 경서를 날줄로 삼고 역사서를 씨줄로 삼아 비록 한가로울 때라도 항상 서책을 마주하여 가르침을 받고 깊이 잠겨 의미를 찾으소서. 그리하여 위에서는 덕을 증진하고 학업을 닦는 아름다움이 있고 아래에서는 정성을 다해 말씀을 올린 효험이 있다면, 이것이 바로 이른바 '신하와 임금이 모두 영예롭다.〔臣主俱榮〕'라는 것입니다. 삼가 바라건대 성상께서는 깊이 유념하소서.

할 만합니다.〔功夫易間斷, 義理難推尋, 而歲月如流, 甚可憂懼.〕"라는 내용이 있다. 《朱子大全 卷33 答呂伯恭》

옛 대궐로 거처를 옮기신 뒤 힘써야 할 일을 진달한 계[117]

移御後陳勉啓

옛 대궐로 거처를 옮기신 지 이미 여러 날이 지났는데, 위로는 자성(慈聖 신정왕후)을 받드시고 옥체가 편안하시니, 뭇사람의 마음이 경하하고 있음을 어찌 다 아뢰겠습니까. 이 대궐은 바로 우리 열성조께서 300년 동안 오래도록 바른 도로 인도하여 교화를 이룬 곳이니, 계책과 정령(政令) 및 성대한 덕과 지극한 선(善)은 역사서에 이루 다 기록할 수가 없을 정도입니다.

비용을 절약하고 백성을 사랑하는 것은 나라를 다스리고 천하를 평안히 하는 근본입니다. 지난번 성상의 하교 중에 '백성들이 곤궁하고 고달프다.〔民生困瘁.〕'라고 하신 것[118]이 지금 목전의 가장 급박하고 절실한 근심입니다. 백성의 곤궁은 재물이 고갈됨에서 말미암고, 재물의 고갈은 사용을 절약하지 않음에서 말미암습니다.

전(傳)에 이르기를 "생산하기를 빠르게 하고, 사용하기를 천천히 하면 재물이 항상 풍족할 것이다.〔爲之者疾, 用之者舒, 則財恒足矣.〕"라

117 옛……계 : 저자의 나이 60세 때인 1873년(고종10) 12월 24일에 영의정으로서 창덕궁 중희당(重熙堂)에 입시하여 진달한 계이다. 동일자 《승정원일기》에도 수록되어 있다. 1873년 12월 10일 경복궁 자경전(慈慶殿)에 화재가 발생하고, 12월 14일 또 경복궁 흥복전(興福殿)의 정문인 수인문(壽仁門) 안쪽 행각에 화재가 발생하자, 고종은 12월 20일에 옛 대궐인 창덕궁으로 거처를 옮겼다. 《高宗實錄》

118 성상의……것 : 경복궁 자경전에 화재를 당한 뒤인 1873년 12월 12일에 내린 전교에 "백성들이 곤궁하고 고달픈데도 내가 감싸서 보호하지 못했다.〔生民困瘁, 而予未之懷保.〕"라는 내용이 보인다. 《承政院日記》

고 하였습니다.[119] 그런데 지금 재물을 사용하는 것은 천천히 하지 못할 뿐만 아니라 너무나 절약하지도 못합니다. 근래에 물가가 날로 올라 예전과 비교해 몇 배나 되는데도, 한 번 밥을 먹고 한 번 옷을 입는 데 그 비용을 아끼지 않습니다. 심지어 여항의 천한 부류가 명주실로 짠 신을 신고 비단옷을 입고 담장에 화려한 무늬를 입히며, 더 이상 가죽으로 앞뒤를 둘러서 가린 장식 없는 나무 가마의 제도[120]가 없어져서 거의 귀한 사람과 천한 사람의 예(禮)에 구별이 없게 되었습니다. 그렇다면 사용하기를 절약하지 않는 것은 오직 검소하지 않은 풍속에서 말미암은 것이니, 이 풍속이 고쳐지지 않는다면 재물이 어찌 부족하지 않을 수 있겠으며 백성이 어찌 곤궁하지 않을 수 있겠습니까.

경(經)에 이르기를 "나라에 6년분의 저축이 없는 것을 '급하다'고 하고, 3년분의 저축이 없는 것을 '나라가 나라답지 않다'고 한다.〔國無六年之蓄曰急, 無三年之蓄曰國非其國.〕"라고 하였습니다.[121] 현재 대농(大農 호조)에 과연 몇 년분의 저축이 있어서 이 백성을 넉넉하게 할 수 있겠습니까. 오직 전하께서는 선왕의 덕을 본받고 선왕의 정사를 행하시어 먼저 대궐에서부터 절약에 힘쓰소서. 바람이 불면 풀이 바람을 따라 쓰러지듯이[122] 온 세상을 크게 변화시키면 하늘의 마음이 기뻐

119 전(傳)에……하였습니다 : 《대학장구》 전 10장에 보인다.

120 가죽으로……제도 : 검소한 풍조를 의미하는 말이다. 《국어(國語)》 〈진어(晉語) 8〉에 "우리나라 서울〔絳〕의 부유한 상인들이 가죽으로 앞뒤를 둘러서 가린 장식 없는 나무 가마를 타고서 조정 근처를 지나가는 것은 공로가 적어서이다.〔夫絳之富商, 韋藩木楗以過於朝, 唯其功庸少也.〕"라는 구절이 보인다.

121 경(經)에……하였습니다 : 《예기》 〈왕제(王制)〉에 보인다.

122 바람이……쓰러지듯이 : 위정자가 올바른 도로 모범을 보이면 백성이 교화됨을

하고 백성의 마음이 화락하여 상서가 모두 모이고 경사가 냇물처럼 이르러서, 구주(龜疇)의 여러 복(福)[123]과 인지(麟趾)의 많은 복[124]이 장차 천만년 성대히 나타날 것입니다. 신 등이 이를 기원하나이다.

비유하는 말이다. 《논어》 〈안연(顔淵)〉에 "군자의 덕은 바람과 같고 소인의 덕은 풀과 같아서, 풀에 바람이 더해지면 풀은 반드시 쓰러진다.〔君子之德風也, 小人之德草也, 草上之風, 必偃.〕"라고 한 데서 나왔다.

123 구주(龜疇)의 여러 복 : '구주'는 《서경》 〈주서(周書) 홍범(洪範)〉의 구주(九疇)를 가리킨다. 하(夏)나라 우(禹) 임금이 홍수를 다스릴 때 신령한 거북의 등에 천하를 다스리는 법이 새겨져 있었으므로 구주(龜疇)라고도 부른 것이다. 복은 〈홍범〉에 나오는 오복인 수(壽) · 부(富) · 강녕(康寧) · 유호덕(攸好德) · 고종명(考終命)을 말한다.

124 인지(麟趾)의 많은 복 : 자손이 번창하는 복을 말한다. '인지'는 《시경》 〈주남(周南)〉의 편명인 〈인지지(麟之趾)〉로, 인후하고 덕망이 뛰어난 왕자와 왕손을 비유한 시이다.

일강관을 다시 두기를 청하는 계[125]

日講官復設啓

오늘날 가장 큰 근본이자 급선무는 바로 전하의 강학(講學)입니다. 덕성을 함양하는 것이 학문에 달려 있고, 총명을 넓히는 것이 학문에 달려 있습니다. 국가의 기무를 재단하는 것이 학문에 달려 있고, 뭇 이치를 통찰하여 만사에 응하는 것에 이르기까지 학문에 달려 있지 않는 것이 없습니다.

신이 어전에서 아뢴 것이 오직 이것에 있는데 총명한 성상께서 대략 받아들이셨는지는 감히 알지 못하겠지만, 지금 전하께서 춘추가 한창이신데 성학이 날로 고명(高明)해지고 있으며, 지난번에 대신(大臣)이 법강(法講 경연)에 자주 납시어야 한다고 아뢰었는데 진강(進講)이 여전히 지금도 행해지고 있으니, 부지런히 힘쓰시는 성상의 뜻을 미루어 헤아릴 만합니다.

삼가 송(宋)나라와 명(明)나라의 제도를 상고하건대, 경연 이외에 날마다 강론을 열되 예모(禮貌)를 간편히 하고 과정(課程)을 전일하게 하는 뜻을 취하였습니다. 이것이 지금의 진강하는 법도입니다. 선조(先朝)에서 정한 규식에 따라 진강을 일강(日講)이라 칭하고,[126] 강관

125 일강관(日講官)을……계 : 저자의 나이 60세 때인 1873년(고종10) 12월 24일에 영의정으로서 창덕궁 중희당(重熙堂)에 입시하여 진달한 계이다. 앞의 〈옛 대궐로 거처를 옮기신 뒤 힘써야 할 일을 진달한 계〉와 같은 날에 올린 것으로, 동일자 《승정원일기》에도 수록되어 있다.

126 선조(先朝)에서……칭하고 : 선조는 철종을 말한다. 헌종이 어린 나이에 즉위하

또한 역시 일강관(日講官)으로 하비(下批 임명)하는 것이 아마 좋을 듯합니다.

여 강을 열고 '권강(勸講)'이라 하였다가 뒤에 '진강(進講)'이라 고쳤으며, 철종 때 진강을 고쳐 '일강(日講)'이라 하고 일강관(日講官)을 차출하여 매일 진강하였는데, 5일마다 대신이 돌아가면서 참석하였다고 한다. 《林下筆記 卷28 春明逸史 進講召對》

남형을 없애기를 청하는 계[127]

除濫刑啓

형벌은 천하의 공평한 것입니다. 혹시라도 어긋나서 죄 없는 사람이 잘못 걸려들어 억울함을 당하고도 풀 수 없으면, 화평을 해치고 재앙을 불러올 수 있습니다. 선유(先儒)의 말에 "임금이 깊은 궁궐에 거처하여도 옥사(獄事)를 신중히 처리하는 마음이 있다면 하늘이 즉시 복을 내린다."라고 하였으니, 열성조에서 두려운 마음으로 애처롭고 불쌍히 여기기를 지극히 하지 않은 적이 없었습니다.

그런데 근래에는 도적을 다스리는 법이 전혀 옛 법도가 아니어서 선량한 백성이 왕왕 함께 지나친 형벌을 받는다고 하는데, 전하께서 어떻게 그 깊고 억울한 원통함을 다 환히 아시겠습니까. 도성뿐만 아니라 각 도의 진영(鎭營)에서도 모두 소문을 듣고 흉내를 내어 악형을 스스로 능사로 여기면서 경계하고 두려워할 줄 모릅니다. 말이 여기에 이르니 참으로 두려움에 마음이 섬뜩해짐을 느낍니다.

이제부터는 정해진 형구(刑具)를 쓰는 것 외에는 멋대로 시행해서는 안 된다는 뜻을 서울과 지방의 포도영(捕盜營)에 엄히 신칙하는 것이 어떻겠습니까?

127 남형(濫刑)을……계 : 저자의 나이 60세 때인 1873년(고종10) 12월 24일에 영의정으로서 창덕궁 중희당(重熙堂)에 입시하여 진달한 계이다. 앞의 〈옛 대궐로 거처를 옮기신 뒤 힘써야 할 일을 진달한 계〉와 같은 날에 올린 것으로, 동일자 《승정원일기》에도 수록되어 있다. 남형은 법규에 근거하지 않거나 법규 이상의 형벌을 집행하는 것을 말한다.

새해를 맞아 송축하는 계[128]
歲首頌禱啓

새해를 맞이하여 큰 복이 더욱 장구해졌습니다. 자전(慈殿 신정왕후(神貞王后))께는 남은 날을 아끼는 정성을 돈독히 바치고 온 나라에는 따뜻한 봄날 같은 은택을 두루 펼치시어 기쁨의 탄성과 화합하는 기운이 천하에 가득히 넘치니, 이는 바로 상서로운 복을 맞이할 때입니다. 대소 신민이 송축하는 마음은 오직 우리 임금께서 장수하시며 복을 한량없이 누리시는 것에 있습니다.

은(殷)나라 탕(湯) 임금의 아침이 되기를 기다린 부지런함[129]과 하(夏)나라 우(禹) 임금의 궁실을 낮게 지은 검소함[130]과 요(堯) 임금의 하늘 같은 인자함[131]과 주(周)나라 문왕(文王)의 계속하여 밝힌 경

128 새해를……계 : 저자의 나이 61세 때인 1874년(고종11) 1월 13일에 영의정으로서 창덕궁 중희당(重熙堂)에 입시하여 진달한 계이다. 동일자 《승정원일기》에도 수록되어 있다.

129 은(殷)나라……부지런함 : 은나라 이윤(伊尹)이 태갑(太甲)에게 이르기를 "탕 임금은 날이 아직 밝지 않은 새벽에 크게 덕을 밝히며 앉아서 아침이 되기를 기다렸다.〔先王, 昧爽丕顯, 坐以待旦.〕"라고 경계하였다. 《書經 太甲上》

130 하(夏)나라……검소함 : 공자가 하나라 우(禹) 임금을 찬양한 내용 중에 "궁실은 낮게 만드시면서도 전답 사이에 도랑을 만드는 치수 사업에는 힘을 다하셨다.〔卑宮室而盡力乎溝洫.〕"라는 내용이 있다. 《論語 泰伯》

131 요(堯)……인자함 : 《사기(史記)》 권1 〈오제본기(五帝本紀)〉에 "제요라는 분은 이름이 방훈이니, 그 인은 하늘과 같았고, 그 지혜는 신과 같았다.〔帝堯者放勳, 其仁如天, 其知如神.〕"라는 내용이 보인다.

(敬)[132]이 모두 장수하시며 복을 누리는 바탕이 됩니다.

군주는 하늘의 지위에 있으면서 하늘의 일을 대신합니다. 무릇 일을 하는 사이에, 선조를 본받기를 《시경》 〈대아(大雅)〉의 "옛 전장을 따르도다.〔率由舊章.〕"라는 것[133]처럼 하시고, 백성을 사랑하기를 《서경》 〈주서(周書) 소고(召誥)〉의 "백성들을 화합시켜 하늘의 영원한 명을 받는다.〔諴小祈永.〕"라는 것[134]처럼 하소서. 이렇게 하신다면 상제가 돌보아 주어 길하여 이롭지 않음이 없어서 화기(和氣)를 맞이하고 아름다운 상서가 모두 이를 것입니다. 그리하여 유구하여 끝없는 수(壽)를 누리게 되고 자손이 성대히 번성하는 복을 받을 것이며, 온 나라를 수역(壽域)에 올려놓고 백성에게 복을 내리게 되어, 억만년 동안 태평의 성대함을 노래하는 것이 오늘로부터 비롯될 것입니다. 삼가 바라건대 전하께서는 힘쓰고 힘쓰소서.

132 주(周)나라……경(敬) : 《시경》 〈대아(大雅) 문왕(文王)〉에 "심원하신 문왕이여, 아, 경을 계속하여 밝히셨도다.〔穆穆文王, 於緝熙敬止.〕"라는 내용이 보인다.

133 시경……것 : 《시경》 〈대아(大雅) 가락(假樂)〉에 "잘못하지 아니하며 잊지 아니하여, 옛 전장을 따르도다.〔不愆不忘, 率由舊章.〕"라는 구절이 있는데, 군자가 선왕의 예악과 형정(刑政)을 잘 따른다는 뜻이다.

134 서경……것 : 주(周)나라 소공(召公)이 성왕(成王)에게 "왕은 비록 나이가 어리시나 하늘의 원자이니, 크게 소민들을 화합시켜 이제 아름답게 하소서.〔有王雖小, 元子哉, 其丕能諴于小民, 今休.〕"라고 하였고, 또 "왕께서 하늘의 영원한 명을 기원함에 바치나이다.〔用供王能祈天永命.〕"라고 하였다. 이에 대해 명나라 왕초(王樵)는 《상서일기(尙書日記)》 권12 〈소고〉에서 "덕을 공경히 행하고 백성을 화합시켜 하늘의 영원한 명을 기원하였다.〔敬德諴民, 祈天永命.〕"라고 풀이하였다.

청전을 변통한 뒤 조처에 대해 아뢰는 계[135]

淸錢變通後措處啓

청전(淸錢)을 혁파한 것은 실로 백성을 위하는 성상의 뜻에서 나온 것입니다. 경비의 부족을 돌아볼 겨를도 없이 단호하게 시행하셨으니, 팔도의 백성들이 그 누군들 발을 구르며 춤추지 않겠습니까. 그러나 이제 각 도에서 상납하는 것 중 정월분(正月分)을 제외하고 오랫동안 거두지 못한 것은 추후에 청전으로 거두어들일 수 없기에 이미 전곡아문(錢穀衙門)[136]에 감결(甘結 하급 관청에 보내는 공문)을 보내 신칙하였습니다.

그러나 상납하는 규정에는 본래 월당(月當 달을 단위로 정한 액수)이 있습니다. 그렇다면 당초에 일을 담당한 아전들이 대부분 상평전(常平錢)으로 민간에서 거두어 모았다가 즉시 다 상납하지 않고 청전으로 서울의 관사에 바꾸어 내고자 했을 것입니다. 그 소행을 따져 보면 하나하나가 매우 교활하고 흉악합니다. 돌아보건대 지금 청전을 혁파

135 청전(淸錢)을……계 : 저자의 나이 61세 때인 1874년(고종11) 1월 13일에 영의정으로서 창덕궁 중희당(重熙堂)에 입시하여 진달한 계이다. 앞의 〈새해를 맞아 송축하는 계〉와 같은 날에 올린 것으로, 동일자 《승정원일기》에도 수록되어 있다. 청전은 청나라에서 수입한 동전으로, 주로 관리들이 밀수입하여 유통하였다. 1867년(고종4)에 이를 국내에서 통용할 수 있도록 허가하였는데, 당백전(當百錢)의 주조 사업이 중단되어 국가의 재정적 손실을 보충하기 위한 이유에서였다. 고종이 친정을 시작한 뒤 1874년 1월 6일에 청전의 유통을 전면 금지하였다. 《承政院日記》

136 전곡아문(錢穀衙門) : 선혜청이나 호조와 같이 돈이나 곡식을 다루던 관아를 말한다.

한 뒤에 만약 경사에서 퇴짜를 놓았다고 하면서 백성들에게 다시 징수한다면, 소요를 불러오기 쉬울 뿐만 아니라 도리어 저들이 이익을 취하는 빌미를 만들어 주게 될 것입니다. 별도로 각 도에 신칙하여 상평전으로 상납할 때 반드시 그 담당한 사람에게 책임을 지워서 백성들에게 미치지 말도록 하소서.

청전을 통용하던 고을[137]은 구별하지 않아서는 안 되니, 각 고을에서 잘 조처하여 반드시 공사(公私) 간에 다 편리하도록 도모하게 해야 할 것입니다. 만약 혹시라도 관원과 아전이 서로 호응하여 이로 인해 폐단이 불어난다면 해당 수령을 먼저 파직한 뒤 잡아들일 것이며, 담당 아전은 별도로 중죄로 다스리겠다는 뜻을 먼저 행회(行會 공문을 보내 알림)하는 것이 어떻겠습니까?

137 청전을 통용하던 고을 : 《매천야록(梅泉野錄)》에 의하면, 청전이 통행될 때에도 영남과 관북 지방에서는 이를 사용하지 않았다고 한다.

재용을 절약하기를 아뢰는 계[138]

節財用啓

옛날에 성인(聖人)이 백성을 기르는 것은 사람마다 옷을 입혀 주거나 사람마다 음식을 먹여준 것이 아니었습니다. 백성을 기르는 도는 백성의 생업을 만들어 주어 위로는 부모를 섬길 수 있고 아래로는 처자를 기를 수 있게 해 주는 데 있을 뿐이었습니다.[139] 《예기》〈대전(大傳)〉에 이르기를 "재용이 풍족하기 때문에 온갖 뜻이 이루어진다.〔財用足故百志成.〕"라고 하였습니다. 만약 조금이라도 재용이 부족하면, 징세를 줄여 주고 부역을 공평하게 부과하며 재해[140]를 구휼하고 아랫사람을 두터이 대해 주는 정사가 모두 시행될 수 없습니다. 전후의 이름난 신하와 훌륭한 보필들이 군주에게 권면했던 것은 바로 오직 '재용을 절약하소서.'라는 것이었습니다.

전하께서 백성의 생업을 위하여 앞서는 청전(淸錢)을 혁파하였고, 뒤에는 큰 재물을 떼어 주어서 백성들에게 그 뜻을 이루게 하고 그

138 재용(財用)을……계 : 저자의 나이 61세 때인 1874년(고종11) 3월 5일에 영의정으로서 창덕궁 중희당(重熙堂)에 입시하여 진달한 계이다. 동일자 《고종실록》과 《승정원일기》에도 수록되어 있다.

139 백성을……뿐이었습니다 : 《맹자》〈양혜왕 상(梁惠王上)〉에 "현명한 군주는 백성의 생업을 만들어 주되, 반드시 위로는 부모를 섬기고 아래로는 처자를 길러서 풍년에는 1년 내내 배부르고 흉년에는 사망을 벗어나게 해 주었다.〔明君制民之產, 必使仰足以事父母, 俯足以畜妻子, 樂歲終身飽, 凶年免於死亡.〕"라는 구절이 있다.

140 재해 : 저본에는 원문이 '재(財)'로 되어 있으나, 《승정원일기》의 기록에 근거하여 '재(災)'로 바로잡아 번역하였다.

삶을 넉넉하게 해 주셨습니다. 위에서 덜어내어 아래에 보태준 은택이 팔도를 두루 적셨으니, 이는 진실로 대성인이 백성을 길러 주는 덕입니다.

그러나 줄곧 탕감해 주기를 그치지 않아서 한정이 있는 액수를 가지고 지속하기 어려운 시책에 공급한다면, 아마도 은혜가 다하고 나라의 재용 또한 그에 따라 어려운 지경에 이를 것입니다. 그러니 말없이 운행하는 하늘의 조화처럼 반드시 중(中)의 상태를 유지하여 넘치지도 모자라지도 않게 하는 것이 가장 좋습니다.

부고(府庫)가 가득 차 넘칠 때라도 진실로 법제를 삼가 지켜야 하는데, 하물며 지금 안팎으로 재용이 고갈되어 국가의 경비가 끝이 없는 때야 말해 무엇하겠습니까. 송(宋)나라 신하 소철(蘇轍)의 말에 "이른바 재용을 풍성하게 한다는 것은 재용을 구해서 보태는 것이 아니라 재용을 축내는 일을 그만두게 하는 것뿐입니다."라고 하였으니,[141] 이것은 진실로 재용을 절약하는 데 있어 핵심적인 말입니다. 진서(陳恕)가 삼사사(三司使)가 되었을 때 송나라 진종(眞宗)이 명하여 중외(中外) 전곡(錢穀)의 대략적인 숫자를 갖추어 보고하라고 하였는데, 진서는 여러 차례 재촉을 받고도 아뢰지 않으면서 말하기를 "천자께서는 춘추가 젊으시니, 만약 부고가 가득 차 있다는 것을 알면 사치하는 마음이 생길까 두렵습니다."라고 하였습니다.[142]

141 송(宋)나라……하였으니 : 소철(蘇轍)이 송나라 신종(神宗) 2년에 올린 상소에 나오는 말이다. 소철이 재화를 소모하는 것으로 지적한 것은 쓸데없는 관리, 쓸데없는 군병, 쓸데없는 비용이었다. 《宋名臣奏議 卷103 財賦門 理財下 上神宗乞去三冗》

142 진서(陳恕)가……하였습니다 : 진서는 송나라 태종(太宗)과 진종(眞宗) 때 염철사(鹽鐵使), 호부사(戶部使) 등을 지낸 인물이다. 삼사사(三司使)는 송나라 때 국가의

오직 우리 성상께서는 근검했던 대우(大禹)의 덕[143]을 지니고 재용을 절약하라는 공자의 가르침[144]에 힘쓰시어, 이미 부고가 텅 비어 있다는 것을 환히 아시고 또 각사(各司) 씀씀이의 크고 작은 어려움을 환히 알고 계시니, 어찌 혹시라도 사치하는 마음이 생기겠습니까. 그리고 재용을 담당한 신하가 또한 전곡의 대략적인 수량을 올리지 않을 필요도 없습니다. 신이 지난번 급대(給代)[145]에 관한 별단(別單)을 기록해 올린 것은 진실로 이 때문이었습니다.

지금 이후로는 농사가 풍년이 들어 재용이 날로 넉넉해질 때면 번번이 오늘의 궁핍함을 생각하여 절약하고 또 절약하소서. 재용이 넉넉하여 온 세상을 풍성하고 부유한 강역으로 만든다면 어찌 성대하지 않겠습니까, 어찌 성대하지 않겠습니까. 신은 이것을 우러러 바랍니다.

재정을 담당하던 부서인 염철과 탁지(度支)와 호부 등 삼사(三司)의 장관을 말한다. 진서의 일화는 진종이 즉위한 직후의 일이다. 《宋史 卷267 陳恕列傳》《涑水記聞 卷6》

143 근검했던 대우(大禹)의 덕 : 우(禹) 임금이 근검하여 궁실을 낮게 지었던 것을 말한다. 217쪽 주130 참조.

144 재용을……가르침 : 《논어》 〈학이(學而)〉에 "천승의 나라를 다스리되 일을 신중히 하고 미덥게 하며, 재용을 쓰기를 절약하고 백성을 사랑하며, 제때 백성을 부려야 한다.〔道千乘之國, 敬事而信, 節用而愛人, 使民以時.〕"라는 공자의 말이 있다.

145 급대(給代) : 인원이나 물품을 원래 공급하던 곳에서 공급할 수 없게 되었을 때 대신 다른 곳에서 공급하는 것을 말한다.

형벌을 너그럽게 하기를 아뢰는 계[146]

寬刑獄啓

형벌을 너그럽게 하는 것은 임금이 백성을 염려하는 큰 정사입니다. 당(唐)나라 제도에 벌을 내리는 문서는 역참을 차례차례 거쳐서 전하고, 사면하는 문서는 하루에 500리를 갔으니,[147] 그 흠휼(欽恤)[148]의 법이 이와 같았습니다. 그러므로 선유(先儒)가 이르기를 "당나라의 국운이 오랫동안 이어졌던 것은 실로 여기에 연유한다."라고 하였습니다.

정조(正祖)께서 경술년(1790, 정조14)에 심리(審理)하는 정사를 행하여 살리는 쪽으로 평결한 자가 200명에 가까웠고, 나이가 70이 넘은

146 형벌을……계 : 저자의 나이 61세 때인 1874년(고종11) 3월 5일에 영의정으로서 창덕궁 중희당(重熙堂)에 입시하여 진달한 계이다. 앞의 〈재용을 절약하기를 아뢰는 계〉와 같은 날에 올린 것으로, 동일자 《고종실록》과 《승정원일기》에도 수록되어 있다.

147 당(唐)나라……갔으니 : 당나라 덕종(德宗) 때의 한림학사 육지(陸贄)가 좌천된 관원의 양이(量移)를 청하며 올린 글에 "나라의 훌륭한 법도는 은덕을 앞에 두고 형벌을 뒤에 두는 것입니다. 뒤에 두는 것은 법이니, 법은 마땅히 천천히 시행하여야 하므로 죄를 결정한 문서는 역마를 달려 내려보내서는 안 됩니다. 앞에 두는 것은 몸이니, 몸은 마땅히 신속하게 풀어 주어야 하므로 사면하는 문서를 전하는 것은 하루에 500리 길을 일정으로 삼아야 합니다.〔國之令典, 先德後刑. 所後者法, 當舒遲, 故決罪不得馳驛行下, 所先者體, 宜疾速, 故赦書日以五百里爲程.〕"라는 내용이 보인다.《翰苑集 卷20 再奏量移官狀》 당나라 황제가 내린 사면 조서의 말미에 '사면하는 조서는 하루에 500리를 간다.〔赦書日行五百里.〕'는 표현이 자주 보인다.《唐大詔令集》

148 흠휼(欽恤) : 형벌의 집행을 신중히 한다는 말이다. 《서경》〈순전(舜典)〉의 "공경하고 공경하여 형벌을 신중히 하셨다.〔欽哉欽哉, 惟刑之恤哉!〕"라고 한 데서 나왔다.

자는 《대명률(大明律)》의 '80세인 사람에 대해서는 옥사를 이루지 말라.'는 조항을 인용하여 용서해 주었으니,[149] 살려 주기를 좋아하는 덕이 백성의 마음에 젖어 들었습니다.

지난번 죄수를 특별히 사면하시는 전교가 한번 내려오자[150] 간백성이 기뻐하며 춤을 추었고, 얼마 지나지 않아 팔도에 전파되어 마치 하루에 500리를 가는 것과 같을 뿐만이 아니었으니, 훌륭한 정사를 펼치고 인(仁)을 베푸는 것이 진실로 하늘의 보살핌에 답하는 도에 부합하였습니다.

각 도의 옥에 갇힌 죄수를 이제 마땅히 하교에 따라 차례로 장계를 통해 보고하여 그 처분을 기다려야 할 것입니다. 다만 그 가운데 양양

149 정조(正祖)께서……주었으니 : 《정조실록》 14년(1790) 8월 16일 기사에 "서울과 지방의 살인 사건을 심리하여, 죄를 경감해 살려 준 사람이 195명이고, 다시 조사하게 한 사람이 3명이고, 계속 추문(推問)하게 한 사람이 4명이었다."라는 기록이 보인다. 또 《국조보감(國朝寶鑑)》 권73 〈정조조5 14년 경술〉에, 8월에 경외의 중 죄수 202명을 심리하여 195명을 살려 주고, 그대로 가둔 죄수 가운데 70세 이상인 자를 각 도의 감사에게 보고하게 한 뒤, "나이 80이 된 자에 대해 옥안(獄案)을 이루지 말도록 한 것은 바로 《대명률(大明律)》의 규정이다. 더구나 지금 크게 사면하는 때에 오래 갇혀 있던 죄수 가운데 70세가 넘은 사람을 구별하여 처분하지 않는다면 관대하게 처벌해 풀어 주는 본뜻이 어디에 있겠는가."라고 하교한 내용이 보인다. 《대명률》에 80세 이상이거나 10세 이하 및 위독한 병에 걸린 사람은 도둑질하거나 타인을 상해해도 속전을 받는다는 규정이 있고, 가인(家人)이 공동으로 죄를 범한 경우 존장만 처벌하되, 존장이 80세 이상이거나 위독한 병에 걸린 경우 공범 가운데 다음 차례의 존장에게 죄를 돌린다는 규정이 보인다. 《大明律直解 卷1 名例律 21條, 27條》

150 지난번……내려오자 : 고종은 1874년(고종11) 2월 14일에 원자의 탄생을 기념해 전국에 대사면령을 선포하여, 사형에 해당하는 죄수를 제외하고 모두 용서하도록 하였다. 원자는 훗날의 순종으로 1874년 2월 8일에 탄생하였다. 《高宗實錄》

(襄陽)의 죄수 이계순(李啓淳)은 조정의 관원으로서 옥에 갇힌 지 이미 여러 해가 되었습니다. 그 옥안(獄案)을 가져다 보니 남의 묘역을 침범해서 몰래 장사를 지낸 묘지기를 치죄한 것에 불과하며, 묘지기가 스스로 겁을 먹고 음독한 증거가 분명해 의심할 점이 없습니다. 이 일을 관찰사가 성상께 보고한 지 이미 오래되었으나 아직 품처(稟處)하지 않고 있으니,[151] 여론이 억울하다고 말할 뿐만 아니라 화기(和氣)를 손상하기에 충분합니다.

삼가 《대전회통(大典會通)》을 살펴보건대, "오랫동안 갇혀 있으면서 나이가 70세 이상인 자는 구별해서 장계로 보고하여 품처한다."라는 규정이 있습니다.[152] 그러니 이번과 같이 크게 경사스러운 때에는 의당 감등(減等)하여 정배(定配)하는 은전이 있어야 할 것입니다. 옥사의 체모는 지극히 중요하니, 연석에 나온 대신에게 하문한 뒤에 법률의 조문을 상고하여 참작해 처리하는 것이 좋을 듯합니다.

151 양양(襄陽)의……있으니 : 1864년(고종1) 9월 28일 강원도 관찰사의 장계에 따르면, 양양 현감 이계순(李啓淳)의 선산 묘지기인 김치평(金致平)이 밀장(密葬)을 하고 나무를 허락 없이 베었다는 이유로 매를 맞아 죽자 이계순이 살인 혐의로 하옥되었다. 이에 이계순의 아들 이우범(李禹範)과 이순범(李舜範)이 이후 10년에 걸쳐 고종이 거둥할 때마다 꽹과리를 치며 억울함을 하소연하였다. 고종은 저자가 계를 올린 다음 날인 1874년(고종11) 3월 6일에 이계순을 경상도 순흥부(順興府)에 정배하게 하였다가 5월 22일에 석방을 명하였다. 《承政院日記》

152 대전회통(大典會通)을……있습니다 : 《대전회통》 권5 〈형전(刑典) 살옥(殺獄)〉 조에 그 내용이 보이는데, 정조 경술년(1790)에 내린 하교로 명시하고 있다.

사면을 청하는 계[153]
辭免啓

신은 평범한 자질의 서생(書生)으로서 성상의 예우를 과분하기 입은 데다가 또 경사스러운 때를 만났기에 감히 사사로운 실정을 갈하지 못한 채 염치를 내버리고 뻔뻔하게 나와서 명을 받들었습니다.[154] 영의정의 중임을 마치 본래 가진 듯이 하여 스스로 분수를 헤아리지 못하고 여러 정무를 재결한 지 한 해가 이미 지나고 달도 또한 여러 차례 바뀌었습니다. 이것이 어찌 신이 행할 만하여 행한 것이겠습니까.

지금은 산실(産室)을 거두어 온갖 상서가 다 모이고 대정(大庭)에서 진하하며[155] 만백성이 모두 기뻐하고 있으니, 사람들이 너도나드 자신들의 바람을 이루기를 원하고 있습니다. 신 역시 성상의 교화를 받아 길러지는 만물의 하나이니, 어찌 천지처럼 큰 성상께 바라는 것이 없을 수 있겠습니까.

신은 본래 누추한 시골의 미천한 자로서 날마다 조정에 나와 총애와

153 사면을 청하는 계 : 저자의 나이 61세 때인 1874년(고종11) 3월 5일에 영의정으로서 창덕궁 중희당(重熙堂)에 입시하여 진달한 계이다. 앞의 〈재용을 절약하기를 아뢰는 계〉와 같은 날에 올린 것으로, 동일자 《고종실록》과 《승정원일기》에도 수록되어 있다.

154 뻔뻔하게……받들었습니다 : 1873년(고종10) 11월 13일에 영의정에 제수된 사실을 말한다.

155 산실(産室)을……진하하며 : 1874년 2월 8일에 훗날의 순종인 원자가 태어났으며, 7일 뒤인 2월 14일에 원자의 탄생을 기념하는 교서를 내리고 진하례를 거행한 것을 말한다. 《高宗實錄》

영광이 몸에 두루 미쳤습니다. 그 영광과 행운은 비할 만한 것이 드무니, 다시 무슨 원하고 바랄 만한 것이 있겠습니까. 밤낮으로 바라고 기원하는 바는 오직 빨리 스스로 이 직임을 벗고 본분으로 돌아가 만년을 한가하게 지내면서 성상의 은택을 노래하고 읊조리는 것이니, 그렇게만 된다면 이는 모두 우리 전하께서 하사하신 것일 것입니다.

지난번 성상 앞에서 받든 하교는 자상히 일러 주신 것일 뿐 아니어서 목석도 충분히 감동하게 할 만하였습니다. 그런데도 신이 고집을 부리며 마음을 바꿀 줄 모르고 또 이처럼 면전에서 간청하자니 황송함을 모르는 것은 아니지만, 직임을 전혀 감당하기 어려우니 어찌하겠습니까. 속히 신의 물러남을 허락하시어 미천한 신의 사정을 편안하게 해 주시기를 간절히 바라는 마음 가눌 길이 없습니다.

일강을 열기를 청하는 계[156]

請開講啓

"임금의 마음은 모든 관원을 기다려서 비추는 것이고, 온갖 기무(機務)를 기다려서 다스리는 것이니, 밝은 거울에 비교하면 한 점의 먼지도 끼지 않은 뒤에야 그 비춤이 온전한 것과 같다."라고 하였으니,[157] 이것은 임금에게 안일을 경계시키는 말입니다.

지금 전하께서는 누대(樓臺)를 지어 즐김과 음악과 여색을 좋아함이 없고, 한밤중에 잠자리를 편안하게 여기지 못하고 백성들의 일에 힘을 쏟고 계십니다. 아무리 작은 것도 환히 알지 못함이 없고 사물이 이르면 절로 비추어지니, 어찌 기다리는 바가 있어서 그런 것이겠습니까.

근자에 경사스러운 때[158]로 인하여 일강(日講)을 열 겨를이 없었고, 신들 또한 기뻐서 경축하며 춤추느라 미처 권면하지 못하였습니다. 요사이 좋은 비가 때를 알아 내려서 백성들이 생업을 즐기니, 우러러 우리 전하께 바라는 것은 뭇 동물이 따뜻한 봄볕을 기뻐해 바라는 것과 같습니다. 이에 그 도움받을 수 있는 이치를 궁구해 본다면 서책에서부

156 일강(日講)을……계 : 저자의 나이 61세 때인 1874년(고종11) 3월 20일에 영의정으로서 창덕궁 중희당(重熙堂)에 입시하여 진달한 계이다. 동일자 《고종실록》과 《승정원일기》에도 수록되어 있다.

157 임금의……하였으니 : 청나라 학자 임계운(任啓運, 1670~1744)의 〈경연강의(經筵講義)〉에 보인다. 《淸芬樓遺稿 卷1》

158 경사스러운 때 : 원자의 탄생을 말한다. 원자는 훗날의 순종으로, 1874년 2월 8일에 탄생하였다.

터 터득해 오는 것만 한 것이 없습니다.

신은 대전(大殿) 안에서 복습하며 연구하시는 전하의 공부가 어떠한지는 알지 못합니다만, 일강(日講)을 중지한 지 지금 여러 달이 되었습니다. 경서와 역사서는 높은 서가에 묶어 두고 강관(講官)들은 산직(散職)의 반열에 버려 두어 성상을 인도해 덕을 높이고 학업을 닦게 하는 권계를 오랫동안 듣지 못하시니, 참으로 생각을 늘 여기에 두고 나날이 새로워지는 뜻에 부족한 점이 있습니다.

신이 감히 말씀드리는 것은 바로 전하의 큰 은혜에 만에 하나라도 보답하고자 해서입니다. 옛사람이 말하기를 "그 사람에게 관직을 제수하는 것은 그 사람의 간언을 받아들이는 것만 못하고, 그 사람의 간언을 받아들이는 것은 그 사람의 말을 쓰는 것만 못하다."라고 하였습니다.[159] 전하께서 신에 대해 곡진히 은혜로운 예우를 베풀며 전후로 머무르기를 권면하신 것이 단지 그 관직을 갖추게 하려는 것이었습니까? 아니면 그 말을 받아들이려는 것이었습니까? 만약 신의 말을 채용할 만하다고 여기신다면, 속히 강대(講對)하겠다는 명을 내려 마음을 맑게 하고 강마(講磨)하여 스스로 광명한 경지에 이르시기를 천 번 만 번 지극히 기원합니다.

159 옛사람이……하였습니다 : 오천(梧川) 이종성(李宗城, 1692~1759)이 이조 참의로서 영조에게 올린 상소에 "그 사람에게 상을 내리는 것은 그 사람의 말을 받아들이는 것만 못하고, 그 사람의 말을 받아들이는 것은 그 사람의 말을 시행하는 것만 못합니다.〔賞其人, 不如納其言, 納其言, 不如行其說.〕"라는 말이 보인다. 이종성은 백사(白沙) 이항복(李恒福)의 5세손이다. 《梧川集 卷4 謝特諭賜貂之恩兼陳所懷疏》《承政院日記 英祖 10年 12月 28日》

무예를 익히도록 신칙하기를 청하는 계[160]

武才申飭啓

옛날에 나라를 다스릴 때 문(文)과 관계된 일을 할 때도 반드시 무(武)의 대비가 있었으니,[161] 이는 뜻밖의 사태를 경계하고 편안해도 위태로움을 잊지 않는 방도입니다.[162] 근래에 무의 대비를 정비하여 변경의 보루가 서로 이어지고 영읍(營邑)의 무기가 잘 수리되었으며, 군함과 화포도 다 갖추지 않음이 없습니다.

다만 지금 장수 집안의 자제들이 무예에 익숙하지 못하고 진법(陣法)에 전혀 어두워서 《육도(六韜)》와 《삼략(三略)》[163]이 무슨 책인지

160 무예(武藝)를……계 : 저자의 나이 61세 때인 1874년(고종11) 3월 20일에 영의정으로서 창덕궁 중희당(重熙堂)에 입시하여 진달한 계이다. 앞의 〈일강을 열기를 청하는 계〉와 같은 날에 올린 것으로, 동일자 《고종실록》과 《승정원일기》에도 수록되어 있다.

161 옛날에……있었으니 : 춘추 시대 노(魯)나라 정공(定公)이 제(齊)나라 경공(景公)과 노나라 협곡(夾谷)에서 회합할 때 공자가 말하기를 "신이 듣건대 문과 관계된 일을 할 때도 반드시 무의 대비가 있어야 하고, 무와 관계된 일을 할 때도 반드시 문의 대비가 있어야 한다고 했습니다.〔臣聞有文事者, 必有武備, 有武事者, 必有文備.〕"라고 한 내용이 보인다. 《史記 卷47 孔子世家》

162 이는……방도입니다 : 《주역》 〈췌괘(萃卦) 상(象)〉에 "못이 땅 위에 올라가 있는 것이 췌이니, 군자가 보고서 병기를 소제하여 뜻밖의 사태를 경계한다.〔澤上於地, 萃. 君子以, 除戎器, 戒不虞.〕"라고 하였고, 〈계사전 하(繫辭傳下)〉에 "이 때문에 군자는 편안해도 위태로움을 잊지 않는다.〔是故, 君子安而不忘危.〕"라고 하였다.

163 육도(六韜)와 삼략(三略) : 병서(兵書)를 말한다. 《육도》는 주(周)나라 여망(呂望)이 지었다고 하고, 《삼략》은 진(秦)나라 황석공(黃石公)이 지었다고 한다.

도 모르고, 100보(步)와 칠찰(七札)[164]이 어떤 것인지도 모릅니다. 채찍을 잡고 말을 모는 것은 전적으로 마부에게 의지하고, 활깍지와 토시를 하고 활을 당기는 것은 도리어 수치로 여깁니다.

간혹 무(武)에 대한 재주와 식견을 지닌 자가 있더라도 문필(文筆)을 아름다운 일로 여기고 시를 읊는 것을 고상한 운치로 여겨 이를 즐기면서 세월을 보내니, 식견이 있다는 이름만 있고 실상은 전혀 없습니다. 그러니 비록 보루가 있더라도 지킬 만한 사람이 없고, 비록 무기가 있더라도 사용할 만한 사람이 없습니다. 만약 혹시라도 변경에 경보가 생겨서 이런 사람들로 하여금 군진(軍陣)에 임해 대적하게 한다면 장차 시를 읊조려서 오랑캐를 물리치겠습니까.[165] 적을 물리쳐 외침을 막는 데 적임자가 없다고 말하는 것이 아니라 현재 무예를 배양하는 방도가 없어서 만약의 사태를 미리 대비하는 일이 너무도 엉성하다는 것입니다.

무릇 군대의 편제와 대오에 대한 법은 척계광(戚繼光)의 《기효신서(紀效新書)》[166]만 한 것이 없으니, 우리나라의 무(武)에 관한 일은 전

164 100보(步)와 칠찰(七札) : 활 솜씨가 매우 뛰어난 것을 말한다. 칠찰은 일곱 겹으로 포갠 갑옷을 말한다. 춘추 시대 초(楚)나라의 이름난 궁수인 양유기(養由基)는 100보 밖에서 버들잎을 쏘아 백발백중시켰고, 활을 쏘아 일곱 겹으로 포갠 갑옷을 뚫었다고 한다. 《史記 卷4 周本紀》《春秋左氏傳 成公16年》

165 시를……물리치겠습니까 : 송나라 진종(眞宗) 때 거란이 침입하자 장군 고경(高瓊)이 피란하지 말고 맞서 싸울 것을 간언했다. 곁에 있던 추밀원사(樞密院使) 풍증(馮拯)이 고경의 무례함을 꾸짖으니, 고경이 풍증에게 "그대는 문장으로 대신의 지위에 이르렀소. 지금 적의 기병(騎兵)이 이처럼 가득한데도 오히려 나의 무례함을 꾸짖으니, 그대는 어찌 한 수의 시를 읊조려 적을 물리치지 않는 것이오?"라고 한 고사가 전한다. 《續資治通鑑長編 卷58 眞宗》

적으로 이 책에 의지하고 있습니다. 오직 마땅히 날마다 그 방략을 익히고 수시로 활쏘기와 말타기의 기예를 익히게 하여 훗날 성을 지켜낼 장수의 재목으로 만들어야만 진실로 위급한 사태가 생겼을 때 의지할 수 있을 것입니다.

이러한 내용으로 경영(京營)[167]과 각 도에 신칙하여 갑옷 입은 병사들에게 예전의 법도대로 각종 기예를 익히게 하여 효과를 이루도록 기대하는 것이 좋을 듯합니다.

166 척계광(戚繼光)의 기효신서(紀效新書) : 척계광은 명나라 장군으로 자는 원경(元敬), 시호는 무의(武毅)이다. 가정(嘉靖) 연간에 왜구의 침입을 물리치는 데 큰 공을 세웠는데, 이때의 군제(軍制)와 전술을 바탕으로 《기효신서》를 저술하였다. 조선에서는 임진왜란 이후 들여와 영조 때까지 지속적으로 간행되었으며, 조선 후기 병제와 병진의 운영은 주로 이 책을 기준으로 하였다.

167 경영(京營) : 서울에 있던 군영(軍營)인 훈련도감 · 금위영(禁衛營) · 어영청(御營廳) · 수어청(守禦廳) · 총융청(摠戎廳) · 용호영(龍虎營) 등을 통틀어 일컫는 말이다.

과장(科場)의 폐단을 논하는 계[168]

論場屋弊啓

선비는 나라의 원기(元氣)입니다. 우리 동방이 나라를 세운 규범은 유학을 숭상하고 도학을 존중하는 것으로 기틀을 삼았으니, 열성조에서 선비를 북돋아 기르고 붙잡아 세워서 지극한 정성을 다하지 않은 것이 없었습니다. 그러니 선비가 된 자들은 진실로 마땅히 몸가짐을 단속하고 공부에 힘을 쏟아 절차탁마에 매진하여 〈청아(菁莪)〉와 〈역복(棫樸)〉[169]의 교화 속에 훈도되어야 할 것입니다.

그런데 근년 이래로 선비들의 추향이 단정하지 못하여 유적(儒籍)에 이름을 올린 자 이외에 패역한 무리가 섞여 드니 곤궁함을 견디며 글을 읽는다는 것은 이미 논할 것도 없거니와, 과거 시험을 치를 때가 되면 더없이 중한 예위(禮闈 과장)를 싸움을 일으키는 곳으로 여깁니다.

이번 과장의 일로 말씀드리자면, 성상의 하교가 그 얼마나 준엄하였습니까.[170] 그런데 조금도 멈출 줄을 모른 채 무뢰배들을 떼로 모아

168 과장(科場)……계 : 저자의 나이 61세 때인 1874년(고종11) 4월 5일에 영의정으로서 창덕궁 중희당(重熙堂)에 입시하여 진달한 계이다. 동일자 《고종실록》과 《승정원일기》에도 수록되어 있다.

169 청아(菁莪)와 역복(棫樸) : 각각 《시경》 〈소아〉와 〈대아〉의 편명인데, 두 시 모두 인재를 육성하는 교화를 읊은 시이다.

170 이번……준엄하였습니까 : 1874년 3월 22일에 원자의 탄생을 기념하여 실시한 경과(慶科) 증광별시(增廣別試) 감시(監試)에서 패역한 유생들이 소란을 일으켰다는 기록이 보인다. 고종은 3월 21일에 전교를 내려 과거(科擧)의 폐단을 없앨 것을 명한 바 있다. 《高宗實錄 11年 3月 21日, 24日》

과장을 밟고 다니고 심지어 시관(試官)을 핍박하기까지 하여 스승과 제자 간의 중한 의리를 생각하지 않았으니, 어찌 선비들의 수치이자 과장의 법도가 날로 무너지고 있는 것이 아니겠습니까. 이와 같은 일이 그치지 않는다면 장차 수습하지 못할 상황이 생길 것입니다. 말이 여기에 이르니 너무나도 한심합니다. 앞장서 소란을 일으킨 패역한 유자(儒者)를 이미 형조에서 잡아 가두었으니, 형벌을 적용할 때를 기다렸다가 특별히 엄하게 처벌하여 악습을 징계하소서.

그런데 매번 과장을 설치할 때마다 소란을 야기하는 단서는 오직 좋은 자리를 차지하기 위해 다투는 수종배(隨從輩)[171]가 과장에 함부로 들어와 어지럽히기 때문입니다. 지금 대과(大科)의 초시를 앞두고 있으니,[172] 사전에 다잡아 신칙하여 일체 엄금하고, 만약 함부로 법을 어기는 자가 있다면 형률에 의거해 처벌하겠다는 뜻을 사관소(四館所)[173]와 형조・한성부・양사(兩司)에 분부하시는 것이 어떻겠습니까?

171 좋은……수종배(隨從輩) : 좋은 자리를 차지하기 위해 과장에 남보다 먼저 들어가는 사람을 선접꾼이라고 하며, 수종(隨從) 또는 노유(奴儒)라고도 한다.

172 지금……있으니 : 1874년(고종11) 4월 10일에 대과를 시행한 기록이 보인다. 《高宗實錄》《承政院日記》

173 사관소(四館所) : 성균관・예문관・승문원・교서관을 통칭하여 사관(四館)이라고 하는데, 이 사관의 관원이 모여서 과거를 시행하던 임시 직소를 말한다.

산림을 초빙할 것을 청하는 계[174]

招延山林啓

제왕이 치세를 구하는 요체는 오직 실학(實學)에 달려 있으니, 만약 실학을 구하신다면 반드시 산림의 덕망 있는 선비에게 도움을 받으셔야 합니다. 돌아보건대 전하께서 지금 검소한 예물을 갖추어 산림을 초빙하여 자문하시는 일을 부지런하고 정성스레 하지 않으시는 것은 아닙니다. 하지만 전하께서 진실한 마음으로 초빙하는 것을 아직 보지 못했으니, 성(誠)을 보존하고 경(敬)을 지키는 방도와 수신(修身)하고 제가(齊家)하는 방도를 날마다 전하 앞에서 진언하는 사람이 없습니다. 신처럼 불학무식(不學無識)한 자가 버젓이 자리를 차지하고 있으니 전하의 뜻이 분발되도록 인도하지 못하고, 전하의 공부가 끊임없이 밝혀지도록 보필하지 못합니다.

지금 경연(經筵)을 매일 여는 때를 맞아 참으로 반드시 학문이 깊은 대유(大儒)를 산림에서 얻어, 우리 성상의 교화와 문명의 다스림을 보좌해 여러 가지로 임금을 닦아 주는[175] 아름다움에 이를 수 있도록 해야 할 것입니다. 그리고 이미 선발에 오른 사람에 대해서는 더욱더

174 산림을……계 : 저자의 나이 61세 때인 1874년(고종11) 4월 29일에 영의정으로서 창덕궁 중희당(重熙堂)에 입시하여 진달한 계이다. 동일자 《고종실록》과 《승정원일기》에도 수록되어 있다.

175 여러……주는 : 《서경》 〈상서(商書) 열명 하(說命下)〉에, 은나라 고종(高宗)이 부열(傅說)에게 명하여 "너는 여러 가지로 나를 닦아서 나를 버리지 말라. 내가 능히 너의 가르침을 행할 것이다.〔爾交修予, 罔予棄. 予惟克邁乃訓.〕"라고 한 말이 보인다.

예를 갖추어 부르시고, 다시 초야의 재주와 포부를 지닌 선비를 찾아서 예를 갖추어 맞이하여, 경연에 출입하면서 성상을 계도할 책임을 맡기는 것이 아마 좋을 듯합니다.

《명의록》에 대해 논하는 계[176]

論明義錄啓

《명의록(明義錄)》이라는 한 책은 일성(日星)처럼 밝고 부월(鈇鉞)처럼 엄하니, 바로 만세토록 고칠 수 없는 법입니다. 이번의 처분은 경사를 널리 함께하는 때에 특별히 이처럼 죄를 씻어 주는 조처임을 알지만, 이런 역적의 무리를 어찌 죄를 용서하고 죄명을 말소하는 대상에 넣어 논의할 수 있겠습니까. 대각(臺閣)의 간언과 관련 관원들의 상소가 엄절하지 않은 것이 아니거니와 더욱 두려워할 만한 것은 백세의 공론(公論)입니다.

신들의 정성이 전하를 감동시키지 못하고 신들의 말이 뜻을 다 전달하지 못해 윤허를 받지 못했으니, 이미 이것은 신들의 죄입니다. 하지

176 명의록에……계 : 저자의 나이 61세 때인 1874년(고종11) 5월 25일에 영의정으로서 창덕궁 중희당(重熙堂)에 입시하여 진달한 계이다. 동일자 《고종실록》과 《승정원일기》에도 수록되어 있다. 고종이 1874년 5월 20일에 전교하여, 홍지해(洪趾海)·홍찬해(洪纘海)·홍상간(洪相簡)·홍상범(洪相範)·홍상격(洪相格)·홍상길(洪相吉)·홍대섭(洪大燮)·이선해(李善海)·이율(李瑮)·이긍선(李兢善)·조철증(趙喆增) 등 과거 대역죄로 처형되거나 처벌받은 자들의 죄를 말소하라는 명을 내리자, 이 명을 거둘 것을 청한 계문이다. 《명의록(明義錄)》은 세손으로 있던 정조의 대리청정을 반대한 홍인한(洪麟漢)·정후겸(鄭厚謙) 등을 정조가 즉위한 뒤 사사하게 된 전말을 기록한 책으로, 1777년(정조1)에 간행되었다. 위 인물 중 홍씨 일가와 이선해는 1776년(영조52)에 정조의 대리청정을 반대했다가 대역죄로 처형되거나 유배된 인물들이다. 참고로 이율은 1785년(정조9)에 지리산에서 역모를 꾀하다 처결되었고, 이긍선은 1862년(철종13) 7월 이하전(李夏銓)의 옥사에 관련되어 처형된 인물이며, 조철증은 1868년(고종5) 4월에 사학(邪學)과 관련되어 체포령이 내리자 단양에서 자결한 인물이다.

만 한 번 호소하고 두 번 호소하며 감히 누차 전하를 번거롭게 하지 못한 것은 혹시라도 성상의 덕에 누를 끼칠까 두려워서였으니, 지금이 작은 자리를 빌려서 어찌 기탄없이 할 말을 하는 의리를 다시 펼치지 않을 수 있겠습니까.

성인(聖人)의 허물은 일식과 월식 같아서 허물을 고치면 사람들이 모두 우러러봅니다.[177] 삼가 바라건대, 다시 깊이 생각하여 이미 내린 명을 속히 중지시키시어 온 나라의 들끓는 물의(物議)를 그치게 하소서.

177 성인(聖人)의……우러러봅니다 : 《논어》 〈자장(子張)〉에 "군자의 허물은 일식과 월식 같아서, 허물이 있을 때 사람들이 모두 보고, 허물을 고치면 사람들이 모두 우러러본다.〔君子之過也, 如日月之食焉, 過也人皆見之, 更也人皆仰之.〕"라는 구절이 있다.

고 유현 이몽규와 이유태의 시호를 청하는 계[178]

故儒賢李夢奎李維泰節惠啓

유학을 숭상하고 도학을 존중한 것은 열성조에서 전수한 법이고, 학문이 깊은 자를 추장(追奬)하여 숨겨진 빛을 환히 드러내는 것 또한 아름다운 은전입니다.

증(贈) 대사헌 성균관 좨주 이몽규(李夢奎)는 인종 때의 유현으로, 충정공(忠貞公) 김극성(金克成)[179] 집안의 사위가 되었고 이를 계기로 충정공을 스승으로 모셨습니다. 문목공(文穆公) 김정국(金正國)이 당세의 학자를 논할 때마다 반드시 맨 먼저 꼽았습니다. 선정신(先正臣) 이이(李珥)는 '선생'이라 칭하였고 행장(行狀)을 지어서[180] 다음과 같이

178 고……계 : 저자의 나이 61세 때인 1874년(고종11) 5월 25일에 영의정으로서 창덕궁 중희당(重熙堂)에 입시하여 진달한 계이다. 앞의 〈《명의록》에 대해 논하는 계〉와 같은 날에 올린 것으로, 동일자 《고종실록》과 《승정원일기》에도 수록되어 있다. 이몽규(李夢奎, 1510～1563)는 본관은 경주, 자는 창서(昌瑞), 호는 천휴당(天休堂)으로, 1540년(중종35) 사마시에 합격하였고, 처가가 있던 보령(保寧)에 천휴당이라는 서실을 짓고 독서에 전념하였다. 시호를 받은 기록은 보이지 않는다. 이유태(李維泰, 1607～1684)는 본관은 경주, 자는 태지(泰之), 호는 초려(草廬)이다. 예학(禮學)에 뛰어났으며, 문집으로 《초려집》이 있다. 1881년(고종18) 1월 29일에 문헌(文憲)이라는 시호를 받았다. 《高宗實錄》

179 김극성(金克成) : 1474～1540. 본관은 광산(光山), 자는 성지(成之), 호는 우정(憂亭)이다. 1498년(연산군4) 문과에 장원으로 급제하였고, 중종반정에 참여하였으며 우의정에까지 올랐다. 문집으로 《우정집》이 있으며, 시호는 충정(忠貞)이다.

180 행장(行狀)을 지어서 : 《율곡전서(栗谷全書)》 권18에 수록된 〈천휴당 이공 행장(天休堂李公行狀)〉을 말하는데, 본문에 인용한 행장의 내용은 율곡이 지은 행장과 일

말했습니다.

"타고난 성품은 활달하고 밝았고 기운과 풍도는 높고 강직하였으며, 위세와 무력으로 뜻을 굽히게 할 수 없었고 세력과 이익으로 마음을 움직이게 할 수 없었다. 매미가 허물을 벗듯 세상을 버리고 초야에 살면서 깨끗하게 더럽혀지지 않았고, 홀로 고결하고 굳은 지조를 품고서 우뚝이 서서 길이 세상에 나오지 않은 자였다. 세상을 떠나자 방아 찧는 이들은 장단을 맞추어 흥을 돋우지 않았고, 농부는 노래를 부르지 않은 것[181]이 한 달을 넘었다."

문정공(文貞公) 김육(金堉)은 그 언행을 《동국명신록(東國名臣錄)》에 올렸습니다.[182] 뒤에 나라에서 그가 거처하던 화암서원(花巖書院)에 사액하였습니다.[183] 그가 학문을 궁구하고 행실을 단속한 것은 문정공

치하지 않는 부분이 있다.

181 세상을……것 : 《예기》 〈곡례 상(曲禮上)〉에 "이웃에 상사가 있으면 방아 찧으면서 장단을 맞추어 흥을 돋우지 않고, 마을에 빈소가 있으면 거리에서 노래를 부르지 않는다.〔隣有喪, 舂不相, 里有殯, 不巷歌.〕"라는 구절이 있다. 또 《사기(史記)》 권68 〈상군열전(商君列傳)〉에 "오고대부 백리해(百里奚)가 죽자 진나라의 남녀가 눈물을 흘렸으며, 아이들은 노래를 부르지 않았고 방아 찧는 자들은 장단을 맞추지 않았으니, 이는 오고대부의 덕이다.〔五羖大夫死, 秦國男女流涕, 童子不歌謠, 舂者不相杵, 此五羖大夫之德也.〕"라는 내용이 보인다.

182 그……올렸습니다 : 《동국명신록(東國名臣錄)》은 《해동명신록(海東名臣錄)》을 가리킨다. 잠곡(潛谷) 김육(金堉, 1580~1658)이 통일신라 시대부터 인조 때까지의 문신과 학자들의 행적을 수록한 책인데, 유학(儒學) 조에 이몽규와 관련된 내용이 수록되어 있다.

183 뒤에……사액하였습니다 : 화암서원(花巖書院)은 충청도 보령(保寧)에 있는 서원으로, 이지함(李之菡)과 이산보(李山甫)를 추모하기 위해 1610년(광해군2)에 창건되었다. 1686년(숙종12)에 사액을 받았고, 1723년(경종3)에 이몽규를 추가로 배향하였

(文正公) 김인후(金麟厚)와 닮았습니다.

고(故) 대사헌 겸찬선 이유태(李惟泰)는 젊은 시절에 선정신 김장생(金長生)을 스승으로 섬겨서 연원(淵源)이 있는 학문을 전수받았습니다. 처음 인조조에 초빙되었으나 나아가지 않았다가, 효종조에 와서 선정신 송시열(宋時烈)・송준길(宋浚吉)과 함께 조정의 부름을 받았으며,[184] 숙종의 성대한 시대에 관직에 등용되었습니다. 임금에게 지우(知遇)를 입은 융성함과 스승으로 존중받은 중함이 사책(史冊)에 환히 빛나고 있습니다. 그 성(誠)과 경(敬)은 성리의 학문을 위주로 하였고 그 올바름과 당당함은 《춘추》의 의리를 밝혔으니, 당세의 뛰어난 사람으로 일컫습니다.

이 두 유현이 아직 시호를 받지 못해 사림이 답답한 마음을 품고 있습니다. 홍문관에 명해 회의가 열리기를 기다려서 특별히 시호를 논의하도록 하는 것이 좋을 듯합니다.

다. 《承政院日記 景宗 3年 2月 21日》

184 효종조에……받았으며 : 《효종실록》 즉위년(1649) 5월 14일과 6월 8일 기사에 관련 내용이 보인다.

고 경연관 성근묵의 시호를 청하는 계[185]

故經筵官成近默節惠啓

고 경연관 성근묵(成近默)은 선정신 성혼(成渾)의 후손입니다. 학문은 연원이 있고 성경(誠敬)에 힘을 쏟아서, 헌종 초년에 가장 먼저 조정의 초빙을 받았으니[186] 은혜와 예우가 융숭하였습니다. 저술한 《효경부전(孝經附傳)》 등의 책은 정밀한 의미를 분명하게 밝혔고, 정미년(1847, 헌종13)에 올린 상소는 특히 위정척사(衛正斥邪)의 공이 있으니,[187] 사람들이 모두 그의 선견지명에 탄복하였습니다. 이 유현은 사문(斯文)을 보호해 지키고 사림에게 모범이 되었으니, 성세

185 고……계 : 저자의 나이 61세 때인 1874년(고종11) 5월 25일에 영의정으로서 창덕궁 중희당(重熙堂)에 입시하여 진달한 계이다. 앞의 〈고 유현 이몽규와 이유태의 시호를 청하는 계〉와 같은 날에 올린 것으로, 동일자 《고종실록》과 《승정원일기》에도 수록되어 있다. 성근묵(成近默, 1784~1852)은 본관은 창녕(昌寧), 자는 성사(聖思), 호는 과재(果齋)이다. 1809년(순조9)에 사마시에 합격하였으며, 형조 참의 등을 역임하였다. 문집으로 《과재집》이 있다. 1875년(고종12) 12월 16일에 문경(文敬)이라는 시호를 받았다. 한편 저자는 성근묵의 시장을 짓기도 하였다. 《高宗實錄》《嘉梧藁略 冊20 參議贈吏曹判書兼成均祭酒果齋成公諡狀》

186 헌종……받았으니 : 《헌종실록》 4년(1838) 12월 20일 기사에, 의정부와 이조에서 추천하여 성근묵을 경연관(經筵官)으로 선발한 기록이 보인다. 당시 성근묵은 양근군수(楊根郡守)로 재직하고 있었다.

187 정미년에……있으니 : 1847년(헌종13) 8월 9일에 성근묵이 현도(縣道)를 통해 상소하여, 당시 고군산(古群山)에 자주 출몰하는 이양선(異樣船)에 대해 단호히 대처하기를 청한 것을 이른다. 이 상소는 《헌종실록》과 《승정원일기》에 수록되어 있으며, 《과재집》 권3에 〈정미봉사(丁未封事)〉로 수록되어 있다.

의 조정에서 교화와 문명으로 다스리는 시대를 맞아 드러내어 선양하는 조처가 없어서는 안 됩니다. 품계와 관직을 높여 정경(正卿)과 좨주(祭酒)로 추증하고 이어 시호를 내리는 은전을 베푸는 것이 좋을 듯합니다.

성변이 생긴 뒤에 힘써야 할 일을 진달하는 계[188]
星變後陳勉啓

관상감(觀象監)에서 성변(星變)을 보고한 지 여러 날이 되었습니다. 신이 듣건대, 하늘과 인간 사이에 정기(精氣)가 서로 움직이니 인간 세상에서 일이 일어나면 하늘에 그 형상이 나타난다고 하였습니다.[189] 지금 하늘이 이러한 형상을 드러냈으니 아마도 원인이 있어서 그러한 것일 것입니다.

성상의 마음이 경계하고 두려워하시어 한밤중에 잠자리에 들 시간에도 편하게 여기지 못하시고, 얼마 전 신하들이 있는 곳에서 면전에서 자책하시는 교서를 내리시며 신에게 보도하는 책임에 힘쓰도록 면려하셨습니다.[190] 또 일전에는 검소함을 숭상하는 유시를 크게 선포하시어[191] 재앙을 소멸시키는 도를 다하셨습니다. 이는 진실로 주(周)나라

188 성변(星變)이……계 : 저자의 나이 61세 때인 1874년(고종11) 6월 9일에 영의정으로서 창덕궁 중희당(重熙堂)에 입시하여 진달한 계이다. 동일자 《고종실록》과 《승정원일기》에도 수록되어 있다. 성변은 별의 위치나 빛에 생긴 이변을 말하는데, 재앙의 조짐으로 여겼다. 《승정원일기》 고종 11년 5월 27일부터 이 계를 진달한 6월 9일까지의 기사에 혜성이 나타났다는 기록이 여러 차례 보인다.

189 하늘과……하였습니다 : 《한서(漢書)》 권81 〈광형전(匡衡傳)〉에 "하늘과 사람 사이에는 정기가 서로 움직임이 있고 선악이 서로 옮겨감이 있으니, 인간 세상에서 일이 일어나면 하늘에 그 형상이 나타난다.〔精祲有以相盪, 善惡有以相推, 事作乎下者, 象動乎上.〕"라는 말이 있다.

190 얼마……면려하셨습니다 : 《승정원일기》 고종 11년 5월 28일 기사에 관련 내용이 보인다.

선왕(宣王)이 잠시도 몸을 편안히 하지 않고 행실을 닦은 것[192]과 같으며, 대순(大舜)이 신하에게 어려운 일을 요구한 것[193]과 같으니, 신은 공경히 우러러 찬송하는 마음을 이기지 못하겠습니다.

하지만 신처럼 변변치 못한 자가 차지할 자리가 아닌 자리를 외람되이 차지하여, 이미 음양을 조화하여 다스리지 못하고 천지를 공경하여 밝히지 못하였으며,[194] 끝내는 성상의 은혜로운 뜻을 받들어 선양하지 못하였으니, 조화가 어그러져 재앙을 초래한 것은 오직 신 때문입니다. 그러니 도리어 어찌 재앙을 없앨 방도가 있어서 우리 성상께서 도움을 구하시는 것에 만에 하나인들 부응할 수 있겠습니까.

191 또……선포하시어 : 《고종실록》 11년(1874) 6월 5일 기사에, 장마와 성변의 재이가 생긴 것에 대해 자책하고, 검소함을 숭상하고 실질적인 것에 힘써 재변을 없애기 위해 군물(軍物)과 장복(章服) 이외에는 비단과 진주 따위를 금하게 한 고종의 전교가 보인다.

192 주(周)나라……것 : 《시경》 〈대아(大雅) 운한(雲漢)〉은 주나라 선왕(宣王)을 찬미한 시인데, 〈모서(毛序)〉에 "재앙을 만나 두려워하여 잠시도 몸을 편안히 하지 않고 행실을 닦아 재앙을 사라지게 하려고 하였다.〔遇災而懼, 側身修行, 欲銷去之.〕"라고 한 내용이 보인다.

193 대순(大舜)……것 : 순 임금이 노래를 지어 "신하가 기뻐하여 일하면 임금의 다스림이 흥기되어 백관이 기뻐할 것이다.〔股肱喜哉, 元首起哉, 百工熙哉.〕"라고 하였는데, 채침(蔡沈)은 주석에서 "순 임금이 노래를 지으면서 신하에게 어려운 일을 요구하였다.〔舜作歌而責難於臣.〕"라고 하였다. 《書經 益稷》

194 이미……못하였으며 : 재상의 임무를 제대로 수행하지 못했다는 말이다. 《서경》 〈주서(周書) 주관(周官)〉에 "태사와 태부와 태보를 세우니, 이들이 삼공이니, 도를 논하고 나라를 다스리며 음양을 조화하여 다스린다.……소사와 소부와 소보를 삼고라 하니, 공의 다음이 되어 조화를 넓혀 천지를 공경하여 밝혀서 나 한 사람을 보필한다.〔立太師、太傅、太保, 玆惟三公, 論道經邦, 燮理陰陽……少師、少傅、保曰三孤, 貳公弘化, 寅亮天地, 弼予一人.〕"라는 구절이 있다.

신은 이전 시대의 책면(策免)하던 고사[195]를 멀리 인용할 겨를도 없습니다. 임무를 제대로 수행하지 못하는 자가 그만두는 것은 평범한 관원도 오히려 그러한데, 하물며 영의정으로 중책을 맡아 온갖 책임이 쏠려 있는 자야 무슨 말이 더 필요하겠습니까. 속히 신을 내치시어 하늘의 견책에 답하소서. 이것이 구구한 신의 바람입니다.

신이 이미 성상의 하교를 받들고서 어리석은 마음이 절로 감격스러웠기에, 감히 옛사람이 임금에게 어려운 일을 요구했던 의리[196]를 본받아서 외람되이 한 가지 어리석은 소견을 진달합니다. 부디 명철하신 성상께서는 살펴 주소서.

선유(先儒)가 말하기를 "한갓 두려워하기만 할 뿐 재이가 그친 뒤에 이어서 행실을 닦지 않고 반성하지 않는다면 두려워함이 없는 것과 같다.〔徒恐懼而不修省, 猶无懼爾.〕"라고 하였습니다.[197] 이미 두려워할 만한 것임을 안다면 반드시 마땅히 그 몸을 닦고 그 허물을 살펴서 하늘에 응대하기를 실질로써 하는 방도[198]를 행해야 합니다. 그런 뒤에

195 책면(策免)하던 고사 : 책면은 제왕이 책서(策書)로 관원을 면직시키는 것이다. 후한(後漢) 안제(安帝) 때의 태위(太尉) 서방(徐防)이 나라에 도적이 들고 장마로 인한 재이를 당하자 자신의 책임이라 상소하여 책면되었는데, 삼공이 재이 때문에 책면되는 것은 서방으로부터 시작되었다고 한다. 《後漢書 卷74 徐防列傳》

196 옛사람이……의리 : 《맹자》 〈이루 상(離婁上)〉에 "어려운 일을 군주에게 요구하는 것을 공이라고 한다.〔責難於君謂之恭.〕"라는 내용이 보인다.

197 선유(先儒)가……하였습니다 : 《주역》 〈진괘(震卦) 상(象)〉에 "우레가 거듭된 것이 진괘이니, 군자가 이것을 보고서 두려워하고 조심하여 행실을 닦고 반성한다.〔洊雷震, 君子以, 恐懼修省.〕"라는 구절이 있는데, 이 구절에 대해 건안 구씨(建安丘氏)가 붙인 주석에 그 내용이 보인다. 《周易傳義大全 卷18》

198 하늘에……방도 : 201쪽 주90 참조.

야 재앙을 바꾸어서 상서로 만들 수 있고, 막힌 것을 돌려서 통하게 할 수 있습니다. 만약 혹시라도 재앙이 이르면 걱정하다가 재앙이 그치면 그만두어 버리고, 심지어 '이는 우연히 그런 것이지 반드시 다 징험으로 나타난 것은 아니다.'라고 하면서 평상시의 구습을 따르고 고식적으로 안일만 취한다면, 실로 두렵게 여겨서 행실을 닦고 반성하는 뜻이 아닙니다.

다만 지금 나라의 일과 백성들의 근심에 대해 일일이 진언하기는 어렵습니다. 하지만 그 큰 근본과 큰 바탕을 들자면, 기강이 확립되지 않아서 온갖 법도가 해이해지고, 풍속이 순박하지 않아서 민심이 흩어져 버린 것입니다. 천만 가지 단서가 모두 여기에서 나와서 나라의 폐단이 극한 지경에 이르고, 백성들의 곤궁함이 극한 지경에 이르렀습니다. 말이 이에 미치니 저도 모르게 한심해집니다.

생각건대, 무너진 기강을 바로잡는 계책과 질박한 풍속으로 되돌리는 방도는 단지 눈 한 번 깜짝할 사이의 일에 불과하니, 진실로 우리 전하의 마음의 '실(實)'이라는 한 글자에 달려 있습니다. 천하의 실리(實理)와 만고의 실사(實事)는 성인과 현인의 경전(經傳)에 실려 있으니, 반드시 깊이 잠겨 그 뜻을 탐구해 몸으로 증험하고 마음으로 터득하여 이를 드러내어 정령(政令)과 사업에 시행하소서. 참된 마음으로 참된 정사를 행하시어 아침에 행하고 저녁에 행하는 것이 어느 하나라도 성실함과 독실함의 경지에서 나오지 않는 것이 없다면, 덕성(德星)인 경성(景星)[199]을 머지않아 속히 보게 될 것입니다.

199 경성(景星) : 덕성(德星) 혹은 서성(瑞星)이라고도 하는데, 이 별이 나타나면 나라가 크게 번창한다고 한다.

이 무더위를 만나 비록 부득이 일강을 정지하기는 하였으나, 한가로이 쉬는 여가에 공부하시는 것이 어떤 책이고 정신을 두시는 것이 또한 무슨 일인지 모르겠습니다. 삼가 근일의 연석(筵席)에서 내리신 말씀을 보니 매번 무(武)의 대비에 대해서만 언급하셨습니다. 문과 무를 함께 사용하는 것이 비록 제왕의 덕이기는 하지만, 문을 숭상하는 것을 치도로 삼는 것이 본래 성세의 일입니다. 그러므로 신하가 임금의 덕을 칭송할 때 반드시 '문덕(文德)이 있고 무덕(武德)이 있다.〔乃文乃武.〕'[200]라고 하고, 또 '진실로 문덕이 있고 진실로 무덕이 있다.〔允文允武.〕'[201]라고 하는 것입니다. 문을 앞세우고 무를 뒤에 둔 것에서 완급과 경중의 차이가 있다는 것을 알 수 있습니다.

바라건대 전하께서는 안일함에 빠지는 폐단을 살피시고 풀었다가 조이는 도리[202]를 체득하여, 뜻을 세우는 공부에 더욱 힘쓰시어 하늘에 응하는 실질을 다하소서.

200 문덕(文德)이……있다 : 《서경》〈우서(虞書) 대우모(大禹謨)〉에 요(堯) 임금의 덕을 칭송하며 "무덕이 있고 문덕이 있으니, 황천이 돌아보고 명하여 사해를 다 소유하여 천하의 군주가 되게 하였다.〔乃武乃文, 皇天眷命, 奄有四海, 爲天下君.〕"라는 내용이 있다. 이 구절은 무(武)가 문(文)의 앞에 있는데, 정조(正祖)는 뒤에 나오는 원문의 '군(君)'과 운자를 맞추기 위해 순서를 바꾼 것이라고 하였다. 《弘齋全書 卷97 經史講義 書經5》

201 진실로……있다 : 《시경》〈노송(魯頌) 반수(泮水)〉에 노나라 임금의 덕을 칭송하며 "진실로 문덕이 있고 진실로 무덕을 갖추어, 열조께 밝게 이르셨다.〔允文允武, 昭假烈祖.〕"라고 한 구절이 있다. 열조는 주공(周公)과 노공(魯公)을 말한다.

202 풀었다가 조이는 도리 : 긴장과 이완을 조절하여 일을 조화롭게 처리하는 것을 말한다. 《예기》〈잡기 하(雜記下)〉의 "활을 한 번 조였다가 한 번 풀어 주는 것이 문왕과 무왕의 도이다.〔一張一弛, 文武之道也.〕"라는 구절에서 나왔다.

역참의 폐단을 논하는 계[203]

論驛弊啓

각 역참(驛站)의 폐단은 이루 다 말할 수 없을 정도이니, 허다한 병폐를 일일이 지적해 말씀드릴 수는 없습니다. 서북(西北) 지역의 역마는 특히 명령을 전달하는 것에 신속한데 근일에 쇠퇴함이 막심한 것은 위답(位畓 역마의 경비를 대는 논)이 모두 권매(權賣 다시 무르기로 약속하고 잠시 매도함)로 귀결되었기 때문입니다. 비록 연전에 조정의 신칙이 있어서 도로 받아내는 조처가 있지 않은 것이 아니었지만, 지탱하기 어려운 사정이 또다시 예전과 똑같아졌습니다.

이는 다른 이유가 아니라 크고 작은 공무의 행차에 오직 능멸과 협박을 일삼아 남파(濫把)와 잉파(仍把)[204]가 곧 상례가 되었기 때문이며, 심지어는 가마 삯을 내도록 요구하며 도리어 그 이익을 낚아채기까지 합니다. 마필(馬匹)의 수는 본래 정해진 규정이 있는데 짐바리를 실어 나를 때 소 삯을 내고 인부 삯을 내라고 어지러이 매질합니다. 이런 생각하지 못한 비용[205]이 모두 역속(驛屬)에게서 나오니, 이것이 어찌

203 역참(驛站)의……계 : 저자의 나이 61세 때인 1874년(고종11) 6월 9일에 영의정으로서 창덕궁 중희당(重熙堂)에 입시하여 진달한 계이다. 앞의 〈성변이 생긴 뒤에 힘써야 할 일을 진달하는 계〉와 같은 날에 올린 것으로, 동일자 《고종실록》과 《승정원일기》에도 수록되어 있다.

204 남파(濫把)와 잉파(仍把) : 남파는 법령이나 규정을 어기고 역마를 함부로 차출하여 타는 것을 말하며, 잉파는 역마를 계속해서 동원해 사용하는 것을 말한다.

205 생각하지 못한 비용 : 저본의 원문은 '과외(科外)'인데, 《고종실록》과 《승정원일

행할 만한 일이겠습니까.

해서(海西)의 금교역(金郊驛)은 오직 관서(關西)를 위한 역참이고 관동(關東)의 은계역(銀溪驛)은 오직 관북(關北)을 위한 역참입니다. 신이 연전에 그 역참의 황폐함을 목도하고서 저도 모르게 한심스러운 마음이 들었습니다. 호남과 호서에서 기내(畿內)에 이르기까지의 역참으로 말하면, 탐라(耽羅)에서 바치는 세공(歲貢)과 영남에서 올리는 삭선(朔膳)[206]으로 분주히 내달리다 지쳐서 지탱할 수가 없을 정도입니다. 이 또한 신이 알고 있는 바입니다.

각 도의 도신(道臣)에게 엄히 신칙하여 진상하는 물품의 운반 외에는 감히 함부로 사사로운 짐을 덧붙이지 말라는 뜻으로 말을 만들어 공문을 보내 알리고, 만약 그런 보고가 들어오면 신칙하지 못한 해당 도신을 무거운 쪽으로 견책하는 것이 어떻겠습니까?

기》의 기록에 근거하여 '요외(料外)'로 바로잡아 번역하였다.

206 삭선(朔膳) : 매달 초하루에 수라상에 올리기 위해 각 도(道)에서 진상하는 특산물을 말한다.

북경에서 자문이 나온 뒤에 군대의 일을 논하는 계[207]

北咨後論兵事啓

북경에서 자문(咨文)을 보내온 것은 우리나라 변경(邊境)에 관한 소식을 빨리 알려 온 것입니다. 상국(上國)이 우리나라를 내지(內地)로 여겨서 이처럼 먼저 알려 주니, 감격스러운 마음을 이기지 못하겠습니다. 회답하는 자문에 마땅히 감사하다는 뜻을 자세히 갖추어서 지어 보내야 할 것입니다.

섬오랑캐가 서양의 오랑캐들과 비록 교통을 한다고는 하지만 그 긴밀하게 얽혀 있는 상황은 우리나라가 아직 명확히 알지 못하는 바입니다. 그리고 만일 생각지 못했던 일이 일어난다고 해도 근래 무기를 잘 정비하였고 포(砲)를 설치한 곳이 이어져 있으며 비축한 군량 또한 몇 년의 수요를 버틸 수가 있습니다. 하지만 편안해도 위태로움을 잊지 않는다는 도리에 있어서 안으로 미리 대비하고 밖으로 변방을 굳게 지키는 것은 더욱 엄히 해야 할 것입니다.

옛사람의 말에 이르기를 "태평한 날이 오래 계속되면 천하의 사람들

207 북경(北京)에서……계 : 저자의 나이 61세 때인 1874년(고종11) 6월 25일에 영의정으로서 창덕궁 중희당(重熙堂)에 입시하여 진달한 계이다. 동일자 《고종실록》과 《승정원일기》에도 수록되어 있다. 북경에서 온 자문은 중국 예부에서 1874년 6월 3일에 작성하여 보내온 것으로, 일본이 조선으로 출병하려 한다는 첩보를 알려 주며 프랑스와 미국이 이에 가세하려 하니 미국, 프랑스와 통상을 맺으라고 권고한 내용이다. 6월 22일에 이 자문을 접수한 조선 정부는 27일에 회답 자문을 보냈다. 《同文彙考4 原編續 倭情》

이 교만하고 나태해져 마치 집 밖으로 나가지 않는 부녀자나 아이와 같아서, 전투에 관한 일을 논하면 목을 움츠리고 다리를 떨며, 도적의 이름을 들으면 귀를 막고 들으려고 하지 않는다. 사대부들 역시 군대의 일을 말한 적이 없어서 '일을 만들어 백성을 동요하게 하는 것은 그 조짐을 자라게 해서는 안 된다.'고 한다."라고 하였습니다.[208] 이 말이 참으로 지금 우리나라의 병통이며 너무도 두려운 일입니다.

돌아보건대 지금 국경을 정비하고 요해처를 지키며, 지름길에 참호를 파고 군영에 보루를 쌓으며, 방어를 신중히 하고 척후를 분명하게 하며, 농사에 힘써서 힘을 충분하게 하고 병사를 조련하여 무위(武威)를 축적하였다가 적이 소규모로 쳐들어오면 그 공격을 막고, 적이 대규모로 쳐들어오면 그 돌아가는 길을 막는 것[209]이 참으로 만전의 계책이 될 것입니다.

신이 일전에 이미 국경을 방어하는 신하에게 신칙하여 적정을 살펴서 급히 보고하도록 하였습니다. 거행이 어찌 되었는지 아직 모르겠습니다만 늘 이런 일을 형식적인 것으로 여겨서 그럭저럭 날짜만 보내고 있을 염려가 없지 않습니다. 각 곤영(閫營 병영이나 수영)에 분부하여 감히 지체하거나 소홀히 하지 말도록 하는 것이 어떻겠습니까?

208 옛사람의……하였습니다 : 소식(蘇軾)의 〈개별적인 방책 9〔策別九〕〉에 나오는 내용인데, 《당송팔대가문초(唐宋八大家文鈔)》에는 제목이 〈전투와 수비를 가르쳐야 한다〔敎戰守〕〉로 되어 있다. 《東坡全集 卷47》《唐宋八大家文鈔 卷22 蘇軾4》

209 적이 소규모로……것 : 당나라 덕종(德宗) 때 육지(陸贄)가 서북 변방의 토번(吐蕃)이 매년 가을 침략해 오는 상황을 막기 위해 제시한 방안 중에 "적이 소규모로 쳐들어오면 그 침입을 막고, 적이 대규모로 쳐들어오면 그 돌아가는 길을 막으소서.〔寇小至則遏其入, 寇大至則邀其歸.〕"라고 한 내용이 보인다. 《新唐書 卷157 陸贄列傳》

숙위를 논하는 계[210]

論宿衛啓

궁궐에 시위(侍衛)가 있는 것은 몸에 사지가 있는 것과 같습니다. 인의(仁義)는 이치를 아는 자가 가장 훌륭하고, 용감히 행하는 자가 그 다음입니다. 우리나라 삼청(三廳)[211]의 제도는 한(漢)나라 재관(材官)의 궐장(蹶張),[212] 당(唐)나라의 호분(虎賁)과 확기(彍騎)[213]와 같은 것이 바로 이것입니다. 이번에 무위소(武衛所)를 설치한 것[214]에 대해 감히 근거할 만한 것이 없다고 말씀드리는 것이 아닙니다. 더구나 장용영(壯勇營)과 총위영(總衛營)[215] 등 옛 제도에 원용할 만한

210 숙위(宿衛)를 논하는 계 : 저자의 나이 61세 때인 1874년(고종11) 7월 15일에 영의정으로서 창덕궁 중희당(重熙堂)에 입시하여 진달한 계이다. 동일자 《고종실록》과 《승정원일기》에도 수록되어 있다.

211 삼청(三廳) : 국왕의 친위군인 내금위(內禁衛)·겸사복(兼司僕)·우림위(羽林衛)에 관한 일을 맡아보던 세 관아를 말한다. 금군삼청(禁軍三廳)이라고도 한다.

212 재관(材官)의 궐장(蹶張) : 재관은 재주와 힘이 있는 무졸(武卒)을 말하며, 궐장은 재관 중에서 힘이 뛰어나 강궁(强弓)을 쏠 수 있는 사람을 말한다. 이런 사람을 궐장사(蹶張士)라고 하여 무관으로 임명하였다. 《史記集解 卷96 張丞相列傳》

213 호분(虎賁)과 확기(彍騎) : 호분은 황제의 직속 부대 명칭인데, 당나라 때는 태조 이호(李虎)의 이름을 피해 무분(武賁)이라고 하였다. 확기는 당나라 때의 도성 숙위병이다.

214 이번에……것 : 고종은 1874년 6월 20일에 궁궐 수비를 강화하기 위한 병영인 무위소(武衛所)를 설치하고, 조영하(趙寧夏)를 그 책임자인 무위도통사(武衛都統使)로 임명하였다. 무위도통사는 금위영·어영청·훈련도감 등의 제조(提調)를 겸하였고, 용호영(龍虎營)과 총융청(摠戎廳)까지 통솔하였다. 《高宗實錄 11年 6月 20日, 7月 4日》

것이 있으니 무슨 말이 필요하겠습니까. 신이 전후로 누누이 권면한 것은 고사에 어두워서가 아니고, 또 임금의 마음을 막아서 헛된 명성을 구하고자 해서도 아닙니다. 신이 청컨대 성상 앞에 다 진달하겠습니다.

장용영을 처음 설치한 것은 신이 미처 보지 못했습니다만[216] 총위영의 제도를 둘 때 장용영보다 간략히 한 것은 간편하고 시행하기 쉽게 하기 위해서였습니다. 삼가 무위소의 제도를 보면, 당초 성상의 뜻은 교대로[217] 시위(侍衛)하여 대궐을 방어하게 하는 것에 지나지 않았습니다. 그런데 지금 보니 갖추지 않은 임무가 없고 행하지 않는 일이 없으니, 일을 확대한 것이 어찌 이보다 더한 것이 있겠습니까.

이미 거행한 일이라 비록 중지하기 어렵기는 하지만, 따로 영문(營門)을 세우는 데까지 이르지 말고 형편에 따라 완성하여 쓸데없는 비용을 없애고 불필요한 역사를 간소하게 하며, 폐단의 싹을 자르고 사치의 풍조를 금하며, 요행의 문을 막고 근습(近習 총신(寵臣))을 억눌러서 단지 숙위하는 것만 중요한 일로 삼으소서. 그리하여 시위하는 군사들로 하여금 직책을 게을리하지 않아서 임금을 높이고 윗사람을 친애하는

215 장용영(壯勇營)과 총위영(總衛營) : 장용영은 정조 때 국왕의 호위를 맡아보던 숙위소(宿衛所)를 폐지하고 새로 설치한 국왕의 호위 군대이다. 총위영은 1846년(헌종12)에 총융청(摠戎廳)을 개칭한 것으로, 1849년(철종 즉위년)에 다시 총융청으로 고쳤다.

216 못했습니다만 : 이 말 뒤에 《고종실록》과 《승정원일기》에는 "총위영을 처음 설치한 것은 신이 또한 실제로 보았습니다. 대개……〔而總衛之始, 臣亦實曾見. 蓋……〕"라는 말이 더 있다.

217 교대로 : 《고종실록》과 《승정원일기》에는 이 말이 없다.

의리를 알게 한다면, 몸이 팔을 부리고 팔이 손가락을 부리는 것처럼 몸은 편안하고 일은 완전해져서 후일에 빛남이 있을 것입니다. 힘쓰고 힘쓰소서.

정전의 부세에 대해 아뢰는 계[218]

正田賦啓

우리나라의 전세(田稅)는 10분의 1을 징수하는 제도[219]보다 가볍습니다. 조종조의 깊은 사랑과 두터운 은혜가 백성들의 골수에까지 젖어 들어 억만년토록 면면히 이어질 복을 크게 열어 놓았으니, 수령과 목민관이 된 신하들 중에 어느 누가 감히 노심초사 게을리하지 않아서 조종이 물려준 제도를 공경히 따르지 않겠습니까.

그런데 근래에 결가(結價)[220]가 나날이 증가하여 옛날에는 한 결(結)당 밭이 7냥, 논이 8냥이던 것이 지금은 쌓여서 5, 60냥이 되었고 혹은 많게는 7, 80냥에까지 이르러서 점점 그 폐단의 근원을 해결할 수 없게 되었습니다. 이는 진실로 다른 이유가 아닙니다. 이른바 '읍에서 처리하는 비용〔邑區處〕'이라느니 '관청의 잡비〔官雜費〕'라느니 '면에서 폐단을 구제하는 비용〔面捄弊〕'이라느니 하는 등의 허다한 명목을 그 사이에 덧붙여서 1년 내내 경작한 백성들에게 수확한 것을 걷어서 관청으

218 정전(正田)의……계 : 저자의 나이 61세 때인 1874년(고종11) 7월 30일에 영의정으로서 창덕궁 중희당(重熙堂)에 입시하여 진달한 계이다. 동일자 《고종실록》과 《승정원일기》에도 수록되어 있다. 정전은 양안(量案)에 항상 경작하는 땅으로 등록된 전답을 말한다.

219 10분의……제도 : 정전제(井田制)를 말한다. 1정(井) 900묘(畝)의 농토를 여덟 농가가 공동으로 경작하여 백성이 9할을 차지하고 국가는 1할을 세금으로 거두는 제도이다.

220 결가(結價) : 토지의 한 결(結)에 부과하는 조세의 액수를 말한다.

로 다 운반해 오게 하기 때문이니, 이것만으로도 이미 너무도 애처롭고 불쌍합니다. 그런데 해당 아전의 무리가 그 와중에 서로 결탁해서 한 사람 때문에 온 고을을 병들게 하니, 어찌 더욱 하나하나가 애통하고 한탄스럽지 않겠습니까. 하지만 순영(巡營)에서는 그 고을에서 보고하는 대로 내버려둔 채 줄이지 않고, 수령은 "이렇게 하지 않으면 고을의 모양새를 이룰 수 없다."라고 하니, 이것이 용인할 만하고 행할 만한 것이겠습니까.

지금 추수가 얼마 남지 않아서 작부(作伕)[221]를 할 때가 되어 가니, 다시는 감히 함부로 결세(結稅)를 매기지 말고 감영에서 실제에 따라 정해 주라는 뜻을 먼저 삼남(三南)과 경기(京畿)·해서(海西)·관동(關東)의 관찰사에게 행회(行會 공문을 보내 알림)하는 것이 어떻겠습니까?

221 작부(作伕) : 작부(作夫)라고도 하는데, 토지 8결(結)을 1부(夫)로 삼아 결세를 매기는 것을 말한다.

장물을 환수하자는 것에 대해 논하는 계[222]

徵贓啓

신이 지난번 연석에서 장물(贓物)을 환수하자는 의견을 망령되이 진달하여 분에 넘치게도 윤허하신다는 유음(兪音)을 받았습니다.[223] 사안이 백성의 물건에 관계된 것이라면 민간에 되돌려주고, 사안이 관청의 재물에 관계된 것이라면 다시 관청 창고에 채워 넣으며, 백성의 재물과 관계가 없거나 관청의 재물과 관계가 없는 것은 모두 변방을 구제하는 수요에 보충한다면, 백성을 편안하게 하고 비용을 넉넉하게 하여 양쪽이 모두 합당할 것이니 어느 누가 은혜로운 뜻을 우러르지 않겠습니까. 탐욕스러운 관리들을 뼛속까지 놀라게 하고 간담을 서늘하게 할 것입니다. 신이 진달한 것이 근거할 만한 것이 없다고 말할 것이 아니니, 오히려 미처 다 아뢰지 못한 것이 있기에 감히 이렇게 거듭 아뢰는 것입니다.

우리나라에서 장물을 환수하는 법에 대해 중세 이전의 일은 오래되었으니 논하지 않고 신이 본 것을 가지고 말씀드리겠습니다. 지난 정미

222 장물(贓物)을……계 : 저자의 나이 61세 때인 1874년(고종11) 7월 30일에 영의정으로서 창덕궁 중희당(重熙堂)에 입시하여 진달한 계이다. 앞의 〈정전의 부세에 대해 아뢰는 계〉와 같은 날에 올린 것으로, 동일자 《고종실록》과 《승정원일기》에도 수록되어 있다. 장물은 절도, 횡령, 착취, 뇌물 등 불법적으로 취득한 물품 및 이익을 이른다.

223 신이……받았습니다 : 1874년 7월 15일 차대(次對)에서 지방 수령이 취득한 장물(贓物)을 도로 징수하여 군수(軍需) 물자에 보태 쓰자고 청해 윤허를 받은 기록이 보인다. 《高宗實錄》《承政院日記》

년(1847, 헌종13)에 헌종께서 하교하기를 "수령이 장물죄를 저질렀을 때 장물을 환수하고, 아전이 관물(官物)을 축냈을 때 법조문을 적용해 처벌하는 것을 마땅히 널리 물어야 할 것이다."라고 하였습니다.[224] 고 상신(相臣) 정원용(鄭元容)이 아뢰기를 "법은 금지하기 위한 것이며, 금지하는 방법은 환수하는 것만 한 것이 없습니다. 이 조항은 원래 법전에 있으니, '관청의 물건은 관에 돌려주고, 개인의 물건은 주인에게 돌려준다.〔官物還官, 私物還主.〕'[225]라는 조항이 있습니다. 이 법이 만약 시행된다면 대저 누가 장물죄를 범하겠습니까."라고 하였습니다. 고(故) 상신 권돈인(權敦仁)은 아뢰기를 "우리나라 조정의 법조문은 전적으로 《대명률(大明律)》을 쓰고 있는데 장물죄를 다스리는 조례(條例)는 이보다 상세한 것이 없으며, 장물을 환수하는 것으로 말하면 법조문과 형률에 상세히 실려 있습니다."라고 하였습니다. 고 상신 박회수(朴晦壽)는 아뢰기를 "우리나라 조정의 《대전통편(大典通編)》에 실려 있는 장물죄의 여러 조항은 바로 명나라에서 장물의 양을 계산하는 조문을 가리킨 것인데 본 조문이 아직 시행되지 않고 있으니, 《대전통편》의 장물죄 조항과 아울러서 기준으로 삼을 것이 없습니다."라고 하였습니다. 이에 헌종께서 헌의한 대로 시행하게 하니, 장물죄를 저지른 것으로 보고된 수령이 있으면 그 집의 어린 종을 가두고 환수하는 것이 이로 인해 분명하게 규정이 되었습니다.[226]

224 지난……하였습니다 : 《헌종실록》 13년(1847) 5월 24일 기사에 그 내용이 보인다.

225 관청의……돌려준다 : 《대명률(大明律)》 권1 〈명례율(名例律) 급몰장물(給沒贓物)〉에 보인다.

226 장물죄를……되었습니다 : 《대전회통(大典會通)》 권5 〈형전(刑典) 추단(推斷)〉

신해년(1851, 철종2)에 고 상신 김흥근(金興根)이 철종께 아뢰기를[227] "장물죄로 인해 생기는 화는 수재나 가뭄으로 인해 생기는 분분한 우환보다 더 심합니다. 무릇 사사로이 취한 장물이 있으면 모두 일일이 찾아서 계산해 환수하고, 수령이 체직된 뒤에는 관찰사가 관문(關文)을 보내 수령의 빚이 있는지 없는지 조사한 뒤 비변사에 보고하여, 장물죄를 범한 자에 대해 곧장 본 조문을 적용하기를 청합니다."라고 하였습니다. 그 당시에 수렴청정하던 순원왕후(純元王后)께서 하교하기를 "장물을 환수하는 일은 옛 법을 거듭 밝히는 것일 뿐이다."라고 하고, 이어 거조(擧條)와 비답을 각 도에 게시하게 하였습니다. 이때부터 그 집의 어린 종을 가두고 장물의 수량을 분명히 따져 환수하는 법이 더욱 매우 엄격해졌습니다.

신이 비록 옛 상신들이 경세제민한 계책에는 미치지 못하지만 몸이 그 직책에 있으니, 간절한 마음으로 임금께 아뢰는 마음은 또한 마찬가지입니다. 현재 장물을 추심하여 환수하는 법 가운데 팔도에서 시행하는 것은 오직 채장(債帳 부채 장부)이 있는지 없는지만 보고하는 것일 뿐입니다. 관찰사의 자리에 있는 자들은 이를 형식만 갖추는 것으로 여겨서 단지 한 장의 종이를 마무리하는 법으로 삼고만 있으니, 참으로 개탄스럽습니다. 진실로 이와 같다면 장차 어찌 법규를 세운 효험이 있겠습니까.

에 "지방관으로 장물죄를 범한 자는 직접 본 조문을 적용하여 그 집의 어린 종을 가두고 환수한다.〔外官犯贓, 直用本律, 囚家僮還徵.〕"라는 규정이 보인다.

227 신해년에……아뢰기를 : 이하는 철종 2년(1851) 윤8월 5일에 김흥근이 좌의정으로 입시하여 아뢴 말을 축약한 것이다. 《承政院日記》

여러 도의 관찰사에 대해 모두 우선 먼저 무거운 쪽으로 추고(推考)하는 법을 시행하소서. 매번 채장을 점검하는 일에 대해 사실대로 보고하게 하여 만약 혹시라도 이전처럼 덮어 두는 일이 있다면 마땅히 엄중하게 다스리겠다는 뜻을 팔도와 사도(四都)[228]에 엄히 신칙하는 것이 어떻겠습니까?

228 사도(四都) : 유수(留守)를 두었던 개성(開城)·광주(廣州)·수원(水源)·강화(江華)를 말한다.

무위군에 대해 논하는 계[229]

論武衛軍啓

무위군(武衛軍)에 대한 일은 아뢴 바가 있습니다. 무위소(武衛所)의 설치는 진실로 대궐을 호위하려는 성대한 뜻에서 나온 것이니, 신이 어찌 감히 그 편의의 여부를 논하겠습니까. 그런데 만약 각사(各司)와 각영(各營)에서 무위군을 평범한 군대의 편제로 여겨 업신여기기를 그치지 않는다면, 일의 체모로 헤아려 볼 때 마땅히 이와 같아서는 안 될 것입니다. 그리고 만약 무위군이 위세를 믿고 방자하게 굴면서 그대로 거리끼는 것이 없다면, 기율(紀律)로 헤아려 볼 때 또 마땅히 이와 같아서는 안 될 것입니다.

다만 이번 행행(行幸) 때 있었던 양주(楊州) 결소(結所)의 일[230]로 말씀드린다면, 당초에 만약 폐를 끼치는 단서가 없었다면 어찌 양주

229 무위군(武衛軍)에……계 : 저자의 나이 61세 때인 1874년(고종11) 8월 20일에 영의정으로서 창덕궁 성정각(誠正閣)에 입시하여 진달한 계이다. 동일자 《고종실록》과 《승정원일기》에도 수록되어 있다. 무위군은 무위소(武衛所)에 딸린 군대를 말한다. 무위소에 대해서는 254쪽 주214 참조.

230 이번……일 : 고종은 1874년 8월 11일에 경기도 양주(楊州)에 있는 건원릉(健元陵) 등을 전알하고 친제하였는데, 이날 고종을 호종하던 무위군 군병 송완영(宋完永)과 김계영(金啓永)이 양주 결소(結所)에 나와 잡물(雜物)을 내라고 요구하며 난동을 부리자 양주 목사가 이들을 포박한 사건이 있었다. 이 소식을 접한 고종은 해당 무위군의 처벌을 명하는 한편, 무위군을 함부로 대했다는 이유로 양주 목사의 처벌은 보류하되 그 부하를 칼을 씌워 올려 보내라는 전교를 내렸다. 《承政院日記 高宗 11年 8月 11日, 15日》

목사가 포박해 끌고 가는 지경에 이르렀겠습니까. 양주 목사가 이미 성상의 관대히 용서하는 은택을 입었으니, 신이 감히 다시 처벌하시기를 청하지 못합니다. 그러나 무위군에 대한 법도로 말씀드린다면, 실로 아래에서 단단히 단속할 수 있는 것이 아니기에, 일전에 누누이 아뢴 것[231]은 진실로 이런 이유에서였습니다. '싹이 트기 전에 막고 물이 스미기 전에 막는다.〔防微杜漸〕'라는 옛사람의 말이 있으니, 지척에서 시위하는 군사를 어찌 그들이 하는 대로 내버려두고 금하지 않을 수 있겠습니까.

대중을 거느리는 방도는 한 번 조였다가 한 번 풀어 주는 것만 한 것이 없습니다. 이미 은혜를 베풀었으면 위엄을 보여 경계하고, 이미 위엄을 보였으면 은혜를 베풀어 어루만져 주는 것은, 양쪽을 다 이루는 방법이 되는 데 무방할 것입니다.

231 일전에……것 : 앞의 1874년(고종11) 7월 15일에 올린 〈숙위를 논하는 계〉를 말한다.

내관의 방자함에 대해 논하는 계[232]

論內官恣橫啓

남아(南衙)와 북시(北寺)[233]의 구분은 예로부터 매우 엄격하였으며, 우리 조선에서 나라의 제도를 정할 때도 내조(內朝)와 외조(外朝)의 구별을 정하여 감히 서로 통하지 않게 하였습니다. 그런데 근일에 내반원(內班院 내시부(內侍府))에서 각사(各司)의 이례(吏隸 아전과 관노(官奴))를 부를 때 번번이 '전교(傳敎)'라고 일컫습니다. 성상의 전교가 어떤 내용인지는 모르지만, 임금의 말은 한번 나오면 만인이 우러러보는 것인데, 이처럼 한만하게 묻는 것을 가지고 어찌 다 성상의 뜻을 여쭙고서 그렇게 하는 것이겠습니까. 이 길이 한번 열리면 후일의 폐단은 말로 하기 어렵기에, 식자들이 탄식한 지 오래되었습니다.

만약 가까이 총애하는 무리를 죄악에 빠지지 않게 하려면 일이 생기기 전에 단속해 옛 규례를 잃지 않도록 하는 것만 한 것이 없으니, 이는 은혜를 베푸는 정사에 해가 되지 않습니다.

232 내관(內官)의……계 : 저자의 나이 61세 때인 1874년(고종11) 10월 8일에 영의정으로서 창덕궁 희정당(熙政堂)에 입시하여 진달한 계이다. 동일자 《고종실록》과 《승정원일기》에도 수록되어 있다.

233 남아(南衙)와 북시(北寺) : 남아는 조신(朝臣)이 근무하는 관서로, 당나라의 중서(中書)·문하(門下)·상서(尙書)의 삼성(三省)이 대내(大內)의 남쪽에 있었기 때문에 이렇게 불렀다. 남사(南司)라고도 한다. 북시는 환관이 근무하는 관아를 말하는데, 북사(北司)라고도 한다.

주청사의 일을 복명한 뒤 입시하여 힘써야 할 일을 진달하는 계[234]

奏請復命 入侍陳勉啓

동짓날 큰 전례(典禮)를 논의해 정한 일이 있었으니[235] 신이 비록 외국에 있기는 했지만 기뻐하며 송축하는 심정을 이기지 못하였습니다. 그리고 동궁의 책봉을 청하는 일을 이러한 때에 허락받고 돌아왔으니 중외의 경사 중에 어느 것이 이보다 더 크겠습니까.

이에 신이 구구하나마 진달할 말씀이 있습니다. 성인의 말에 "높은 곳에 오르려면 낮은 곳에서부터 시작하고, 먼 곳에 가려면 가까운 곳에서부터 시작한다.〔登高自卑, 行遠自邇.〕"라고 하였으니,[236] 신은 이 말에서 학문하는 방도를 알 수 있었습니다. 신이 성상께 하직한 날 경기

234 주청사(奏請使)의……계 : 저자의 나이 62세 때인 1875년(고종12) 12월 16일에 경복궁 수정전(修政殿)에 입시하여 진달한 계이다. 동일자 《고종실록》과 《승정원일기》에도 수록되어 있다. 저자는 1875년(고종12) 7월 30일에 출발하여 왕세자 책봉 주청 정사로 연경에 갔다가 12월 16일에 복명하였다. 왕세자는 뒷날의 순종으로, 2세 때인 1875년 2월 18일에 왕세자 책봉례를 행하였다. 당시 저자는 책봉도감 도제조를 맡았다.

235 동짓날……있었으니 : 동짓날인 1875년 11월 25일에 익종(翼宗)의 위패를 종묘의 세실(世室)에 봉안하기로 결정한 것을 말한다. 아울러 이날 익종에게 존호를 추상하고 익종의 비인 대왕대비 신정왕후(神貞王后)에게 존호를 가상하는 예를 행할 길일을 이듬해 1월 1일로 정하였다. 《高宗實錄》

236 성인의……하였으니 : 《중용장구》 제15장에 "군자의 도는, 비유하자면 먼 곳에 가려면 반드시 가까운 곳에서부터 시작하는 것과 같고, 높은 곳에 오르려면 반드시 낮은 곳에서부터 시작하는 것과 같다.〔君子之道, 辟如行遠必自邇, 辟如登高必自卑.〕"라고 하였다.

도에서 출발하여 바다를 따라 서쪽으로 갔고 또 의주(義州)에서 청나라 땅으로 건너가니, 처음에는 아득하였으나 머물러 쉬지 않고 하루고 이틀이고 길을 가니 절로 연경에 이르렀습니다. 또 연경을 떠나 출발하여 며칠 되지 않아서 도로 압록강(鴨綠江)[237]을 건넜고, 스스로 빠른 줄도 몰랐는데 어느새 여기에 도착하였습니다.

이것으로 본다면, 일을 행하는 것에 미루어 넓혀도 또한 지체하기 어려운데, 하물며 학문하는 노력을 어찌 잠시라도 중단할 수 있겠습니까. 경연을 열라는 명이 연이어 내렸다고 하니, 이는 실로 배우기를 좋아하여 게을리하지 않으시는 성상의 뜻에서 나온 것이기에 신은 흠앙하는 마음을 이기지 못하겠습니다. 이에 감히 신의 이번 사행(使行)의 일을 가지고서 덕을 진보시키고 학문을 닦는 공부에 더욱 힘쓰시기를 권면하오니, 바라건대 유념하소서.

237 압록강(鴨綠江) : 《고종실록》과 《승정원일기》에는 '대동강〔浿水〕'으로 기록되어 있다.

경원에서 법을 어기고 국경을 넘어가려 한 사건에 대해 적용할 법을 논한 의[238]

慶源犯越事議律議

이번 경원(慶源)의 일은 바로 예전에 없던 변고이지만 신의 죄에 대해 아직 처분을 받지 못해 편안하기 어려운 형편이니,[239] 하문하셨다고 하여 어찌 감히 아무 일도 없다는 듯이 규례에 따라 대답할 수 있

238 경원(慶源)에서……의(議) : 저자의 나이 51세 때인 1864년(고종1) 10월 23일에 좌의정으로서 올린 의이다. 동일자 《승정원일기》에도 수록되어 있다. 당시 청나라와의 무역을 위해 경원에 지은 건물이 그해 봄에 화재로 소실되자, 함경도 경원 부사 신명희(申命羲)가 조정에 보고하지 않고 청나라 국경 관원에게 공문을 보내 국경을 넘어가 목재를 채취하게 해 달라고 청하였다. 이 공문이 청나라 예부에까지 전달되었고 이어 예부의 회답 자문(咨文)이 조선 조정에 전해지자, 8월 10일에 고종이 신명희의 처벌에 대해 대신들에게 수의(收議)하게 하였는데, 이 의는 그때 올린 것이다. 신명희는 저자가 헌의한 다음 날인 10월 24일에 해남(海南)으로 정배되었다. 《高宗實錄 1年 8月 10日, 9月 13日, 10月 24日》

239 신의……형편이니 : 경원 부사 신명희 사건이 발생했을 때 함경도 관찰사로 있던 저자가 1864년 8월 11일에 자신을 처벌해 달라는 소를 올렸으나 고종이 윤허하지 않았다. 저자는 1862년(철종13) 12월 18일부터 1864년 6월 15일까지 함경도 관찰사로 재직하였다. 《承政院日記 高宗 1年 8月 11日》《嘉梧藁略 卷6 北道犯越事自列箚》

겠습니까. 그러나 관인이 찍힌 문서가 재앙을 만들어 북경의 자문(咨文)이 연달아 이르렀으니, 변방을 안정시키고 나라의 체모를 높이기 위해서는 대수롭지 않게 처벌해서는 안 될 것입니다.

신의 얕은 소견으로는, 《대전통편(大典通編)》〈금제(禁制)〉 조의 국경 부근에서 국경을 넘어 나무를 벤 자를 다스리는 형률[240]을 시행해야 합니다. 다시 의론할 말은 없습니다.

240 대전통편(大典通編)……형률 : 《대전통편》 권5 〈형전(刑典) 금제(禁制)〉에 "평안도와 함경도 국경 부근에서 국경을 넘어 인삼을 채취하고 사냥하는 자는 주범과 종범을 모두 국경에서 참한다. 국경을 넘어가 나무를 벤 자는 인삼을 채취한 자를 다스리는 형률에 의거해 논죄한다.〔西北沿邊, 犯越採蔘佃獵者, 首從皆境上斬. 犯越斫木者, 依採蔘律論.〕"라는 조문이 있다.

묘정 배향에 대한 의[241]

廟庭配享議

능원대군(綾原大君)은 충정(忠貞)과 위열(偉烈)을 보였고, 인평대군(麟坪大君)은 훈로(勳勞)와 적덕(積德)이 있으며, 남연군(南延君)은 인후함이 길이 상서를 드러내어 지금의 아름다움을 이루었고, 풍은국구(豐恩國舅)는 참된 정성과 노고를 보였으니, 진실로 추향의 반열에 들기에 합당합니다. 우리 왕조의 전사(典祀 제향)에 근거할 것이 있으니, 삼가 바라건대 헤아려 윤허하소서.

241 묘정(廟庭)……의(議) : 저자의 나이 52세 때인 1865년(고종2) 1월 13일에 좌의정으로서 올린 의이다. 지사 김병학(金炳學)의 상소로 인해 능원대군(綾原大君)·인평대군(麟坪大君)·남연군(南延君)·풍은부원군(豐恩府院君)을 열조의 묘정에 배향하는 것에 대해 의견을 수렴하자 이에 응한 것이다. 고종은 당일에 의논한 대로 시행하라는 전교를 내렸다. 동일자 《고종실록》과 《승정원일기》에도 수록되어 있다. 능원대군은 선조의 손자이자 인조의 아우인 이보(李俌)로, 인조의 묘정에 배향되었다. 인평대군은 인조의 셋째 아들인 이요(李㴭)로, 효종의 묘정에 배향되었다. 남연군은 흥선대원군(興宣大院君)의 부친 이구(李球)이고, 풍은부원군은 신정왕후(神貞王后)의 부친 조만영(趙萬永)으로, 순조의 묘정에 배향되었다.

기성과 미성을 남두성과 함께 제사하는 것에 대한 의[242]
箕尾星與南斗星幷祭議

우리 동방은 기성(箕星)과 미성(尾星)의 분야에 있습니다. 풍운뇌우(風雲雷雨)와 영성(靈星)과 수성(壽星)에 제사를 지내면서도[243] 주인으로 삼는 별자리에 제사를 거행하지 않는 것은 실로 사전(祀典)의 흠결입니다.

이번 예조 판서의 상소는 고금의 예를 인용하여 전거가 두루 갖추어져 있습니다. 두 별자리를 남두성과 함께 제사하자는 것은 아마도 유종(幽宗)[244]의 예에 부합할 듯합니다. 신은 다른 견해가 없지만 사전은

242 기성(箕星)과……의(議) : 《고종실록》에 의하면, 1865년(고종2) 11월 11일에 예조 판서 김병국(金炳國)이 상소하여 성신제(星辰祭) 지내기를 청하자, 고종은 시원임 대신들의 의견을 수렴하게 한 뒤 11월 13일에 명을 내려 기성과 미성(尾星) 및 남두성(南斗星)에 대한 성신제를 행하도록 하였다. 11월 13일 기사에 이유원이 병으로 인해 헌의(獻議)하지 못했다는 내용이 보이므로, 이 의는 11월 13일 이후에 올린 것으로 보인다. 기성과 미성은 28수의 하나로 12성차(星次) 중 석목(析木)에 해당하는데, 중국의 연(燕)나라 지역과 우리나라가 석목 분야에 해당한다고 한다. 남두성 역시 28수의 하나로, 남쪽 하늘에 있는 말〔斗〕 모양으로 생긴 여섯 개의 별을 말한다.

243 풍운뇌우(風雲雷雨)와……지내면서도 : 나라에서 지내는 제사 중 풍운뇌우에 지내는 제사는 중사(中祀)에 속하고, 영성(靈星)과 수성(壽星)에 지내는 제사는 소사(小祀)에 속한다. 영성은 천전성(天田星)이라고도 하는데 농사를 주관하며, 수성은 노인성이라고도 하는데 장수를 주관한다. 한양 남교(南郊)에 풍운뇌우단(風雲雷雨壇)과 노인성단(老人星壇)이 있었고, 동교(東郊) 혜화문(惠化門) 밖에 영성단(靈星壇)이 있었다. 《大典會通 禮典》《東國輿地備考 卷1》

244 유종(幽宗) : 별자리에 지내는 제사의 이름이다. 《예기》〈제법(祭法)〉에 "유종

지극히 중하여 감히 억측해서 대답하지 못하니, 바라건대 널리 자문하시어 헤아려 정하소서. 제사 의식의 제반 의절에 대해서는 예조에서 마땅히 널리 참조하여 거행할 것입니다.

은 별에 제사를 지내는 것이다.〔幽宗, 祭星也.〕"라고 하였다. 그런데 정현(鄭玄)은 주석에서 '종(宗)'이 '영(禜)'의 오자라고 하였다.

관서 사군의 흥폐에 대한 의[245] 가정하여 지은 것이다
關西四郡興廢議 擬作

관서(關西)의 사군(四郡)이 철폐된 지 이미 지금까지 415년이 지났습니다. 철폐한 것은 지역이 산융(山戎)[246]에 가까워 방어하기가 매우 어려웠기 때문이고, 지금 그곳을 다시 일으키려는 것은 영토를 개척하기 위해 폐군(廢郡)을 회복하자는 것이 아닙니다.

지난 숙종 계해년(1683, 숙종9)에 먼저 두 진(鎭)을 설치하여 그 형세를 살폈는데, 얼마 뒤 또 도로 철폐한 것[247]은 무슨 사유 때문인지

245 관서(關西)……의(議) : 관서의 사군(四郡)은 압록강 상류의 여진족이 침입하는 것을 방비하기 위해서 1416년(태종16)부터 1443년(세종25)에 걸쳐 설치한 여연(閭延)·자성(慈城)·무창(茂昌)·우예(虞芮)의 사군을 말한다. 이후 지리적으로 적지에 가깝고 토지가 척박하다는 이유로, 1455년(단종3)에 우예·무창·여연 3개 군을 폐하고 1459년(세조5) 자성군까지 폐하여 폐사군(廢四郡)으로 불렸다. 저자의 이 의는 언제 지은 것인지 분명하지 않다. 다만 《고종실록》 1868년(고종5) 11월 9일 기사에, 평안도 청북(淸北) 암행어사 서경순(徐經淳)이 별단(別單)을 올려서 폐사군에 다시 진을 설치하는 것이 국경 방어의 긴요한 정책이므로 품처해 달라는 청이 있는 것으로 보아, 이즈음에 지은 것으로 보인다. 당시 저자는 좌의정을 사직하고 관직에서 물러나 있던 상황이었다.

246 산융(山戎) : 만주(滿洲) 지역에 거주하는 말갈·거란·여진 등의 이민족을 일컫는 말이다. 《東史綱目 凡例 朝會》

247 지난……것 : 1683년(숙종9) 4월에 병조 판서 남구만(南九萬)과 대신 김수항(金壽恒)이 사군의 땅에 사진(四鎭)의 설치를 건의하여 무창과 자성에 두 진을 설치하라는 명을 내렸다가, 얼마 뒤 대사간 유상운(柳尙運) 등이 불편함을 들어 반대하여 결국 두 진을 철폐하였다고 한다. 《肅宗實錄 9年 4月 3日》《萬機要覽 軍政篇5 四廢軍事實茂昌慈城設鎭》

모르겠습니다. 수목의 우거짐과 도로의 막힘과 산택(山澤)의 이로움과 국경을 침범하는 근심에 대해 신이 진실로 그 형편을 알지 못하니, 조처할 방도를 감히 함부로 진달하지[248] 못합니다.

다만 삼가 생각건대, 우리나라는 사방이 삼천리이니 전에 사군을 설치했을 때도 나라의 재정이 더 풍부해지지 않았고, 뒤에 사군을 폐지했을 때도 나라의 재정이 더 감소하지 않았습니다. 그런데 근래 들어 나라의 토목사업이 많아지고 경비가 그에 따라 조달하기 어려워졌으니, 만약 조금이라도 보태어서 여유 있게 할 계책이 있다면 실로 국가의 다행일 것입니다. 하지만 하나의 이로움을 일으키는 것은 하나의 해로움을 제거하는 것만 못하고, 새로운 제도를 만드는 것은 옛일을 그대로 따르는 것만 못합니다.

신의 어리석은 생각으로는 변경의 강역을 굳게 지켜 외적들로 하여금 엿보지 못하게 하고, 재용을 절약하여 변방의 백성들로 하여금 생업에 편안히 종사할 수 있게 하여, 양국(兩國)이 사군을 철폐하고 육진(六鎭)을 철폐한 본래의 뜻을 잃지 않는다면 비록 목전의 이익이 없다고 하더라도 반드시 훗날의 걱정에서 벗어날 것입니다.

신이 견문이 모자라고 식견이 적어서 조정에서 의론하는 말석에 참여하기에는 부족하지만, 이 일은 열성조가 어렵게 여기고 신중하게 여긴 일이며 옛 명유와 석학들도 의론이 서로 달랐던 것입니다. 이에 감히 얕은 식견이나마 드러내어 우러러 성상께 진달하오니, 바라건대 널리 자문하시어 헤아려 처리하소서.

248 함부로 진달하지 : 저본의 원문은 '망진(忘陳)'인데, 문맥이 통하지 않아 '망(忘)'을 '망(妄)'으로 바로잡아 번역하였다.

박장석의 복과에 대한 의[249]

朴章錫復科議

박장석이 한 번 발해(發解)한 것으로 양일의 시험에 모두 합격하였습니다.[250] 비록 동사(同舍)에서 과거에 응시한 자가 그 부권(副券)[251]

249 박장석(朴章錫)의……의(議) : 《승정원일기》 고종 4년(1867) 3월 8일과 9월 14일 기사에 황해도 평산(平山)에 사는 유학 박기영(朴淇永)이 그의 아비 박장석을 복과(復科)해 달라는 일로 격쟁(擊錚)한 기록이 있는 것으로 보아 그 무렵 작성한 것으로 보인다. 복과는 과거에 급제한 사람의 성명을 방(榜)에서 지워 낙제시켰다가 다시 합격시키는 것을 말한다. 《사마방목(司馬榜目)》에, 박장석이 1859년(철종10) 2월 19일에 실시된 증광시 진사시에 합격하였다가 삭과(削科)되어 변방에 충군(充軍)된 기록이 보인다.

250 박장석이……합격하였습니다 : 과거의 초장(初場)에만 응시해야 하는데 종장(終場)까지 응시해 합격했다는 말이다. 발해(發解)는 지방 시험에 합격하여 서울에서 보는 과거에 응시할 수 있는 자격을 얻은 것을 말한다. '양일의 시험'은 과거의 첫째 날 보는 시험장인 초장과 마지막 날 보는 시험장인 종장을 말하는데, 이를 양장(兩場)이라고 한다. 생원·진사시의 경우 초장에는 시(詩)·부(賦)를 보고, 하루 간격을 두고 보는 종장에는 의(疑)·의(義)를 보았다. 당시 시관(試官)이었던 한성부 판윤 홍재철(洪在喆)이 박장석의 처벌을 청하며 올린 소에 "이 유생은 본도의 도회시로 발해하여 초장에 응시하기를 원했는데, 시권을 개봉해 보니 양장에 모두 합격하였습니다. 응시해서는 안 되는데 감히 종장에 응시한 것은 선비들의 추향이 놀랄 만한 것일 뿐 아니라 또한 시체(試體)를 범해서는 안 되는 것과 관련되어 있습니다.〔此儒生以本道都會試發解, 願赴於初場, 而及其坼封, 兩場俱中, 則其不當赴而冒赴於終場者, 非但士趨之可駭, 亦關試體之莫越.〕"라는 내용이 보인다. 도회시(都會試)는 지방 유생의 학업 장려를 위해 실시한 시험으로, 합격자는 초시를 거치지 않고 회시에 직접 응시할 수 있는 특전을 주었다. 《承政院日記 哲宗 10年 2月 26日》

251 부권(副券) : 비편(備篇)이라고도 하는데, 생원시와 진사시의 초시와 회시 때 시부(詩賦) 및 해서와 초서를 함께 시험하기 위해 시권(詩券) 뒤에는 해서로 부(賦)를

을 뒤섞어 올렸다고는 하지만, 선비에게 감회(監會 생원·진사시의 2차 시험)는 중대한 일입니다. 박장석이 비록 혹시라도 시권을 방치했다고 하더라도 동사에서 응시한 자가 어찌 그의 시권에 뒤섞었을 리가 있겠습니까. 세월이 오래 지난 뒤에 이미 처벌을 받았다는 것을 핑계로 종을 풀어 억울함을 호소하며 참람하게 요행을 바라는 마음을 지니고 있으니 매우 무엄합니다. 이름이 《사마방목(司馬榜目)》에 기재되어 있어 시험에 다시 응시하기 어렵다고 하는 것은 그래도 괴이하게 여길 것이 없으니, 과거에 응시하도록 허락하는 것이 억울함을 풀어 주는 정사에 합당할 듯합니다. 그러나 복과(復科)하는 한 가지 일로 말씀드리면, 법으로 처리해야 할 것이니 억측으로 결단하기 어려운 점이 있습니다. 오직 성상의 재결에 달려 있습니다.

쓰게 하고, 부권(賦卷) 뒤에는 초서로 시(詩)를 쓰게 한 것을 이른다.

각 원과 묘에 전배할 때의 복색에 대한 의[252]

各園墓展拜服色議

각 능(陵)과 현륭원(顯隆園)[253]에 전배하는 의절(儀節)은 존엄하여 본래 정해진 예가 있습니다. 그런데 열성조의 세자와 세손의 묘소에 대한 절차가 각 원(園)보다 재단하여 줄이는 부분이 있는 것에 대해서는 여러 논의에 차이가 없지 않습니다. 복색은 모두 참포(黲袍)[254]로 마련하고 전배하는 자리는 각 궁(宮)에 전배하는 예에 따라 정자각(丁字閣) 중앙에 설치하는 것이 의제(儀制)에 합당할 듯하며, 참례하는 신하들은 당연히 천담복(淺淡服)을 입고 예를 행해야 할 것입니다.[255] 하지만 신은 본디 예문(禮文)에 어두워 억측하여 대답할 수 없

252 각……의(議) : 저자의 나이 57세 때인 1870년(고종7) 10월 6일에 판중추부사로서 올린 의이다. 당시 고종이 10월 7일에 거행할 효창묘(孝昌墓) 배알에 앞서 각 능(陵)과 원(園)을 전배하는 의절(儀節)에 대해 시원임 대신들과 예조 당상에게 의견을 수렴하게 하였는데, 이에 응하여 올린 것이다. 동일자 《고종실록》과 《승정원일기》에도 수록되어 있다. 효창묘는 5세 때 죽은 정조의 맏아들 문효세자(文孝世子)의 묘로, 원래 서울 용산구 효창동에 있다가 일제강점기 때 경기도 고양시 덕양구 현재의 서삼릉(西三陵) 경내로 옮겼다. 고종은 1870년 10월 7일에 효창묘를 배알한 뒤 12월 10일에 효창원(孝昌園)으로 승격시켰다. 《高宗實錄》

253 현륭원(顯隆園) : 경기도 화성시에 있는 정조의 생부 장헌세자(莊獻世子)의 묘이다. 장헌세자가 장조(莊祖)로 추존되자 융릉(隆陵)이 되었다.

254 참포(黲袍) : 임금이 제사할 때 입는 옅은 청색의 도포를 말한다.

255 참례하는……것입니다 : 천담복(淺淡服)은 조신이 착용하던 엷은 옥색의 제복으로, 육자복(六字服)이라고도 한다. 《대전회통(大典會通)》 권3 〈예전(禮典) 의장(儀章)〉에 "왕이 참포를 착용하면 조신은 천담복을 착용한다.〔御黲袍, 則朝臣淺淡服.〕"라

으니, 바라건대 널리 자문하시어 헤아려 처리하소서.

는 내용이 보인다.

진강 때 이어서 강할 책자에 대한 의[256]

繼講冊子議

《중용》은 성학(聖學)의 연원입니다. 천하의 바른 이치가 진실로 여기에 있으니, 큰 근본을 세우는 것과 공통된 도를 행하는 것이 심법(心法)을 전수한 핵심으로, 가장 힘을 써가며 읽어야 할 부분입니다. 지금 《맹자》의 강을 마치고 난 뒤 글을 읽는 순서에 있어 이 책 말고 무엇으로 하겠습니까. 그러나 신은 본래 학문이 없어서 감히 하문에 헌의(獻議)하는 말석에도 끼일 수가 없으니, 오직 성상의 재결에 달려 있습니다.

256 진강(進講)……의(議) : 저자의 나이 57세 때인 1870년(고종7) 11월 27일에 판중추부사로서 올린 의이다. 고종이 진강에서 이어서 강독할 책을 결정하기 위해 시원임 대신들의 의견을 수렴하게 하였는데, 이에 응하여 올린 것이다. 동일자 《승정원일기》에도 수록되어 있다.

《중용》의 강을 마친 뒤 이어서 강할 책자에 대한 의[257]

中庸畢講後繼講冊子議

주자(朱子)가 정한 글을 읽는 순서는 《대학》이 가장 먼저이고 《논어》·《맹자》·《중용》을 그다음에 두었습니다.[258] 지금 전하께서 이미 이들 책의 강을 마치셨습니다.

크게는 강령(綱領)에서부터 작게는 간가(間架)에 이르기까지 이미 다 이해했다면[259] 마땅히 선을 권하고 악을 징계하는 것을 성정을 감발하는 요체로 삼아야 합니다. 무릇 위로는 교제(郊祭)와 종묘 제사와 조정에서부터, 아래로는 향당(鄕黨)과 주려(州閭)에 이르기까지 그 말이 올바름에서 나오지 않음이 없다는 것[260]은 오직 《시경》을 말하는

257 중용(中庸)의……의(議) : 작성한 시기는 분명하지 않다. 다만 《승정원일기》 1871년(고종8) 4월 26일 기사에, 《중용》의 강을 끝내고 이어서 강할 책자를 대신에게 하문하여 《시경》으로 결정한 내용이 있는 것으로 보아, 이 무렵 지어 올린 것으로 보인다. 당시는 저자의 나이 58세 때로 가오곡(嘉梧谷)에 우거하고 있었다.

258 주자(朱子)가……두었습니다 : 《주자어류(朱子語類)》 권14 〈대학1 강령(綱領)〉에 "먼저 《대학》을 읽어서 그 규모를 정하고, 다음으로 《논어》를 읽어서 그 근본을 세우고, 다음으로 《맹자》를 읽어서 그 발명한 것을 살피고, 다음으로 《중용》을 읽어서 옛사람의 미묘한 부분을 구해야 한다.〔先讀大學, 以定其規模, 次讀論語, 以立其根本, 次讀孟子, 以觀其發越, 次讀中庸, 以求古人之微妙處.〕"라는 내용이 있다.

259 크게는……이해했다면 : 강령은 큰 줄기를 말하고, 간가는 세세한 내용을 말한다. 《주자어류(朱子語類)》 권62 〈중용1 강령(綱領)〉에 "책을 읽을 때는 먼저 모름지기 대강을 보고, 또 간가가 얼마인가를 보아야 한다.〔讀書先須看大綱, 又看幾多間架.〕"라는 말이 보인다.

260 위로는……것 : 주희(朱熹)의 〈시경집전서(詩經集傳序)〉에 보이는 말이다.

것입니다.

신이 생각하기에 사서(四書)의 강을 마친 뒤에는 마땅히 삼경(三經)을 강해야 하며, 삼경 중에는 《시경》을 마땅히 우선으로 삼아야 하니, 몸을 닦아 집안에 미치고 천하를 고르게 다스리는 도가 다 들어 있습니다.[261] 삼가 바라건대 성상께서 재결하소서.

261 몸을……있습니다 : 주희의 〈시경집전서〉에 "몸을 닦아 집안에 미치고 천하를 고르게 다스리는 도가 또한 다른 데서 구할 필요 없이 여기에서 얻어질 것이다.〔修身及家, 平均天下之道, 其亦不待他求而得之於此矣.〕"라는 내용이 보인다.

강화도의 포량미에 대한 의[262]

沁都砲糧米議

서양 오랑캐가 우리 강역에 출몰한 것이 이미 여러 해가 되었는데, 강화도를 침범한 것은 두 번이었습니다.[263] 강화도는 서울을 호위하여 해안 방어에 있어 가장 중요한 요충지이므로, 전후로 조정에서 관심을 기울여서 비가 오기 전에 뽕나무 뿌리로 문을 튼튼히 얽어 두듯 미리 방비하지 않은 때가 없었습니다. 그런데 병인년(1866, 고종3) 이후로 매번 일이 생길 때마다 번번이 경영(京營)[264]의 군사를 징발해 보내 경영을 절반이 비게 하였으니, 이는 서울을 중히 하는 계책

262 강화도의……의(議) : 1871년(고종8) 5월 25일에 영의정 김병학(金炳學)이 강화도의 군비를 강화하기 위해 3, 4천 명의 군사를 늘리고 이들의 급료를 조달하기 위해 '심도포량미(沁都砲糧米)'라는 명목으로 새로운 세금을 징수하기를 건의하자 고종이 대신들의 의견을 수렴하게 하였는데, 이에 응해 지어 올린 것이다. 당시는 저자의 나이 58세 때로 가오곡(嘉梧谷)에 우거하고 있었다. 《高宗實錄》《林下筆記 卷26 春明逸史 砲糧米議》 심도(沁都)는 강화도의 별칭이다. 포량미는 1866년(고종3) 병인양요 이후 강화 진무영(鎭撫營)의 포군(砲軍) 운영을 위해 고종 때 별도로 징수한 세미(稅米)인데, 갑오개혁(甲午改革) 때 폐지되었다.

263 서양……번이었습니다 : 서양 선박이 조선에 처음 나타난 것은 1866년 7월로, 미국 상선 제너럴셔먼호가 대동강에 침투했다가 격침되었다. 강화도에는 1866년 9월에 프랑스 함대가 침입하여 병인양요가 일어났고, 또 이 의를 작성하기 직전인 1871년 4월에 미국 함대가 침입하여 신미양요가 일어났다.

264 경영(京營) : 서울에 있던 군영(軍營)인 훈련도감·금위영(禁衛營)·어영청(御營廳)·수어청(守禦廳)·총융청(摠戎廳)·용호영(龍虎營) 등을 통틀어 일컫는 말이다.

이 아닙니다.

이번에 대신이 아뢴 강화도의 군량을 늘려 설치하는 것은 실로 원대한 계책이 있는 것입니다. 그런데 신의 생각으로는 3, 4천 명의 병졸도 오히려 부족하고, 5만 석의 포량(砲糧)도 오히려 넉넉하지 못할까 염려됩니다. 비록 삼수량(三手糧)[265]의 예를 끌어와 모방하지 않더라도 세외(稅外)의 부세를 무엇을 꺼려서 부과하지 않겠습니까. 옛말에 "백성이 있고 난 뒤에 나라가 있다.〔有民然後有國.〕"라고 하였으나, 경계를 엄히 하는 때에는 나라가 있고 난 뒤에야 백성이 있습니다. 그러니 민결(民結 백성이 내는 결세(結稅))에 한 결마다 한 말의 쌀을 덧붙여 배당하더라도 백성들이 반드시 기꺼이 도와줄 것입니다.

신의 선조인 문충공(文忠公) 신 항복(恒福)이 임진년(1592, 선조25) 난리 이후에 균전제(均田制)의 시행을 청하면서 아뢰기를 "나라를 다스리는 자는 반드시 먼저 재용(財用)을 논해야 하니, 그런 다음에야 군대를 다스리고 무기를 수선하고 해자를 파고 성을 쌓을 수 있습니다. 옛사람이 군사의 수를 물었을 때 부(賦)로써 대답한 것은 진실로 이 때문이었습니다."라고 하였습니다.[266] 돌아보건대 지금 군량이 충분하다면 병사는 채울 수 있습니다. 그렇다면 안과 밖이 공고해지고 백성과 나라가 편안해지는 것이 어찌 다만 강화도 한 곳뿐이겠습니까. 성상께서 널리 하문하신 데 대해 신은 다시 더 논할 것이 없습니다.

265 삼수량(三手糧) : 훈련도감 소속 군병의 훈련 비용을 마련하기 위해 따로 거두던 세미(稅米)를 말한다. 167쪽 주20 참조.

266 신의……하였습니다 : 이항복(李恒福)이 1600년(선조33) 9월에 도체찰사(都體察使)로서 올린 계사(啓辭)에 관련 내용이 보인다. 《白沙集 別集 卷1 庚子九月日》

만동묘를 다시 설치하고 향사에 관한 제반 의절에 대해 논하는 의[267]

萬東廟復設儀節議

우리 전하께서 특별히 명하여 만동묘(萬東廟)를 다시 설치하게 하여 존주(尊周)의 의리를 붙이시어 천추에 할 말이 있게 되었으니, 어느 누가 만절필동(萬折必東)[268]의 뜻을 우러르지 않겠습니까. 예전에는 모옥(茅屋)에서 지내는 사사로운 제사였지만 지금은 왕조의 사전(祀典)이 되었으니, 제반 의절과 형식이 당연히 더 융성해야 합니다.

그러나 예문(禮文)에 "지극히 공경하는 곳에는 문식을 하지 않는다.〔至敬無文〕",[269] "큰 예는 반드시 간소하다.〔大禮必簡〕",[270] "부들자

267 만동묘(萬東廟)를……의(議) : 저자의 나이 61세 때인 1874년(고종11) 9월 17일에 영의정으로서 올린 의이다. 고종이 1874년 2월 13일에 만동묘를 다시 설치할 것을 윤허하였고, 7월 27일에 중건이 완료되었다. 이에 향사에 관한 제반 의절에 대해 시원임(時原任) 대신들의 의견을 수렴하게 하였는데, 이에 응하여 올린 것이다. 동일자 《고종실록》과 《승정원일기》에도 수록되어 있다. 만동묘는 1703년(숙종29)에 명나라 신종(神宗)을 제향하기 위해 충청도 괴산군 청천면에 세운 사당인데, 이후 유생들의 집합 장소가 되어 폐단이 심해지자 홍선대원군이 1865년(고종2)에 철폐하였다. 홍선대원군이 실각한 뒤 1874년에 복설되었다.

268 만절필동(萬折必東) : 선조가 임진왜란 중에 원군(援軍)을 파병해서 나라를 위기에서 구해 준 명(明)나라의 은혜에 고마움을 표현한 말로, 중국의 모든 강물이 천 번 만 번 굽이쳐 흘러가더라도 결국은 동쪽의 황해로 흘러 들어가는 것처럼 천자에 대한 제후의 존모의 뜻은 변하지 않음을 뜻한다.

269 지극히……않는다 : 《예기》 〈예기(禮器)〉에 보인다.

270 큰……간소하다 : 《예기》 〈악기(樂器)〉에 보인다.

리를 깔며, 성근 베로 덮는다.〔越席疏布〕",[271] "질그릇과 바가지를 사용한다.〔陶匏〕",[272] "띠풀로 지붕을 엮었다.〔茅茨〕",[273] "교제(郊祭)를 지내고 묘제(廟祭)를 지낸다.〔郊焉而廟焉〕"[274]라고 하였습니다. 지금 만동묘를 다시 설치한 뒤에 존엄함이 더욱 중해졌으니 간략하게 함이 귀합니다.

축문(祝文)의 형식은 마땅히 대보단(大報壇)에 이미 시행하는 예를 따라야 하는데 애초에 여론에 따라 설행하게 되었으니, 중간에 말을 만들어 첨가해서 사민(士民)들의 슬퍼하고 사모하는 정성을 위로하는 것이 좋을 듯합니다. 제품(祭品)은 이전의 규정을 그대로 쓰고, 헌관(獻官)은 목사(牧使)가 이미 본령(本令)을 겸하고 있으니 마땅히 그에게 맡겨야 하며, 여러 집사는 영문(營門)에서 도내의 수령들로 채워서 차임합니다. 향을 받는 의절은 이미 북도(北道)의 전(殿)과 능(陵)[275]에 모두 향을 받는 전례가 있으니, 지금 이를 원용할 만합니다. 그

271 부들자리를……덮는다 : 《예기》 〈예운(禮運)〉에 "부들자리를 깔며, 성근 베로 덮는다.〔與其越席, 疏布以冪.〕"라는 내용이 보인다.

272 질그릇과 바가지를 사용한다 : 《예기》 〈교특생(郊特牲)〉에 "술잔은 질그릇과 바가지를 사용한다.〔酌用陶匏.〕"라는 구절이 있다.

273 띠풀로 지붕을 엮었다 : 《사기(史記)》 권103 〈태사공자서(太史公自序)〉에 요순의 검소한 생활을 찬양하며 "띠풀로 지붕을 엮고 가지런히 자르지 않았다.〔茅茨不剪.〕"라고 한 구절이 있다.

274 교제(郊祭)를……지낸다 : 한유(韓愈)의 〈원도(原道)〉에 "교제를 지내면 천신이 이르고, 묘제를 지내면 인귀가 흠향한다.〔郊焉而天神假, 廟焉而人鬼饗.〕"라는 말이 보인다.

275 북도(北道)의 전(殿)과 능(陵) : 함경도 영흥(永興)에 있는 태조의 영정을 봉안한 준원전(濬源殿) 및 함경도에 있는 태조의 5대조의 능을 말하는 것으로 보인다.

외 다른 의절은 예조에서 직접 별단(別單)으로 아뢰어 결정해야 할 것입니다. 1년에 한 번 제향하느냐 두 번 제향하느냐에 대해서는 감히 억측으로 단정할 수 없지만, 대보단의 제향을 이미 한 차례 행하고 있으니 만동묘의 제향 또한 이 전례를 따르는 것이 예(禮)에 합당할 듯합니다. 오직 성상의 재결에 달려 있습니다.

《시경집전》 강을 마친 뒤 이어서 강할 책자에 대한 의[276]

詩傳畢講後繼講冊子議

우리 전하께서 10년 동안 학문에 전념하여 성경(聖經)과 현전(賢傳)을 지금 이미 다 강독하셔서 경연의 신하가 신의 집 문 앞에 와서 이어서 강할 책자를 물으니, 신은 참으로 기뻐 손 모아 경하하는 마음을 이기지 못하겠습니다.

무릇 요순(堯舜)과 삼대(三代) 때부터 정밀하게 하고 한결같이 하며 중도(中道)를 세우는 것이 전모훈고(典謨訓誥)에 두루 펼쳐져 있으니,[277] 제왕의 심법(心法)과 치도(治道)가 일월처럼 환히 드러난 것은 바로 《상서》입니다. 신은 마땅히 이 책자를 이어서 강하셔야 한다고 생각하지만 신처럼 학문이 없는 자는 하문에 대답할 수 없으니, 오직 삼가 성상의 재결을 기다릴 뿐입니다.

276 시경집전(詩經集傳)……의(議) : 저자의 나이 63세 때인 1876년(고종13) 1월 4일에 영중추부사로서 올린 의이다. 동년 1월 1일에 고종이 《시경집전》의 강을 끝내고 이어서 강할 책자를 대신에게 수의하게 하였는데, 이에 응하여 올린 것이다. 동일자 《승정원일기》에도 수록되어 있다.

277 정밀하게……있으니 : 《서경》 〈우서(虞書) 대우모(大禹謨)〉에 순(舜)이 우(禹)에게 전위할 때 "인심은 위태롭고 도심은 은미하니, 오직 정밀하게 살피고 한결같이 지켜야 진실로 그 중도를 잡을 수 있을 것이다.〔人心惟危, 道心惟微, 惟精惟一, 允執厥中.〕"라고 한 말이 있고, 〈상서(商書) 중훼지고(仲虺之誥)〉에 중훼가 탕(湯)에게 "왕께서는 힘써 큰 덕을 밝히시어 백성들에게 중도를 세우소서.〔王懋昭大德, 建中于民.〕"라고 한 말이 있다. 전모훈고(典謨訓誥)는 《서경》의 〈요전(堯典)〉, 〈대우모〉, 〈탕고(湯誥)〉, 〈이훈(伊訓)〉 등의 병칭으로 《서경》을 일컫는 말로 쓰인다.

북경에 들어가 배우는 것에 대한 의[278]

北學議

외국에서 문무(文武)에 관한 일로 중국에 들어가 배우는 것은 옛 규례에 비록 남아 있지만, 근래에는 해외의 여러 나라가 대부분 연경(燕京)에 머무는 것은 배우기 위한 것이 아니라 바로 통상(通商)하기 위한 것입니다. 신이 연전에 연경에 들어갔을 때[279] 그들의 동정을 살펴보니, 전부 자기 나라의 규모로 익히고 중원(中原)의 학문으로 익힌다는 말은 듣지 못했으니, 모두 그들의 식견에 국한되어 있었습니다. 그러나 중국이 우리나라를 내복(內服)으로 여기고 있으니 우리나라가 배우기를 청하면 아마도 허락할 가망이 있을 듯합니다.

하지만 군기(軍器) 등의 일은 병부(兵部)와 관계되어 있고, 배우고

278 북경에……의(議) : 저자의 나이 67세 때인 1880년(고종17) 4월 30일에 영중추부사로서 올린 의이다. 동일자 《고종실록》과 《승정원일기》에도 수록되어 있다. 고종이 동년 4월 25일 차대(次對)에서 무기를 무역하고 그 기술을 학습하게 해 달라는 뜻으로 청나라에 자문(咨文)을 보내는 사안에 대해 대신들의 의견을 수렴하게 하자, 이에 응해 올린 것이다. 이에 앞서 1879년(고종16) 8월에 저자가 청나라 북양대신(北洋大臣) 이홍장(李鴻章)에게 밀서를 보내 신식 무기의 학습과 수입 가능성을 타진했고, 이에 대한 긍정적인 답변을 받았다. 이 의는 고종이 유학생 파견을 서두르자 대신들이 신중론을 펼치는 과정에서 나온 것이었다. 결국 고종은 1881년(고종18) 9월에 김윤식(金允植)을 대표로 하는 영선사(領選使)를 파견해 북경에 가서 군사 훈련을 받게 하였다. 이것이 1883년(고종20) 3월에 서울 삼청동 북창(北倉)에 최초의 기기창(機器廠)을 창건하는 기초가 되었다.

279 신이……때 : 저자는 1875년(고종12) 7월에 세자 책봉 주청사의 정사로 북경에 갔다가 12월에 복명하였다. 《高宗實錄》

익히는 등의 일은 예부(禮部)와 관계되니, 무역으로 취득하는 방법과 지시해 알려 주는 방법은 공문(公文)에 의지해야 합니다. 우리나라에서 별도의 자문을 보내는 것과 예부에서 이를 황제에게 아뢰는 일은 양국의 중대한 일이라서 외국 오랑캐도 알게 되니 신중히 해야 합니다.

이번에 하문하신 것은 성상의 원대한 계책에서 나온 것입니다. 다만 생각건대 우리나라의 백성이 중국의 사정에 익숙하지 않으니, 혹시라도 실수가 있게 되면 각국의 수모를 불러오기 쉽고 널리 전파되는 《만국공보(萬國公報)》[280]에 오르게 될 것이니, 애초에 시작하지 않느니만 못합니다. 또 재정 상태로 말씀드리면 나라의 재력을 다 쏟아붓더라도 지탱할 방책이 없을 듯합니다.

오늘날을 위한 계책으로는 먼저 그 적임자를 얻고 또 그 재물을 모으고 나서 자문을 보내 요청한다면, 중원의 선비들이 깜짝 놀라 눈을 비비며 볼 것이고 해외의 오랑캐들 또한 머리를 움츠리게 될 것입니다. 이것이 이른바 지피지기(知彼知己)의 방법이니, 바라건대 널리 자문하고 헤아려 처리하소서.

280 만국공보(萬國公報) : 미국 선교사 앨런(Young John Allen)이 상해에서 발행한 신문이다. 1868년 《교회신보(教會新報)》로 처음 발행되었고 1874년에 《만국공보》로 이름을 바꾸었다. 서양 각국의 지리・역사・과학・예술 등 다양한 소식을 광범위하게 전달하였으며, 19세기 말 중국 사회에 큰 영향을 끼쳤다고 한다.

새로 선발한 무사를 교련하는 것에 대한 의[281]

新選武士教鍊議

우리나라에 무사(武士)를 교련하는 부서가 없다가 임진년(1592, 선조25) 난리 이후에 척계광(戚繼光)의 《기효신서(紀效新書)》[282]를 얻어서 이를 부연해 《병학지남(兵學指南)》[283]을 완성하고 따로 훈련도감을 세워서 십팔기(十八技)[284]를 익혔으니, 이것이 무예별감(武藝別監)[285]을 창설한 시초입니다. 그 당시 유성룡(柳成龍)이 도제조이고 조경(趙璥)이 대장이었는데, 지금도 그 법을 배우고 있습니다. 그 제도를 따라 새로 선발한 무사를 훈련도감에 붙여 교련시키는 것이 좋을 듯합니다.

281 새로……의(議) : 작성 시기는 정확하지 않은데, 고종이 1883년(고종20) 10월에 교련소(敎鍊所)를 설치한 것과 관련된 내용으로 보인다. 《承政院日記 高宗 20年 10月 23日》

282 척계광(戚繼光)의 기효신서(紀效新書) : 233쪽 주166 참조.

283 병학지남(兵學指南) : 척계광의 《기효신서》 가운데 군대의 조련 방법에 관한 부분을 요약하여 만든 우리나라의 병서로, 편찬자는 미상이다. 1787년(정조11)에 왕명에 의해 간행되었는데, 5권 1책의 목판본이다.

284 십팔기(十八技) : 조선 후기에 체계화된 18가지 무예로 십팔반무예(十八般武藝)라고도 한다. 1790년(정조14)에 완성된 《무예도보통지(武藝圖譜通志)》에 그 기예가 그림과 함께 자세히 설명되어 전한다.

285 무예별감(武藝別監) : 1630년(인조8)에 설치한 왕을 호위하던 무관(武官)의 관서로, 훈련도감에 예속되었다. 무예청(武藝廳)이라고도 한다.

가오고략

제10권

응제문 應製文
상량문 上樑文
명 銘

응제문應製文

황제의 칙서를 맞이한 데 대한 반교문[1]

皇勅頒敎文

왕은 이르노라.

천자께서 만 리를 환히 보시니 큰 교화를 우러러 성심을 바치고, 황제의 보령이 빛나게 삼순(三旬)에 이르렀으니[2] 윤음을 반포하여 높이 경하드린다. 천자께서 조서(詔書)를 지어 널리 전하셨으니 이에 두루 기쁨을 표하노라.

생각건대 대국(大國)은 가없는 복록을 받아서 선황제 때부터 반드시

1 황제의……반교문(頒敎文) : 저자가 47세 때인 1860년(철종11)에 예문관 제학으로서 지은 글이다. 청(淸)나라 예부(禮部)에서 청나라 황제인 함풍제(咸豐帝)의 조서를 우리나라의 동지사행(冬至使行) 편에 부쳐 보냈기 때문에 동년 3월 24일에 철종이 조서를 받은 데 대한 교서를 반포한 것이다. 같은 날 철종은 창덕궁 희정당(熙政堂)에서 동지 겸 사은사(冬至兼謝恩使)의 정사(正使) 이우(李㘾), 부사(副使) 임영수(林永洙), 서장관(書狀官) 고시홍(高時鴻)을 소견하고 청나라의 정세와 황제의 안부, 농사 형편 등을 물어보았다. 함풍제의 조서는 《청실록(淸實錄)》 함풍 10년(1860) 5월 1일 기사에 실려 있다. 《承政院日記 哲宗 11年 3月 24日》

2 황제의……이르렀으니 : 함풍제는 1831년 7월 17일 북경(北京) 원명원(圓明園)의 징정재(澄靜齋)에서 태어나 이해 30세가 되었다.

천수를 누렸다. 은(殷)나라는 성스러운 임금 6, 7인이 나와서[3] 대대로 명철한 임금이 있었으며, 주(周)나라는 수많은 세월 동안 하늘을 공경하여 오래도록 나라를 향유하였다.

이리하여 황상(皇上)께서 황하가 한 번 맑아지는 운수를 받으셨으니[4] 아, 보령이 30세에 이르렀도다. 평상시의 기운을 회복하셨으니 홍범기주(洪範箕疇)의 강녕한 복록[5]을 누린 것이고, 춘추가 한창에 이르렀으니 순(舜) 임금이 태어난 지 30년 만에 등용된 일과 일치한다.[6]

이로부터 오순, 육순, 칠순, 팔순의 연세까지 사시도록 모두 화봉인(華封人)의 축수[7]를 간절히 올리니, 무릇 후복(侯服), 전복(甸服), 요복(要服), 황복(荒服) 지역[8]에 있는 사람들이 누군들 해바라기가 해를

3 은(殷)나라는……나와서 : 《맹자》 〈공손추 상(公孫丑上)〉에 나온다.

4 황상(皇上)께서……받으셨으니 : 성군이 다스리는 태평 시대를 맞이하였다는 말이다. 삼국 시대 위(魏)나라 이강(李康)의 〈운명론(運命論)〉에 "황하가 맑아지면 성인이 태어난다.〔夫黃河淸而聖人生.〕"라는 내용이 보인다. 《文選 卷53》

5 홍범기주(洪範箕疇)의 강녕한 복록 : 기자(箕子)가 전했다는 홍범구주 중의 오복을 말한다. 오복은 장수〔壽〕, 부(富), 강녕(康寧), 덕을 좋아함〔攸好德〕, 명을 잘 마침〔考終命〕이다. 《書經 周書 洪範》

6 순(舜)……일치한다 : 함풍제의 나이가 30세인 것을 순 임금이 즉위할 때의 나이인 30세와 같다고 칭한 것이다. 《서경》 〈우서(虞書) 순전(舜典)〉에 "순 임금이 태어난 지 30년에 부름을 받아 등용되었고, 30년 뒤에 즉위하여 50년 뒤에 승하하였다.〔舜生三十徵庸, 三十在位, 五十載陟方乃死.〕"라고 하였다.

7 화봉인(華封人)의 축수 : 화(華) 땅의 봉인이 올린 축수라는 뜻으로, 봉인은 국경을 지키는 관직을 이른다. 그가 일찍이 요(堯) 임금을 만났을 때 '장수하고〔壽〕 부유하고〔富〕 자식을 많이 두라〔多男子〕'라는 세 가지 축수를 하였으므로 '화봉삼축(華封三祝)'이란 말이 생기게 되었다. 《莊子 田子方》

8 후복(侯服)……지역 : 하(夏)나라 우왕(禹王)이 왕기(王畿)를 중심으로 하여 주위

향하는 것 같은 충심을 바치지 않겠는가.

다만 황제께서 차별 없는 은혜를 베풀어 곡진히 보살피는 마음으로, 이에 조서를 내려 사행 편에 부쳐 보내라는 명이 있었다. 천하가 다 함께 경축하는 때에 특사를 보내 조칙을 선포해야 마땅하나 동해 귀퉁이의 외진 이 나라에 수고를 덜어 주기 위해 은혜[9]를 내려 주셨다.

아, 세 번 절하고 아홉 번 머리를 조아리는 예를 올리면서 황제의 조서를 받들고 기뻐하며[10] 천년만년 사시기를 멀리 천자를 생각하면서 두 손 모아 비노라.[11]

를 500리씩 나눈 구역이다.《書經 夏書 禹貢》

9 동해……은혜 : 청나라의 칙사가 직접 황제의 조서를 가지고 오게 되면 우리나라에서 원접사(遠接使)와 접반사(接伴使) 등이 영접해야 하고 칙사를 접대하는 연회 등을 마련해야 하는데, 이러한 의식을 생략할 수 있도록 해 주었음을 말한다.

10 세……기뻐하며 :《승정원일기》철종 11년 3월 24일 기사에는 전후 순서가 바뀌어 '抃紫泥而歡心, 三拜九扣'로 되어 있다.

11 천년만년……비노라 :《승정원일기》철종 11년 3월 24일 기사에는 전후 순서가 바뀌어 '想黃屋而攢手, 萬歲千秋'로 되어 있다.

열하문안사가 행재소에 나아가 문안하는 것을 면제한 사안에 대한 회답 자문[12]

熱河使免詣行在回咨

열하문안사(熱河問安使)가 행재소에 나아가 문안하는 것을 면제한 사안으로 북경(北京) 예부(禮部)에서 회답 자문을 보낸 데 대해 조선 국왕은 답하는 자문을 보냅니다.

함풍(咸豐) 11년(1861, 철종12) 6월 2일 귀부(貴部 북경 예부)의 자문을 받았는데, 그 내용은 대략 다음과 같습니다.

"주객사(主客司)의 안정(案呈)[13]에 '본부(本部)가 조선 국왕의 자문을 받고 조선 국왕이 삼가 사신을 보내 표문을 받들고 행재소에 나아와 문안하려 한다는 사안으로 올린 주접(奏摺)[14] 1건을 전달하여,

12 열하문안사(熱河問安使)가……자문(咨文) : 저자가 48세 때인 1861년(철종12)에 예문관 제학으로서 지은 글이다. 동년 1월 열하문안사가 청나라 예부(禮部)의 자문을 가져온 데 대해 회답한 것으로, 이때 사신은 정사(正使) 조휘림(趙徽林), 부사(副使) 박규수(朴珪壽), 서장관(書狀官) 신철구(申轍求)이다. 이 당시 함풍제(咸豐帝)는 1856년 청나라와 영국·프랑스 연합군 간의 분쟁(애로호 사건)이 격화되어 1860년 열하(熱河)로 피난해 있었다. 이에 철종이 특별히 열하문안사를 보내 안부를 물은 것이다. 청나라 예부의 자문은 《청실록(淸實錄)》 함풍 11년 2월 24일 기사에 실려 있다.

13 주객사(主客司)의 안정(案呈) : '주객사'는 청나라 예부에 소속된 4개 관사 중 하나로, 빈례(賓禮)와 주변 나라의 사절을 접대하는 일을 관장하던 관서이다. '안정'은 청나라 육부(六部)의 청리사(淸吏司) 및 각 처의 경력사(經歷司)가 본 아문의 당상(堂上)에게 바치는 문서이다. 《欽定大淸會典 禮部20》《吏文集覽》

14 주접(奏摺) : 청대(淸代) 주요 신료들이 황제에게 올리는 문서이다.

함풍 11년 2월 21일 내각(內閣)으로 하여금 이 주접을 황제께 갖추어 아뢰게 하였습니다. 이달 25일 황제의 유시를 받들었는데, 그 내용에 「예부가, 조선 국왕이 사신을 보내 알현해도 될지와 저희가 조선 사신들과 함께 나아갈지 등에 대해 상주하였다. 짐이 열하에 머물게 된 일로 인하여 조선 국왕이 사신을 보내 표문을 받들고 행재소에 나아와서 문안의 예를 공손히 차리고 충심을 보이니 매우 가상하다. 생각건대 짐이 근래 건강이 좋지 않기에 설령 조선 사신이 멀리 행재소까지 와도 나를 문안하는 예를 펼 수 없을 것이니, 그렇게 되면 나도 도리어 앙모하는 정성을 위로할 길이 없을 것이다. 조선 사신이 북경에 도착한 뒤 행재소로 나아오지 말게 하라. 예부는 이어서 규례에 따라 사신들에게 연회를 베풀어 주고, 아울러 조선 국왕에게는 옥여의(玉如意) 1자루, 남망단(藍蟒緞) 2필, 장단(粧緞) 2필, 대권팔사단(大卷八絲緞) 2필, 소권오사단(小卷五絲緞) 2필, 자기(瓷器) 4건, 칠기(漆器) 4건을 상으로 주고, 조선 사신들에게는 대단(大緞) 각각 1필, 자기 각각 2건, 칠기 각각 2건, 대하포(大荷包) 각각 2대(對), 소하포(小荷包) 각각 3대를 상으로 주도록 하라. 예부를 통해 조선 사신들에게 이 물품들을 공경히 수령하도록 해서 짐이 번국(藩國)을 후하게 예우하는 지극한 뜻을 보이라.」라고 하였습니다. 마땅히 원래의 주문(奏文)을 초록(抄錄)해서 조선 국왕에게 알리도록 하는 것이 좋겠습니다.'라고 하였습니다."

삼가 생각건대 지난해 겨울 헌서재자관(憲書齎咨官)이 돌아왔을 때 황제께서 열하로 옮겨 머무르신다는 말을 듣고[15] 멀리서 황궁을 바라보

15 지난해……듣고 : 헌서재자관(憲書齎咨官)은 중국에서 반포하는 역서(曆書)를

며 더욱 사무치게 그리웠습니다. 이에 삼가 올해 1월 18일 배신(陪臣) 조휘림(趙徽林) 등을 보내 표문(表文)을 가지고 행재소에 빨리 나아가 문안을 드리는 예를 공손히 차리도록 해서 앙모하는 저의 마음을 조금이나마 펴게 하였습니다. 강수(江水)와 한수(漢水)가 만 번 굽이치며 동쪽으로 흘러들듯이[16] 충성을 바치는 마음이 배나 간절하며, 뭇별이 모두 북극성을 향하듯이[17] 황상을 알현하고자 하는 정성이 전달되기를 바랐습니다.

마침 귀부(貴部)의 자문이 도착하여 은혜를 베푸는 조서가 크게 전해졌는데, 황공하게도 비단을 묶고 옥을 올리며 정실(庭實)로 토산물을 바치는 의식[18]에 대해 매우 가상히 여긴다고 칭찬하셨으며, 언덕과

가지러 갔다가 오는 관원이다. 여기서는 헌서재자관으로 청나라에 갔던 전(前) 사역원 첨정(司譯院僉正) 김경수(金景遂)를 가리킨다. 《동문휘고》 〈원편 속(原編續) 문안(問安) 2〉 〈성경 예부에 보내는 자문〔移盛京禮部咨〕〉에 따르면, 함풍제가 열하로 옮겨 거처한다는 말을 들은 철종은 특사를 보내 문안하겠다는 자문을 보냈다. 《承政院日記 哲宗 11年 12月 28日》

16 만……흘러들듯이 : 황제를 사모하며 변치 않는 충정을 바친다는 뜻이다. 《순자(荀子)》 〈유좌(宥坐)〉에 "물이 만 번 꺾여도 반드시 동쪽으로 가는 것은 뜻과 비슷하다.〔其萬折也必東, 似志.〕"라는 내용이 보인다.

17 뭇별이……향하듯이 : 모든 신민이 황제를 우러러 공경한다는 말이다. 《논어》 〈위정(爲政)〉에 "정사(政事)를 덕으로 하는 것은 비유하건대 북극성이 제자리에 머물러 있으면 뭇별이 그에게로 향하는 것과 같다.〔爲政以德, 譬如北辰居其所, 而衆星共之.〕"라는 내용이 보인다.

18 비단을……의식 : 제후국에서 천자를 알현할 때의 의식에 대하여 《의례주소(儀禮注疏)》 권27 〈근례(覲禮)〉에 "비단을 묶고 옥을 올리며 정실로 올리는 예물은 그 나라에서 나오는 토산물로 한다.〔四享, 皆束帛加璧, 庭實唯國所.〕"라고 하였다. 또 《서경》 〈주서(周書) 강왕지고(康王之誥)〉에 "한두 명의 신위(臣衛)는 감히 토지에서 나오는

습지를 분주히 왕래하는 수고[19]를 특별히 살피셔서 행재소까지 나아올 필요가 없다고 유시하셨습니다. 황실 수장고의 진귀한 물품과 보물 상자에 있는 아름다운 비단을 여러 번 각별하게 하사하시니, 황제의 총애와 은택이 더욱 깊습니다. 감히 잘 모르겠습니다만 멀리 동해의 외진 번국(藩國)이 어떻게 이런 고금에 드문 특별한 대우를 받을 수 있단 말입니까. 북두성을 향해 황제가 계신 곳을 바라보며 충성스러운 마음이 더욱 치닫습니다.

삼가 온 나라의 신민과 함께 두 손으로 조서를 받들고 세 번 절하고 아홉 번 머리를 조아리는 예를 올리며 지극히 축원하고 감격하는 마음을 가눌 수 없습니다. 조만간 떠날 사신 편에 표문을 받들어 사은하겠습니다. 이에 자문을 보내 답하게 되었으니, 잘 살펴 시행해 주시기 바랍니다. 이상입니다.

것을 잡아 올립니다.〔一二臣衛, 敢執壤奠.〕"라는 내용이 보인다.

19 언덕과……수고 : 사신의 임무를 띠고 먼 길을 수고롭게 왕래하는 어려움을 말한다. 《시경》〈소아(小雅) 황황자화(皇皇者華)〉에 "찬란하게 핀 꽃들이여, 저 언덕과 습지에 있도다. 무리 지어 달려가는 사신들이여, 매양 미치지 못할 듯이 생각하도다.〔皇皇者華, 于彼原隰. 駪駪征夫, 每懷靡乃.〕"라고 한 데서 나왔다.

혜빈께 존호를 추상할 때의 악장문[20]

惠嬪追上尊號樂章文

아, 아름답다! 맑은 덕이여	猗顯淑德
정하고 길하며 후한 덕을 지니셨네	貞吉載厚
왕실로 와서 빈이 되어	曰嬪于京
성군의 모후가 되셨도다	爲聖人母
참으로 마음이 진실하고 깊으며	展也塞淵
현숙한 위의 칭찬이 퍼졌네[21]	珩璜播譽
가효당이라 편액을 걸었으니	堂扁嘉孝
황조께서 손수 써 주셨네[22]	皇祖手書

20 혜빈(惠嬪)께……악장문 : 저자가 42세 때인 1855년(철종6)에 동지성균관사로서 지은 글이다. 동년 1월 21일 철종이 경모궁(景慕宮)에 나아가 옥책(玉冊)과 금인(金印)을 올리고 작헌례(酌獻禮)를 행하였는데, 사도세자(장헌세자)에게는 '찬원 헌성 계상 현희(贊元憲誠啓祥顯熙)'라는 존호를 추상(追上)하고, 혜빈 홍씨에게는 '유정(裕靖)'이라는 존호를 추상하였다. 혜빈 홍씨는 정조의 어머니인 혜경궁 홍씨(1735~1815)로, 본관은 풍산(豐山)이며, 영의정 홍봉한(洪鳳漢)의 딸이다. 1744년(영조20) 세자빈에 책봉되고, 1762년(영조38) 사도세자가 죽은 뒤 혜빈에 진봉(進封)되었으며, 1776년 정조가 즉위하자 궁호가 혜경(惠慶)으로 올랐다.

21 현숙한……퍼졌네 : 혜경궁 홍씨가 예의에 맞게 처신함을 칭송하였다는 말이다. 고대에 부인이 형(珩)·황(璜)·거(琚)·우(瑀) 등의 옥을 몸에 차고 다녔는데, 움직일 때마다 서로 부딪혀 소리가 나므로 절도 있게 행동하는 경계로 삼았다.

22 가효당(嘉孝堂)이라……주셨네 : 사도세자가 세상을 떠난 뒤 사가에 물러나 있던 혜경궁 홍씨가 다시 영조를 만나는 날에 화순하고 공경하는 모습을 보이자, 영조가 크게 감탄하여 '가효당'이라는 편액을 손수 써서 주면서 침실에 걸라고 명하였다. 가효

깊은 상서가 장구히 발현되어[23] 濬祥長發
지금까지 아름다움 전해 오네 式至今休
보책을 올려 공덕을 찬양하는 것은 寶冊揚徽
두 주갑 만에 을묘년이 되어서라네[24] 旃蒙再周
열고(烈考)를 높이고 문모(文母)도 높이니[25] 旣右亦右
경쇠와 관현을 성대히 울리도다 磬管鏘鏘
자손들이 크게 창성할 수 있도록 俾昌而熾
끝없이 후손을 계도하고 도우소서 啓佑無疆

〈의현(猗顯)〉 1장이니, 16구이다.

당은 창경궁의 경춘전(景春殿) 서쪽에 있었다.《純祖實錄 16年 1月 21日》《新增東國輿地勝覽 卷2 京都》

23 깊은……발현되어 : 《시경》〈상송(商頌) 장발(長發)〉에 "깊고 밝은 상나라에 그 상서가 장구히 발현되도다.〔濬哲維商, 長發其祥.〕"라고 하였는데, 천명을 받아 왕이 될 조짐이 처음 발현한 것을 말한다. 사도세자의 서자가 은언군(恩彦君)인데, 은언군의 손자 철종이 순조의 아들로 입적되어 왕위에 오르게 되었기 때문에 이렇게 말한 듯하다.

24 두……되어서라네 : 혜경궁 홍씨가 을묘년인 1735년에 태어나 이해 1855년에 120년이 되었기 때문에 이렇게 말한 것이다.

25 열고(烈考)를……높이니 : 《시경》〈주송(周頌) 옹(雝)〉에 "이미 열고를 높이고 문모를 높이도다.〔旣右烈考, 亦右文母.〕"라는 구절이 보이는데, '열고'는 문왕을, '문모(文母)'는 태사(太姒)를 가리킨다. 여기서는 사도세자와 혜경궁 홍씨를 말한다.

금상께 존호를 올릴 때의 옥책문[26]

當宁上尊號玉冊文

삼가 아룁니다. 성대한 아름다움을 지닌 분이 크게 하늘의 명을 받으시니 큰 복을 항상 누릴 것입니다.[27] 아름다운 빛을 지닌 분이 큰 이름을 드러내기에 알맞으니 큰 덕을 지닌 이는 그에 걸맞은 이름을 얻어야 합니다.[28] 주상을 사랑하고 떠받드는 마음만 간절할 뿐 어찌 이루 다 선양할 수 있겠습니까.

삼가 생각건대 주상 전하께서는 공은 하늘과 땅에 짝할 수 있고 도는 모든 성인과 이어집니다. 태후께서 결정하신 원대한 계책을 받드시니[29]

26 금상께……옥책문 : 저자가 60세 때인 1873년(고종10)에 상호도감 도제조(上號都監都提調)로서 지은 글이다. '상호도감'은 존호를 올리기 위해 임시로 설치한 관사이다. 동년 4월 17일 고종은 경복궁 근정전(勤政殿)에서 부친 흥선대원군(興宣大院君)이 섭정을 끝내고 직접 정사를 다스리는 것을 기념하는 데 대한 하례를 받고 사면을 반포하였다. 이 옥책문은 《일성록》 고종 10년 4월 17일 기사에 실려 있다. 《高宗實錄》

27 성대한……것입니다 : 《시경》 〈대아(大雅) 권아(卷阿)〉에 "화락한 군자여, 그대로 하여금 그대의 성명(性命)을 잘 마쳐서, 큰 복을 그대가 항상 누리게 하리라.〔豈弟君子, 俾爾彌爾性, 純嘏爾常矣.〕"라는 구절이 보인다.

28 큰 덕을……합니다 : 《중용장구》 제17장에 "큰 덕을 지닌 이는 반드시 그에 걸맞은 지위를 얻고, 반드시 그에 걸맞은 작록을 얻고, 반드시 그에 걸맞은 이름을 얻으며, 반드시 그에 걸맞은 수명을 얻는다.〔大德必得其位, 必得其祿, 必得其名, 必得其壽.〕"라는 내용이 보인다.

29 태후께서……받드시니 : 태후는 대왕대비인 신정왕후(神貞王后, 1808~1890)로, 순조의 세자이자 헌종의 아버지인 익종(翼宗, 효명세자)의 비이다. 헌종의 뒤를 이은 철종이 후사 없이 승하하자 언문 교서를 내려서 "흥선군의 둘째 아들인 이명복(李命福)

밝은 명을 스스로 받으셨으며, 선조(先祖)께서 남기신 큰 기틀을 다지시니 대를 이을 것을 생각하여 잊지 않으십니다.

해가 중천에 이르도록 밥 먹을 겨를도 없으시니 문왕(文王)과 같은 문덕(文德)을 지니셨고,[30] 천하 사람들을 거느려서 인(仁)을 따르게 하시니 순(舜) 임금과 같은 위대함을 지니셨습니다. 효성이 사해(四海)의 표준이 되시니 어버이를 섬기고 선조를 받드는 일에 정성을 다하셨으며, 하루이틀도 직무를 태만히 하지 않으시니 직책을 잘 수행하는 자를 선발하고 어진 사람을 등용하여 조정 반열에 자리하게 하셨습니다. 성상의 공부는 민첩하게 하는 데 능히 힘쓸 수 있었고, 지극한 교화는 바람처럼 행해지는 데 크게 부합하였습니다.

학문은 계속하여 밝혀 광명함에 이르렀으니[31] 늘 전적을 가까이하셨고, 발하여 정령과 조처에 시행하시니 언제나 옛 성현의 법에 맞았습니다. 재난을 방비하여 근심이 없게 되었으니 사태가 생기기 전에 미리 대비한 것이었고,[32] 요망한 기운을 길이 안정시키니 의리(義理)가 가을

으로 익종 대왕의 대통(大統)을 잇게 하겠다."라고 하여 고종을 익종의 후사로 삼아 즉위시켰다.《高宗實錄 卽位年 12月 8日》

30 해가……지니셨고 : 《서경》〈주서(周書) 무일(無逸)〉에 "문왕은……아침부터 해가 중천에 뜰 때와 해가 기울 때에 이르도록 한가히 밥 먹을 겨를도 없어 온 백성들을 모두 화합하게 하였습니다.〔文王……自朝至于日中昃, 不遑暇食, 用咸化萬民.〕"라는 내용이 보인다.

31 학문은……이르렀으니 : 신하들이 사왕(嗣王)에게 경계를 올리는 시인 《시경》〈주송(周頌) 경지(敬之)〉에 "날로 나아가고 달로 진전하여 학문이 계속하여 밝혀 광명함에 이르고자 하라.〔日就月將, 學有緝熙于光明.〕"라는 구절이 보인다.

32 재난을……것이었고 : 서구 열강의 침입과 관련하여 포대(砲臺) 등을 만들어 방비를 하였다는 말인 듯하다.

서리보다 엄하였습니다.[33] 봄 전답을 다니느라 신에 흙을 묻히셨으니 길일에 쟁기를 잡고 친경(親耕)하는 예를 행하셨으며,[34] 성단(星壇)에 폐백을 올리셨으니 태을(太乙)에 영험을 비는 제도를 본받으셨습니다.[35]

이에 많은 건물을 모두 일으켜 지으시니 실로 만대토록 무너지지 않을 굳건한 터전을 닦았습니다.[36] 대침(大寢), 소침(小寢), 노침(路寢)을 중건하시니 왼편에는 별전(別殿)이 있고 오른편에는 별당(別堂)이 있으며, 종묘와 비궁(閟宮 경모궁(景慕宮)), 반궁(泮宮 성균관)을 증축

33 요망한……엄하였습니다 : '요망한 기운'은 서학교도(西學教道)를 말하는 것으로 보인다. 1866년(고종3) 천주교를 더욱 강하게 탄압하고 양화(羊貨)를 무역하는 자는 효수할 것임을 포고하였으며, 8월 3일에는 척사윤음(斥邪綸音)을 반포하였다. 1871년(고종8) 4월에는 서양 세력과 결탁한 천주교도 이돈호(李敦浩), 이여강(李汝江), 김창실(金昌實) 등을 직접 국문하고 부대시참(不待時斬)에 처하였다.《高宗實錄 3年 7月 10日·30日, 8月 3日, 8年 4月 6日·9日》

34 봄……행하셨으며 : 고종은 영조 때 행해졌던 친경(親耕) 의식을 100여 년 만에 복원하여 1871년(고종8) 2월 10일 성북동의 선농단(先農壇)에 나아가 적전(耤田)에서 친히 밭을 가는 친경을 행하였는데, 이때 이유원은 판중추부사로서 참석하였다.《林下筆記 卷26 春明逸史 親耕時奏辭》《承政院日記 高宗 8年 1月 1日, 2月 10日》

35 성단(星壇)에……본받으셨습니다 : 1865년(고종2) 11월 혜화문(惠化門) 밖의 숭신방(崇信坊) 어창계(御倉契)에 성단을 새로 만들어 제사를 더 지냈는데, 성단의 제향은 매년 1월 첫 번째 인일(寅日)에 지내는 것으로 규례를 정하였다. '태을(太乙)'은 태일(太一)과 같은 말로, 북극성을 말한다.《高宗實錄 2年 11月 15日, 25日》《承政院日記 高宗 9年 12月 19日》

36 많은……닦았습니다 : 경복궁을 중건한 일을 말한다. 1865년(고종2) 4월에 공사를 시작하여 1867년(고종4) 11월에 경회루와 근정전 등 주요 건물이 이루어졌다. 1868년 6월 말에 공사가 완료되자, 동년 7월 2일 고종은 창덕궁에서 경복궁으로 이어(移御)하였다.

하시니 궐 밖에는 아문(衙門)이 있고 궐 안에는 관서(官署)가 있게 되었습니다. 이런 성상의 마음은 빨리 이루려 하지 않으시고 이런 원대한 계책은 영구히 도모하기만을 생각하셨습니다.

고려 왕릉에 제사를 드릴 때는 덕(德)이 있는 이를 높이는 데 고례(古禮)를 상고하셨으며,[37] 법궁(法宮)의 정전에서 월식을 그치게 하는 의식을 행하시니 재이(災異)를 그치게 하는 데 성심을 다 기울이셨습니다.[38] 원묘(園墓)에 대해서는 옛 법에 정한 규정을 준수하시니 터를 넓게 차지하는 것에 대한 경계를 두셨고,[39] 사원(祠院)에 대해서는 1인에 대해 중복하여 설치하는 것을 금하도록 신칙하셨으니 후일의 폐단을 살피셨습니다.[40] 내탕고에 비축된 재물을 풀어서 서북(西北) 지역의 극심한 자연재해를 구제하셨으며,[41] 궁방(宮房)에서 세금을 거두도록 신칙하여 한식(寒食)의 제향에 정공(正供)을 다시 감면해 주

37 고려……상고하셨으며 : 고종이 1867년(고종4) 9월에 고려 왕릉을 보수하도록 명하여 여러 능침을 개수하고, 고려 태조의 능인 현릉(顯陵)에 직접 나아가 작헌례(酌獻禮)를 행한 일이 있다. 《承政院日記 高宗 4年 9月 19日, 9年 3月 6日》

38 법궁(法宮)의……기울이셨습니다 : '법궁의 정전'은 경복궁 근정전(勤政殿)을 말한다. 고종은 1869년(고종6) 7월 1일 근정전에 친히 나아가 일식의 재이를 그치게 하는 의식을 행하였다. 《高宗實錄》

39 원묘(園墓)에……두셨고 : 고종은 1870년(고종7) 8월 25일 연석의 하교에서 분묘가 많아지는 것으로 인한 폐해를 언급하면서 산록(山麓)을 넓게 차지하지 못하게 하고 정해진 법에 따라 보수(步數)를 결정하라고 명하였다. 《承政院日記》

40 사원(祠院)에……살피셨습니다 : 고종은 1871년(고종8) 3월 9일 문묘(文廟)에 종사된 사람을 모신 47개 서원 외에는 모두 제사를 그만두고 현판을 떼어내도록 하였으며, 1인을 중복하여 제향하지 못하게 하였다. 《承政院日記 高宗 8年 3月 9日, 18日》

41 내탕고에……구제하셨으며 : 1872년(고종9) 12월 18일 서북 지역에 극심한 재해가 일어나자 내탕고의 재물을 꺼내어 구제하라고 명하였다. 《承政院日記》

셨습니다.[42]

더구나 생각건대 사랑의 도리를 확립하는 것을 친한 이로부터 하신 것은 실로 미루어 넓혀서 종인(宗人)을 공경하고 친족을 결속하신 것입니다. 선왕을 추모하여 구슬과 옥으로 만든 술잔으로 제향을 드리셨고, 종묘에서 아름다운 덕을 천양하여 금실과 옥으로 장식한 책을 올리셨습니다. 종인의 부서를 정비하고 보첩(譜牒)을 정리하는 부서를 개설하시니 왕실의 족보가 은하수에 빛이 났고,[43] 사왕(四王)의 자손을 봉작하는 명을 내리고 영화로운 관직을 내리시니 광영이 선수(銑樹)에 드높았습니다.[44]

문정공(文貞公)이 남기신 가학(家學)과 충정공(忠正公)이 보이신 효성[45]과 우애로 상서로움이 길이 나타났으며, 성조(聖祖 순조)께서 남기신 가르침과 영왕(寧王)[46]께서 도모하신 공으로 아름다운 계통을 전

42 궁방(宮房)에서……주셨습니다 : 1868년(고종5) 3월 8일 한식절의 제향을 궁방세로 하라고 하교하였다. 《承政院日記》

43 종인의……났고 : 1872년(고종9) 12월 16일 종정부(宗正府)를 중수하고 선보(璿譜)를 정리하며 옥첩(玉牒)을 찬수한 일을 말한다. 이해에 《국조보략(國朝譜略)》과 《선원보첩(璿源譜牒)》, 《선원속보(璿源續譜)》 등을 간행하였다. 《承政院日記》

44 사왕(四王)의……드높았습니다 : 태조 이성계의 조상인 목조(穆祖), 익조(翼祖), 도조(度祖), 환조(桓祖) 사왕의 자손을 봉작하고 그 칭호를 고쳐 주며 후사를 이어주고 자손을 녹용(錄用)한 일을 가리킨다. '선수(銑樹)'는 상상 속의 금빛으로 빛나는 나무로, 종친들의 모임인 선수회(銑樹會)를 비유하는 말이다. 《承政院日記 高宗 9年 7月 16日, 12月 17日》

45 문정공(文貞公)이……효성 : 문정공은 인조의 셋째 아들인 인평대군 이요의 후손으로, 흥선대원군 이하응의 5대조인 이혁(李爀)이다. 충정공(忠正公)은 이하응의 부친 남연군 이구(李球)이다. 1864년(고종1) 7월에 이혁에게는 문정이라는 시호를, 이구에게는 충정이라는 시호를 내렸다. 《高宗實錄 1年 7月 9日》

수받으셨습니다. 선대의 뜻을 잘 계승하고 선대의 사업을 잘 따라서 자손을 편안히 하는 계책을 남겨 왕위를 잘 계승하게 할 계획을 세우셨으며, 여사(女士)를 내려 주고 자손을 뒤따라 내려서[47] 〈인지(麟趾)〉의 인후(仁厚)한 징험을 기다리셨습니다.[48]

아! 모든 선(善)이 다 갖추어지셨으며, 아! 온갖 생각이 넓어지셨습니다. 그리하여 종친의 신하들이 찬양하는 소를 올려서 우리나라에서 행해 오던 상법(常法)을 상고하였습니다. 성덕이 높고 커서 만분의 일을 표현하는 것도 어렵지만 뭇사람이 성심으로 우러러 존경하여 마침내 20차례에 이르도록 호소하였습니다. 이에 조정의 청이 점점 심해졌는데 다행히 전하께서 마음을 돌려 윤허를 받게 되었습니다.[49]

46 영왕(寧王) : 익종(翼宗, 효명세자)을 가리키는 말로, 주(周)나라 성왕(成王)이 아버지인 무왕(武王)에 대해 "영왕께서 나에게 큰 보배인 거북을 물려주셨다.〔寧王遺我大寶龜.〕"라고 한 데서 나왔다. 《書經 周書 大誥》

47 여사(女士)를……내려서 : 중궁을 책봉하여 맞아들여 왕가(王家)가 이어질 수 있도록 한 일을 가리킨다. 1866년(고종3) 3월에 고종은 민치록(閔致祿)의 딸을 왕비로 정하였다. '여사'는 선비의 지조와 행실을 지닌 여성을 말하는데, 여기서는 중궁(훗날의 명성왕후)을 가리킨다. 《高宗實錄 3年 3月 6日》

48 인지(麟趾)의……기다리셨습니다 : 왕세자가 태어나기를 기다린 것을 말한다. 1873년(고종10) 1월에 중궁에게 태기가 있어 산실청을 설치하라고 명한 바 있으며, 이듬해 1월 다시 중궁전에 산실청을 설치하여 2월 8일에 순종이 태어났다. 〈인지〉는 《시경》 〈주남(周南)〉의 편명으로, 주(周)나라 문왕(文王)의 후비가 덕(德)이 있어서 왕자(王者)의 상서가 나타남을 노래한 시이다. 《高宗實錄 10年 1月 1日, 11年 1月 3日·2月 8日》

49 종친의……되었습니다 : 1872년(고종9) 12월 16일 판종정경(判宗正卿) 이최응(李最應) 등이 연명으로 상소하여 고종에게 존호를 올리기를 청하였으며, 동년 12월 18일에는 행 판중추부사(行判中樞府事) 이유원을 비롯하여 영의정 홍순목(洪淳穆),

만물은《주역》의 건원(乾元)에서 처음을 도움받았으니〔統天〕[50] 바로 융성한 운수에 이르게 된 것이며〔隆運〕, 홍범구주(洪範九疇)의 다섯 번째 황극(皇極)을 세웠으니〔肇極〕[51] 능히 구족(九族)을 돈독하게 펴는 윤리[52]를 밝히셨습니다〔敦倫〕. 신들이 큰 소원을 가눌 수 없어서 삼가 옥책과 금보(金寶)를 받들어 '통천 융운 조극 돈륜(統天隆運肇極敦倫)'이라는 존호를 올립니다.

삼가 바라건대 전하께서는 빛나는 칭호를 크게 받고 아름다운 칭호를 공경히 맞이하소서. 이미 행했던 열성조의 전례(典禮)를 이어받아 옛날보다 더 빛나시며, 하늘이 거듭 명하여 아름답게 해 준 것에 답하여 그 명을 새롭게 하소서.

좌의정 강로(姜㳣), 우의정 한계원(韓啓源) 등이 백관을 거느리고 정청(庭請)하였다. 계사를 올린 것이 21차례에 이르자, 고종은 동년 12월 21일 신하들의 청을 윤허하였다. 《承政院日記 高宗 9年 12月 16日, 18日, 19日, 20日, 21日》

50 만물은……도움받았으니 :《주역》〈건괘(乾卦 ䷀) 단(彖)〉에 "위대하다, 건원이여. 만물이 이에 의지하여 시작하니, 이에 하늘을 통합하였도다.〔大哉乾元, 萬物資始, 乃統天.〕"라는 내용이 보인다.

51 홍범구주(洪範九疇)의……세웠으니 :《서경》〈주서(周書) 홍범(洪範)〉에 "다음 다섯 번째는 세움을 황극으로써 함이다.〔次五, 曰建用皇極.〕"라는 내용이 보이는데, 채침(蔡沈)의 주에 "황극은 군주가 표준을 세우는 것이다.〔皇極者, 君之所以建極也.〕"라고 하였다.

52 구족(九族)을……윤리 :《서경》〈우서(虞書) 고요모(皐陶謨)〉에 "구족을 돈독하게 펴며 여러 현명한 이가 힘써 도우면 가까운 데서부터 먼 곳으로 미루어 나가는 도리가 여기에 달려 있습니다.〔惇敍九族, 庶明勵翼, 邇可遠在玆.〕"라는 내용이 보인다.

왕세자를 책봉할 때의 죽책문[53]

王世子冊封竹冊文

중리(重離)의 빛이 선왕을 이어서 비추니[54] 억조 백성들의 소망이 두루 간절해졌으며, 왕세자의 자리가 바르게 되니 억만년의 굳건한 터전이 더욱 넓혀졌다. 이에 전장(典章)을 따라서 책봉하는 명을 크게 선포한다.

아, 너 원자는 하늘에서 큰 복을 받아 나라의 세자가 되었다. 무지개가 일어나는 상서에 부합하였으니[55] 영조께서 태어나신 해와 일치하며,[56] 공경하는 아들을 편안히 하는 계모를 받들었으니[57] 자전(慈殿)께

53 왕세자를……죽책문 : 저자가 62세 때인 1875년(고종12)에 지은 글이다. 1874년(고종11) 2월 8일 창덕궁 관물헌(觀物軒)에서 훗날의 순종인 원자가 태어났고, 1875년 2월 18일 인정전(仁政殿)에서 왕세자 책봉례를 행하였다. 《純宗實錄 總序》《承政院日記》

54 중리(重離)의……비추니 : '중리'는 훌륭한 임금이 이어서 나온 것을 말하는데, 《주역》〈이괘(離卦 ☲) 상(象)〉에 "밝음이 둘인 것이 이(離)가 되니, 대인이 보고서 밝음을 이어 사방을 비춘다.〔明兩作離, 大人以, 繼明照于四方.〕"라고 한 데서 나왔다.

55 무지개가……부합하였으니 : 세자가 태어난 날에 상서로운 조짐이 있었다는 말이다. 중국 상고 시대의 제왕 소호씨(少昊氏)의 모친이 별이 무지개처럼 화저(華渚)로 흘러 떨어지는 것을 보고 꿈에 감응하여 소호를 낳았다는 고사에서 나왔다. 《宋書 卷27 符瑞志上》

56 영조께서……일치하며 : 영조는 1694년(숙종20) 갑술년 9월 13일 창덕궁 보경당(寶慶堂)에서 태어났고, 순종은 1874년(고종11) 갑술년 2월 8일 창덕궁 관물헌(觀物軒)에서 태어났다. 《英祖實錄 附錄 行狀》《純宗實錄 總序》

57 공경하는……받들었으니 : 자전(慈殿)인 신정왕후(神貞王后)가 고종을 익종의 후사로 삼아 왕위를 계승하도록 한 일을 가리킨다. 302쪽 주29 참조.

엿을 물고 손자의 재롱을 보는 기쁨[58]을 드렸다. 바다가 윤택하고 별이 환하게 빛나니[59] 세자의 덕을 칭송하는 노래가 들리게 되었고, 용의 자태이며 해의 의표(儀表)를 지녔으니 보고 듣기에 범상치 않았다.

비록 아기 때 방긋 웃으며 놀 적에도 성대하게 어진 성품을 볼 수 있었는데, 더구나 지금 영리하고 총명한 자질은 이미 의젓한 성인 같도다.

아, 차츰 키가 자라서 첫돌을 맞이하게 되었다. 종묘사직과 귀신과 사람이 의탁할 데가 있으니 내 마음에 근심하는 일이 없을 것이며, 왕가(王家)는 적장자를 높이니 생각건대 국본(國本)이 또한 이미 정해졌도다. 맏아들이 제사를 주관하는 것은 《주역》 진색(震索)의 글에서 살필 수 있으며,[60] 태사(太史)가 조서를 받드는 것은 한(漢)나라가 세자를 미리 세운 대책에서 상고할 수 있다.[61] 이해 성조(聖祖)의 주갑(周

58 엿을……기쁨 : 한가로이 노년을 보내는 모습을 형용한 것으로, 후한(後漢) 명제(明帝)의 비인 명덕황후(明德皇后) 마씨(馬氏)가 "나는 엿을 물고 손주 재롱이나 보며 다시는 정사에 관여하지 않겠다.〔吾但當含飴弄孫, 不能復關政矣.〕"라고 한 데서 나왔다. 《後漢書 卷10上 明德馬皇后紀》

59 바다가……빛나니 : 태자의 덕을 칭송하는 말이다. 후한의 명제(明帝)가 태자로 있을 때 악인(樂人)이 〈일중광(日重光)〉, 〈월중륜(月重輪)〉, 〈성중휘(星重輝)〉, 〈해중윤(海重潤)〉이라는 4장(章)의 노래를 지어 태자의 덕을 찬양한 데서 나왔다. 《古今注 音樂》

60 맏아들이……있으며 : '진색(震索)'은 장남을 낳는 것으로, 《주역》 〈설괘전(說卦傳)〉에 "진(震)은 첫 번째로 구하여 남(男)을 얻었으므로 장남이라 이른다.〔震一索而得男, 故謂之長男.〕"라는 내용이 보인다.

61 태사(太史)가……있다 : '태사가' 운운은 고대 제왕이 세자를 세우는 의식을 거행할 때 태사가 조서를 받들고 당에 올라가는 절차가 있었다. '한(漢)나라가' 운운은 한 문제 원년(기원전 179) 1월에 담당 관리가 태자를 빨리 확정 지어줄 것을 청하며 "태자

甲 환갑)을 맞아[62] 선대의 공업이 더욱 빛나며, 예(禮)로 말하면 우리 왕가에서 행해 오던 법도를 따라 아름다운 전례를 거행한다.

이에 너를 책봉하여 왕세자로 삼으니, 너는 큰 호칭을 공경히 받으라. 원대한 도모를 능히 힘써서 선을 행하여 온갖 상서가 내리게 하며, 이제 하늘이 명을 내려 주셨으니 덕을 좋아하는 것이 오복의 근원이다.[63]

옛사람이 말하였다. 아침저녁으로 온순하고 기쁜 낯빛으로 부모를 섬겨야 할 것이니 효(孝)는 부모의 뜻과 일을 계승하는 것보다 우선할 것이 없다.[64] 봄에는 예(禮)를 배우고 여름에는 시(詩)를 배워야 할 것이니[65] 학문은 반드시 광명한 데 이르도록 해야 한다.

무릇 격물(格物), 치지(致知), 성의(誠意), 정심(正心), 수신(修身), 제가(齊家), 치국(治國), 평천하(平天下)의 차례대로 행하는 모

를 미리 세우는 것은 종묘사직을 중히 여기기 위한 것이고 천하를 잊지 않는 것이다.〔豫建太子, 所以重宗廟社稷, 不忘天下也.〕"라고 하자, 문제가 처음에는 이를 반대하였다가 결국 받아들여 훗날 경제(景帝)가 되는 유계(劉啓)를 태자로 세운 것을 말한다. 《儀禮經傳通解 卷4》《史記 卷10 孝文本紀》

62 이해……맞아 : 1875년 이해의 간지가 태조 이성계가 태어난 해인 1335년과 똑같이 을해년이기 때문에 이렇게 말한 것이다.

63 덕을……근원이다 : 홍범구주의 오복에 '덕을 좋아함〔攸好德〕'을 비롯하여 장수〔壽〕, 부(富), 강녕(康寧), 명을 잘 마침〔考終命〕이 있다. 《書經 周書 洪範》

64 효(孝)는……없다 : 《중용장구》 제19장에 공자가 문왕(文王)과 주공(周公)의 효를 칭송하면서 "효는 부모의 뜻을 잘 계승하며, 부모의 일을 잘 따르는 것이다.〔夫孝者, 善繼人之志, 善述人之事者也.〕"라고 하였다.

65 봄에는……것이니 : 《예기》 〈왕제(王制)〉에 "악정(樂正)은 네 가지 방도를 숭상하여 네 가지 가르침을 세우고 선왕의 시서예악에 따라 선비를 양성하되, 봄과 가을에는 예와 악을, 겨울과 여름에는 시와 서를 가르친다.〔樂正崇四術, 立四教, 順先王詩書禮樂以造士, 春秋教以禮樂, 冬夏教以詩書.〕"라는 내용이 보인다.

든 공부는 직분상 해야 할 것이고 본래 가지고 있는 것이며, 요(堯), 순(舜), 우(禹), 탕(湯), 문왕(文王), 무왕(武王), 주공(周公), 공자(孔子)가 전한 법과 같은 것은 인심(人心)은 위태롭고 도심(道心)은 은미하다[66]는 말에서 반드시 살펴야 한다. 검약의 덕을 신중히 행하여 완호(玩好)하는 물품들을 없애며, 관대함으로 아랫사람을 다스리되 말을 교묘하게 잘하는 사람을 멀리해야 한다.

행하면 법이 되고 움직이면 도가 되도록 할 것이니[67] 확충해야 할 것은 양지(良知)와 양능(良能)[68]이다. 들어가면 보(保)가 있고 나오면 사(師)가 있으니[69] 늘 보고 들어야 할 것은 바른말과 바른 일이다. 깊은 못에 임한 듯, 얇은 얼음을 밟는 듯 조심해야 하니[70] 책봉하는 글을 혹여라도 소홀히 할 수 있겠으며, 점점 차오르는 초승달처럼, 처음 솟아나는 해처럼[71] 나날이 발전하리니 네가 받은 복록에 걸맞지 않음이 없어야 할 것이다.

66 인심(人心)은……은미하다 : 《서경》 〈우서(虞書) 대우모(大禹謨)〉에 나온다.

67 행하면……것이니 : 《중용장구》 제29장에 "군자는 움직이면 대대로 천하의 도가 되고, 행하면 대대로 천하의 법이 되며, 말하면 대대로 천하의 준칙이 된다.〔君子動而世爲天下道, 行而世爲天下法, 言而世爲天下則.〕"라는 내용이 보인다.

68 양지(良知)와 양능(良能) : '양지'는 사람이 생각하지 않고도 아는 것이고, '양능'은 배우지 않고도 할 수 있는 것이다. 《孟子 盡心上》

69 들어가면……있으니 : '보(保)'와 '사(師)'는 고대에 제왕을 보필하며 왕실의 자제를 가르치던 관원이다.

70 깊은……하니 : 《시경》 〈소아(小雅) 소민(小旻)〉에 나온다.

71 점점……해처럼 : 《시경》 〈소아(小雅) 천보(天保)〉에 나온다.

대왕대비전께 존호를 가상할 때의 옥책문[72]

大王大妃殿加上尊號玉冊文

영광되이 국모의 자리에 계신 지 50년이 되니[73] 억만년의 기초가 올해부터 시작될 것이며, 자전의 춘추가 꼭 칠순이 되니 13책에 또 1책을 더합니다.[74] 실로 상법(常法)을 따라서 커다란 은혜에 보답하는 바입니다.

삼가 생각건대 대왕대비 전하께서는 정숙하고 온순한 자질과 두루 포용해 주고 드넓은 기상을 지니셨습니다. 황색 치마의 덕이 길함에 부합하니[75] 요(堯) 임금을 대신하여 정사를 행하신 순(舜) 임금을 도우

72 대왕대비전께……옥책문 : 저자가 63세 때인 1876년(고종13)에 대왕대비전 옥책문 제술관으로서 지은 글이다. 1877년 1월 7일 경복궁 근정전(勤政殿)에서 고종은 칠순을 맞이한 신정왕후(神貞王后, 1808～1890)에게 '수녕(壽寧)'이라는 존호를 가상(加上)하였다. 또한 익종(翼宗)으로 추존된 효명세자(孝明世子)에게 '건대 곤후 광업 영조(乾大坤厚廣業永祚)'라는 존호를 추상(追上)하였다. 신정왕후는 순조의 세자인 효명세자의 비로, 본관은 풍양(豐壤)이며, 이조 판서 조만영(趙萬永)의 딸이다. 1819년(순조19) 세자빈에 책봉되고, 1834년(헌종 즉위년) 아들 헌종이 즉위하자 왕대비가 되었으며, 1857년(철종8) 대왕대비로 진봉되었다. 《高宗實錄 27年 8月 30日 神貞王后行狀》《承政院日記 高宗 13年 11月 11日, 14年 1月 7日》

73 영광되이……되니 : 효명세자가 대리청정을 시작한 1827년(순조27)부터 이 옥책문을 지은 1876년(고종13)까지 따지면 50년이 된다.

74 13책에……더합니다 : 신정왕후는 1877년 이전에 13책에 걸쳐 '효유 헌성 선경 정인 자혜 홍덕 순화 문광 원성 숙렬 명수 협천 융목(孝裕獻聖宣敬正仁慈惠弘德純化文光元成肅烈明粹協天隆穆)'이라는 존호를 받았다. 《高宗實錄 27年 8月 30日 神貞王后行狀》

75 황색……부합하니 : '황색 치마의 덕'은 부덕(婦德)을 비유하는 말이다. 《주역》

셨으며,[76] 태자를 구하여 상서로움을 기르셨으니[77] 문왕(文王)의 훌륭함을 크게 계승한 무왕(武王)의 공렬을 열어 주신 것입니다.

검소한 차림으로 아름다운 규범을 보여 주셨으니 왕후의 덕이 더없이 성대하였으며, 아름다운 덕을 계승하여 기쁜 낯빛으로 봉양하셨으니 부녀자의 도가 이에 지극하였습니다. 비록 중전으로 온화한 교화를 묵묵히 펼쳤으나 은혜롭게 길러 주는 속에서 만백성들이 은택을 입었으며, 종묘사직이 내조의 공에 길이 힘입었으니 바람 불고 벼락 치는 화가 닥친 때에 큰 대책을 정하셨습니다.[78]

아, 동조(東朝 신정왕후)께서 이 크나큰 복을 받으셨기에 즉위 초기부터 우리나라에 큰 터전을 굳게 하였습니다. 우리나라가 이미 안정되고 이미 다스려졌으니 위로 성모(聖母)께서 이루어 주신 공이 원대해서이며, 수렴청정을 한 번 행하고 한 번 거두시니 공이 넓고 넓어 백성들이 무어라 형용하지 못합니다.[79] 부지런하고 검소하며 공경하고 효도하는

〈곤괘(坤卦 ䷁) 육오(六五)〉에 "황색 치마처럼 하면 크게 선하여 길하리라.〔黃裳, 元吉.〕"라고 하였다.

76 요(堯)……도우셨으며 : 효명세자는 1827년(순조27)부터 1830년(순조30)까지 순조를 대신하여 정사를 다스렸는데, 신정왕후가 이 시기에 내조하였음을 말한다.

77 태자를……기르셨으니 : 왕통을 이을 장남의 탄생을 기다렸다는 말이다. 헌종은 1827년 7월 18일 창경궁의 경춘전(景春殿)에서 태어났는데, 신정왕후가 효명세자에게서 옥을 아로새긴 나무를 담은 갑(匣)을 받는 태몽을 꾸고 나서 잉태하였고, 태어난 날에 한 무리의 학(鶴)이 전(殿) 위에서 날아서 오래 돌다가 갔기 때문에 궁중 사람들이 기이하게 여겼다.《憲宗實錄 憲宗大王行狀》

78 바람……정하셨습니다 : 신정왕후(神貞王后)가 고종을 익종의 후사로 삼아 왕위를 계승하도록 한 일을 가리킨다. 302쪽 주29 참조.

79 공이……못합니다 : 저본에는 '탕호민무능언명(蕩乎民無能焉名)'으로 되어 있는

남은 덕을 미루어 넓혀서 후손을 정도(正道)로써 도와주셨고, 정령(政令)을 내리고 조처할 때 아! 선왕을 잊지 않으셨습니다.

이에 큰 명을 공경하여 지금까지 아름다운 명을 갖고 계시니, 의당 원대한 복이 내려와 날이 부족할 것입니다. 옥체가 항상 강녕하시니 색동옷 입고 음식을 살피는 정성을 바칠 수 있으며,[80] 보령이 끝이 없으시니 엿을 물고 원손의 재롱을 보시는 기쁨[81]을 드리게 되었습니다.

마침 천 년에 한 번 있을 때를 만나서 이에 자전께서 '기(耆)'라고 칭하는 칠순을 바라보는 연세[82]가 되셨습니다. 인원왕후(仁元王后) 병인년 때와 부합하니 이 경사는 500년 역사에 두 번째로 있는 일이며,[83]

데, 《논어》 〈태백(泰伯)〉에 근거하여 '언명(焉名)'을 '명언(名焉)'으로 바로잡아 번역하였다. 공자가 요 임금의 덕을 찬탄하여 "그 공이 넓고 넓어 백성들이 무어라 형용하지 못하는구나.〔蕩蕩乎民無能名焉.〕"라고 하였다.

80 색동옷……있으며 : 어버이에게 효도를 다한 것을 말한다. 춘추 시대 초(楚)나라 사람인 노래자(老萊子)가 일흔 살의 나이에도 색동옷을 입고 어린아이처럼 재롱을 부려 어버이를 기쁘게 해드린 고사가 전한다. 또 주나라 문왕(文王)은 세자로 있을 때 부친 왕계(王季)에게 음식을 올리면서 반드시 찬지 따뜻한지를 살폈다고 한다. 《初學記 卷17 引 孝子傳》《禮記 文王世子》

81 엿을……기쁨 : 1874년(고종11) 2월 8일 훗날의 순종인 세자가 태어났기 때문에 이렇게 말한 것이다. '엿을 물고' 운운은 한가로이 지내는 모습을 형용한 말로, 310쪽 주58 참조.

82 기(耆)라고……연세 : 《예기》 〈곡례 상(曲禮上)〉에 "50을 애라 하니 국정에 참여하며, 60을 기라 하니 사람을 지시하여 부린다.〔五十曰艾, 服官政, 六十曰耆, 指使.〕"라고 하였는데, 여기서는 '기'를 60, 70세로 통칭하여 쓴 듯하다.

83 인원왕후(仁元王后)……일이며 : 1746년(영조22) 병인년 1월 1일 숙종의 두 번째 계비인 인원왕후 김씨(金氏, 1687~1757)의 60세 되는 해를 진하하며 영조가 인정전에서 하례를 올렸다. 인원왕후가 대왕대비로서 71세를 살았는데, 그 뒤로 신정왕후가 다시 칠순이 되었기 때문에 이렇게 말한 것이다. 《英祖實錄》

변변찮은 자식의 직분을 돌아보건대 존호를 청하는 것은 억조창생과 똑같은 마음입니다. 우리나라의 예법에도 적합하니 비록 예(禮)의 형식을 잘 갖추기를 원했으나, 자전의 뜻을 따르느라 이에 궁중의 연회가 조금 늦어졌습니다.

성대한 전례는 하늘 같은 덕을 묘사하는 데 감히 늦었으나 저의 작은 정성은 날을 아끼는 마음[84]이 한층 더 간절합니다. 황조의 고사를 계승하여 사관이 붉은 붓으로 기록해 선양하며, 예실(禰室)[85]의 큰 은덕을 기리며 붉은 현의 거문고 소리에 맞추어 선창하고 화답합니다. 동지(冬至) 때 논의하여 정하였으니 길일을 가려 이에 행하는 것이고, 맹춘(孟春)에 예가 이루어지니[86] 북당(北堂)[87]을 바라보며 보답하고자 합니다. 삼가 옥책과 금보(金寶)를 올려 '수녕(壽寧)'이라는 존호를 더 올립니다. 오복(五福) 중에 장수〔壽〕를 거두어 백성들에게 내려 주시고, 땅은 순일한 덕을 얻어 편안하니[88] 능히 두터운 땅의 덕과 짝이 되십니다.

84 날을 아끼는 마음 : 부모를 모실 날이 얼마 남지 않았기에 날을 아끼며 효도를 다하는 것을 말한다. 《논어》 〈이인(里仁)〉에 "부모의 나이는 알지 않으면 안 되니, 한편으로는 기쁘고 한편으로는 두렵다.〔父母之年, 不可不知也. 一則以喜, 一則以懼.〕"라는 내용이 보이는데, 주희(朱熹)의 주에 "항상 부모의 나이를 알고 있으면 이미 장수하신 것이 기쁘고 또 노쇠하신 것이 두려워서 날을 아끼는 정성을 저절로 그만둘 수 없게 될 것이다."라고 하였다.

85 예실(禰室) : 아버지의 사당을 뜻한다. 여기서는 익종(翼宗, 효명세자)의 사당을 말하는데, 고종이 익종의 아들로 입적되었기 때문에 이렇게 칭한 것이다.

86 동지(冬至)……이루어지니 : 1876년(고종13) 12월 23일 대왕대비에게 존호를 올리는 길일을 정하고, 이듬해 1월 7일 경복궁 근정전(勤政殿)에서 의식이 거행되었다. 《承政院日記》

87 북당(北堂) : 대왕대비가 거처하는 곳으로, 신정왕후를 가리킨다.

삼가 바라건대[89] 길이 복록을 맞이하여 아로새긴 옥책에 크게 응하소서. 종경(鐘磬)과 금슬(琴瑟)에 입혀 노래하니 사랑을 받으신 대왕대비의 명성이 전파되며, 산마루처럼 구릉처럼 오래 사시기를 송축하니 자손이 창대해지는 큰 복이 불어나소서.

88 땅은……편안하니 : 《노자(老子)》 39장에 "하늘은 '일'을 얻어 천상을 드리울 만큼 맑고, 땅은 '일'을 얻어 편안하여 흔들리지 않고,……임금은 '일'을 얻어 천하에 모범이 된다.〔天得一以淸, 地得一以寧,……侯王得一以爲天下貞.〕"라고 하였는데, 임희일(林希逸)의 주에 따르면 '일(一)'은 '순일한 덕'을 말한다.

89 삼가 바라건대 : 저본에는 '화유(化惟)'로 되어 있는데, 《일성록》 고종 14년 1월 7일 기사에 근거하여 '화(化)'를 '복(伏)'으로 바로잡아 번역하였다.

철인왕비 시책문[90]

哲仁王妃諡冊文

의리는 왕통을 잇는 것을 중하게 여기니[91] 괴어(騩馭)[92]를 부여잡고 애통해하며, 행실은 이름을 바꾸는 것을 귀하게 여기니 책문을 갖추어 시호를 현양합니다. 어찌 감히 높이 보답한다고 하겠습니까. 다만 절절히 오열하며 울부짖을 뿐입니다.

삼가 생각건대 명순 휘성 정원 수녕 대행대비(明純徽聖正元粹寧大行大妃)께서는 타고난 품성이 아름답게 부드럽고 마음가짐이 깊고 조용하셨습니다. 절의로 세상에 이름나고 집안에서의 가르침을 전해 받으셨으니 문정공(文正公), 문충공(文忠公), 문간공(文簡公)[93]이 대대로

90 철인왕비(哲仁王妃) 시책문 : 저자가 65세 때인 1878년(고종15)에 시책문 제술관으로서 지은 글이다. 동년 5월 12일 철종의 비인 철인왕후가 창경궁 양화당(養和堂)에서 승하하였다. 철인왕후는 본관은 안동(安東)이며, 부친은 영은부원군(永恩府院君) 김문근(金汶根)이다. 1837년(헌종3) 3월 23일에 태어나 1851년(철종2) 왕비에 책봉되었고, 1863년(고종 즉위년) 12월 13일 대비가 되었다. 《高宗實錄 15年 9月 18日 大行大妃誌文》《承政院日記 高宗 15年 5月 13日》

91 의리는……여기니 : 철종이 사도세자의 서자 은언군(恩彦君)의 손자로, 순조의 후사로 입적되어 왕위에 올랐기 때문에 이렇게 말한 것이다.

92 괴어(騩馭) : 검은 말인 괴마(騩馬) 여섯 필이 끄는 수레라는 뜻으로, 황후가 타는 수레이다. 여기서는 철인왕후의 영구(靈柩)를 말한다. 《진서(晉書)》 권19 〈예지 상(禮志上)〉에 "황후는……푸른 옷을 입고 기름으로 칠한 운모 안거(雲母安車)를 타는데 여섯 필의 괴마가 끌었다.〔皇后……衣青衣, 乘油畫雲母安車, 駕六騩馬.〕"라는 내용이 보인다.

93 문정공(文正公), 문충공(文忠公), 문간공(文簡公) : 문정공은 김상헌(金尙憲)이

전한 것이며, 순원왕후(純元王后)께서 선을 쌓아 복을 남기시고 효현왕후(孝顯王后)도 선대의 아름다움을 이어받았으니 태강(太姜), 태임(太任), 태사(太姒)가 한 가문에 모두 탄생하신 것입니다.[94]

어릴 때의 위의는 성인의 법도에 맞아서 여스승이 가르치기 전에 알았고, 심오한 뜻은 초학자의 책에서 깨달아 매번 《여범(女範)》[95]으로 준칙을 삼으셨습니다. 선왕께서 잠저(潛邸)에서 왕통을 이어받으시니[96] 아, 즉위 초년에 위수(渭水)의 다리에서 친영하여 길상을 정하셨습니다.[97] 기쁜 얼굴빛과 부드러운 목소리로 장수하시는 모후를 받

고, 문충공은 김상용(金尙容)이고, 문간공은 김양행(金亮行)으로, 안동 김씨인 철인왕후의 선조들이다.

94 순원왕후(純元王后)께서……것입니다 : 순조의 비인 순원왕후, 헌종의 원비(元妃)인 효현왕후(孝顯王后), 철종의 비인 철인왕후가 모두 안동 김씨이기 때문에 이렇게 말한 것이다. 《시경》 〈대아(大雅) 사제(思齊)〉에 "엄숙한 태임이 문왕의 어머니이시니, 주강에게 사랑을 받아 주나라 왕실의 며느리가 되셨네. 태사가 그 아름다운 명성을 이으시니 아들이 100명이나 되도다.〔思齊大任, 文王之母. 思媚周姜, 京室之婦. 大姒嗣徽音, 則百斯男.〕"라고 하였다. 태사(太姒)는 문왕의 비이고, 주강은 태강(太姜)으로 태사의 시할머니이며 태임(太任)은 시어머니이다.

95 여범(女範) : 명나라 때의 왕절부(王節婦)인 유씨(劉氏)가 지은 책 이름이다. 왕절부는 《여사서(女四書)》를 주해한 왕상(王相)의 어머니이다.

96 선왕께서……이어받으시니 : 1849년(헌종15) 6월 6일 대왕대비인 순원왕후가 '영조의 혈통인 이원범(李元範)에게 종묘사직을 의탁한다.'라는 내용으로 하교하여, 이때 강화(江華)에 살고 있었던 철종이 임금의 자리에 오른 일을 말한다. '잠저(潛邸)'는 임금이 즉위하기 전에 살던 집으로, 철종이 살았던 강화도의 사저를 말한다. 《憲宗實錄》

97 즉위……정하셨습니다 : 철인왕후는 1851년(철종2)에 초간택되어 혼인하였다. '위수(渭水)의 다리' 운운은 길일을 정하여 친영하는 예를 행함을 말하는데, 《시경》 〈대아(大雅) 대명(大明)〉에 "예(禮)로 그 길상을 정하시고 위수(渭水)에서 친영하사, 배를 만들어 다리를 놓으시니 그 빛이 드러나지 않을까.〔文定厥祥, 親迎于渭. 造舟爲

들어서 평소 집에 거처할 때는 공경을 지극히 하고 즐거움을 다하여 봉양하셨습니다. 좋은 말씀과 훌륭한 내정으로 성군(聖君)을 도우셔서 부유하면서도 검소하고 존귀하면서도 부지런하셨습니다.

종묘에서 제사를 올리니 〈채빈(采蘋)〉[98]처럼 선왕께 제향을 드리는 예식을 경건하게 거행하셨으며, 교화가 중궁에서부터 행해지니 〈규목(樛木)〉[99]처럼 아랫사람에게 두루 은혜를 베푸신 것을 노래합니다. 살리기를 좋아하는 덕을 미루어 넓히시니 만물이 이에 이루어졌고, 두텁게 베풀어 주는 공을 두루 펴시니 삼등(三登)의 태평 시절이었습니다.[100] 이알(裏謁)이 조정에 행해지지 않고 외언(外言)이 문지방 안에 들어오지 않으니,[101] 이는 한(漢)나라 때 외척에 대해 탁룡(濯龍)의 문을 경계한 것과 같으며,[102] 부직(婦職)은 왕을 모시는 여자에게 모범

梁, 不顯其光.〕"라는 구절이 보인다. 《高宗實錄 15年 9月 18日 大行大妃誌文》

98 채빈(采蘋) : 《시경》 〈소남(召南)〉의 편명으로, 대부(大夫)의 아내가 제사를 잘 받든 것을 칭송한 시이다.

99 규목(樛木) : 《시경》 〈주남(周南)〉의 편명으로, 후비가 질투하는 마음이 없어 후궁들에게 두루 은혜를 베푼 것을 칭송한 시이다.

100 삼등(三登)의 태평 시절이었습니다 : '삼등'은 27년 동안 연속하여 오곡이 풍년 드는 것인데, 여기서는 철인왕후가 왕비로 있은 27년간 태평한 시기였다고 말한 것으로 보인다.

101 이알(裏謁)이……않으니 : '이알'은 임금의 총애를 받는 여인을 통해서 청탁하는 것을 말하는데, 《신당서(新唐書)》 〈후비전(后妃傳)〉 서문에 "훌륭한 덕이 있는 임금은 장막 안이 엄숙하고 깊숙해서 이알이 조정을 어지럽히도록 하지 않으며 외언은 문지방 안에 들이지 않는다.〔盛德之君, 帷薄嚴奧, 裏謁不忏於朝, 外言不內諸閫.〕"라고 하였다. 또 《예기》 〈곡례 상(曲禮上)〉에 "외언이 문지방 안에 들어오지 않고 내언이 문지방 밖으로 나가지 않는다.〔外言不入於梱, 內言不出於梱.〕"라는 내용이 보인다.

102 한(漢)나라……같으며 : '한나라가' 운운은, 후한(後漢) 명제(明帝)의 비인 명덕

이 되고 부녀자의 예를 빈(嬪)에게 가르치셨으니, 이는 주(周)나라 때 왕후가 누에씨를 씻는 일을 행하는 관사를 가까이한 것과 같습니다.

하늘이 도와서 반드시 남은 경사가 있어야 할 것[103]이나 나라의 운세가 많은 어려움을 감당할 수 없었던 데야 어찌하겠습니까. 지난번에 계해년(1863, 철종14)의 변무(辨誣) 때에는 옥책(玉冊)을 선왕에게도 아울러 올렸는데,[104] 그해 12월에 하늘이 재앙을 내려 갑자기 오호통재의 한을 끌어안을 줄 어찌 생각이나 했겠습니까.[105] 이때 지극한 애통함을 애써 억눌러서 자전께서 왕통을 보호하셨던 마음을 깊이 본받으셨고, 큰 계책을 묵묵히 도우시어 종묘사직의 안위가 달린 기틀을 살피셨

황후(明德皇后) 마씨(馬氏)가 탁룡원(濯龍園)에 잠실(蠶室)을 설치하여 누에를 치고, 신하들이 외척(外戚)에게 관작을 봉할 것을 청하자 말하기를 "내가 탁룡에 들렀을 적에 문안하러 온 친정의 사람들을 보니 너무 사치스러워 경계하였다."라고 한 고사를 말한다. 여기서는 철인왕후가 권력을 이용하여 친정 사람들이 요청한 일에 관여하지 않았음을 말한다.

103 반드시……것 : 《주역》 〈곤괘(坤卦) 문언(文言)〉의 "선을 쌓은 집에는 반드시 남은 경사가 있다.〔積善之家, 必有餘慶.〕"라는 구절을 원용한 것이다.

104 지난번에……올렸는데 : 1863년(철종14) 5월 조선의 종계(宗系)가 잘못 기록된 것을 바로잡아 주기를 중국에 청하여 허락받은 뒤 철종과 철인왕후(哲仁王后) 및 대왕대비인 신정왕후(神貞王后)와 왕대비인 효정왕후(孝定王后)에게 옥책을 올렸다. '계해년의 변무'는 《이십일사약편(二十一史約編)》에 잘못 기록된 국계(國系)를 바로잡은 일을 가리킨다. 《이십일사약편》은 중국인 정원경(鄭元慶)이 지은 책이다. 이 책에 이전대로 왕위 계보가 잘못 기재되어 있어서 조정에서 다시 바로잡아 주기를 청하였는데, 동년 5월에 청나라 예부(禮部)에서 이를 수용하였다. 《哲宗實錄 14年 1月 8日, 11月 27日》 《高宗實錄 1年 4月 7日 哲宗大王誌文》

105 그해……했겠습니까 : 철종이 1863년 12월 8일 창덕궁 대조전(大造殿)에서 승하한 일을 말한다. 《哲宗實錄》

습니다.[106]

변변찮고 미미한 몸이 임금이 되어서는 자식처럼 여겨 사랑해 주시는 은혜를 받았습니다. 먹고 마시며 일상생활을 할 때 늘 검소하고 아껴 쓰려고 하셨으니 어느덧 이제 15년이 되었고, 정령과 조처를 행할 때마다 곳에 따라 곡진히 가르쳐 주셨으니 한두 가지 일에 그치지 않았습니다. 몸에 붙이는 것은 화려한 것들을 물리치셨으니[107] 현숙한 왕비가 깨끗이 빤 옷을 입은 일에 부합하며, 눈물을 흘리면서 《오륜행실도(五倫行實圖)》의 글을 읽으셨으니[108] 효자가 〈육아(蓼莪)〉 시편을 폐한 일[109]보다 더한 것이었습니다.

망오(望五)의 경사를 축하하는 잔치[110]를 연 뒤 천수를 누리는 큰

106 큰……살피셨습니다 : 고종으로 후사를 정한 일을 말한다. 302쪽 주29 참조.

107 몸에……물리치셨으니 : 철인왕후의 검소한 차림과 생활을 언급한 것이다. 철인왕후에 대한 지문(誌文)에 "비단옷을 입지 않았으며, 겨울에는 무명옷을 입고 여름에는 모시옷을 입었다. 검소함을 좋아하는 덕은 옛날의 왕비들에게도 전혀 없던 일이었다."라는 내용이 보인다. 《高宗實錄 15年 9月 18日》

108 눈물을……읽으셨으니 : 철인왕후에 대한 지문에 "경서(經書)와 사서(史書)를 항상 보았는데 늘 《오륜행실도(五倫行實圖)》의 〈효자편(孝子編)〉을 읽다가 문득 여러 차례 눈물을 흘렸습니다."라고 하였는데, 이는 순원왕후(純元王后)를 7년밖에 모시지 못하였기 때문에 몹시 애통하게 여겨서라고 하였다. 《高宗實錄 15年 9月 18日》

109 효자가……일 : 〈육아(蓼莪)〉는 《시경》 〈소아(小雅)〉의 편명으로, 부모가 자식을 키우느라 고생한 일을 떠올리면서 자식이 효도를 하지 못한 슬픔을 표현한 내용이다. '효자'는 진(晉)나라 무제(武帝) 때 사람 왕부(王裒)로, 부친 왕의(王儀)가 사마소(司馬昭)에게 죽임을 당하였는데, 《시경》을 읽다가 〈육아〉의 "슬프고 슬프다 부모여, 나를 낳으시느라 몹시 수고롭고 병드셨도다.〔哀哀父母, 生我劬瘁.〕"라는 구절에 이르면 책을 덮고 울었으므로 문인들이 이 시를 읽지 않았다는 고사가 전한다. 《晉書 卷88 王裒列傳》

110 망오(望五)의……잔치 : 1877년(고종14) 1월 1일 경복궁 근정전(勤政殿)에서

복을 빌었는데, 뜻밖에 옥체가 잠깐 사이에 나빠져서 갑자기 패옥 소리가 영영 그치게 되어 놀랐습니다. 지난날 무지개가 빛나는 상서가 나타난 때[111]에는 수많은 관원이 구름처럼 경하드리는 성심을 바쳤는데, 한밤중에 우레가 쳐서 재앙의 전조를 알린 것[112]이 어찌 만백성이 눈물을 비 오듯 흘리는 조짐이 된 것입니까.

다행히 새 능침을 예전에 선왕(先王 철종)을 모신 능침에 모시는 것으로 정하였으니, 더구나 합장하라는 유지(遺志)가 있었던 데야 말해 무엇하겠습니까. 용이 서린 곳에 울창한 기운이 서려 있으니 이 터는 신령이 아껴 두고 귀신이 감추어 둔 곳이며, 부우산(鮒隅山)에 정령이 쌓여 있으니[113] 이는 천리와 인정을 따른 것입니다. 창오산(蒼梧山)[114]이 멀리 눈에 들어오는 것이 슬프니 지난 일을 차마 말할 수 있겠습니

41세가 된 철인왕후에게 전문과 표리를 올린 일이 있다.《高宗實錄》

111 지난날……때 : 1851년(철종2)의 초간택(初揀擇) 며칠 전에 상서로운 무지개가 연달아 대청 앞 물항아리에 보였다는 일화가 있다.《高宗實錄 15年 9月 18日》

112 한밤중에……것 : 철인왕후에 대한 지문에 따르면, 왕후가 죽기 하루 전인 5월 11일 한밤중에 우렛소리가 나자 증세가 갑자기 심각해졌는데, 좌우에 있는 사람들에게 "우렛소리가 어찌 저리 큰가?"라고 하였으며, 12일 새벽이 되자 소리가 더욱 요란해지면서 보무(寶婺)가 갑자기 빛을 잃었다. 보무는 무녀성(婺女星)으로, 여성의 운수를 관장하는 별자리이다.《高宗實錄 15年 9月 18日》

113 부우산(鮒隅山)에……있으니 : '부우산'은 전욱(顓頊)과 9명의 빈(嬪)을 장례 지낸 산 이름이다. 중국 상고의 임금 전욱이 이 산의 양지에 묻히고 9명의 빈이 음지에 묻혔기 때문에 흔히 왕과 왕비의 합장릉을 뜻한다.《山海經 大荒北經》

114 창오산(蒼梧山) : 순(舜) 임금이 남쪽으로 순수(巡狩)하다가 창오의 들에서 붕어하여 이곳에 장사 지냈던 데서 선왕의 능침을 가리키는데, 여기서는 철종과 철인왕후의 능침을 말한다. 철종과 철인왕후 김씨의 능인 예릉(睿陵)은 경기도 고양시 서삼릉에 있다.

까. 천상의 백옥 난간에서 두 분이 함께 꽃을 감상하는 모습[115]을 상상해 보건대 완연히 평상시 그대로일 듯합니다.

무릇 초상을 치르고 고인을 높이려는 성심[116]을 가지고서 어찌 큰 행실이 있는 사람이 큰 이름을 받는 예[117]를 늦출 수 있겠습니까. 해와 달처럼 밝고 하늘과 땅처럼 넓기에 비록 그 덕을 다 형용하기 어려우나, 금석(金石)에 새기고 사서(史書)에 남기면 후세 사람들이 믿을 수 있는 근거가 될 것입니다. 실로 상전(常典)을 따라 시호를 올리며 이에 성대한 의식을 거행하여 유택(幽宅)을 꾸밉니다.

삼가 옥책과 금보(金寶)를 받들어 '경헌 장목(敬獻莊穆)'이라는 존호를 올리고 '철인(哲仁)'이라는 시호를 올립니다. 행동거지는 오직 공경히 하였고〔敬〕 '헌(獻)'은 명철함을 이른 것이며, 위의는 장중하였고〔莊〕 '목(穆)'은 생각이 심원한 것입니다. 어진 이를 추천하고 관직을 살폈으니 사람을 알면 명철〔哲〕하기 때문이며, 온화함을 실천하고 온순함을 바치셨으니 그 어짊〔仁〕이 하늘과 같으셨습니다.

삼가 바라건대 영령께서 밝게 흠향하시기를 우러러 바라니 작은 정

115 천상의……모습 : 죽은 왕과 왕비가 함께 하늘나라에 있는 것을 표현한 말이다. 송(宋)나라 신종(神宗)이 태황태후인 자성광헌황후(慈聖光獻皇后)가 승하하였을 때 죽은 사람을 살릴 수 있는 자를 불러 신술(神術)을 시험하게 하였는데, 응험이 없자 그자가 말하기를 "태황태후께서 지금 인종과 연회를 하시고 백옥 난간에 임하여 모란을 감상하면서 다시 인간 세상에 돌아오실 뜻이 없습니다.〔太皇太后方與仁宗宴, 臨白玉欄干, 賞牡丹, 無意復來人間也.〕"라고 하였다는 고사가 전한다.

116 초상을……성심 : 대행대비의 초상을 치르고 나서 시책문을 올리는 의식을 거행하게 되었음을 말한다.

117 큰 행실이……예 : '큰 이름'은 시호(諡號)를 뜻하는 것으로, 철인왕후에게 시호를 올리는 예를 거행하게 되었음을 말한다.

성에 굽어 이르소서. 큰 덕을 지닌 이는 반드시 그에 걸맞은 이름을 얻어야 하니[118] 존귀한 칭호는 모든 성인들에게 질정해도 의심하지 않으며, 우리나라가 오래된 나라이기는 하지만 천명을 받은 것은 새로우니[119] 신령의 보호가 만대토록 변함없이 이어지소서. 아! 애통합니다.

118 큰……하니 : 《중용장구》 제17장에 보인다. 302쪽 주28 참조.

119 우리나라가……새로우니 : 《시경》 〈대아(大雅) 문왕(文王)〉의 "주나라가 오래된 나라이기는 하지만 천명을 받은 것은 새롭도다.〔周雖舊邦, 其命維新.〕"라는 구절을 원용한 것이다.

순조대왕께 존호를 추상할 때의 옥책문[120]

純祖大王追上尊號玉冊文

삼가 아룁니다. 노(魯)나라 사당에서 장수하시는 모후의 복록을 송축하니 위수(渭水)의 다리에서 친영한 주기(周紀)가 돌아왔으며,[121] 은(殷)나라 명당(明堂)에서 열조(烈祖)의 영령을 기쁘게 하니 대종산(岱宗山)에서 올린 옥책함(玉冊函)을 받들고 휘호를 선양하였습니다.[122] 빛나는 전례를 살펴보니 실정과 형식이 참으로 합치되고, 찬란한 옥책을 받드니 감회와 사모함이 더욱 커집니다.

삼가 생각건대 순조대왕께서는 임금이 되어서 인(仁)에 그치셨으니,[123] 인류가 생긴 이래로 이보다 더 훌륭한 분은 없습니다. 정조대왕

120 순조대왕께……옥책문 : 저자가 1878년(고종15) 순조대왕 옥책문 제술관으로서 지은 글로 추정된다. 고종은 1879년 1월 1일 창덕궁 인정전(仁政殿)에서 신정왕후(神貞王后)의 혼인 60주년을 경하하기 위해 대왕대비 신정왕후에게 존호를 올렸다. 《高宗實錄 16年 1月 1日》《承政院日記 高宗 15年 11月 29日, 16年 1月 2日》

121 노(魯)나라……돌아왔으며 : 신정왕후가 효명세자와 친영한 지 60주년을 맞아 존호를 올리게 된 일을 말한다. '노나라 사당'은 종묘를 비유한 것이고, '장수하시는 모후'는 신정왕후를 말한다. 1878년(고종15) 12월 3일 존호를 올리는 일을 아뢰는 고유제(告由祭)에 대해 논의하여 이듬해 1879년 1월 3일 종묘에 고유제를 올렸다. '위수(渭水)의 다리' 운운에 대해서는 319쪽 주97 참조. 《承政院日記》

122 은(殷)나라……선양하였습니다 : 순조와 순원왕후에게 아울러 존호를 올린 것을 말한다. '은나라 명당(明堂)'의 '명당'은 고대에 천자가 조회와 제사 등의 의식을 거행하던 곳이며, '열조(烈祖)'는 공훈이 큰 선왕이라는 뜻으로 상(商)나라 탕(湯) 임금을 '열조'라고 일컬은 데서 나왔다. '대종산(岱宗山)'은 태산(泰山)을 말한다.

123 인(仁)에 그치셨으니 : 《대학장구》 전(傳) 3장에 "《시경》에 '심원하신 문왕이여,

을 계승하여 상성(上聖)의 자질이 빼어나셨으니 태어난 해가 공자가 태어난 경술년과 일치하며,[124] 순원왕후(純元王后)를 배필로 삼아 내조의 다스림에 힘입었으니 임술년에 도산씨(塗山氏)의 따님을 아내로 맞이하셨습니다.[125] 요(堯) 임금의 덕이 순(舜) 임금의 섭정으로 더 빛나게 되었던 것처럼 효명세자(추존 익종(翼宗))의 부왕으로서 근심이 없으셨으며,[126] 문왕(文王)의 계모는 자손을 위한 훌륭한 계책으로 매우 빛났으니 손자이신 헌종께서 다스리는 도가 있으셨습니다.

조종(祖宗)을 본받아 나랏일에 부지런하고 집안에서 검소하셨으니 모든 행실의 근원인 효도이며, 조정을 바로잡아 편당(偏黨)함이 없고 편벽됨이 없으셨으니 마음은 모든 교화의 근본입니다. 어좌에 계시는 동안 단공(端拱)의 형상이 이루어졌고[127] 현묘한 일〔玄縡〕[128]에 참여하

아! 계속하여 밝혀서 공경하여 그치셨다.'라고 하였으니, 군주가 되어서는 인(仁)에 그쳤다.〔詩云: '穆穆文王, 於緝熙敬止.' 爲人君, 止於仁.〕"라는 내용이 보인다.

124 태어난 해가……일치하며 : 순조는 1790년(정조14) 6월 18일 정묘일에 창경궁 집복헌(集福軒)에서 태어났는데, 이해의 간지가 노 양공(魯襄公) 22년(기원전 551)에 태어난 공자와 똑같은 경술년이다.《純祖實錄 附錄 純祖大王行狀》《史記 卷47 孔子世家》

125 임술년에……맞이하셨습니다 : 임술년은 1802년(순조2) 순조가 순원왕후와 가례를 올린 해이다. 도산(塗山)은 고대의 나라 이름으로,《사기정의(史記正義)》 권2〈하본기(夏本紀)〉에 "내가 신임일에 도산씨에게 장가들었다.〔予辛壬娶塗山.〕"라는 내용이 보인다. 여기서는 '임술년'과 '신임일'의 '임(任)' 자를 원용한 표현인 듯하다.

126 효명세자의……없으셨으며 : 효명세자가 1827년(순조27)부터 1830년(순조30)까지 순조의 명으로 대리청정을 한 일을 말한다.

127 단공(端拱)의 형상이 이루어졌고 : 임금이 가만히 앉아 있어도 백성들이 감화되어 저절로 세상이 다스려지는 경지를 비유한 것이다. '단공'은 몸을 단정히 하며 공경하고 예가 있는 것으로,《주역》〈계사전 하(繫辭傳下)〉에 "의상을 입고 가만히 앉아 있었으나 천하가 다스려졌다.〔垂衣裳而天下治.〕"라는 내용이 보인다.

시니 백성들을 길러 주는 은혜가 베풀어졌습니다. 한 사람이라도 굶주리면 자신 때문에 굶주리는 것이라 여겨[129] 수재와 한재에 사심 없이 내탕고의 저축을 꺼내셨으며,[130] 백성이 풍족하지 않으면 누구와 더불어 풍족하겠는가라고 하여[131] 산읍(山邑)과 해읍(海邑)에 정공(正供)을 감면해 주셨습니다.[132]

토적(土敵)을 평정하되 반란군의 우두머리만 처형하셨으니,[133] 한

128 현묘한 일〔玄縡〕: 양웅(揚雄)의 〈감천부(甘泉賦)〉의 "상천의 일은 아득하여 알 수 없다.〔上天之縡, 杳旭卉兮.〕"라는 구절을 원용한 듯하다.

129 한……여겨 : 《맹자》 〈이루 하(離婁下)〉에 나온다.

130 수재와……꺼내셨으며 : 1803년(순조3) 겨울에 강화(江華)에 기근이 들자 내탕(內帑)의 저축을 내어 구제하여 주었으며, 1814년(순조14) 경기, 영남, 호남에 기근이 들자 방물(方物), 삭선(朔膳), 갑주(甲胄), 절선(節扇)의 공상(貢上)을 정지하게 하고 내탕고의 재화를 나누어 주어 진휼 재원에 쓰게 하고 관서(關西)의 곡식을 배로 운송하여 경기 백성들을 구휼해 주었다. 《純祖實錄 附錄 純祖大王行狀》

131 백성이……하여 : 《논어》 〈안연(顔淵)〉에 나온다.

132 산읍(山邑)과……주셨습니다 : 1809년(순조9) 호서(湖西)와 호남(湖南)에 심하게 기근이 들자 삼명일(三名日)에 진상하는 방물(方物) 등 각종 공물을 다음 해 맥추(麥秋)까지 봉진(封進)하지 말게 하였다. 또 1812년(순조12) 관서(關西) 지역의 소요가 평정된 뒤 백성들을 편안하게 한다는 뜻에서 진헌(進獻)을 정지하거나 견감하도록 하였으며, 납부 기한을 물려준 환곡이나 포흠(逋欠) 난 환곡도 탕감해 주었다. 《純祖實錄 附錄 純祖大王行狀》

133 토적(土敵)을……처형하셨으니 : 홍경래(洪景來)가 1811년(순조11) 12월 서북인(西北人)을 차별한 데 불만을 품고 평안도 일대에서 항거하였는데, 이듬해 4월 토벌될 때까지 4개월간 지속되었다. 순조는 "왕사(王師)가 역적을 주벌해야 하지만 나의 백성을 데리고 가서 나의 백성을 살해하는 것이 어떻게 마음에 편할 수 있겠는가."라고 하면서 이 두 전례에 따라 우두머리인 홍경래를 처단한 뒤 반란군에 동조한 백성들에게 관용을 베풀었다. 《純祖實錄 11年 12月 20日, 12年 4月 21日, 附錄 純祖大王行狀》

(漢)나라가 황지(潢池)의 도적들을 안정시킨 일[134]과 같았고, 당(唐)나라가 채주(蔡州) 사람들을 사면한 일[135]과 같았습니다. 서학(西學)을 물리쳐 정학(正學)을 바로잡으셨으니[136] 우(禹) 임금이 홍수를 막은 것과 같았고, 맹자(孟子)가 양묵(楊墨)을 물리친 것과 같았습니다. 이어서 백성들을 위로하고 오게 하며 바로잡아 주고 도와주어서 스스로 본성을 얻게 하셨으니, 이를 일러 총명하고 지혜로우며 신무(神武)하여 죽이지 않는 자[137]라고 하겠습니다.

시행하고 조처하신 일은 저절로 법도에 맞았고 언행은 강물처럼 거침없었으며, 명령하고 교화하신 일은 언제나 성인의 가르침에 합치되

134 한(漢)나라가……일 : 한 선제(漢宣帝)가 발해(渤海) 지역에서 반란을 일으킨 도적들을 다스린 일을 말한다. '황지(潢池)'는 물이 고여 만들어진 작은 못으로, 협소한 곳을 비유한다. 한 선제 때 발해에서 굶주린 백성들이 반란을 일으키자 선제가 공수(龔遂)를 발해 태수로 임명하여 백성들을 안무하게 하였는데, 공수가 발해에 이르러 군병을 해산하고 창고를 열어 백성을 진휼하니 마침내 도적이 다 평정되고 백성들은 편안히 생업에 종사하게 되었다. 《漢書 卷89 循吏傳 龔遂》

135 당(唐)나라가……일 : 배도(裴度)가 황제의 명에 의해 채주(蔡州) 사람들을 사면한 것을 말한다. 당 헌종(唐憲宗) 원화(元和) 9년(814)에 회서절도사(淮西節度使) 오소양(吳少陽)이 죽자, 그의 아들 오원제(吳元濟)가 스스로 채주 자사(蔡州刺史)가 되어 조정에 주청하였는데 허락을 받지 못하자 반란을 일으켰다. 이에 헌종이 배도를 회서선위초토처치사(淮西宣慰招討處置使)로 임명하였는데, 배도는 반란을 진압한 뒤 괴수만 처형하고 아랫사람들은 놓아주었다. 《新唐書 卷173 裴度列傳》

136 서학(西學)을……바로잡으셨으니 : 순조 때 천주교 신자들을 유배하거나 처형한 사건인 1801년(순조1) 신유박해, 1827년(순조27) 정해박해 등이 있어서 이렇게 말한 듯하다.

137 총명하고……자 : 《주역》 〈계사전 상(繫辭傳上)〉에 "그 누가 이에 참여하겠는가. 옛날에 총명하고 예지가 있으며 신무하여 죽이지 않는 자일 것이다.〔其孰能與於此哉. 古之聰明叡知神武而不殺者夫.〕"라는 내용이 보인다.

었고 문장은 저 은하수처럼 우뚝하였습니다. 참으로 대인(大人)으로서 자취가 없는 화(化)의 경지에 이른 성인이시고[138] 진실로 도(道)를 오랫동안 행하여 천하에 교화가 이루어진 분입니다.[139]

하늘을 대신하여 하루이틀 사이에도 많은 정사를 처리하시니 나라를 경영하신 지 34년이 되었습니다. 소박한 궁실에서 해와 같고 구름 같았던 모습[140]이 비록 아득히 멀어졌지만 백성들에게 남기신 은택이 깊으니, 창오산(蒼梧山)에 장사 지낸 뒤 많은 세월이 흘렀건만[141] 지극한 선(善)은 세상을 떠나셨어도 잊지 못합니다. 그리하여 세상에서 옥책을 길이 올리니 열조(列朝)[142]께 바침에 빛이 날 것이며, 선조께 더욱 융성하게 옥책을 올리니 공덕을 수많은 성인께 질정해도 의혹하지 않을 것입니다.

이에 보잘것없는 몸이 국가의 대업(大業)을 공경히 이어받아 온 마음으로 선조의 훌륭한 공적을 드러내고자 합니다. 자전(慈殿)의 춘추가 예로부터 드문 나이인 일흔 보령을 넘으셨고 또 아름다운 때는 출가하신 초년이 돌아왔습니다.[143] 대추를 담은 광주리를 올리던 아름다운

138 대인(大人)으로서……성인이시고 : 《맹자》 〈진심 하(盡心下)〉에 나온다.

139 도(道)……분입니다 : 《주역》 〈항괘(恒卦 ䷟) 단(彖)〉에 나온다.

140 해와……모습 : 《사기(史記)》 권1 〈오제본기(五帝本紀)〉에 요 임금의 덕을 칭송하면서 "제요는……나아가서 보면 해와 같았고, 멀리서 보면 구름 같았다.〔帝堯者……就之如日, 望之如雲.〕"라는 내용이 보인다.

141 창오산(蒼梧山)에……흘렀건만 : 순조는 1834년(순조34) 11월 13일 경희궁 회상전(會祥殿)에서 승하하여 이해 1879년에 세상을 떠난 지 45년이 되었다. '창오산'은 순조의 능인 인릉(仁陵)을 말한다.

142 열조(列朝) : 《일성록》 고종 16년 1월 2일 기사에는 '열조(列祖)'로 되어 있다.

143 자전(慈殿)의……돌아왔습니다 : 신정왕후는 1808년(순조8) 무진년 1월 21일에

의절[144]을 회상컨대 의당 평상시에 양전(兩殿)께서 기뻐하시던 진심을 깊이 헤아려야 할 것이니, 옥책을 담은 함을 올리는 성대한 전례를 거행하려 할 때 어찌 동시에 존호를 올리는 일을 늦출 수 있겠습니까.

선왕께 덕을 보답하고자 하시는 태모(太母)[145]의 생각을 미루어 본다면 더욱 모후처럼 마음을 먹어야 하고, 더구나 효자가 부모님이 생존하신 것처럼 섬기는 정성[146]에 대해 어찌 예법에 없는 예라고 혐의하겠습니까. 성대한 공렬을 모아서 하늘과 같고 태양과 같은 덕을 형상하며, 떳떳한 법을 받들어 옛날을 슬퍼하고 오늘을 기뻐합니다. 이러한 뜻을 선왕께 고하면서 붉은 거문고를 연주하며 탄식을 발하니, 또한 문왕의 어머니 같은 분을 높여서 사관의 붉은 붓으로 찬양하여 휘호를 높이 올립니다.

삼가 존호를 다음과 같이 올립니다. 후인(後人)을 깨우쳐 인도하여 왕통의 존귀함을 의탁하시니〔啓統〕 왕위를 계승할 수 있게 되었으며〔垂曆〕, 중도(中道)를 세워 공화(功化)의 묘리를 운용하셨으니〔建功〕 온 세상이 임금의 교화 속에 넉넉히 들어 있었습니다〔裕範〕.

태어나 1819년(순조19) 기묘년 10월에 왕세자였던 효명세자와 가례를 올렸으니, 이해 1879년(고종16) 기묘년 72세가 되었고 혼인한 지 60년이 되었다. 《純祖實錄》《高宗實錄》

144 대추를……의절 : 혼인한 다음 날 시부모에게 대추를 올리는 예를 말한다. 《의례(儀禮)》 〈사혼례(士昏禮)〉에 "며느리가 대추와 밤을 담은 광주리를 들고서 침문 안으로 들어가 서쪽 계단을 통해 당에 올라가서 시아버지에게 나아가 절을 하고 광주리를 자리 위에 내려놓는다.〔婦執笲棗栗, 自門入, 升自西階, 進拜, 奠于席.〕"라고 하였다.

145 태모(太母) : 대왕대비인 신정왕후 조씨를 말한다.

146 효자가……정성 : 《중용장구》 제19장에 "죽은 분을 섬기기를 산 분을 섬기듯이 하고, 없는 분을 섬기기를 생존한 분을 섬기듯이 하는 것이 효의 지극함이다.〔事死如事生, 事亡如事存, 孝之至也.〕"라는 내용이 보인다.

삼가 바라건대 작은 정성이 위로 닿아서 밝게 살피시어 굽어 흠향하소서. 7대의 사당에서 덕(德)을 볼 수 있으니[147] 저의 제사를 돌아보시며, 만년토록 왕께서는 길이 백성들을 보호하여 번창하고 치성하게 하소서.

147 7대의……있으니 : '7대의 사당'은 임금의 7대의 조상을 모신 사당을 말한다. 《서경》 〈상서(商書) 함유일덕(咸有一德)〉에 "아, 7대의 사당에서 덕(德)을 볼 수 있다.〔嗚呼, 七世之廟, 可以觀德.〕"라는 내용이 있는데, 채침(蔡沈)의 주에 "천자는 칠묘(七廟)이다.……칠묘에 친(親)이 다하면 반드시 체천(遞遷)하는데, 덕이 있는 임금은 체천하지 않기 때문에 7대의 묘를 통해서 덕을 볼 수 있다."라고 하였다.

대사헌 송달수의 상소에 대한 비답[148]

大司憲宋達洙疏批

비답은 다음과 같다.

"상소를 보고 경의 간절한 마음을 잘 알았다. 하늘과 조종(祖宗)께서 우리나라를 보호하시어 우리 원자가 태어났으니 종묘사직이 의탁할 데가 있고 국본(國本)이 태산과 반석처럼 더욱 굳게 되었다. 이때 군신 상하가 경사를 함께하고 있으니 경을 기다리는 생각이 더욱 간절하였다. 이러한 차에 경이 올린 상소 내용을 보니 기쁨과 슬픔이 번갈아 일어난다. 경의 병은 추위 탓인 듯하니 분명 얼마 안 가서 속히 회복될 것이다. 동지(冬至)가 이미 지나서 봄이 머지않으니, 바라건대 더욱 몸조리 잘하고 마음을 돌려 길에 올라서 어전에서 경사를 축하함으로써 경을 애타게 기다리는 내 생각에 부응하라."

148 대사헌……비답(批答) : 저자가 45세 때인 1858년(철종9)에 지은 글이다. 철종은 동년 10월 17일 창덕궁 대조전(大造殿)에서 원자가 태어난 뒤 송달수(宋達洙)를 경연관(經筵官)으로 초치하였다. 이에 송달수가 상소하여 진하(陳賀)를 지체한 죄를 아뢰고 처벌받기를 청하자 철종이 비답을 내린 것이다. 송달수(1808～1858)는 본관은 은진(恩津), 호는 수종재(守宗齋)이며, 송시열(宋時烈)의 후손이다. 송달수는 이해 1858년 12월 1일 51세의 나이로 세상을 떠났는데, 이 상소는 그가 사망하기 전에 올렸으나 《승정원일기》에는 동년 12월 2일 기사에 실려 있으며, 《수종재집》 권2에 〈원자가 탄생한 뒤 진하하며 올리는 소〔元子誕降後陳賀疏(戊午)〕〉라는 제목으로 수록되어 있다. 그리고 1858년에 태어난 원자가 6개월 뒤 1859년(철종10) 4월 23일에 사망하였다는 기록이 《철종실록》에 보인다. 《守宗齋集 卷13 附錄 墓表〔叔弟宋近洙撰〕》 《哲宗實錄 9年 10月 17日 · 12月 1日, 10年 4月 23日》 《承政院日記 哲宗 9年 12月 2日》

좨주 송내희의 상소에 대한 비답[149]

祭酒宋來熙疏批

비답은 다음과 같다.

"상소를 보고 경의 간절한 마음을 잘 알았다. 하늘과 조종(祖宗)이 묵묵히 보우하시어 원자가 탄생하여 국본(國本)이 길이 튼튼해졌으니 함께 축하하는 마음은 상하 군신이 모두 같다. 이때 자리를 비워 놓고 경을 간절히 기다리는 생각에 경이 조정에 나와서 기뻐하며 진하(陳賀)하기를 바랐다. 이러한 차에 경의 상소를 보고서 벼슬에서 물러나 멀리 떠나려는 마음을 돌리지 못함을 알고 이내 상심하였다.

상소에서 진달한 여러 조목으로 말하면 원대한 논의요 유익한 잠언이 아님이 없으니 어찌 가슴에 새겨 두고 늘 기억하지 않겠는가. 다만 경이 이미 이 문성(李文成 이이(李珥))이 우리 성조(聖祖)께 권면한 말을 가지고 훗날 법칙을 취한 근거로 삼도록 하였으니,[150] 그렇다

149 좨주……비답(批答) : 저자가 45세 때인 1858년(철종9)에 지은 글이다. 동년 10월 17일 원자가 탄생하자 12월 3일 송내희(宋來熙)가 성균관 좨주로서 상소하여 진하하고 아울러 성학(聖學)을 권면한 데 대해, 철종이 비답을 내린 것이다. 이 상소의 대략과 비답은 《승정원일기》 철종 9년 12월 3일 기사에 실려 있으며, 또한 송내희의 문집인 《금곡집(錦谷集)》 권3에 〈성상의 학문을 권면하며 올리는 소〔勉聖學疏〕〉라는 제목으로 실려 있다. 송내희(1791～1867)는 본관은 은진(恩津), 자는 자칠(子七), 호는 금곡(錦谷)이다.

150 경이……하였으니 : 송내희가 1858년 12월 3일에 올린 상소에 보인다. 《承政院日記》

면 내가 어찌 선정(先正)의 일로 경에게 기대하지 않겠는가. 더구나 지금 원자의 예지가 날로 일찌감치 이루어지고 있으니, 원자를 일찍 깨우쳐 주는 뜻[151]으로 볼 때 의당 먼저 올바름으로 몸소 이끌어서 내가 부지런히 강학(講學)하는 것을 급선무로 삼아야 하는 것은 참으로 경의 말과 같다.

그런데 덕으로 교화하고 성정을 함양하는 방도는 또한 오직 깊고 넓은 학식을 필요로 한다. 경처럼 덕이 높고 노성(老成)한 사람이 경연(經筵)에 출입하여 나의 부족함을 보좌한다면 자연히 유익한 부분이 아주 많을 터이니, 이를 미루어서 사물을 만나면 가르쳐 주는 것[152]으로 삼겠다. 그리고 선비가 몸에 기물(器物)을 준비해 두는 것은 또한 장차 때를 기다려 쓰고자 함이니,[153] 천 년에 한 번 있는 아주 드문 기회를 만나서 매일 열리는 경연에서 나의 나날이 새로워지는 공부[154]를 이끌어 주는 것은 또한 경이 포부를 펼칠 수 있는

151 원자를……뜻 : 《한서(漢書)》 권48 〈가의전(賈誼傳)〉에 "천하의 운명은 태자에게 달려 있고, 태자가 훌륭하게 되는 것은 일찍 가르치는 일과 좌우를 선발하는 데에 달려 있다.〔天下之命, 縣于太子, 太子之善, 在于早諭教與選左右.〕"라는 내용이 보인다.

152 사물을……것 : 당(唐)나라 태종(太宗)이 시신(侍臣)에게 말하기를, 옛날에 태자(太子)에게 태교(胎教)를 하였다는 말이 있으나 자신은 그럴 겨를이 없었고 다만 "세자에게 사물을 만나면 가르쳐 주었다.〔遇物有誨.〕"라고 하였다. 《貞觀政要 卷4 教戒太子諸王》

153 선비가……함이니 : '기물(器物)'은 학식이나 덕행을 말한다. 《주역》 〈해괘(解卦䷧) 상육(上六)〉을 설명한 괘사(卦辭)에 "군자가 자기 몸에 기물을 보관하여 때를 기다려 움직이면 어찌 불리함이 있겠는가.〔君子藏器於身, 待時而動, 何不利之有?〕"라는 내용이 보인다.

기회이기도 하다.

경은 이른바 항상 자리에 앉아 있는 듯한 대유(大儒)이니 어찌 경과 같은 대유를 초치하여 자리 오른편에 두는 것만 하겠는가. 바라건대 경은 나의 지극한 뜻을 깊이 헤아려서 병이 차도가 있거든 길을 떠나도록 하라. 또 소장을 올려 다 펼치지 못한 경의 속마음을 진달하여 나의 자성(自省)하는 마음을 일깨워줌으로써 밤이나 낮이나 간절히 경을 기다리는 내 생각에 부응하라."

154 나날이 새로워지는 공부 : 《대학장구》 전(傳) 2장의 "진실로 어느 날 새롭게 하였으면 나날이 새롭게 하고, 또 나날이 새롭게 하라.〔苟日新, 日日新, 又日新.〕"라는 구절을 원용한 것이다.

내각 제학 박영원에게 내리는 교지[155]

內閣提學朴永元敎旨

왕은 이르노라.

삼관(三館) 외에 하나의 관각을 별도로 세웠으니[156] 아, 태평성세에 문(文)을 숭상함을 다스림으로 삼은 것이며, 팔좌(八座)에서 6인의 장관 자리에 올리니[157] 깊은 자리는 명망 높은 대학자가 있어야 할 곳이다. 온 조정의 관원들이 본보기로 삼을 바가 있게 한 것이며 오늘날 선왕의 업적을 잇는 토대가 된 것이다.

위로는 서서(西序)[158]에 보관된 선왕의 가르침을 받들고 아래로는

155 내각……교지(敎旨) : 저자가 31세 때인 1844년(헌종10) 1월 26일 규장각 검교대교로서 지은 글이다. 박영원(朴永元)을 규장각 제학에 임명한 내용이 《승정원일기》 동년 1월 25일 기사에 실려 있으며, 이 교지는 《내각일력(內閣日曆)》 동년 1월 26일 기사에만 실려 있다. 박영원(1791~1854)은 본관은 고령(高靈), 자는 성기(聖氣), 호는 오서(梧墅), 시호는 문익(文翼)이다.

156 삼관(三館)……세웠으니 : '삼관'은 홍문관, 예문관, 성균관을 말한다. '하나의 관각'은 규장각을 가리키는데, 이 관서는 정조가 즉위한 해인 1776년 9월 창덕궁 내원(內苑)에 세워졌다. 각신(閣臣)은 6인으로, 제학 2인, 직제학 2인, 직각 1인, 대교 1인이다. 규장각 제학에는 홍문관 대제학이나 홍문관·예문관 제학에 천거된 사람을 임명하였으며, 직각은 전임 관직으로 홍문관을 거친 사람 중에서 임명하였고, 대교는 정7품에서 정9품의 문관 중에서 선임하였다. 《奎章閣志 卷1 建置》《正祖實錄 卽位年 9月 25日》

157 팔좌(八座)에서……올리니 : '팔좌'는 중국의 상서(尙書)에 해당하는데 조선조에서는 판서에 해당한다. 박영원은 공조, 형조, 예조 판서 등을 두루 거쳤다. 《承政院日記 憲宗 5年 6月 29日, 7年 5月 17日, 8年 8月 26日》

158 서서(西序) : 당 위 서쪽에 가벽을 설치하여 만든 공간으로, 여기서는 규장각을

선부(仙府)[159]에 간직된 비서(秘書)를 맡으니 직책이 이처럼 중하며, 가까이는 문연각(文淵閣)의 아름다운 전례를 따르고[160] 멀리는 천장각(天章閣)의 옛 규례를 본받았으니[161] 어찌 공연한 생각에서 한 일이겠는가.

대체로 이 직임은 적임자를 얻는 것을 어렵게 여겼으니, 이 때문에 다른 관원에 비해 더욱 특별하게 선발한다.

날마다 열리는 강연(講筵)에서 고문(顧問)에 대비하는 것[162]은 재상이 합문(閤門)으로 들어가 정사를 논하는 것과 같으며, 30일 중에 고과(考課)를 주관하는 것은 태학사(太學士)의 지공거(知貢擧)와 같다. 일일이 따져 보건대 경보다 뛰어난 이가 없기에 선발하는 것을 오직 내 마음을 따랐도다.

경력은 이미 청요직(淸要職)을 두루 지냈으니 일찌감치 직각(直閣)

말한다. 《서경》 〈주서(周書) 고명(顧命)〉에 "옥을 다섯 겹으로 진열하고 보물을 진열하니, 적도와 대훈과 홍벽과 완염은 서서에 있고, 대옥과 이옥과 천구와 하도는 동서에 있다.〔越玉五, 陳寶, 赤刀大訓弘璧琬琰在西序, 大玉夷玉天球河圖在東序.〕"라는 내용이 보인다.

159 선부(仙府) : 신선이 사는 곳으로, 규장각을 비유한 말이다.

160 가까이는……따르고 : 명(明)나라의 문연각(文淵閣) 제도를 따른 것을 말한다. '문연각'은 명나라 때 궁중의 장서각 이름으로, 황제가 강독하는 장소로도 쓰였다.

161 멀리는……본받았으니 : 송(宋)나라의 천장각(天章閣) 제도를 따른 것을 말한다. '천장각'은 송 진종(宋眞宗) 때 궁중에 설치한 장서각으로, 인종(仁宗)이 즉위한 뒤로는 오직 진종의 어제 문집(御製文集)과 어서(御書)만을 보관하였다. 《世祖實錄 9年 5月 30日》

162 날마다……것 : 각신(閣臣)들은 하루에 세 차례 열리는 강연(講筵)인 조강(朝講), 주강(晝講), 석강(夕講)에서 임금의 자문에 응한다.

을 거쳐 직제학이 되었고,[163] 지위와 품계가 명성과 실제 면에 비해 모두 높으니 명문가에서 명망 높은 선비를 다시 보게 된 것이다. 어찌 사람들의 마음에 꼭 맞을 뿐이겠는가. 규장각의 면모를 드높이고 빛내는 것을 볼 수 있으리라.

아름다운 글씨가 대문장가의 붓에서 빛날 것이니 구양자(歐陽子)의 문장[164]을 얻을 것이고, 뛰어난 인품이 지나온 반열에서 우뚝했으니 장구령(張九齡)의 풍도[165]를 기대하노라. 경을 총애하는 것이 우연에서 나온 것이 아니니, 화려한 직책이 어찌 그대를 영화롭게 할 수 있겠는가.

163 경력은……되었고 : 박영원은 1822년(순조22) 5월 29일 홍문관 부교리, 10월 3일 사간원 헌납, 10월 12일 홍문관 수찬이 되었으며, 이듬해 1823년 3월 이후 세자시강원 문학, 규장각 직각·직제학 등을 역임하였다. 《承政院日記》

164 구양자(歐陽子)의 문장 : 구양자는 송(宋)나라 때 문장가 구양수(歐陽脩)를 말한다. 그가 조정에서 정사를 논함이 간절하고 솔직하자 사람들이 원수처럼 보았는데, 천자만은 그 과감한 말을 장려하여 직접 5품의 관복을 하사하고 시신(侍臣)들을 돌아보며 "구양수와 같은 사람을 어디에서 얻을 것인가.〔如歐陽脩者, 何處得來?〕"라고 하였다고 한다. 《宋史 卷319 歐陽脩列傳》

165 장구령(張九齡)의 풍도 : 장구령은 당 현종(唐玄宗) 때의 명재상으로, 원칙을 지키고 곧은 말로 감히 간언하였으며, 어질고 유능한 자를 임용하고 권세에 아부하지 않았다. 장구령이 세상을 떠난 후에 재상이 사람을 추천할 때면 황제가 반드시 "풍도가 능히 장구령과 같은가?〔風度能若九齡乎?〕"라고 물었다는 고사가 전한다. 《新唐書 卷126 張九齡列傳》

내각 제학 김홍근에게 내리는 교지[166]

內閣提學金興根敎旨

왕은 이르노라.

은하수가 하늘에서 밝게 도는 것을 우러러보니 이는 실로 선왕의 말씀과 계책이 수장된 곳이 소중하고, 해와 달 같은 성상이 가까이 의지하는 곳에 처하니 필시 명망과 실제가 모두 높은 것에 근거한 것이다. 명망 높은 대학자가 아니면 궁궐 안에 거처할 수 없고, 게다가 장석(長席 규장각 제학)은 의당 엄격하게 선발된 사람에게 맡겨야 한다.

나라의 정사에 참여하니 직임은 문연각(文淵閣)[167]의 높은 자리만큼 중요하며, 경연(經筵) 자리에서 자문하니 책임은 휘유각(徽猷閣)[168]의 상관(上官)과 동일하다. 비록 양관(兩館 홍문관과 예문관)을 두루 거쳤더라도 혹 규장각에 새로 제수하는 데 신중히 하며, 구경(九卿)의 높은 지위에 올랐어도 구차(久次)[169]로 가는 일은 어렵다.

166 내각……교지(敎旨) : 저자가 31세 때인 1844년(헌종10) 1월 26일 규장각 검교 대교로서 지은 글이다. 김홍근(金興根)을 규장각 제학에 임명한 내용이 《승정원일기》 동년 1월 25일 기사에 실려 있으며, 이 교지는 《내각일력(內閣日曆)》 동년 1월 26일 기사에만 실려 있다. 김홍근(1796~1870)은 본관은 안동(安東), 자는 기경(起卿), 호는 유관(游觀), 시호는 충문(忠文)이다.

167 문연각(文淵閣) : 명(明)나라 때 궁중의 장서각 이름이다.

168 휘유각(徽猷閣) : 송(宋)나라 철종(哲宗) 때의 서고(書庫) 이름이다.

169 구차(久次) : 오랫동안 승진되지 않고 한자리에 머물러 있는 것을 말하는데, 여기서는 다른 직책으로 옮기지 않고 같은 직임에 계속 있으면서 소임을 수행하도록 한다는 뜻이다.

대체로 이 관원에게 바라는 일은 우리 임금의 계책을 보필하고 우리 세도(世道)를 면려해 주라는 것이며, 찾는 사람은 충신 집안의 어진 후손과 집안에서의 가르침[170]을 전해 받은 명문가의 인물이다. 이에 여러 해 동안 자리를 비워둔 끝에 마침내 하루아침에 내 마음에서 간택하는 일이 있게 되었다.

대대로 명망 있고 문벌 높은 집안이니 고가(故家)의 전형이 여전히 남아 있고, 꽃무늬 있는 벽돌이 깔린 곳[171]에 뛰어난 인재들이 반열에 있는데 일가친척의 발걸음이 잇따라 조정에 올랐다. 풍도(風度)는 상서로운 기린 같고 위의(威儀) 있는 봉황 같으니 청요직(淸要職)인 대제(待制)에 일찌감치 발탁되었으며,[172] 문장은 장강(長江)과 한수(漢水)처럼 거침이 없고 천둥과 번개처럼 힘이 있으니 한 시대 사람들이 문단의 종장(宗匠)으로 추앙하였다.

많은 관원으로 하여금 이 사람을 본받도록 하고자 하니, 이 때문에 임금의 사랑과 관심이 깊도다. 어찌 용도각(龍圖閣)[173]의 화려한 직임을 다른 벼슬을 여러 번 맡는 것을 영광스럽게 생각하는 것에 비하겠는

170 집안에서의 가르침 : 김흥근의 선조에 문정공(文正公) 김상헌(金尙憲)과 손자인 문충공(文忠公) 김수항(金壽恒), 김수항의 아들인 충헌공(忠獻公) 김창집(金昌集), 김창집의 아들인 충민공(忠愍公) 김제겸(金濟謙) 등이 있다.

171 꽃무늬……곳 : 당(唐)나라 덕종(德宗) 때 한림원(翰林院)의 앞길에 꽃무늬 있는 벽돌을 깔았는데, 여기서는 규장각을 말한다.

172 대제(待制)에 일찌감치 발탁되었으며 : '대제'는 송(宋)나라의 관직명으로, 규장각 대교에 해당한다. 김흥근은 1826년(순조26) 3월 15일 규장각 대교에 제수되었다. 《承政院日記》

173 용도각(龍圖閣) : 송나라의 황실 도서관으로 황제의 문집, 도화(圖畫), 세보(世譜) 등을 보관한 곳이다.

가. 장차 원대한 계책과 훌륭한 명망에 힘입어 성명(聲明)한 세상에서 크게 다스리는 데 돕기를 바라노라.

직제학 김학성에게 내리는 교지[174]

直提學金學性敎旨

왕은 이르노라.

송(宋)나라 경력(慶曆) 연간에 처음 용도각(龍圖閣)을 세우니[175] 이에 보배 같은 말씀과 계책을 받들었고, 소 학사(蘇學士)가 재차 한림(翰林)에 들어가니[176] 지금까지 선비로서 영광스러운 선발이라 칭송하고 있다. 이 직책에 있는 자는 신선과 별 차이가 없으며, 그 사람에 있어서는 재주와 학문을 겸비한 자를 뽑는다.

마땅히 간략하여 번잡하지 않아야 하고 정밀하여 번다하지 않아야 하니 이는 곧 선왕(先王 정조(正祖))께서 규장각 관원을 두신 뜻이고,[177]

174 직제학……교지(敎旨) : 저자가 31세 때인 1844년(헌종10) 1월 26일 규장각 검교대교로서 지은 글이다. 김학성(金學性)을 규장각 직제학에 임명한 내용이 《승정원일기》 동년 1월 25일 기사에 실려 있으며, 이 교지는 《내각일력》 동년 1월 26일 기사에 실려 있다. 김학성(1807~1875)은 본관은 청풍(淸風), 자는 경도(景道), 호는 송석(松石), 시호는 문헌(文獻)이다.

175 송(宋)나라……세우니 : '경력(慶曆)'은 송 인종(宋仁宗)의 연호이다. '용도각(龍圖閣)'에 대해서는 341쪽 주173 참조.

176 소 학사(蘇學士)가……들어가니 : '소 학사'는 송대(宋代)의 문장가인 소식(蘇軾, 1036~1101)이다. 1086년 51세 때 한림학사가 되었고 1091년 56세 때 다시 한림학사에 임명되었기 때문에 이렇게 말한 것이다. 《東坡全集 年譜》

177 마땅히……뜻이고 : 정조가 규장각의 관직을 새로 제수할 때 교지(敎旨)를 내리면서 "글의 구절 수 같은 것에 있어서는 번다하게 하지 말고 간결하게 하며, 내용을 많게 하는 데 힘쓰지 말고 정밀하게 하는 데 힘써야 한다는 뜻을 정식으로 삼도록 하라. 〔如篇作句數, 宜簡不宜繁, 務精不務多之意, 著爲成式.〕"라고 한 말이 보인다. 《日省錄

그 뜻을 잘 잇고 그 일을 잘 계승해야 하니 이 때문에 후인(後人)이 이에 선인의 업적을 잘 이어가야 한다. 명(明)나라 문연각(文淵閣)의 존귀한 반열처럼 오래되었고, 당(唐)나라 재신(宰臣)의 직원(直院)보다 더 중하다.

자급은 비록 장관 다음이라 해도 그 직함은 높으며, 직책은 경서(經書)를 강론할 때에 오직 높으니 이제 막 나의 선발에 응하노라. 여러 대부(大夫)들의 엄중한 천거를 일일이 헤아려 보고, 이에 예전에 대교를 두 번 맡았던 그대를 임명하노라.[178]

어진 선비의 아름다움을 계승한 명문 집안[179]에서 완벽히 노성인(老成人)의 모범이며, 황조(皇祖 순조(純祖))께서 다스리던 성대한 시대에 명성을 날려서 오랫동안 측근의 반열에서 주선하였다. 대궐 깊은 곳에 거처해야 하니 두의(竇儀) 같은 사람이 아니면 안 되고,[180] 고문(顧問)

正朝 5年 2月 12日》

178 예전에……그대 : 김학성이 1833년(순조33) 4월 18일 규장각 대교에 제수된 이후 1834년 11월 6일 검교대교에 다시 임명되었기 때문에 이렇게 말한 것이다.《承政院日記》

179 어진……집안 : 김학성은 6대조 후재(厚齋) 김간(金榦)의 가학을 이어받은 노론(老論) 명문가 집안이다.

180 대궐……되고 : 두의(竇儀)는 북송(北宋)의 대신이자 학자이다. 박학다식하여 전고에 밝아 송 태조(宋太祖)에게 신임을 얻었다. 한림학사 왕저(王著)가 술로 인해 관직에서 쫓겨났을 때, 태조가 재상에게 이르기를 "깊고 엄한 곳에는 마땅히 숙유(宿儒)를 기다려 거처하게 해야 한다.〔深嚴之地, 當待宿儒處之.〕"라고 하자, 범질(范質) 등이 대답하기를 "두의가 청렴강직하고 중후하지만 이미 한림에서 단명전으로 옮겼습니다.〔竇儀淸介重厚, 然已自翰林遷端明矣.〕"라고 하였는데, 태조가 "그 사람이 아니면 궁중에 거처하게 할 수 없다.〔非斯人, 不可處禁中.〕" 하고 그날로 다시 한림학사에 임명하였다.《宋史 卷263 竇儀列傳》

에 대비해야 하니 구양수(歐陽脩) 같은 사람을 얻어야 한다.[181]

장차 한 시대의 교화와 문명을 돕게 하고자 하니, 어찌 다만 백관이 우러러볼 수 있도록 하는 데 그치겠는가. 이름과 행실은 옥석처럼 갈고 닦아서 조정의 본보기가 되도록 하며, 문장은 주옥처럼 아름답게 지어서 국가의 융성을 드날리도록 하라.

181 구양수(歐陽脩)……한다 : 339쪽 주164 참조.

대교 홍순목에게 내리는 교지[182]

待敎洪淳穆敎旨

왕은 이르노라.

하도(河圖)와 낙서(洛書)에 부합하고 규수(奎宿)와 벽수(壁宿)를 형상하였으니[183] 땅은 송(宋)나라 천장각(天章閣)의 보고(寶庫)[184]만큼이나 비밀스러우며, 봉래산(蓬萊山)을 머리에 이고 북두성을 베개로 베었으니 사람은 당(唐)나라 학사(學士)의 선발만큼이나 영화롭다. 우리나라에는 본래 전장(典章)과 법칙이 있으니 명망 높은 대학자는 마땅히 대궐의 깊고 엄한 곳에 있어야 한다.

더구나 대교는 참외관(參外官)으로서 명망 높은 선발이며, 이 옛 규례는 규장각 안에서 많은 업무를 전담한다. 서청(西廳)[185]이 윤음(綸

182 대교……교지(敎旨) : 저자가 32세 때인 1845년(헌종11) 규장각 검교대교로서 지은 글이다. 홍순목(洪淳穆)을 규장각 대교에 임명한 내용이 《승정원일기》 동년 4월 1일 기사에 실려 있으며, 이 교지는 《내각일력》 같은 날 기사에 실려 있다. 홍순목(1816~1884)은 본관은 남양(南陽), 자는 희세(熙世), 호는 분계(汾溪)·기당(祁堂), 시호는 문익(文翼)이다.

183 하도(河圖)와……형상하였으니 : '하도'는 복희씨(伏羲氏) 때 황하(黃河)에서 용마(龍馬)가 등에 지고 나왔다고 하는 그림으로, 《주역》 팔괘(八卦)의 근원이 되었다. '낙서(洛書)'는 하우씨(夏禹氏)가 홍수를 다스릴 때 낙수(洛水)에서 거북이 나왔는데, 그 등에 있던 45개의 점으로 이루어진 9개의 무늬가 있어서 이것이 홍범구주(洪範九疇)의 근원이 되었다. '규수(奎宿)와 벽수(壁宿)'는 문운(文運)을 주관하는 별로, 규장각을 비유한 말이다.

184 송(宋)나라 천장각(天章閣)의 보고(寶庫) : 338쪽 주161 참조.

185 서청(西廳) : 원래는 서전(西銓)의 청사란 뜻으로 병조를 가리키는데, 규장각에

音)을 작성하는 직임을 맡는 것은 봉각(鳳閣 중서성(中書省))에 사인(舍人)이 있는 것과 같고, 남상(南床)[186]이 경연(經筵)하는 자리에 참석하는 것은 용도각(龍圖閣)[187] 관원으로서 시강(侍講)을 겸하는 것과 같다.

대체로 윗사람은 이 직임을 함부로 제수할 수 없고 아랫사람은 외람되이 차지할 수 없으니 이처럼 중하며, 진실로 행실은 본보기가 되기에 충분하고 재주는 두루 처리하기에 충분한 자가 아니면 누구도 이 자리에 있을 수 없다. 다행히 이제 공문서를 작성하는 데 뛰어나고 탁월한 사람을 대대로 벼슬한 명문가에서 얻었다.

문장이 민첩하고 정밀한 것은 이미 기주관(記注官)으로 근무한 첫날부터였고,[188] 용모가 준수하고 바른 것은 참으로 노성인(老成人)이 남긴 풍도로다. 법도에 맞게 몸을 살피니 충익공(忠翼公)[189]이 전한 가학(家學)을 계승한 것이고, 서책이 늘 손에 들려 있으니 유가(儒家)의 청빈한 규례가 완연하도다.

품계가 낮을수록 직임은 더욱 맑으며, 명망이 깊으므로 기대가 크

서는 직각(直閣)이 이에 해당한다.

186 남상(南床) : 원래 홍문관 관원들의 좌차(坐次)에서 정자(正字)가 남쪽 상(床)에 자리 잡고 앉은 데서 홍문관 정자를 가리키는데, 규장각에서는 대교(待敎)가 이에 해당한다. 《日省錄 正朝 7年 2月 15日》

187 용도각(龍圖閣) : 송나라의 황실 도서관이다. 341쪽 주173 참조.

188 기주관(記注官)으로……첫날부터였고 : 홍순목은 1844년(헌종10) 5월 가주서(假注書)에 임명되어 이듬해 1월 체차되었다. 《承政院日記 憲宗 10年 5月 4日, 11年 1月 8日》

189 충익공(忠翼公) : 홍순목의 8대조인 홍중보(洪重普, 1612~1671)로, 본관은 남양(南陽), 자는 원백(遠伯), 호는 이천(梨川), 시호는 충익이다. 1645년(인조23) 별시 문과에 병과로 급제한 뒤 청요직을 두루 거치고 우의정에 이르렀다.

다. 꽃무늬 있는 벽돌이 깔린 곳에 상아홀(象牙笏)을 들고 달려가니[190] 푸른 궁궐문의 신선 반열에 자리하고, 본원에 운향(芸香)[191]이 가득하니 붉은 작약이 핀 대궐 뜰에 봄빛이 난만하도다.

190 꽃무늬……달려가니 : '상아홀'은 상아로 만든 홀로, 조정 관원의 반열에 참석할 때 손에 드는 수판(手版)이다. '꽃무늬 있는 벽돌이 깔린 곳'은 규장각을 말한다. 341쪽 주171 참조.

191 운향(芸香) : 향기가 강해 방충 효과가 있어서 서적을 보관하는 곳에 사용한다.

직각 윤치영에게 내리는 교지[192]

直閣尹致英敎旨

삼관(三館)보다 우위에 있고[193] 모든 관사에 모범이 되니 성인(聖人 정조(正祖))의 제도가 잘 갖추어졌으며, 제자백가 등 많은 서적을 관장하고 뭇 선비를 모으니 빛나는 조정의 문물이 이에 흥성하도다. 길이 큰 말씀과 계책을 잘 계승할 방도를 길이 생각해 보니, 참으로 그 관원을 신중하게 선발하는 데 달려 있도다.

각신(閣臣)에 대한 예우는 집안사람과 동일하고 직책은 임금 좌우에서 가까이 모시니 바로 어진 선비를 얻어 함께해야 하며, 각신이 지닌 재주는 나라를 다스릴 기량을 완전히 갖추고 식견은 고금을 통달해야 하니 바로 좋은 벼슬을 그대와 함께 매어 있을 수 있도다.[194] 이에 문단에서 명망 높은 있는 이를 발탁하여, 직전(直殿 규장각 직각(直閣))의 맑은 직함을 성대하게 내려 주노라.

고상한 뜻이 난새의 포부보다 낮지 않으니 우뚝이 세상을 경륜할

192 직각……교지(敎旨) : 저자가 34세 때인 1847년(헌종13)에 규장각 검교대교로서 지은 글이다. 윤치영(尹致英)을 규장각 직각에 임명한 내용이 《승정원일기》 동년 8월 17일 기사에 실려 있으며, 이 교지는 《내각일력》 같은 날 기사에 실려 있다. 윤치영(1803~1856)은 본관은 해평(海平), 자는 관여(觀汝), 호는 석오(石梧)이다.

193 삼관(三館)보다 우위에 있고 : 《내각일력》 13년 8월 17일 기사에는 이 구절 앞에 '왕은 이르노라.〔王若曰〕'라는 말이 있다. '삼관'은 홍문관, 예문관, 성균관으로, 정조는 규장각을 설치한 뒤 삼관보다 우대하였다.

194 좋은……있도다 : 《주역》 〈중부괘(中孚卦 ䷼) 구이(九二)〉에 "내가 좋은 벼슬을 두어 내 그대와 함께 이에 매어 있노라.〔我有好爵, 吾與爾靡之.〕"라는 내용이 보인다.

만한 임무이며, 폭넓은 학문이 이미 학의 울음소리가 들에까지 들리듯[195] 독차지하였으니 참으로 나라를 빛낼 만한 명예이다. 군대의 일을 맡는 관서와 미원(薇垣)에 잠시 임명하였으니[196] 어찌 문무를 겸비한 정도일 뿐이겠는가. 근시(近侍)의 반열에서 서안(書案)을 받드는 등의 일을 주선하였는데[197] 행동거지에 법도가 있음이 이미 증명되었다.

화려한 직함이 어찌 영광만 위할 뿐이겠는가. 임금이 선발하는 것은 기다리는 바가 있는 것이다. 옥같이 귀한 관서에 선왕의 가르침을 보관하였으니 중히 여기는 바가 있는 것이며, 옥처럼 아름다운 누각에 어진(御眞)을 모셨으니 공경함이 이와 같도다. 아침저녁으로 힘써서 그대의 문정공(文靖公)[198]이 남긴 아름다운 공을 이을 것이며, 바람과 같고 구름과 같이 좋은 시절을 만난 이때에[199] 우리의 문명(文明)으로 이루는 다스림을 돕도록 하라.

195 학의……들리듯 : 군자의 덕과 명성을 가릴 수 없어 멀리 알려지는 것이다. 《시경》〈소아(小雅) 학명(鶴鳴)〉에 "학이 구고에서 울거든 그 소리가 들에까지 들리느니라.〔鶴鳴于九皐, 聲聞于野.〕"라고 한 데서 나왔다.

196 군대의……임명하였으니 : 윤치영은 병조 정랑과 총위영 종사관(摠衛營從事官), 사간원 정원 등을 지냈다.《承政院日記 憲宗 13年 3月 8日, 15日, 20日》

197 근시(近侍)의……주선하였는데 : 1847년(헌종13) 6월 24일 윤치영이 문신 겸 선전관 등에 임명된 일을 가리키는 것으로 보인다.《承政院日記》

198 그대의 문정공(文靖公) : 윤치영의 9대조인 윤두수(尹斗壽, 1533~1601)로, 본관은 해평(海平), 자는 자앙(子仰), 호는 오음(梧陰), 시호는 문정이다.

199 바람과……이때에 : 훌륭한 임금과 신하가 만나 정사를 펼치는 성세를 말한다. 《주역》〈건괘(乾卦 ☰) 문언(文言)〉의 "구름은 용을 따르고 바람은 범을 따른다.〔雲從龍, 風從虎.〕"라는 구절을 원용한 것이다.

대교 김병덕에게 내리는 교지[200]

待教金炳德教旨

하도(河圖)와[201] 낙서(洛書) 같은 천상의 보배로운 서적들이 빽빽이 갖추어져 있으며, 용각(龍閣)과 봉루(鳳樓)의 뛰어난 인재는 조정의 뛰어나고 훌륭한 사람을 선발한다. 이 자리는 맑으니 이에 명망이 더욱 높아야 하고, 관원이 갖추어지지 않기도 하는 것은 오직 적임자를 찾기 어려워서이다.

돌아보건대 내성(內省)은 선조(先朝 정조(正祖)) 때부터 시작되었으며,[202] 남상(南床)[203]은 한 시대를 통틀어 가장 뛰어난 자를 선발하였다. 좋은 책보로 싸고 귀한 장정을 입힌 책자를 다루니 직책은 청려장의 불을 밝히는 한(漢)나라 교랑(校郎)[204]을 겸하고, 대궐의 붉은 땅에서

200 대교……교지(教旨) : 저자가 34세 때인 1847년(헌종13)에 규장각 검교대교로 지은 글이다. 김병덕(金炳德)을 규장각 대교에 임명한 내용이 《승정원일기》 동년 8월 17일 기사에 실려 있으며, 이 교지는 《내각일력》 같은 날 기사에 실려 있다. 김병덕(1825～1892)은 본관은 안동(安東), 자는 성일(聖一), 호는 약산(約山), 시호는 문헌(文獻)이다.

201 하도(河圖)와 : 《내각일력》 13년 8월 17일 기사에는 이 앞에 '왕은 이르노라.〔王若曰〕'라는 말이 있다.

202 내성(內省)은……시작되었으며 : '내성'은 창덕궁 후원에 자리한 규장각을 말한다. 후원은 궁궐 북쪽에 있어서 '북원(北苑)', 궁궐 안에 있다고 해서 '내원(內苑)' 또는 '비원(秘苑)'이라고 하였는데, 규장각이 그 내원에 자리하고 있어서 '내성'이라고 불렀다.

203 남상(南床) : 규장각 대교를 말한다. 347쪽 주186 참조.

204 청려장의……교랑(校郎) : 부지런히 학문에 힘쓴다는 말이다. '한나라 교랑'은 중

청색 인끈을 매니[205] 재주는 시초(視草)하는 당(唐)나라 사신(詞臣)[206]과 같아야 한다.

영예로운 권점(圈點)을 통해 중론(衆論)에 참여하여 본원(本院)의 규례를 엄격히 하고, 존귀한 반열을 통해 특별한 은총을 빛나게 내려서 세도(世道)에 모범이 되게 한다. 그러므로 이 직임을 맡을 자는 바야흐로 선발을 신중하게 하였는데, 오늘에서야 비로소 그 재목을 얻었다.

이름난 선조가 남긴 기풍이 있으니[207] 그 욕심 없고 고상한 지조를 사랑하며, 법도 있는 가문이 끼친 규범이 있으니 너의 자상하고 온화한 성품을 가상히 여긴다. 생각건대 경연(經筵)에서 학문을 토론할 때 어찌 다만 두 내한(竇內翰)[208]을 등용할 뿐이겠는가. 또한 관각(館閣)의 풍류(風流)가 성대하니 구양수(歐陽脩)를 얻은 일[209]을 따라야 할 것이다.

루교위(中壘校尉)를 지낸 유향(劉向)을 말한다. 유향이 밤에 천록각(天祿閣)에서 글을 교정하고 있을 때, 어느 날 밤 태을지정(太乙之精)을 자처하는 황의 노인이 나타나 청려장(青藜杖) 지팡이 끝에 불을 붙여 방 안을 환히 밝힌 다음 《홍범오행(洪範五行)》 등 고대의 글을 전해 주었다는 고사가 전한다. 《劉向 拾遺記》

205 대궐의……매니 : 고대에 대궐의 땅에 붉은색을 칠했기 때문에 '붉은 땅'이라고 한 것이다. '청색 인끈'은 조정 관원들이 차는 인끈으로, 청색 실로 짜서 관인(官印)을 매단다.

206 시초(視草)하는 당(唐)나라 사신(詞臣) : '시초'는 한림(翰林)이 임금의 조서를 대신 기초하는 것을 말하고, '사신'은 문학(文學)을 맡아 시종하는 신하로 한림학사 등을 가리킨다.

207 이름난……있으니 : 김병덕의 조부인 김명순(金明淳)은 이조 판서를, 부친인 김홍근(金興根)은 영의정을 지냈다. 안동 김씨의 이름난 선조는 318쪽 주93 참조.

208 두 내한(竇內翰) : 두의(竇儀)를 말한다. 344쪽 주180 참조.

209 구양수(歐陽脩)를 얻은 일 : 339쪽 주164 참조.

의당 몸을 살피기를 다른 사람보다 각별하게 해야 할 것이니, 더구나 은혜로운 명이 우연한 데서 나온 것이 아님에랴. 오경(五更)을 알리는 연화루(蓮花漏)[210] 소리에 글 읽는 소리를 들을 수 있기를 바라며, 쌍일(雙日)에 꽃무늬 있는 벽돌이 깔린 전각[211]에서 진강(進講)하러 오는 발걸음을 매번 보리라.

210 연화루(蓮花漏) : 연꽃 모양으로 만든 물시계이다.

211 쌍일(雙日)에……전각 : '쌍일'은 경연(經筵)이 열리는 짝숫날이다. '꽃무늬 있는 벽돌이 깔린 전각'은 규장각을 말한다. 341쪽 주171 참조.

광주 유수 이가우에게 내리는 교서[212]

廣州留守李嘉愚教書

왕은 이르노라.

진양(晉陽)처럼 나라의 울타리가 되니[213] 천연의 요새라 넘을 수 없으며, 송(宋)나라처럼 유수(留守)의 직임을 중히 여기니[214] 명망 높은 가문이라 기대가 있게 되었다. 이에 묘당이 천망(薦望)하는 공적인 절차를 따라서, 근기(近畿)를 다스리는 직임을 주노라.

돌아보건대 우리 삼보(三輔)의 큰 진(鎭)은 실로 백제(百濟)의 옛 도성이다.[215] 금성탕지(金城湯池)로 도성을 호위하니 서울과의 거리가 겨우 40리요, 전곡(錢穀)과 갑병(甲兵)이 거의 빈 장부만 갖고

212 광주……교서 : 저자가 29세 때인 1842년(헌종8)에 지제교(知製敎)로서 지은 글이다. 이가우(李嘉愚)는 동년 6월 1일 광주 유수에 임명되었으며, 이 교서는 《승정원일기》 동년 6월 13일 기사에 실려 있다. 이가우(1783~1852)는 본관은 연안(延安), 자는 윤빈(允賓), 시호는 문정(文貞)이다.

213 진양(晉陽)처럼……되니 : 전국 시대 진(晉)나라의 윤탁(尹鐸)이 진양을 잘 다스려서 견고한 요새처럼 만든 고사를 원용한 것이다. 《史記 卷100 季布列傳》《國語 卷15 晉語9》

214 송(宋)나라처럼……여기니 : 송나라에서 동경(東京)과 서경(西京)에 유수의 직책을 둔 것을 말한다.

215 삼보(三輔)의……도성이다 : '삼보'는 한(漢)나라 때 경기 지역을 셋으로 나누고 경조윤(京兆尹), 좌풍익(左馮翊), 우부풍(右扶風)을 두어 관할하게 했던 데서 나왔다. 이후 도성 부근의 큰 고을을 일컫는 말로 쓰이게 되었는데, 여기서는 경기도 광주(廣州)를 가리킨다. 또한 이 지역이 삼국 시대 백제(百濟) 온조왕(溫祚王)의 옛 도읍지인 위례성(慰禮城)이 있던 곳이어서 '백제의 옛 도성'이라고 말한 것이다.

있으니 그 폐단은 한두 가지로 말하기 어렵도다. 평상시 일이 없을 때라 하더라도 오히려 선발을 신중히 해야 하는데, 더구나 초기에 정신을 가다듬어 국사에 힘쓰는 이때[216] 어찌 인재가 아닌 사람을 제수할 수 있겠는가.

생각건대 경은 규장(珪璋)[217]과 같은 훌륭한 자질을 지녔고 보불(黼黻) 같은 아름다운 문장을 짓는다. 일찍부터 내각(內閣)에서 윤음(綸音)을 짓는 재능을 발휘하여 청화 요직(淸華要職)을 두루 거쳐 높은 반열에 올랐고, 여러 차례 열읍(列邑)의 수령을 맡아 고을을 다스려서 청빈을 힘써 탁월한 공적을 이루었다.

이에 경에게 모모(某某)의 관직을 제수하니, 경은 부디 총애하여 내리는 명을 공경히 따라서, 원대한 계책을 더욱 넓게 펼치도록 하라. 누대와 해자와 병기를 곳곳마다 보수하고 정비하여 일이 닥치기 전에 멀리 내다보는 계책을 미리 강구할 것이며, 촌락과 군대의 백성들을 온 마음으로 위무하여 깊은 밤에도 근심하는 나의 마음을 풀어 주도록 하라.

아, 북문(北門)을 관장하는 방비를 맡기니 나는 구준(寇準) 같은 사람이 아니면 안 된다고 하겠으며,[218] 남국(南國)에서 무성한 감당(甘

216 초기에……이때 : 1840년(헌종6) 12월 25일 대왕대비인 순원왕후(純元王后)가 수렴청정을 거두고, 헌종이 직접 정사를 다스리기 시작한 지 2년이 되었기 때문에 이렇게 말한 것이다. 《憲宗實錄》

217 규장(珪璋) : 고대 조빙(朝聘)에 사용하던 옥으로 만든 귀한 예기(禮器)로, 매우 고아한 인품을 비유한다. 《예기》 〈빙의(聘義)〉에 '규장 특달(圭璋特達)'이라 하여, 규장을 가진 이는 다른 폐백이 없어도 곧바로 천자를 뵐 수 있다고 하였다. '珪'와 '圭'는 통용하는 글자이다.

棠)을 노래하리니[219] 경은 오직 소공(召公) 같은 선조를 계승할 것을 힘써야 할 것이다.[220] 그러므로 이에 교시(敎示)하니, 의당 잘 알았으리라 생각한다.

218 북문(北門)을……하겠으며 : 구준(寇準)은 송(宋)나라 진종(眞宗) 때의 명신이다. 진종이 그에게 천웅군(天雄軍)을 맡게 하였는데, 거란의 사신이 대명(大名)을 지나다가 구준에게 묻기를 "상공(相公)은 명망이 높은데 어찌하여 중서성(中書省)에 있지 않는 것입니까?〔相公望重, 何故不在中書?〕" 하니, 구준이 말하기를 "주상이 조정이 태평하니 북문의 방비는 구준이 아니면 안 된다고 하셨기 때문입니다.〔主上以朝廷無事, 北門鎖鑰, 非準不可耳.〕"라고 하였다. 《宋史全文 卷6 宋眞宗2》

219 남국(南國)에서……노래하리니 : 백성들이 지방관의 선정을 칭송하는 것을 말한다. 여기에서 '남국'은 광주(廣州)를 말한다. 주(周)나라 문왕(文王) 때 남국의 백성들이 소공(召公)의 선정에 감사하는 뜻으로 그가 머물고 쉬었던 감당나무를 소중히 여겨 노래하기를 "무성한 감당나무를 자르지도 말고 베지도 말라. 소백이 그 그늘에 쉬셨던 곳이니라.〔蔽芾甘棠, 勿翦勿伐, 召伯所茇.〕"라고 하였다. 《詩經 召南 甘棠》

220 경은……것이다 : 선조의 공적을 이어 임금의 치세를 돕기를 바란 것이다. '소공(召公) 같은 선조'는 이가우의 증조부 이철보(李喆輔)를 가리키는 것으로 보이는데, 그는 1757년(영조33) 7월 17일 광주 유수에 제수되었다. 《承政院日記》

화성 유수 박영원에게 내리는 교서[221]

華城留守朴永元敎書

왕은 이르노라.

한(漢)나라 때에도 삼보(三輔)가 오릉(五陵)을 가까이에서 수호하였으니[222] 그 지역이 예로부터 다른 곳보다 중요해서였으며, 송(宋)나라 황실에서도 이경(二京)을 택하여 부윤(府尹)의 직책을 두었으니[223] 이러한 때에 경 말고 누구에게 맡기겠는가.

화성부(華城府)가 설치된 연혁을 돌아보건대, 정조께서 영건(營建)하는 데 힘을 기울이셨다. 큰 진(鎭)이 삼남대로(三南大路)의 요충지에 자리하고 있으니 대업의 터전을 신읍(新邑)에서 크게 살펴보았으며,[224] 상서로운 기운이 만고의 택지를 에워싸고 있으니 선왕의 능침을 길한 언덕에 연이어 정하였다.[225]

221 화성……교서 : 저자가 29세 때인 1842년(헌종8)에 지제교(知製敎)로서 지은 글이다. 박영원(朴永元)은 동년 11월 12일 화성 유수에 임명되었으며, 이 교서는 《승정원일기》 동년 11월 18일 기사에 실려 있다. '박영원'에 대해서는 337쪽 주155 참조.

222 한(漢)나라……수호하였으니 : 도성 부근에 자리한 화성(華城)이 궁궐과 능침을 수호하고 있음을 말한 것이다. '삼보(三輔)'는 354쪽 주215 참조.

223 송(宋)나라……두었으니 : 송나라 왕실에서 이경(二京)을 택하여 유수의 직책을 둔 것을 말한다. '이경'은 동경(東京)인 낙양(洛陽)과 서경(西京)인 장안(長安)이다.

224 대업의……살펴보았으며 : 정조가 화성 천도를 계획했던 일을 말한다.

225 상서로운……정하였다 : '만고의 택지'는 묘지를 뜻한다. 정조는 1789년(정조13) 사도세자의 묘인 현륭원(顯隆園, 훗날의 융릉(隆陵))을 경기도 수원(水原)의 화산(花山)에 옮겨 봉안하였는데, 자신의 능(훗날의 건릉(健陵))도 현륭원의 동쪽으로 미리

사근현(肆覲峴)에 머물던 어가(御駕)가 더디고 더디셨으니[226] 오십이 되어서도 부모를 사모한 순(舜) 임금[227]과 똑같아서이고, 화령전(華寧殿)[228]에서 온화한 어진(御眞)이 엄숙하니 천년토록 패향(沛鄉)을 그리워하시리라.[229]

이 때문에 체례(體例)가 다른 도(都)와 본래 다르니[230] 어찌 진양(晉陽) 같은 나라의 울타리가 되는 견고함일 뿐이겠는가. 아, 피폐함이 근래보다 심한 적이 없으니, 바로 한 익주(韓益州) 같은 올바른 그릇의 현명함[231]이 필요하다.

정해 놓았기 때문에 이렇게 말한 것이다.

226 사근현(肆覲峴)에……더디셨으니 : 정조는 1789년(정조13) 이후로 수원에 행차하여 사도세자의 묘에 전배(展拜)하였으며, 서울로 돌아올 때 지지대(遲遲臺)에 이르러서는 잠시 머물렀다가 사근 행궁(肆覲行宮)에 주정(晝停)하였다. 이 지지대가 있는 고개인 지지현(遲遲峴)을 '사근현', '미륵현(彌勒峴)' 등으로 부르기도 한다.

227 오십이……임금 : 순(舜) 임금은 효성이 지극하여 50세가 되도록 부모를 사모하여 맹자가 '대효(大孝)'라고 일컬었다. 《맹자》 〈만장 상(萬章上)〉에 "대효는 종신토록 부모를 사모하니, 50세까지 부모를 사모한 자를 나는 대순에게서 보았노라.〔大孝終身慕父母, 五十而慕者, 予於大舜見之矣.〕"라는 내용이 보인다.

228 화령전(華寧殿) : 정조의 어진을 모신 영전(影殿)이다. 처음에는 현륭원의 재실(齋室)에 봉안했는데, 1801년(순조1) 1월 6일 화성 행궁의 왼쪽에 전각을 세워서 옮겨 봉안하고, 칭호를 화령전으로 정하였다. 《純祖實錄 1年 1月 6日》

229 패향(沛鄉)을 그리워하시리라 : 정조가 부친의 무덤이 있는 화성을 그리워할 것이라는 말이다. 한 고조(漢高祖)가 천하를 평정한 뒤 고향을 그리워하는 아버지를 위해 여읍(驪邑)을 고향 패현(沛縣) 풍읍(豐邑)의 거리와 똑같이 만든 뒤 풍읍의 백성을 이주시킨 고사가 전한다. 《史記 卷8 高祖本紀》

230 체례(體例)가……다르니 : 유수가 관할하는 4곳의 도읍(都邑)으로 개성(開城), 광주(廣州), 수원(水源), 강화(江華)가 있다. 정조는 이 가운데 수원부에 별도의 규례를 두어 특별히 대우하였다.

생각건대 경은 우뚝한 자질은 규장(珪璋)[232]과 같고, 엄격한 규범은 법도에 맞다. 집안에서의 가르침은 조상 대대로 물려받은 것이니 사람들이 모두 법도 있는 가문의 훌륭한 후손이라고 하며, 규벽(奎璧) 같은 뛰어난 재능이 반열을 비추니 그 누가 상서로운 세상의 길사(吉士)라고 추어올리지 않겠는가. 문학(文學)과 정사를 경이 아니면 안 되니 전형(銓衡)에 참여하고 왕의 말을 대신하였으며,[233] 전곡(錢穀)과 갑병(甲兵)을 어느 곳에서나 알맞게 처리하지 않음이 없었으니 번진(藩鎭)을 안찰하고 나라의 부세(賦稅)를 관장하였다.[234]

이에 경에게 모모(某某)의 관직을 제수하니, 경은 예기치 않은 우환을 미리 대비하여 화성을 처음 만드신 선왕의 공을 추모하며, 봄가을로 제수를 올려 공경히 제향하여 슬퍼하고 탄식하는 소자의 그리운을 위로하라.

231 한 익주(韓益州)……현명함 : '한 익주'는 송(宋)나라의 재상 한기(韓琦)로, 익주와 이주(利州)에 기근이 들었을 때 체량안무사(體量安撫使)에 임명되어 조세를 견감하고 탐학한 관리를 내쫓으며 번잡한 노역 수백 건을 없애서 기민 190만 명을 구제해 준 일이 있다.《宋史 卷312 韓琦列傳》

232 규장(珪璋) : 고대 조빙(朝聘)에 사용하던 옥으로 만든 귀한 예기(禮器)로, 매우 고아한 인품을 비유한다. 355쪽 주217 참조.

233 전형(銓衡)에……대신하였으며 : 박영원은 1836년(헌종2) 9월 13일 이조 참판에 제수되어 전형을 맡았으며, 1823년(순조23) 3월 11일 규장각 직각에, 1835년(헌종1) 5월 22일 규장각 직제학, 1842년(헌종8) 6월 22일 예문관 제학 등에 임명되어 왕의 말을 짓는 일을 수행하였다.《承政院日記》

234 번진(藩鎭)을……관장하였다 : 박영원은 1829년(순조29) 11월 29일 전라 감사에, 1838년(헌종4) 3월 5일 강화 유수에 임명되어 번진을 안찰하였다. 또한 1839년(헌종5) 6월 29일 공조 판서에, 7월 30일 도총관에, 1842년(헌종8) 1월 2일 한성부 판윤 등에 임명되어 군병과 부세에 관한 직무를 수행하였다.《承政院日記》

아, 본영(本營)의 일은 원래 매우 바쁘고 수고로워 모양을 내지 못할 정도[235]이니 재주가 능숙한 사람이 아니면 맡아서 처리할 수 없는데, 묘당의 천망(薦望)은 실로 나의 선발하려는 마음에 부합하니 경을 총애하고 의지하는 것이 어찌 우연이겠는가. 그러므로 이에 교시하니 잘 알았으리라 생각한다.

235 매우……정도 : 《시경》 〈소아(小雅) 북산(北山)〉에 "혹은 집에서 편안히 누웠다 일어났다 하는데, 혹은 나랏일에 바쁘고 수고로워 모양을 내지 못하도다.〔或棲遲偃仰, 或王事鞅掌.〕"라는 구절이 보인다.

경상 감사 김흥근에게 내리는 교서[236]

慶尙監司金興根敎書

왕은 이르노라.

전한(前漢)은 군국(郡國)의 제도를 높였으니 구경(九卿)[237]의 품계에서 임명하는 일이 많았으며, 송(宋)나라는 번진(藩鎭)의 제도를 중시하였으니 양부(兩府)[238]의 높은 관원을 굽혀서 임명하기도 하였다. 지금 만약 백성들을 위해서 목민관을 택한다면, 아무리 경을 놓아두려고 해도 경보다 나은 자가 없을 것이다.

옛사람은 어려운 고을에 가서 치적을 남긴 사람을 본받기를 원하였으니, 지금 경은 번거로움을 꺼려서 수고로움을 사양하지 말라. 이 영남 전체의 주현(州縣)이 많음을 돌아보니 한 도를 순무(巡撫)하는 관찰사의 직임 가운데 영남 관찰사가 가장 어렵다. 형주(荊州)와 양주(楊州)처럼 고정적으로 내는 부세(賦稅)가 유독 무거우니[239] 은혜로운

236 경상……교서 : 저자가 35세 때인 1848년(헌종14)에 지은 글로 추정된다. 《승정원일기》 동년 6월 27일 기사에 김흥근(金興根)을 경상 감사로 임명하였다는 내용이 보이며, 이 교서는 《승정원일기》, 《일성록》, 《내각일력》 등에 실려 있지 않다. '김흥근'에 대해서는 340쪽 주166 참조.

237 구경(九卿) : 한(漢)나라의 구경은 봉상경(奉常卿), 광록경(光祿卿), 위위경(衛尉卿), 태복경(太僕卿), 홍려경(鴻臚卿), 정위경(廷尉卿), 소부경(少府卿), 종정경(宗正卿), 사농경(司農卿)이다. 《漢書 卷19上 百官公卿表上》

238 양부(兩府) : 357쪽 주223 참조.

239 형주(荊州)와……무거우니 : '형주와 양주(楊州)'는 《서경》 〈하서(夏書) 우공(禹貢)〉의 남방에 위치한 곳으로, 하(夏)나라 지역 중 물산이 많아서 나라에 바치는

정사는 의당 위무하는 것을 급선무로 여겨야 할 것이며, 공자(孔子)와 맹자(孟子)의 유풍이 아직 남아 있는 곳이니 유학의 가르침은 바로 인재를 배양하는 것을 급하게 여겨야 할 것이다.

생각건대 경은 충성심과 올곧음을 이어받았으니 집안에서 이어받은 가업이요[240] 원대한 계책을 지녔으니 경세제민할 재주로다. 자신을 검속하는 것은 법도가 매우 엄격하니 나아가고 물러감에 본래 일정한 원칙이 있었고, 절조를 지키기에 힘쓰는 것은 규장(圭璋)[241]처럼 홀로 뛰어나서 풍도가 참으로 귀인이다. 예악의 정사로 임금의 계책을 도우니 삼관(三館)에서 명망을 쌓았으며,[242] 굳건한 방비로 성대한 공적을 아뢰니 두 도(道)에서 칭송의 노래를 전파하였다.[243]

이에 경에게 모모(某某)의 관직을 제수하니, 경은 심력을 다하여

공물이 많았다. 여기서는 부세가 과중한 영남 지역을 비유한 것이다.

240 경은……가업이요 : 김흥근의 8대조 김상헌(金尙憲)이 충정과 절의로 세상에 이름났기 때문에 이렇게 말한 것이다.

241 규장(圭璋) : 고대 조빙(朝聘)에 사용하던 옥으로 만든 귀한 예기(禮器)로, 매우 고아한 인품을 비유한다. '珪璋'으로도 표기한다.

242 삼관(三館)에서 명망을 쌓았으며 : '삼관'은 홍문관, 예문관, 성균관을 말한다. 김흥근은 1828년(순조28) 10월 홍문관 부응교(弘文館副應教)에 임명된 뒤 1832년(순조32) 6월 성균관 대사성이 되었고, 이후 1841년(헌종7) 1월 홍문관 부제학을 거쳐 1843년(헌종9) 3월 홍문관 제학, 6월 예문관 제학 등 삼관의 직임을 두루 맡았다.《承政院日記 純祖 28年 10月 25日, 32年 6月 25日》《承政院日記 憲宗 7年 1月 8日, 9年 3月 8日·6月 14日》

243 두……전파하였다 : 김흥근이 관찰사 직임을 수행하면서 치적을 세워 백성들의 칭송이 자자하였음을 말한다. '두 도(道)'는 전라도와 평안도를 가리키는데, 김흥근은 1835년(헌종1) 1월 12일 전라 감사에, 1841년(헌종7) 2월 26일 평안 감사에 임명되었다.《承政院日記》

모든 일을 잘 수행할 것이며, 은덕을 베풀어 백성들과 즐거움을 함께 하라.

아, 내 근시(近侍)의 반열에 있는 사람을 빼내어 비록 구순(寇恂)을 빌리기를 청하는 백성들의 마음[244]을 따라 주기는 하였으나, 경의 사모하는 정성을 생각할 때 어찌 황패(黃霸)를 불러들이는 은혜로운 명[245]을 늦출 수 있겠는가.

244 구순(寇恂)을……마음 : 지방관이 선정을 베풀어 백성들이 그 장관을 유임해 주기를 바라는 것을 말한다. 후한(後漢) 광무제(光武帝) 때 구순이 하내 태수(河內太守) 등을 역임하면서 누차에 걸쳐 군도(群盜)를 평정하여 백성들을 편히 살게 해 주었다. 뒤에 광무제를 따라 영천(潁川)의 도적을 평정하고 돌아갈 적에 백성들이 구순을 더 머물게 해 주기를 청한 고사가 전한다. 《後漢書 卷16 寇恂列傳》

245 황패(黃霸)를……명 : 외방을 잘 다스린 관원을 조정 관원으로 승진시키는 것을 말한다. 한(漢)나라 때 황패가 영천 태수(潁川太守)로 있을 때 치적이 성대하게 드러나서 관내후(關內侯)의 작위를 하사받고 조정으로 소환되어 태자태부(太子太傅)가 된 고사가 전한다. 《漢書 卷89 循吏傳 黃霸》

풍은부원군 조만영에게 궤장을 하사하는 교서[246]
豐恩府院君趙萬永賜几杖教書

왕은 이르노라.

국빈(國賓)을 공경하는 것은 주(周)나라 제도에 동궤(彤几)를 내려 주는 일[247]에 드러나 있고, 원로대신에게 은혜를 베푸는 것은 한(漢)나라 의범(儀範)에 옥장(玉杖)을 나누어 주는 일[248]이 실려 있다. 더구나 왕실의 외척이라는 존귀함으로 기영회(耆英會)의 반열에 오르니,[249]

246 풍은부원군(豐恩府院君)……교서 : 저자가 32세 때인 1845년(헌종11)에 지제교(知製教)로서 지은 글이다. 《승정원일기》 동년 3월 19일 기사에 70세를 맞은 조만영(趙萬永)에게 궤장을 하사하며 내리는 교서가 실려 있으며, 《내각일력(內閣日曆)》에는 3월 17일 기사에 실려 있다. 헌종의 외조부인 조만영(1776~1846)은 본관이 풍양(豐壤), 자는 윤경(胤卿), 호는 석애(石厓), 시호는 충경(忠敬)이다. 훗날의 신정왕후(神貞王后) 조씨가 1819년(순조19) 효명세자(孝明世子)와 가례를 올려 세자빈이 되었다. 신정왕후에 대해서는 313쪽 주72 참조.

247 주(周)나라……일 : '동궤(彤几)'는 붉은 칠을 한 궤이다. 《주례》 〈춘관(春官) 사궤연(司几筵)〉에 "국빈을 위해 묘당의 창 앞에 돗자리를 펼쳐 놓는데, 밑에 흰색 자수로 가선 장식을 한 왕골자리를 깔고, 붉은 칠을 한 궤를 왼쪽에 둔다.〔筵國賓於牖前, 加繅席畫純, 左彤几.〕"라는 내용이 보인다.

248 한(漢)나라……일 : '옥장(玉丈)'은 옥구장(玉鳩杖)의 준말로, 70세 이상의 노인에게 하사하던 지팡이이다. 한나라 때 나이 70이 되면 손잡이 끝에 비둘기 모양의 장식을 한 옥장을 내려 주었는데, 이는 비둘기가 체하는 일이 없기 때문에 노인도 체증(滯症)이 없기를 바라는 뜻이었다고 한다. 《後漢書 志4 禮儀 中》

249 기영회(耆英會)의 반열에 오르니 : 1845년(헌종11) 3월 19일 조만영이 기로소(耆老所)에 들어갔기 때문에 이렇게 말한 것이다. 《憲宗實錄》 '기영회'는 송나라 문언박(文彦博)이 서경 유수(西京留守)로 있을 때 부필(富弼), 사마광(司馬光) 등 13인의

이는 참으로 성명한 시대의 상서로 나라의 영광을 더하는 일이다.

자전(慈殿)의 날을 아끼는 효심[250]을 깊이 헤아리건대 어찌 물품을 갖추어 형식만 숭상하겠는가. 열조(列朝)의 노인을 높이는 정사를 이어받아 이에 몸을 편안히 해 주는 특별한 은혜를 내리게 되었다. 마음은 실로 친척을 친히 하는 뜻[251]에서 나왔으며, 예법은 곧 노인을 노인으로 대우하는 일[252]을 본받은 것이다. 어찌 은혜로이 길러 주는 것이라고 하겠는가. 이로써 장수를 누리도록 송축하는 것일 뿐이다.

생각건대 경은 아름다운 자질은 북두성과 태산의 정기를 받았으며, 화려한 가문은 사록(沙麓)의 경사를 길러냈다.[253] 경헌공(景獻公)과 문

학덕(學德) 높은 노인들과 함께 만든 낙양기영회(洛陽耆英會)인데, 여기서는 기로소를 가리킨다.

250 자전(慈殿)의……효심 : 자전은 효명세자의 비이자 헌종의 모친인 신정왕후를 말한다. '날을 아끼는 효심'은 아버지 조만영에게 신정왕후가 효도를 다하는 것을 말하는데, 이에 대해서는 316쪽 주84 참조.

251 친척을……뜻 : 《맹자》 〈진심 상(盡心上)〉에 "군자는 친척을 친히 하고서 백성을 사랑하고, 백성을 사랑하고서 사물을 아낀다.〔親親而仁民, 仁民而愛物.〕"라는 내용이 보인다.

252 노인을……일 : 《대학장구》 전(傳) 10장에 "이른바 천하를 태평하게 하는 것이 그 나라를 다스림에 있다는 것은, 윗사람이 노인을 노인으로 대우하면 백성들이 효도하는 마음을 일으킨다는 것이다.〔所謂平天下在治其國者, 上老老而民興孝.〕"라는 내용이 보인다.

253 화려한……길러냈다 : 조만영의 딸이 효명세자의 비, 곧 헌종의 어머니임을 말한 것이다. 364쪽 주246 참조. '사록(沙麓)의 경사'는 왕비가 태어난 일을 말하는데, 춘추시대에 진(晉)나라의 사록산이 무너졌을 때 사관이 "음이 양의 웅(雄)이 되고 토(土)와 화(火)가 상승(相乘)하는 형상이기 때문에 무너진 것이다. 645년 후에 성스러운 여인이 탄생할 것이다."라고 한 데서 나왔다. 《漢書 卷98 元后傳》

익공(文翼公)[254] 같은 명망 높은 대학자가 경의 선친[255]에까지 이르러 충성심과 올곧음을 대대로 독실히 행하였고, 아! 우리 순조대왕과 영고(寧考)의 성명(聖明)함이 동조(東朝)에까지[256] 미쳐서 명을 받아 종묘사직을 보우하셨다.

임금의 덕을 보좌하고 인도하는 책임을 맡아서 법언(法言)은 요순(堯舜)의 도가 아니면 아뢰지 않았으며, 가법을 삼가고 돈후하게 하는 기풍을 지켜서 질박한 행실은 제(齊)나라와 노(魯)나라의 유자들도 미칠 수 없었다.[257] 길하고 온화한 기운을 지니면서도 공정한 태도를 견지하여 법도를 한 치도 어기지 않았고, 효성과 우애를 미루어 넓혀서 친인척에게 베풀어 녹봉의 열에 아홉은 밖에 주었다.

이에 나라의 기쁨과 슬픔을 함께하는 처지로서 편한 일이든 험한 일이든 앞으로 나아가는 성심이 잘 드러났다. 나는 의심나는 일이 있으면 시초점이나 거북점에 기대지 않고 경에게 물었으며, 나라 사람들의 기대는 태산처럼 북두성처럼 크고 높았다.

문장은 임금을 보좌하는 일에서 찬란하게 빛났으나 겸양하여 자처

254 경헌공(景獻公)과 문익공(文翼公) : 경헌공은 조만영의 증조부 조상경(趙尙絅)으로, 경헌은 시호이다. 문익공은 조만영의 조부 조엄(趙曮)으로, 문익은 시호이다.

255 경의 선친 : 조만영의 부친 조진관(趙鎭寬)을 말한다.

256 영고(寧考)의 성명(聖明)함이 동조(東朝)에까지 : '영고'는 헌종의 부친인 효명세자 즉 익종(翼宗)이고, '동조'는 모친인 신정왕후이다.

257 제(齊)나라와……없었다 : 전한(前漢) 때 만석군(萬石君)을 지낸 석분(石奮)의 집안은 효성과 근실함으로 이름나서 제나라와 노(魯)나라의 유자들도 질박한 행실은 그에 미치지 못한다고 여겼다는 고사가 전하는데, 이를 원용한 것이다. 《史記 卷103 萬石張叔列傳》

하지 않았고, 경세제민의 재주는 어려운 시기에 크게 발휘되어 이로움과 은택이 멀리까지 미쳤다. 성문 단속을 엄히 하고 성벽과 누대를 단장한 일[258]은 훌륭한 공적의 여사(餘事)에 불과하니, 사서에 실리고 역사에 남는 기록에 장차 아름다운 명성이 후세에 빛남을 보게 되리라.

생각건대 과인의 나이가 어린 해였고 나라의 명운이 위태로울 때였다. 밤낮으로 보호하는 데 마음을 다 기울인 것은 천지신명이 증명해 줄 수 있지만, 좌우에서 보좌하는 데 힘을 다 쏟은 것을 외부 사람들이 어찌 알겠는가. 단의(丹扆)가 봄가을로 점점 자랐으니[259] 아! 경도 노쇠하였는데, 왕업이 태산 반석에 길이 굳건하게 놓였으니 이것이 누구의 공로이겠는가.

근래 원기(元氣)가 손상된 데 대해 노쇠함이 닥쳐서 얻은 중병이라고 하지 말라. 진실로 애쓰고 수고한 것이 빌미가 된 줄을 알겠으니 오로지 자신의 몸을 잊고 충정을 바친 때문이다.

나이가 고희(古稀)에 이르렀으니 영수각(靈壽閣)[260]에서 숙배(肅拜)하는 예를 행하게 되었다. 조정 관원이 줄지어 나오니 엄숙함은 규문(閨門) 안이 조정과 같고, 고운 얼굴에 빛이 머무니 바라보면 지상

258 성문……일 : 조만영은 1827년(순조27) 1월 10일 어영대장에, 윤5월25일 훈련대장에 임명되었다. 또 1835년(헌종1) 7월 19일 어영대장에, 1838년(헌종4) 7월 20일 훈련대장에 임명되었다. 《承政院日記》

259 단의(丹扆)가……자랐으니 : '단의'는 천자가 제후를 대할 때 어좌의 뒤쪽에 치는 붉은 병풍을 말하는데, 전하여 왕을 의미한다. 헌종은 1834년 순조가 죽자 8세의 어린 나이에 경희궁 숭정문(崇政門)에서 즉위하였으니, 1845년 이해에 19세 청년이 되었다.

260 영수각(靈壽閣) : 어첩(御牒) 등을 보관하는 기로소(耆老所) 안의 누각으로, 1719년(숙종45) 6월 9일에 완성되었다. 《肅宗實錄 45年 6月 9日》

의 신선인 것 같도다. 빛나는 족보를 돌아보면 덕망 높은 원로가 능히 이어지니 옛날 대대로 녹을 받는 집안에서 거의 들리지 않은 일이요, 지난 사서를 거슬러 보면 아름다운 법[261]을 이에 상고할 수 있으니 지금 같은 처지에 있는 자가 몇 명이나 되겠는가.

이에 특별하게 우대하는 은혜를 행하여 기뻐하는 마음을 조금이나마 부치노라. 네 마리 말이 끄는 안거(安車)[262]가 어찌 편안히 쉴 수 있는 도구이겠는가. 상석(上席)에 마련한 이선(貳膳)[263]은 단지 노인을 봉양하는 재료일 뿐이다. 예로부터 조정 관료가 가장 영화롭게 여기는 것은 궤장(杖几)을 하사받는 일이다.

돗자리를 펼치고 이내 오피궤(烏皮几)[264]를 내려 주노니 먼지 없이 깨끗하게 궤가 놓일 것이고, 체할 일 없기를 기원하며 옥구장(玉鳩

261 아름다운 법 : 조정 관원이 70세가 되면 벼슬을 그만두는 법을 말한다. 《예기》 〈곡례 상(曲禮上)〉에 "대부는 70세가 되면 벼슬을 그만두니, 만약 군주가 사직을 허락할 수 없으면 반드시 궤장을 하사한다.〔大夫七十而致事, 若不得謝, 則必賜之几杖.〕"라는 내용이 보인다.

262 네……안거(安車) : '안거'는 고대에 앉아서 탈 수 있는 작은 수레이다. 고대의 수레는 서서 타는데, 이 수레는 앉을 수 있기 때문에 '안거'라고 한 것이다. 연로한 고관이나 존귀한 부인이 타는 수레로, 보통의 수레는 한 마리가 끄는데 안거는 존귀한 이들을 예우하여 네 마리가 끌었다.

263 상석(上席)에 마련한 이선(貳膳) : '이선'은 좋은 반찬이 두 가지인 것으로, 연로한 사람을 위해 항상 반찬을 따로 마련하는 것을 말한다. 《예기》 〈왕제(王制)〉에 "50세가 되면 곡식의 정한 것과 거친 것을 젊은이와 다르게 하고, 60세가 되면 미리 고기를 준비하고, 70세가 되면 좋은 반찬을 두 가지 장만하고, 80세가 되면 항상 진미를 장만한다.〔五十異粻, 六十宿肉, 七十貳膳, 八十常珍.〕"라는 내용이 보인다.

264 오피궤(烏皮几) : 검은 양의 가죽으로 싼 궤안(几案)으로, 앉을 때 기대어 앉는 물건이다.

杖)[265]을 주노니 항상 그림자처럼 따르면서 부축할 것이다. 적등장(赤藤杖)[266]을 짚고 꽃들이 만발한 도성의 봄을 거닐고, 마른 오동나무로 만든 안석에 기대었다가[267] 장락궁(長樂宮)[268]에서 울리는 새벽 종소리를 듣고 일어나리라.

사마온공(司馬溫公)처럼 의정 자리에서 퇴청하여 형의 등을 어루만지며 의복이 얇지 않은지를 물었으며,[269] 이보신(李寶臣)처럼 금단(金壇)에서 자손이 무관직을 계승하여 슬하 자손의 재롱을 보았다.[270]

장악원의 현악기, 관악기 연주에 노래와 시가 서로 울려 퍼지고, 사옹원의 자줏빛 휘장의 황봉주(黃封酒)[271]로 진헌(進獻)하고 보답하

265 옥구장(玉鳩杖) : 364쪽 주248 참조.

266 적등장(赤藤杖) : '적등'은 중국 남방의 산속에서 나는 껍질이 붉은 등나무인데, 옛날에 이것을 가지고 지팡이를 만들었다.

267 마른……기대었다가 : 《장자》 〈제물론(齊物論)〉의 남곽자기(南郭子綦)라는 사람이 마른 오동나무로 만든 안석에 기대어 자신의 존재를 잊었다는 고사를 원용한 것이다.

268 장락궁(長樂宮) : 태후가 거처하던 궁전으로, 한 혜제(漢惠帝) 때부터 항상 모후를 모셨던 곳이다. 여기서는 대왕대비 신정왕후 조씨를 이른다.

269 사마온공(司馬溫公)처럼……물었으며 : 형 조만영과 아우 조인영(趙寅永)이 우애가 좋음을 말한 것이다. 사마온공은 사마광(司馬光)으로, 죽은 뒤 온국공(溫國公)에 봉해졌다. 그는 여든에 가까운 형 사마단(司馬旦)을 엄부(嚴父)처럼 섬기고 어린애처럼 돌보아서 매번 식사하고 조금 지나면 배고프지 않느냐고 물었고, 날씨가 조금 차면 그 등을 어루만지며 옷이 얇지 않느냐고 물었다. 《小學 善行》

270 이보신(李寶臣)처럼……보았다 : '금단(金壇)'은 장수를 임명하는 단이다. 이보신은 당(唐)나라의 장군으로, 원래는 안녹산(安祿山)의 부관이었는데 안녹산의 난이 평정된 뒤 당나라에 투항하여 성덕절도사(成德節度使)에 임명되었다. 그의 아들 이유악(李惟岳)이 음직으로 성덕군행군사마(成德軍行軍司馬)에 임명된 일이 있다. 《新唐書 卷211 李惟岳列傳》

는 술잔이 오고 간다. 문 노공(文潞公)처럼 강녕한 근력[272]을 다시 기원하고, 부 정국(富鄭國)처럼 기이(期頤)의 장수[273]를 누리며 더욱 오래 살 것이다.

이강(李絳)처럼 걸음이 어렵다고 하였으니[274] 어찌 조정에 달려 나오는 일을 요구할 수 있겠는가마는, 명원(明遠)처럼 견여(肩輿)를 특별히 허락하니[275] 문안하는 의절에 항상 참석하라.

271 황봉주(黃封酒) : 관청에서 빚어 황색 비단이나 종이로 봉한 술로, 임금이 하사한 궁중 술을 말한다.

272 문 노공(文潞公)처럼 강녕한 근력 : '문 노공'은 북송(北宋)의 문언박(文彦博)으로, 노국공(潞國公)에 봉해졌다. 문언박이 치사하고 낙양(洛陽)에 돌아왔을 때의 나이가 80이었는데, 당시 신종(神宗)이 그의 신체가 강녕한 것을 보고 섭생에 무슨 방도가 있냐고 물었더니, 문언박이 대답하기를 "다른 방도는 없습니다. 신은 단지 제가 하고 싶은 대로 유유자적 한가하게 지내고 외물로 인해 화기를 손상시키지 않습니다. 분수에 넘치는 일을 감히 하지 않고 일이 적당하다고 생각되면 바로 그칩니다.〔無他. 臣但能任意自適, 不以外物傷和氣. 不敢做過當事, 酌中恰好卽止.〕"라고 하니, 신종이 명언이라고 여겼다. 《宋史 卷313 文彦博列傳》《石林燕語 卷3》

273 부 정국(富鄭國)처럼 기이(期頤)의 장수 : '부 정국'은 북송의 부필(富弼)로, 정국공(鄭國公)에 봉해졌다. 문언박이 주도하여 결성한 낙양기영회(洛陽耆英會)의 일원으로 관직이 아닌 나이 순서대로 차서를 정하고 주연을 베풀며 시를 지어 즐겼다고 한다. '기이(期頤)'는 100세를 가리키는 말로, 보통 오래도록 장수하는 것을 뜻한다. 《宋史 卷313 富弼列傳》

274 이강(李絳)처럼……하였으니 : 이강은 당(唐)나라의 정치가이자 재상이다. 진사로 급제한 이후 재상에까지 올랐는데, 후에 권세 있는 자와 틈이 있자 다릿병을 이유로 면직되기를 청하여 예부 상서(禮部尙書)에 임명된 일이 있다. 《新唐書 卷152 李絳列傳》

275 명원(明遠)처럼……허락하니 : 명원은 영조의 딸 화평옹주(和平翁主)와 혼인한 금성위(錦城尉) 박명원(朴明源)으로 추정된다. 박지원(朴趾源)이 쓴 박명원의 묘지명에 임금이 박명원에게 특별히 수레를 만들어 내려 주었는데, 그는 명망과 덕행이 있는 이가 사용하는 것을 탈 수 없다고 생각하여 동대문에서 교외의 별장까지만 타고 그만두

아, 국가는 백성을 의지하니 길이 보호할 수 있는 대책에 의지하고, 신하는 사직을 부지하니 늘 장구하게 편안히 할 계모를 통해 부지한다. 그런 다음에야 온 나라가 복을 받아서 백성들과 더불어 태평한 복록을 누릴 것이니, 이로부터 경의 연치와 덕이 더욱 높아져서 끝없는 칭송을 전하게 할 것이다.

었다고 말한 내용이 보인다.《燕巖集 卷3 孔雀館文稿 三從兄……忠僖公墓誌銘》

봉조하 박기수에게 내리는 선마문[276]

奉朝賀朴綺壽宣麻文

왕은 이르노라.

노성(老成)한 사람을 버리지 않으면 우리 선조의 덕을 상고할 수 있으니 바로 원로에게 자문해야 할 것이며, 기력이 아직 건장하면 예우하여 머물러 있게 하니 물러나고자 하는 평소의 뜻을 굳이 들어줄 때가 아니다. 그러나 사직하는 소장을 이처럼 지성스럽고 간절하게 올리니 대신을 공경하고 예우하는 도리로 볼 때 부득이 뜻을 따라주노라.[277]

생각건대 경은 기량을 온축한 보배로운 인재로서 선비들에게 몸을

276 봉조하……선마문(宣麻文) : 저자가 30세 때인 1843년(헌종9)에 지은 글로 추정된다. 동년 8월 20일 《승정원일기》 기사에 박기수(朴綺壽)를 봉조하에 단망(單望)으로 임명하고 치사(致仕)를 허락한다는 승전(承傳)을 받들었다는 내용이 실려 있고, 9월 22일 기사에 봉조하 박기수에게 내리는 교서가 실려 있는데, 저자가 지은 이 교서는 《승정원일기》, 《일성록》 등에 보이지 않는다. 박기수(1774~1845)는 본관은 반남(潘南), 자는 미호(眉皓), 호는 이탄재(履坦齋), 시호는 효문(孝文)이다. 저자의 외조부인 박종신(朴宗臣)의 아들로, 저자는 외숙(外叔) 박기수로부터 학업을 익혔으며, 뒤에 직접 박기수의 묘갈명과 시장(諡狀)을 지었다. '선마문'은 궤장(几杖)을 하사받는 조정 신하와 벼슬에서 물러나는 봉조하에게 내려 주는 교서이다. 《嘉梧藁略 冊16 履坦齋朴公墓碣銘, 冊20 行吏曹判書致仕奉朝賀朴公諡狀》《承政院日記 憲宗 9年 8月 20日, 9月 22日》《銀臺條例 禮考 宣麻》

277 부득이 뜻을 따라주노라 : 상호군(上護軍) 박기수가 1843년 8월 20일 상소하여 한가한 직함을 내려 주어 끝까지 살려 주기를 청하자, 헌종이 박기수의 소원을 이루어 주는 것이 조정의 아름다운 일이라면서 특별히 청을 허락하겠다는 비답을 내렸다. 《承政院日記》

낮추었다. 금계군(錦溪君)[278]은 당대의 명신이었으니 고가(古家)의 가학(家學)이 전해 내려오고, 충정(忠貞)을 바친 공(公)[279]은 선조(先朝) 때의 직신(直臣)이었으니 한 가문의 전형이 아직도 남아 있다.

규범이 마치 못을 끊고 쇠를 자르듯 하니 먹줄이나 자의 엄격함을 볼 수 있으며, 청렴하고 강직함이 마치 쓴 황벽을 씹고 맑은 얼음물을 먹는 듯하니[280] 흠이나 찌꺼기의 더러움이 전혀 없다.

이리하여 젊은 나이에 벼슬길에 나오던 날에 선왕(先王 순조)께서 선발해 주시는 지우(知遇)를 받았다. 한림(翰林)을 거쳐 규장각 대교를 맡았으니 임금을 가까이 모시는 것은 두의(竇儀) 같은 사람이 아니면 안 되었고,[281] 성균관에서 홍문관 제학에 올랐으니 문장은 구양수(歐陽脩) 같은 사람을 얻어야만 했다.[282] 전형(銓衡)하는 자리를 보좌하고 묘당의 계책에 참여하는 일[283]에서 조정에 경보다 더 뛰어난 인재

278 금계군(錦溪君) : 박기수의 8대조인 박동량(朴東亮, 1569~1635)으로, 자는 자룡(子龍), 호는 기재(寄齋)·오창(梧窓)·봉주(鳳洲), 시호는 충익(忠翼)이다. 임진왜란이 일어나자 선조(宣祖)를 의주(義州)까지 호종(扈從)한 공로로 금계군에 봉해졌다.

279 충정(忠貞)을 바친 공(公) : 박기수의 5대조인 박태보(朴泰輔, 1654~1689)를 가리키는 것으로 보인다. 자는 사원(士元), 호는 정재(定齋), 시호는 문열(文烈)이다. 1689년(숙종15) 인현왕후(仁顯王后)의 폐위를 반대하다가 심한 고문을 받고 진도(珍島)에 유배되던 중 노량진(鷺梁津)에서 세상을 떠났다.

280 마치……듯하니 : 청빈하게 살면서 굳게 지조를 지키는 것을 비유하는 말이다. 백거이(白居易)의 "3년 동안 자사(刺史)로 있으면서 맑은 얼음물을 마시고 황벽을 씹었노라.〔三年爲刺史, 飮氷復食檗.〕"라는 시구가 있다. 《白居易詩集 卷1 三年爲刺史》

281 임금을……되었고 : 344쪽 주180 참조.

282 문장은……했다 : 339쪽 주164 참조.

283 전형(銓衡)하는……일 : 박기수는 1834년(순조34) 7월 5일 이조 판서에, 1830년

가 없었고, 변경 관문을 관장하고 호남 관찰사를 맡았을 때[284]에는 백성들이 경이 떠나간 뒤에 그리워하였다.

우리 익고(翼考)께서 대리청정을 하실 때 이에 대사헌으로서 상소를 올렸다.[285] 이는 매우 우직한 급암(汲黯)[286]의 성품으로서 원하는 바는 충성이었으니, 아! 익종께서도 신하의 간언을 어기지 않은 성탕(成湯)의 마음[287]으로서 노한 것이 아니라 가르침이었다.

이 때문에 전후로 변함없이 총애하고 예우하여 중앙과 지방의 관직을 맡은 것이 많았다. 구경(九卿)의 품계에 올랐고[288] 두 문관(文館)을 맡았으며,[289] 육부(六部)의 관원을 두루 맡고 다섯 판서를 역임하였

(순조30) 11월 1일 우참찬에 임명되었다. 《承政院日記》

284 변경……때 : 박기수는 1817년(순조17) 9월 17일 동래 부사(東萊府使)에, 1823년(순조23) 1월 25일 전라 감사에 임명되었다. 《承政院日記》

285 익고(翼考)께서……올렸다 : 익고는 헌종의 부친인 효명세자(孝明世子) 즉 익종(翼宗)으로, 1827년(순조27) 순조의 명으로 대리청정을 행하였다. 박기수는 1829년(순조29) 1월 10일 대사헌으로서 '진찬(進饌) 의식 연습을 대내에서 하지 말고 유사(有司)에게 맡기기를' 권하는 내용으로 상서(上書)하였다가 동년 1월 13일 전라도 부안(扶安)에 유배된 일이 있다. 《純祖實錄》

286 급암(汲黯) : 전한(前漢)의 명신으로, 복양(濮陽) 사람이고 자는 장유(長孺)이다. 그는 성품이 강직하여 임금에게 직간을 잘하였다.

287 신하의……마음 : 《서경》 〈상서(商書) 이훈(伊訓)〉에 이윤(伊尹)이 태갑(太甲)에게 선왕인 탕(湯) 임금을 칭송하면서 "간언을 따르고 거스르지 않으셨다.〔從諫弗咈.〕"라고 아뢴 내용이 보인다.

288 구경(九卿)의 품계에 올랐고 : '구경'은 삼정승에 다음가는 9개의 높은 관직을 일컫는 말로, 의정부 좌참찬·우참찬, 육조 판서, 한성부 판윤 등을 이른다. 박기수는 1830년(순조30) 11월 1일 의정부 우참찬에 임명되었다. 《承政院日記》

289 두 문관(文館)을 맡았으며 : '두 문관'은 홍문관과 예문관을 말한다. 박기수는

다.[290] 최돈시(崔敦詩)처럼 여러 번 과장(科場)을 맡았는데 아름다운 장원(莊園)을 둔 것이 모두 수십 개소이며,[291] 부언국(富彦國)처럼 두 번 유후(留后)를 맡았는데 굶주린 백성을 살린 것이 거의 수만여 명이었다.[292]

말하는 것마다 도리에 맞아 버릴 것이 없으니 참으로 온화한 옥(玉)

1833년(순조33) 8월과 1838년(헌종4) 6월 홍문관 제학에, 1837년(헌종3) 7월과 1840년(헌종6) 9월 예문관 제학에 임명되었다. 《承政院日記 純祖 33年 8月 1日》《承政院日記 憲宗 3年 7月 13日, 4年 6月 25日, 6年 9月 28日》

290 육부(六部)의……역임하였다 : 박기수는 1828년(순조28) 5월 호조 참판, 1829년 1월 예조 참판에 임명되었고, 1830년(순조30) 6월 공조 판서, 1834년(순조34) 7월 이조 판서, 1838년(헌종4) 12월 형조 판서 등에 임명되었다. 《承政院日記 純祖 28年 5月 15日, 29年 1月 12日, 30年 6月 21日, 34年 7月 5日》《承政院日記 憲宗 4年 12月 20日, 5年 4月 18日 · 11月 26日》

291 최돈시(崔敦詩)처럼……개소이며 : 박기수가 성균관 대사성을 맡아 과거(科擧)에서 인재들을 발탁하였음을 말한다. 최돈시는 최군(崔群)으로, 돈시는 자(字)이다. 최군이 지공거(知貢擧)일 때 부인 이씨가 장원을 두어 자손을 위한 계책을 삼기를 권하자, 그가 답하기를 "내게 30곳의 아름다운 장원이 있으니, 좋은 전답이 천하에 두루 있는데 부인은 무엇을 근심하는 것이요?〔余有三十所美莊, 良田遍天下, 夫人何憂?〕"라고 하였다. 부인이 그런 일을 듣지 못하였다고 하니, 그가 말하기를 "내가 지난해 봄에 뽑은 30인이 어찌 좋은 전답이 아니겠소?〔吾前歲放春牓三十人, 豈非良田邪?〕"라고 하였다. 《太平廣記 卷181 貢擧4》

292 부언국(富彦國)처럼……명이었다 : 박기수가 1831년(순조31)에 수원 유수(水原留守)와 광주 유수(廣州留守)를 맡았기 때문에 이렇게 말한 것이다. 부언국은 북송(北宋)의 부필(富弼)로, 언국은 자(字)이다. 청주 겸 경동로 안무사(青州兼京東路安撫使)로 나갔을 때 크게 홍수가 나서 백성들이 유리걸식하였는데, 공사(公私)의 집 10여만 채를 얻어서 거처하게 하고 국가의 식량을 지급하였으며, 이들을 병졸로 모집하는 등의 구휼책을 세워 50만여 명을 구제하였다. 《承政院日記 純祖 31年 2月 21日, 11月 9日》《宋史 卷313 富弼列傳》

과 같은 군자이며, 손에서 책을 놓지 않고 글을 읽으니 호젓한 찬 우물 같은 빈한한 선비이다. 애초에 여 경조(黎京兆)처럼 사람을 두려워하는 것이 아니었으니[293] 수레 뒤를 따르는 추종(騶從)의 수를 항상 줄였고, 적 정위(翟廷尉)처럼 손님을 사절할 필요가 없었으니 문밖에 참새 그물을 쳐도 될 정도로 한산하였다.[294]

나 소자가 즉위한 초기임에도 오히려 노성하고 뛰어난 이들이 조정에 있음을 기뻐하였다. 서연(書筵)의 옛 빈객(賓客)이라 하여[295] 처음 정사를 하는 나를 보도(輔導)하기를 바랐으며, 규장각의 장관 자리에 두어서[296] 동료 관원들이 모범이 되게 하고자 기필하였다. 문후하는 반열에 출입할 때에는 구평중(寇平仲)처럼 안발(顔髮)이 바뀌지 않았고,[297] 경연(經筵)에서 주선할 때에는 범순부(范淳夫)처럼 강설을 귀

293 여 경조(黎京兆)처럼……아니었으니 : 사람을 두려워해서가 아니라 본래 청렴하였다는 말이다. '여 경조'는 경조윤(京兆尹) 여간(黎幹)이다. 당(唐)나라 때 양관(楊綰)이 검약하였는데, 그가 재상에 임명되던 날에 최관(崔寬)은 그날로 호사스러운 별당을 허물었으며, 여간은 출입하던 구종이 100여 명에 이르렀는데 즉시 10여 기(騎)만 남겨 두었다고 한다. 《新唐書 卷142 楊綰列傳》

294 적 정위(翟廷尉)처럼……한산하였다 : '적 정위'는 한(漢)나라의 적공(翟公)을 말한다. 그가 정위를 지낼 때는 항상 손님이 많다가 관직에서 물러나자 발길이 끊겼는데, 복직된 뒤 다시 손님들이 찾아오자 사절한 고사가 전한다. 《史記 卷120 汲鄭列傳》

295 서연(書筵)의……하여 : 박기수는 1833년(순조33) 11월 10일 세손시강원의 우빈객(右賓客)에 임명되었다. 《承政院日記》

296 규장각의……두어서 : 박기수는 1839년(헌종5) 5월 10일 규장각 제학에 임명되었다. 《承政院日記》

297 문후하는……않았고 : 박기수는 1841년(헌종7) 윤3월 3일 분내의원 제조(分內議院提調)를 맡아 문후하는 반열에 참석하였다. 구평중(寇平仲)은 북송(北宋)의 명신 구준(寇準)으로, 평중은 자이다. '구평중처럼' 운운은, 진종(眞宗) 때 거란이 침입하여

기울여 들을 만하였다.[298]

그런데 이리 바쁘게 고향을 찾아가니 무슨 까닭인지는 모르겠으나, 한결같이 자리를 비워 놓고 경을 절실히 기다리는 마음에 늘 간절하게 보고 싶을 것이다. 더구나 신하의 책임이 막중한 이런 때는 더욱 노성인이 수수방관할 시기가 아니다.

여름에 사직 상소를 올렸을 때에[299] 일시적으로 사정을 진달하는 것이라 여겼고, 새해가 되기 전에 문원(文苑)에 옛 신하를 거두어 등용하였을 적에[300] 장차 며칠 안으로 숙배할 것이라고 생각하였다. 그런데 기로소(耆老所)에 들어갈 나이에 이르러 어찌하여 사양하는 글을 올려서 갑자기 치사(致仕)를 청하는가. 일흔이 된 사람이 드무니 덕망 있는 원로가 나이가 더욱 높아지는 것이 다행스럽기는 하지만, 두 번 세

하룻밤 사이에 다섯 차례나 급보가 이르렀으나 구준은 군대를 발동시키지 않고 술을 마시며 웃기를 변함없이 하였고, 이튿날 신하들이 후퇴할 것을 주장하였으나 친정(親征)을 주장하여 화친을 성립시켰는데, 이 일을 가리키는 듯하다. 《宋史 卷281 寇準列傳》《承政院日記》

298 경연(經筵)에서……만하였다 : 박기수는 1842년(헌종8) 5월 3일 지경연사(知經筵事)를 맡았다. 범순부(范淳夫)는 북송(北宋)의 시강(侍講) 범조우(范祖禹)로, 순부는 자이다. 그가 경연에서 강독하는 모습에 대해 정이(程頤)는 "온화한 기색으로 시비를 개진하여 임금의 뜻을 잘 인도한다."라고 칭찬하였고, 소식(蘇軾)은 "범순부의 강설(講說)은 경연의 강관(講官) 중에 제일이다. 말이 간략하면서도 합당하며 의리가 명백하니, 강사(講師)의 삼매(三昧)에 들었다."라고 칭찬하였다. 《宋名臣言行錄 後集 卷13》《言行龜鑑 卷1 學問門》《承政院日記》

299 여름에……때에 : 박기수는 1842년(헌종8) 5월 3일 지경연사에 임명되었는데, 동년 5월 17일 이 직임을 사직하는 상소를 올린 일을 말한다. 《承政院日記》

300 새해가……적에 : 박기수는 1842년 10월 14일 홍문관 제학에 임명되었다. 《承政院日記》

번 그치지 않고 청하니 물러나고자 하는 평소의 뜻을 돌리기 어려움을 개탄스럽게 여긴다.

도가(道家)의 만족할 줄 알아야 한다는 말[301]을 숭상하기로 한다면 근거할 바가 없지는 않지만, 세신(世臣)이 나라를 위해 몸과 마음을 바치는 의리에서 찾기로 한다면 아직은 관직에서 물러날 것을 말해서는 안 된다. 다만 지극한 간청이 마음속에서 나왔으리라 생각하니 끝내 청을 따라 주지 않는 것은 아랫사람을 깊이 헤아려 주는 뜻이 아니다.

헛된 예로 얽어매서 번거롭게 왕래하기보다는 아름다운 이름을 이루어 주어 끝까지 온전하게 보전할 수 있도록 하는 편이 낫지 않겠는가. 이에 열성조의 상법(常法)을 따라서 빛나는 삼자함(三字銜 봉조하(奉朝賀))을 성대하게 내려 주노라.

전 참정(錢參政)이 성명한 시기에 결연히 물러난 것과 같으니[302] 거의 신선과 다름이 없고, 공군엄(孔君嚴)이 청렴한 지조를 지킬 것을 평소 힘쓴 것과 같으니[303] 재물도 없는데 어디로 돌아가려 하는가. 바람

301 도가(道家)의……말 : 《도덕경(道德經)》 제44장에 "만족할 줄 알면 욕되지 않고, 그칠 줄 알면 위태롭지 않아 장구할 수 있다.〔知足不辱, 知止不殆, 可以長久.〕"라고 하였다.

302 전 참정(錢參政)이……같으니 : 전 참정은 송나라 때 참지정사(參知政事)를 역임한 전약수(錢若水)이다. 그는 과거 시험을 준비하던 때 화산(華山)에서 진단(陳摶)이라는 도사를 만난 자리에서 함께 있던 불승(佛僧)에게 급류 중에 용퇴(勇退)할 사람이라는 말을 들었는데, 훗날 40세의 한창 나이에 벼슬을 그만두고 물러났다. 《宋名臣言行錄 卷2 錢若水》

303 공군엄(孔君嚴)이……같으니 : 공군엄은 당나라 목종(穆宗) 때의 명신 공규(孔戣)로, 군엄은 자이다. 간의대부(諫議大夫)로서 시정(時政)에 대해 직언을 하였고, 강직함과 청렴함으로 많은 치적을 남겼다. 목종의 총애를 받아 벼슬이 상서좌승(尙書左

처럼 구름처럼 만났던 북궐(北闕 경복궁)에서 조정 관원의 반열을 길이 하직하며, 연기가 은은히 비치는 달빛 속의 서호(西湖)에서 자연에 노닐겠다는 맹세를 즐거이 찾아가도다.

선마문을 받들면서 혹 무슨 마음이 들 것인가. 뛰어난 인재들이 자리한 반열을 바라보며 잃어버린 것이 있는 듯 허전하리라. 서울과의 거리가 겨우 100여 리이니 절기에 문안하는 일을 꺼리지 말며,[304] 조정에 선 지 근 40년이니[305] 경은 자나 깨나 그리워하는 나의 심정을 위로해 주는 것이 어떻겠는가.

아, 동문(東門)에 늘어선 수레가 몇 대였던가. 모두 소 대부(疏大夫)가 어질었다고 칭송하였다.[306] 서루(西樓)의 7할을 닮은 초상화는 다들 송(宋)나라 기영회(耆英會)가 노성인을 다 모았다고 찬탄할 것이다. 자리에 있든 자리를 떠나든 왕실의 기쁨과 슬픔을 함께하는 것은 차이

丞)에 이르렀으나 누차 사직을 요청하니, 조서를 내려 예부 상서(禮部尙書)로 치사(致仕)하게 하고 후하게 포상을 내렸으며, 한(漢)나라가 선비를 대우하던 예에 따라 특별히 대우하였다. 《舊唐書 卷154 孔戣列傳》

304 서울과의……말며 : 박기수가 거처하는 곳이 경기도 용인(龍仁)이기 때문에 이렇게 말한 것이다.

305 조정에……40년이니 : 박기수는 1806년(순조6) 별시 문과에 합격한 뒤 동년 3월 19일 승정원 가주서(假注書)에 임명되어, 봉조하에 임명된 1843년(헌종9)에 조정에 들어온 지 37년이 되었다. 《文科榜目》《承政院日記》

306 소 대부(疏大夫)가 어질었다고 칭송하였다 : '소 대부'는 한 선제(漢宣帝) 때 태자태부(太子太傅) 소광(疏廣)과 태자소부(太子少傅) 소수(疏受)를 말한다. 이들이 병을 핑계로 상소하여 사직하고 고향으로 돌아갈 때 천자는 황금 20근을, 태자는 50근을 하사하였고, 공경대부와 지인들은 동도문(東都門) 밖에서 전별연을 베풀었는데, 이들을 전송하는 수레가 100여 대에 이르렀으며 도로에서 이를 구경하던 이들은 모두 어진 대부라고 칭찬하였다. 《漢書 卷71 疏廣傳》《古文眞寶後集 卷3 送楊巨源少尹序》

가 없어서, 나아가도 걱정하고 물러나도 걱정하리니[307] 계책이 있으면 조정에 들어와 아뢰어야 할 것이다. 성대한 시대에는 태평 시절의 재상이었는데 만년에는 당대의 완인(完人)[308]이로다. 그러므로 이에 교시하니 잘 알았으리라 생각한다.

307 나아가도……걱정하리니 : 북송(北宋)의 명신 범중엄(范仲淹)의 〈악양루기(岳陽樓記)〉에 나온다. 《范文公正集 卷7 記》

308 당대의 완인(完人) : 혼란한 시대 속에서도 절조와 몸을 온전히 지킨 사람을 말한다. 송나라 철종(哲宗) 원우(元祐) 연간에 왕안석(王安石) 일파에게 사마광(司馬光)의 구법파(舊法派)가 당인(黨人)으로 몰려 박해를 당하였으나, 유안세(劉安世)만은 홀로 바른 도리를 지키면서도 해를 입지 않아 세상에서 '원우의 완인'이라고 일컬은 데서 나왔다.

《법선도》에 대한 설문[309]

法善圖說文

신이 일찍이 《예기(禮記)》 〈월령(月令)〉의 '맹춘(孟春)에 시체에 흙을 덮어 매장한다.'라는 글을 읽었을 적에 마씨(馬氏)가 주해(註解)하기를 "살아 있는 것을 사랑하는 마음을 미루어 넓혀서 죽은 것에까지 미친다."라고 한 것을 보았는데,[310] 문왕의 이 그림을 보고서야 이 말이 진실이라는 것을 믿게 되었습니다.

저 문왕의 정사는 네 부류의 궁민(窮民)[311]을 우선하여 얼어 죽거나 굶어 죽은 백성이 없었습니다. 그렇다면 산 자를 봉양하고 죽은 자를 장사하는 데 참으로 한스러운 바가 없었을 것이니 어찌 시신이 구렁에 나뒹구는 일이 있었겠습니까. 다만 영대(靈臺)에 연못을 판 일[312]로

309 법선도(法善圖)에 대한 설문 : 저자가 51세 때인 1864년(고종1)에 지은 글이다. 동년 11월 17일 고종은 《법선도》의 서문을 지어 올릴 사람으로 총 16명을 정하였는데, 저자도 포함되어 있었다. 《법선도》는 법도와 경계로 삼을 만한 역대 제왕들의 훌륭한 행적을 뽑아 이를 그림으로 그려서 책으로 엮은 것이다. 《高宗實錄》

310 예기(禮記)……보았는데 : 《예기》 〈월령(月令)〉의 "시체에 흙을 덮어 묻어준다.〔掩骼埋胔.〕"라는 구절을 말하는데, 여기에서 '엄매(掩埋)'는 격식을 차린 장사를 하지 못하고 시체에 흙을 덮어 장사 지내는 것이다. '마씨(馬氏)'는 마희맹(馬希孟)으로, 마희맹(馬晞孟)으로도 쓴다. 송(宋)나라 길주(吉州) 여릉(廬陵) 사람이고, 자는 언순(彦醇)이다. 저서에 《예기해(禮記解)》가 있다.

311 네 부류의 궁민(窮民) : 천하에 네 부류의 곤궁한 사람, 즉 늙어서 아내 없는 홀아비〔鰥〕, 늙어서 남편 없는 과부〔寡〕, 어려서 부모 없는 고아〔孤〕, 늙어서 자식 없는 사람〔獨〕을 말한다. 《孟子 梁惠王下》

312 영대(靈臺)에……일 : 문왕(文王)이 영대를 짓고 연못을 파다가 주인 없는 사람

인하여 땅속에서 이를 얻었으니 그 해골은 다른 시대의 사람임을 알 수 있습니다. 그 해골은 다른 시대의 사람으로서 장례를 치러 주는 은혜를 받았습니다. 그 땅은 꿩과 토끼가 함께 다니는 곳이고 그날은 자식들이 어버이의 일처럼 달려오는 때였으니, 어찌 이른바 "살아 있는 것을 사랑하는 마음을 미루어 넓혀서 죽은 것에까지 미친다."라는 것이 아니겠습니까. 더구나 관리가 해골의 주인이 없다는 것으로 아뢰었는데, 문왕이 말하기를 "천하를 소유한 자는 천하의 주인이며 한 나라를 소유한 자는 한 나라의 주인이다. 나는 바로 그 생민(生民)의 주인이다."라고 하였습니다. 이 말로 보면 백성들의 임금이라는 것을 알 수 있으니 천하 사람들이 문왕에게 돌아간 것이 당연합니다.

신이 또 《남사(南史)》를 살펴보건대, 제 고조(齊高祖)가 소순지(蕭順之)와 함께 금우산(金牛山)에 올라가다가 길 옆에 경관(京觀)을 보고서 소순지에게 말하기를 "주 문왕(周文王) 이후 얼마나 흘렀는가. 다시 이 해골들을 매장할 자가 있어야 할 것이다."라고 하였는데,[313] 소순지가 이로 인해 제 고조가 큰 뜻을 품고 있음을 알았습니다.

문왕보다 천 년 뒤에 태어나 문왕이 뜻한 바를 마음에 품어도 오히려 천하의 주인이 되는데, 더구나 그 몸에 은혜를 미루어 넓혀서 사해(四海)를 보호하는 사람이겠습니까.

의 뼈가 나오자 그 해골을 묻어준 일을 말한다. 관련 내용이 《신서(新序)》 〈잡사(雜事) 5〉에 보인다.

313 남사(南史)를……하였는데 : 《남사》 권6 〈양본기(梁本紀) 상(上)〉에 나오는 내용이다. '제 고조'는 남제(南齊)의 고조로, 이름은 소도성(蕭道成)이다. '소순지(蕭順之)'는 소도성의 족제이며, 양 무제(梁武帝) 소연(蕭衍)의 아버지이다. '경관(京觀)'은 고대에 전쟁에서 승리한 자가 무공을 과시하려고 적군의 시신을 모아 흙을 덮어 만든 높은 무덤이다.

인심도심에 대한 설문[314]

人心道心說文

신이 삼가《심경(心經)》한 책을 살펴보니 모두 4개의 그림이 있었는데,〈인심도심도(人心道心圖)〉가 두 번째에 있었습니다. 지금 이 그림은 바로 성학(聖學)의 본령입니다. 옛날 우리 현종께서 강관(講官)에게 명하여 선유(先儒)의 인심도심설을 써서 들이라고 명하셨고,[315] 또한 우리 정조께서도 '인심도심'의 어제(御製)로 강제(講製)에 응한 문신(文臣)들에게 조목조목 물으신 적이 있었습니다.[316] 오늘의 '마음

314 인심도심(人心道心)에 대한 설문 : 저자가 51세 때인 1864년(고종1)에 지은 글이다. 동년 11월 26일 창덕궁 관물헌(觀物軒)에서 권강(勸講)할 때 고종이 강관(講官)에게 인심(人心)과 도심(道心)의 뜻을 물은 뒤,〈인심도심도〉를 첩(帖)으로 만들고《법선도》에 대한 서문을 쓴 신하들에게 모두〈인심도심도〉에 대한 서문을 써서 올릴 것을 명하였다. 인심과 도심은 요(堯)·순(舜)·우(禹)가 천자의 자리를 선양할 때 전수한 16자 심법에 보이는데, 요 임금이 순 임금에게 선위할 때 "진실로 그 중도를 잡으라.〔允執其中.〕"라고 4자를 전하였고, 순 임금이 우 임금에게 선위할 때 여기에 12자를 더하여 "인심은 위태롭고 도심은 은미하니, 오직 정밀하고 살피고 한결같이 지켜야 진실로 그 중도를 잡을 수 있을 것이다.〔人心惟危, 道心惟微, 惟精惟一, 允執厥中.〕"라고 전하였다.《高宗實錄》《書經 虞書 大禹謨》

315 현종께서 ……명하셨고 : 현종이 동궁(東宮)에 있을 때 심학(心學)에 뜻을 두어 선유(先儒)의 인심도심설을 써서 들이게 하여 살피고 음미하는 자료에 대비하였다.《顯宗實錄 附錄 行狀》

316 정조께서도……있었습니다 : 1792년(정조16) 7월 19일 정조는 도기 유생(到記儒生)의 추시(秋試) 및 초계문신(抄啓文臣)의 친시(親試) 재시(再試)에서 '마음〔心〕'이라는 제목으로 논하도록 하였다.《日省錄》《內閣日曆》《弘齋全書 卷51 策問4 心-到記儒生秋試及抄啓文臣親試更試-》

에 대한 그림〔心畫〕'[317]은 바로 조종(祖宗)을 본받고 요순(堯舜)을 본받는 것이니, 참으로 성대한 일입니다.

대체로 마음은 하나일 뿐이고 애당초 인심과 도심의 구분이 없습니다. 다만 성명(性命)과 형기(形氣)의 발현됨으로 인하여 그 이름을 달리하는 것일 뿐입니다. 도심은 단지 선(善)일 뿐이고, 인심은 선할 수도 있고 선하지 않을 수도 있으니 만약 선하지 않은 것을 모두 선하게 한다면 또한 도심입니다.

예컨대 《주역》의 '사특함을 막아 성(誠)을 보존한다.'라는 것[318]과 《중용》의 '악을 숨겨 주고 선을 드러내 준다.'라는 것[319]과 안자(顔子)의 '자신의 사욕을 이기고 예(禮)로 돌아간다.'라는 것[320]과 《맹자》의 '인욕(人欲)을 막고 천리(天理)를 보존한다.'라는 것[321]이 모두 이것입니다. 선과 악의 기미는 처음에 삼가야 하므로 〈성기도(誠幾圖)〉는 세 번째에 실려 있고, 성인(聖人)과 광인(狂人)이 됨에 끝을 맺는 것은 다르므로 〈순척도(舜跖圖)〉는 네 번째에 실려 있습니다.

〈심학도(心學圖)〉로 말하면 시종으로[322] 통틀어 논하였기 때문에 첫

317 마음에 대한 그림〔心畫〕: 〈심학도(心學圖)〉 또는 〈인심도심도(人心道心圖)〉라고 한다. 원래 〈심학도〉는 원(元)나라의 학자 정복심(程復心)이 지은 것으로, 양심(良心)과 본심(本心)에서 출발하여 사십부동심(四十不動心)과 칠십이종심(七十而從心)까지의 공부하는 과정을 그림으로 나타낸 것이다.

318 주역의……것 : 《주역》 〈건괘(乾卦 ䷀) 문언(文言)〉에 나온다.

319 중용의……것 : 《중용장구》 제6장에 나온다.

320 안자(顔子)의……것 : 《논어》 〈안연(顔淵)〉에 나온다.

321 맹자의……것 : 이 구절은 《맹자》 〈양혜왕 하(梁惠王下)〉의 제 선왕(齊宣王)이 맹자에게 왕정(王政)을 행하는 법을 묻는 부분에 주희(朱熹)가 주를 달면서, 이 말이 《맹자》 한 권의 대지(大旨)라고 하였다.

번째로 맨 앞에 두었습니다. 만일 늘 눈에 두고 독실하게 공부할 수 있다면 사람마다 모두 요순이 될 수 있을 것입니다. 황면재(黃勉齋)는 말하기를 "요순 같은 성인으로 제왕의 존귀한 자리에 있었는데도 스스로 그 마음을 다스리는 것이 이와 같았다."라고 하였습니다.[323] 이 말이 만세의 귀감이니, 신이 감히 구중궁궐에 계신 성상께 바칩니다.

322 시종으로 : 저본에는 '여종(如終)'으로 되어 있는데, 《귤산문고(橘山文稿)》(규장각 소장, 古4254-3) 권11에 근거하여 '여(如)'를 '시(始)'로 바로잡아 번역하였다.

323 황면재(黃勉齋)는……하였습니다 : 황면재는 송(宋)나라 때 학자 황간(黃幹)으로, 면재는 호이다. 주희의 제자이자 사위로, 주희에게 도통(道統)을 전수받았다. 해당 부분은 《면재집(勉齋集)》 권1 〈안경군학(安慶郡學)〉에 보인다.

흰 꿩에 대한 서문[324]

白雉序文

아, 우리 성상의 큰 교화가 널리 행해져서 초목(草木)과 조수(鳥獸)와 어별(魚鼈)에까지 미쳐 모두 순종하고, 또한 우리 성모(聖母 신정왕후)께서 뭇 생령을 자애롭게 보호해 주어 팔도의 사람들을 기쁨의 노래와 화합의 기운 속에 들어오게 하셨습니다. 오직 하늘과 조종(祖宗)이 돌보아 주고 복록을 쌓아서 여러 복된 물건을 불러들일 수 있는 상서를 장차 역사책에 이루 다 쓸 수 없을 정도입니다.

강원도와 평안도 지방에서 두 마리의 흰 꿩을 와서 바친 일이 있으니, 이는 전고에 없었던 길상(吉祥)입니다. 그런데 우리 성상께서는 겸양하여 자처하지 않으시고 태모(太母 신정왕후)의 덕화(德化)를 찬송하여 글로써 기쁨을 기록하셨습니다.[325] 아, 성인의 지극한 효도가 위대합니다.

신이 삼가 손 모아 절하고 머리를 조아리며 큰소리로 다음과 같이 말합니다. "흰 꿩의 상서는 주(周)나라 성왕(成王) 때에 처음으로 나타

324 흰……서문 : 저자가 52세 때인 1865년(고종2)에 지은 글이다. 동년 11월 13일 강원도와 평안도에 모두 흰 꿩이 나타나 운현궁(雲峴宮)에 바치자, 고종은 즉시 대왕대비인 신정왕후 조씨에게 보인 뒤 서문을 지어 기쁨을 기록하고 이어 종친과 의빈(儀賓) 및 승지와 사관, 여러 각신(閣臣)과 유신(儒臣) 등에게 이어서 글을 지어 올리게 하였다. 《高宗實錄》《日省錄》

325 태모(太母)의……기록하셨습니다 : 《일성록》 고종 2년 11월 13일 기사에 고종이 직접 지은 서문이 실려 있다.

났습니다.[326] 우리 열성조(列聖朝)에 이르러서도 또 간혹 나타났습니다.[327] 그 시기로 말하면 나라가 안정되고 보령이 장구한 때였으니, 지금 또 우리 성상께서 즉위하신 초기에 다시 나타난 것이 어찌 우연이겠습니까. 대체로 꿩은 이(理)로, 문명(文明) 세상의 형상입니다. 교화와 치적의 융성함이 주나라에 비견되고 문명의 성대함이 열조(列朝)를 빛냅니다. 생각건대 저 개조(介鳥)[328]는 깨끗하고 흰 기(氣)를 먼저 얻어서 흰 꿩으로 태어난 것이고 때가 되어 복록의 징조로 세상에 나온 것이니, 이로부터 전각(殿閣)에 깃드는 짐승과 단서(丹書)를 물고 온 새[329]가 영험함을 드러내서 억만년토록 무궁한 우리의 복을 열어줄 것

326 흰……나타났습니다 : 주(周)나라 성왕(成王) 때 주공(周公)이 섭정한 지 6년이 되었을 적에 교지(交趾) 남쪽에 있는 월상국(越裳國)이 9번의 중역(重譯)을 거쳐 주공에게 흰 꿩을 바치며 "저희가 우리나라의 장로에게 명을 받기를 '하늘에 거센 바람과 궂은비가 없은 지 오래되었으니, 아마도 중국에 성인이 있을 것이다. 성인이 있다면 어찌 가서 조회하지 않겠는가.' 하였습니다.〔吾受命吾國之黃耇曰 久矣, 天之無烈風雷雨, 意者中國有聖人乎. 有則盍往朝之.〕"라고 하였다. 《後漢書 卷86 南蠻傳》

327 우리……나타났습니다 : 《조선왕조실록》에 흰 꿩이 나타났거나 흰 꿩을 잡은 일, 흰 꿩을 바친 일 등이 다수 보이고, 이 일을 논의한 내용도 여러 차례 보인다. 《태종실록》 9년(1409) 윤4월 28일에 흰 꿩을 바쳤다는 기사가 처음 보이는데, 이후 세종 때를 비롯하여 지속적으로 이 일에 대해 기록하고 있다.

328 개조(介鳥) : 꿩의 별칭으로, 충신(忠信)이 있는 새로 일컬어진다. 《의례(儀禮)》 〈사상견례(士相見禮)〉에 "사(士)는 서로 만나는 예에 폐백으로 겨울에는 꿩을 쓴다.〔士相見之禮, 摯, 冬用雉.〕"라고 하였는데, 이에 대한 정현(鄭玄)의 주에 "사의 경우 폐백으로 꿩을 쓰는 것은 절조를 지키는 것을 취한 것이며, 사귐에 때가 있고 헤어짐에 차례가 있다. 꿩의 경우 반드시 죽은 것을 쓰는 이유는 산 채로 길들일 수 없기 때문이다.〔士摯用雉者, 取其耿介, 交有時, 別有倫也. 雉必用死者, 爲其不可生服也.〕"라고 하였다.

329 전각(殿閣)에……새 : '전각에 깃드는 짐승'은 길조를 상징하는 짐승이 찾아와

입니다. 신이 이에 삼가 기다립니다."

전각에서 울거나 동산에 노니는 것을 말한다. 《수서(隋書)》〈고조기(高祖紀) 상(上)〉에 "상서로운 짐승이 동산에 노닐고 전각에서 울었다.〔瑞獸異禽, 游園鳴閣.〕"라는 내용이 보인다. '단서(丹書)를 물고 온 새'는 주 문왕(周文王) 희창(姬昌)이 서백(西伯)일 때 붉은 새가 단서를 물고 그 집에 이르렀는데, 뒤에 천명(天命)을 받아 그의 아들 무왕(武王)이 상(商)나라를 무너뜨리고 주(周)나라를 건립하였다.《史記 周本紀》《史記正義》

옥수수에 대한 서문[330]

玉穗序文

신이 옛날의 역사에서 초목의 기이한 것들을 두루 살펴보니, 예컨대 잎이 이어진 지초(芝草)나 줄기로 가득한 시초(蓍草)[331]는 모두 말하기에 부족하고 오직 아홉 가지 곡식 중에 특이한 것이야말로 성대한 덕의 감응이어서 칭송하는 노래가 일어났습니다. 이 때문에 한 줄기에 9개의 이삭이 달린 가화(嘉禾)는 한(漢)나라 세조(世祖)가 중흥하는 조짐이었으며,[332] 하나의 가지에 10개의 이삭이 달린 서맥(瑞麥)

330 옥수수에 대한 서문 : 저자가 52세 때인 1865년(고종2)에 지은 글이다. 동년 11월 13일 충청 좌도(忠淸左道)에 한 줄기에 16개의 열매가 달린 옥수수가 있어서 운현궁(雲峴宮)에 바치자 고종은 즉시 대왕대비인 신정왕후 조씨에게 보인 뒤 서문을 지었으며, 종친과 의빈(儀賓) 및 승지와 사관, 여러 각신(閣臣)과 유신(儒臣) 등에게도 글을 지어 올리게 하였다. 《일성록》 같은 날 기사에 고종의 서문이 실려 있다. 《高宗實錄》 《日省錄》

331 잎이……시초(蓍草) : 세상이 화평할 때 나타나는 상서이다. '잎이 이어진 지초(芝草)'는 한 무제(漢武帝) 때 감천궁(甘泉宮) 안에 아홉 줄기에 잎이 이어진 지초가 나자 한 무제가 이를 상서로운 일이라 하여 조서를 내리고 〈지방가(芝房歌)〉를 지었다는 고사가 전한다. '줄기로 가득한 시초(蓍草)'는 《사기》 권128 〈귀책열전(龜策列傳)〉에 "천하가 화평하고 왕도가 제대로 되면 시초 줄기가 1장(丈)이 되고 무더기로 100개가 난다.〔天下和平, 王道得, 而蓍莖長丈, 其叢生滿百莖.〕"라는 내용이 보인다. 《漢書 卷6 武帝紀》

332 한……조짐이었으며 : 고대에 가화(嘉禾) 한 줄기에 6개의 이삭이 달리거나 9개의 이삭이 달린 것에 대한 기록이 있는데, 이는 상서의 조짐으로 여겨졌기 때문이다. '한(漢)나라 세조(世祖)'는 한나라 황실을 중흥한 후한(後漢) 광무제(光武帝)를 말한다. 광무제의 아버지 남돈군(南頓君)이 당초 제양 영(濟陽令)으로 있었는데, 광무제가 태어나던 해에 제양현의 경계에 한 줄기에 9개 이삭이 있는 가화(嘉禾)가 난 것으로

은 명(明)나라 태조(太祖)가 왕조를 건립하는 조짐이었습니다.[333]

생각건대 우리 성상께서 나라의 명운(命運)이 다시 빛나는 때에 응하여 아름답고 번성한 가운데 만물을 들어오게 해서 백성들이 생업을 즐거워하고 온갖 공적이 다 넓혀졌습니다. 즉위 초기에 맑고 밝은 정사를 펴는 것이 성인이 개창(開創)한 때와 같으니, 이제 16개의 이삭이 달린 옥수수의 상서는 곧 옛날 가화(嘉禾)나 서맥(瑞麥)과 같지만 크고 두툼한 것은 또한 옛날에는 미처 보지 못한 것입니다.

옥수수에 이삭이 있는 것은 농사의 풍년을 증험한 것이며, 옥수수에 낟알이 있는 것은 자손의 번성을 가늠할 수 있습니다. 이것이 어찌 우리 성상께서 백성을 길러 주시는 인자함과 우리 태모(太母 신정왕후)께서 덮어서 보호해 주시는 덕(德)이 하늘과 땅을 감동시켜 천고에 없는 이런 상서를 부르고 하늘의 명이 어긋나지 않아 초목이 무성해진 것이 아니겠습니까. 아, 성대합니다.

인해 광무의 이름을 '수(秀)'라고 하였다.《後漢書 卷1 光武帝紀》

333 하나의……조짐이었습니다 : '하나의 가지에 10개의 이삭이 달린'은 저본에 '일수십기(一穗十歧)'라고 되어 있는데, 문맥에 근거하여 '일지십수(一枝十穗)'로, '기(歧)'를 '지(枝)'로 바로잡아 번역하였다. '서맥(瑞麥)'은 하나의 그루에 여러 개의 이삭이 나오거나 다른 그루에 같은 이삭이 나오는 것으로, 고대에 이를 길상의 조짐으로 여겼다. 당(唐)나라 덕종(德宗) 때 이필(李泌)이 하나의 줄기에 5개의 이삭이 달린 서맥을 바친 일이 있었다.《舊唐書 卷12 本紀 德宗上》

왕세자의 천연두가 회복된 데 대한 송신문[334]

王世子痘候平復送神文

유세차(維歲次) 기묘년(1879년, 고종16) 12월 상순에 우리 왕세자가 천연두에 걸렸습니다. 2일이 되자 발진하여 울긋불긋 마치 단사(丹砂)가 광맥에서 나온 듯하였고, 3일이 되자 부풀어 올라 반짝반짝 마치 명주(明珠)가 해를 안고 있는 것 같았습니다. 고름이 차서 마치 포도가 이슬을 모은 듯하였고, 딱지가 앉아서 마치 과일의 꼭지가 누렇게 익은 듯하였으니, 이것을 '성두(聖痘)'[335]라고 합니다.

차례로 좋은 조짐이 나타나 기일을 따라 빠르게 응하였으니 사람의 힘으로 그렇게 한 것이 아니었습니다. 이는 우리 성상의 자식을 사랑하는 자애로운 덕이 위로 하늘을 감동시켜서 하늘이 길신(吉神)에게 명하니, 이에 길신이 이 나라에 내려와 온갖 신령을 꾸짖어 잠자코 있게 하고 많은 복으로 편안히 하여 다 모이게 한 것이었습니다. 전후로

334 왕세자의……송신문(送神文) : 저자가 66세 때인 1879년(고종16)에 지은 글이다. 동년 12월 훗날의 순종인 세자가 천연두를 앓을 당시 저자는 내의원 도제조로 의약청(議藥廳)에 직숙(直宿)하였다. 그리고 12월 19일 고종은 신하들에게 송신문을 지어 올리라고 명하였는데, '송신문'은 짚으로 마마신〔痘神〕을 말〔馬〕처럼 만들어서 강남(江南)으로 보내는 의식을 행할 때 읽는 글이다. 고종은 세자의 천연두 증세가 완치되자 12월 28일 창덕궁 인정전(仁政殿)에서 하례를 받고 교문을 반포하였으며, 이 경사를 기념하여 증광시(增廣試)를 실시하였다. 이뿐만 아니라 이 진하 의식을 화원에게 그림으로 그리게 하여 현재 〈왕세자의 천연두가 회복된 데 대한 진하도〔王世子痘候平復陳賀圖〕〉가 남아 있다. 《高宗實錄》《承政院日記》

335 성두(聖痘) : 부스럼이 드물게 나고 경과가 순조로운 천연두를 말한다.

13일 동안에 세자의 병후가 회복되어 정신과 기운이 편안하고 고요해져서 잠자고 일어나는 일이나 수응하고 접대하는 것이 평상시와 다름없게 되었습니다. 탕약을 대하면 몸소 복용하고 마마떡〔雪糕〕[336]을 보면 손수 나누어 주었습니다. 이에 기꺼워하는 희열이 대전과 내전에 넘쳤고 기쁨에 찬 환호가 조정과 재야에 두루 퍼졌습니다. 아, 아름답습니다.

증세가 원기를 잘 회복할 수 있었던 것은 오직 신(神)이 도우신 덕분이니, 그 공을 어찌 잊을 수 있겠습니까. 이미 정결함으로 맞이하였으니 의당 풍성한 제물로 신을 전송해야 할 것입니다. 이에 흰 띠풀을 깔고 건량과 양식을 싸서 보마(寶馬)에 폐백을 실어 이에 가시는 길을 전별하며 다음과 같이 말합니다.

"신에게 은혜를 구하여 신에게 복을 얻었으니, 온 나라의 생명이 있는 모든 사람들이 신에게 은혜를 갚고자 하는 마음이 어찌 감히 너와 나, 후함과 박함의 차이가 있겠습니까. 신이 은혜를 내려 주신 것도 응당 이와 같을 것이니, 이로부터 왕세자의 기도(氣度)가 건강하여 날마다 온화하고 예의로 나아갈 것입니다. 그리하여 본손과 지손이 번창하고 선을 행하면 상서를 내려 주시어, 신이 보호하고 보우해 주는 힘에 영원히 힘입을 것이니, 그렇게 해 주신다면 거듭 그 덕을 어찌 잊을 수 있겠습니까.

신이시여, 신이시여. 아침에는 석목진(析木津)[337]에서 윤선(輪船)을

336 마마떡〔雪糕〕: 천연두를 앓고 있을 때 불긋불긋하게 돋은 마마꽃이 잘 피라고 먹는 떡으로, 흰무리에 소금을 치지 않고 붉은 팥을 넣어 만든다.

337 석목진(析木津) : 12성차의 하나로, 28수 중 미수(尾宿), 기수(箕宿), 두수(斗

출발시켜 저물녘에는 주조향(朱鳥鄕)[338]에서 고삐를 멈추며, 비익조(比翼鳥)를 타고 먼 불모의 땅을 밟으소서. 온 천하를 마음대로 주유하기도 하고 머물기도 하면서 우리나라의 나이 어린 이들을 구조해 주신다면 우리나라의 남은 경사가 미치는 바가 아님이 없을 것입니다. 신이시여, 신이시여. 저의 말을 싫어하지 말고 들어주소서."

宿)에 위치한다. 고대 중국에서는 각각의 분야(分野, 별자리)에 따라 전 지역의 방위를 정했는데, 석목은 방위가 인(寅)으로 우리나라가 석목의 분야에 해당된다.

338 주조향(朱鳥鄕) : '주조'는 별자리 이름으로, 28수 가운데 남방 7수인 정(井), 귀(鬼), 유(柳), 성(星), 장(張), 익(翼), 진(軫)의 총칭이다.

대왕대비전의 망구에 존호를 가상할 때의 옥책문[339]

大王大妃殿望九加上尊號玉冊文

삼가 아룁니다. 대왕대비전께서 오래 사시는 경사를 받았으니 길이 길이 만대토록 장수하실 것이며, 옥책에 모후를 현양하는 의식을 성대하게 행하니 눈부시게 빛나는 2자[340]입니다. 좋은 아침이 이에 이르니 북당(北堂)의 햇볕이 더욱 길게 비춥니다.

삼가 생각건대 대왕대비 전하께서는 자애로운 하늘처럼 크게 덮어 주는 인(仁)과 두터운 땅처럼 후하게 실어 주는 덕(德)을 지니셨습니다. 순(舜) 임금이 요(堯) 임금을 대신하여 부지런히 정사를 행하실 때처럼 우리 영고(寧考 익종)께서 지치(至治)를 이루도록 능히 도우셨으니, 이는 거의 태사(太姒)가 태임(太任)을 이어서 아름다운 덕을 지닌 것과 같아서[341] 이에 순원왕후(純元王后)의 아름다운 법도를 따르셨습니다. 나라가 이로써 길이 힘입어서 위태로운 형세가 바뀌었으니,

339 대왕대비전의……옥책문 : 저자가 75세 때인 1888년(고종25)에 옥책문 제술관(玉冊文製述官)으로서 지은 글이다. 이유원은 1887년 11월 11일 가상존호도감 옥책문 제술관에 임명되었다. 고종은 1888년 1월 1일 경복궁 근정전에 나아가 81세를 맞은 대왕대비 신정왕후(神貞王后) 조씨에게 치사(致詞)와 전문(箋文)과 표리(表裏)를 올렸다. 신정왕후에 대해서는 313쪽 주72 참조. 《高宗實錄》《承政院日記》

340 눈부시게 빛나는 2자 : 신정왕후에게 올린 존호 '태운(泰運)'을 말한다.

341 태사(太姒)가……같아서 : 며느리인 신정왕후가 시어머니인 순원왕후(純元王后)의 공덕을 이어받았다고 칭송한 말이다. 태사는 주(周)나라 문왕(文王)의 비로, 태임(太任)의 며느리이다. 《시경》 〈대아(大雅) 사제(思齊)〉의 시구를 원용한 것인데, 319쪽 주94 참조.

이는 역사책에 이루 다 쓸 수 없을 정도여서 면류관을 쓰고 다스린 공이 높고 귀합니다.[342]

명덕왕후(明德王后)가 거친 명주옷을 입은 것에서 검소함이 밝게 드러난 것처럼 탁룡문(濯龍門)의 순후한 미덕을 모두 우러러보았으며,[343] 선인왕후(宣仁王后)가 교화를 휘장 안에서 펼친 것처럼 의란사(儀鸞司)의 옛일이 그곳에 있었습니다.[344]

돌아보건대 소자(小子)가 어렵고 중대한 왕업을 맡아, 처음 정사를 행할 때부터 도와주시는 은혜를 입었습니다. 성념(聖念)으로 돌보아 주는 생각을 수고롭게 하셨으니 매번 올리는 음식을 살피고 문안하는 자리에서 받드셨으며, 아름다운 방책으로 가르침의 방법을 다하셨으

342 면류관을……귀합니다 : 철종이 후사 없이 승하하자 신정왕후가 고종을 익종의 후사로 삼아 즉위하도록 한 뒤 1866년(고종3)까지 수렴청정을 행한 일을 가리킨다. 302쪽 주29 참조.

343 명덕왕후(明德王后)가……우러러보았으며 : '명덕왕후'는 후한(後漢) 명제(明帝)의 비인 명덕황후(明德皇后) 마씨(馬氏)로, 320쪽 주102 참조. 신정왕후에 대한 행장에 "존호를 올리고 옥책문을 받는 것을 애써 받기도 하였으나 성대한 행사에는 백성들의 곤궁한 형편을 이유로 사양하고 허락하지 않았으니, 이것이 왕후의 검소함이다."라는 내용이 보인다. 《高宗實錄 27年 8月 30日 神貞王后行狀》

344 선인왕후(宣仁王后)가……있었습니다 : 신정왕후가 고종을 대신하여 수렴청정한 일을 말한다. 선인왕후는 송(宋)나라 영종(英宗)의 비이고 신종(神宗)의 모후이며 철종(哲宗)의 조모인 선인성렬황후(宣仁聖烈皇后) 고씨(高氏)이다. 신종 사후에 어린 철종을 대신하여 수렴청정하면서 원우(元祐)의 치세를 이루어서 '여중요순(女中堯舜)'으로 일컬어졌다. '의란사(儀鸞司)'는 국가의 주요 의식이 있을 때 장막을 설치하거나 철거하는 등의 일을 담당했던 송나라의 관청으로, 수렴청정을 시작하거나 그만둘 때 주렴을 설치하고 철거하는 일 또한 의란사의 소관이었다. 《宋史 卷242 英宗宣仁聖烈高皇后》

니 어찌 간곡하고 분명하게 일러 주는 규범에 그치겠습니까.

네 가지 덕으로 원량(元良)을 칭송하는 노래[345]가 드높은 것은 남은 경사가 미친 것이고, 일국의 군주로 장락궁(長樂宮)[346]에 융성한 봉양을 하나 어찌 이루 다 덕을 보답할 수 있겠습니까. 이에 작은 저의 정성에 다만 연년세세 사시기를 바랐는데, 아! 보령이 크게 구구 팔십일 세에 이르셨습니다.

사록(沙麓)의 경사를 길렀으니 단군(檀君)이 왕위에 오른 시기에 부합하며,[347] 남산처럼 장수하기를 축원하니 문왕(文王)이 꿈에 장수하는 나이를 받은 조짐[348]을 열었습니다. 책력을 살펴보건대 길한 무(戊) 자가 들어간 해를 맞으니[349] 천 년을 봄으로 삼고 천 년을 가을로 삼을 것이며, 날을 아끼는 효자의 성심이 간절하니 한편으로는 기쁘고 한편으로는 두렵기 때문입니다.[350]

345 네……노래 : '원량'은 세자를 의미하는 말로, 순종을 뜻한다. '네 가지 덕으로 칭송하는 노래'는 310쪽 주59 참조.

346 장락궁(長樂宮) : 태후가 거처하던 궁전으로, 369쪽 주268 참조. 여기서는 대왕대비 신정왕후 조씨를 이른다.

347 사록(沙麓)의……부합하며 : 이승휴(李承休)의 《제왕운기(帝王韻紀)》에 의하면 단군은 무진년(戊辰年)에 즉위했다. 신정왕후가 태어난 1808년(순조8)의 간지가 무진이기 때문에 이렇게 말한 것이다. '사록의 경사'는 왕비가 태어난 일을 말하는데, 365쪽 주253 참조.

348 문왕(文王)이……조짐 : 본래 주 무왕(周武王)과 관련된 고사인데, 여기서는 '문왕'이라고 하였다. 무왕의 꿈에 천제(天帝)가 이〔齒〕 9개를 주었는데, 나중에 무왕이 90여 세를 살았다. 《禮記 文王世子》

349 길한……맞으니 : 신정왕후가 1808년 무진년에 태어났는데, 81세가 되는 해인 1888년이 무자년이어서 '무(戊) 자가 든 해'라고 말한 것이다.

350 날을……때문입니다 : 어버이를 봉양하는 날을 아끼며 효도를 다하는 것을 말한

참으로 기자(箕子)의 홍범구주(洪範九疇) 중 아홉 번째 오복(五福)을 누리실 것이니 이로부터 진괘(晉卦) 육이(六二)의 효사처럼 모후로부터 큰 복을 받을 것입니다.[351] 환호하고 송축하는 저의 작은 정성을 조금이나마 펴서 진하하는 의식을 설날에 먼저 거행하였으나, 겸양하시는 자전(慈殿)의 뜻을 이에 따라서 궁중의 연회를 오는 가을로 미루어 정하였습니다. 보령(寶齡)이 더욱 높아지시니 500년 만에 처음 있는 경사[352]를 만난 것이며, 아로새긴 옥책에 아름다움을 선양하니 만분의 일이나마 앙모하는 성심이 간절합니다. 상례(常禮)를 상고하니 우리 왕가의 법도에도 합당하고, 큰 덕을 지닌 분을 송축하니 그에 걸맞은 이름을 반드시 얻어야 합니다.[353]

삼가 옥책과 금보(金寶)를 올려 '태운(泰運)'이라는 존호를 더 올립니다. 《주역》에서 하늘과 땅이 사귀는 뜻을 취하였으니〔泰〕 지나친 것을 억제하고 부족한 것을 도와주는 것이며,[354] 《서경》에서 임금의 덕이 광대하고도 잘 운행되는 계책을 살폈으니〔運〕 성스럽고 신묘하고 문덕(文德)이 있고 무덕(武德)이 있습니다.[355]

다. 316쪽 주84 참조.

351 진괘(晉卦)……것입니다 : 《주역》 〈진괘(晉卦 ䷢) 육이(六二)〉에 "큰 복을 왕모에게 받으리라.〔受玆介福于其王母.〕"라는 내용이 보인다. '왕모(王母)'는 조모(祖母)라는 뜻으로, 여기서는 대왕대비인 신정왕후를 가리킨다.

352 보령(寶齡)이……경사 : 조선 왕조 500년 역사에서 대왕대비가 81세를 맞은 일이 처음이어서 이렇게 말한 것이다. 이전에 숙종의 두 번째 계비인 인원왕후(仁元王后) 김씨(金氏)가 71세를 살았다.

353 큰……합니다 : 302쪽 주28 참조.

354 주역에서……것이며 : 《주역》 〈태괘(泰卦 ䷊) 상(象)〉에 나온다.

355 서경에서……있습니다 : 《서경》 〈우서(虞書) 대우모(大禹謨)〉에 나온다.

삼가 바라건대 옥책은 영원히 변치 않고 옥체는 더욱 강녕하소서. 남극노인성(南極老人星)의 상서로운 광휘가 길이 머물러서 상서로운 무녀성(婺女星)이 더욱 찬란하게 빛나기를 바라며,[356] 북당(北堂)의 신령한 봄이 쇠하지 않기를 작은 저의 마음이 항상 간절합니다.

356 남극노인성(南極老人星)의……바라며 : 신정왕후의 장수와 복록을 송축하는 말이다. '남극노인성'은 사람의 수명을 관장하는 별로, 수성(壽星)이라고도 한다. '무녀성(婺女星)'은 28수에서 북방 7수 중 하나로, 여성의 운수를 관장하는 별이다.

상량문上樑文

광화문 상량문[357]

光化門上樑文

삼가 생각건대 만약 집을 지어 선대의 뜻을 이으려면 큰 터전을 마련하여 영구하기를 도모하니, 이에 문을 세워 높이 만들어 교화의 지도리를 돌려서 밝은 곳을 향해 다스리네.[358] 이때는 대궐 문이 위로 열리는 날이고, 그 방위는 제거(帝車)[359]가 남방을 가리키는 곳이네.

357 광화문(光化門) 상량문 : 저자가 52세 때인 1865년(고종2)에 광화문 상량문 제술관으로서 지은 글이다. 광화문은 경복궁(景福宮)의 정문이다. 경복궁은 1553년(명종8)에 크게 불탔고 1592년(선조25) 임진왜란 때 소실되었는데, 이후 270여 년간 중창되지 못하다가 1865년(고종2) 4월에 영건도감(營建都監)을 설치하고 공사를 시작하였다. 광화문은 동년 윤5월 3일부터 석재를 떠오기 시작하여 7월에 석축을 공사하고 7월 20일 선단석을 쌓았으며 10월 11일 상량하였다. 1868년(고종5) 6월 말에 각 전당(殿堂) 등 6,000여 칸의 건물이 이루어지자, 동년 7월 2일 고종은 창덕궁에서 경복궁으로 이어(移御)하였다. 《宮闕志》《景福宮營建日記》《高宗實錄》

358 밝은……다스리네 : 《주역》〈설괘전(說卦傳)〉에 "성인이 남면하여 천하를 다스려서 밝은 곳을 향해 다스림은 여기에서 취한 것이다.〔聖人南面而聽天下, 嚮明而治, 蓋取諸此也.〕"라는 내용이 보인다.

359 제거(帝車) : 북두칠성의 별칭으로, 임금의 자리를 비유하는 말이다. 《사기(史記)》 권27 〈천관서(天官書)〉에 "북두성이 제거이니, 중앙에서 운행하면서 사방을 제어

돌아보건대 이 법궁(法宮)[360]은 정사를 다스리는 곳이니, 한양에 도읍지를 정한 초기라네. 숭산(嵩山 삼각산)을 등지고 하수(河水 한강)를 앞에 두니 왕업이 중앙의 대궐에 안정되었으며, 도성을 구획하고 전야(田野)를 측량하니 임금의 거처가 하늘의 자미원(紫微垣)[361]에 가까이 있네.

아, 전우(殿宇)는 위치를 바로잡고 방위를 분별하였으며, 문미(門楣)의 편액은 이름을 돌아보고 뜻을 생각하였네. 우(禹) 임금처럼 부지런히 일하고 요(堯) 임금처럼 깊이 생각하여 봄에 만물이 생기고 가을에 결실을 맺은 것에서 성대한 덕이 펼쳐질 것이며, 《주역》의 태괘(泰卦)와 홍범구주(洪範九疇)의 강녕함[362]으로 해가 처음 솟아나듯 달이 점점 차오르듯[363] 큰 복을 맞이하네.

어좌는 양(陽)을 마주하는 자리에 임하고 궁궐 문은 정남의 방향으로 여네. 별이 남극성(南極星)의 길조를 보이니 태평성세의 형상이 있으며, 국운이 정오의 왕성한 조짐을 보이니 문명(文明)의 치세가 나오네. 이전 시대의 승광전(承光殿)과 선광전(宣光殿)[364]에 비견되니

한다.〔斗爲帝車, 運于中央, 臨制四鄕.〕"라는 내용이 보인다.

360 법궁(法宮) : 임금이 조회를 하는 곳인 정전(正殿)을 뜻하는데, 경복궁을 말한다.

361 자미원(紫微垣) : 태미원(太微垣), 천시원(天市垣)과 함께 삼원(三垣) 중 하나로, 자미궁(紫微宮)이라고도 한다. 고대 천문학에서 천제(天帝)가 거처하는 곳이다.

362 주역의……강녕함 : '《주역》의 태괘(泰卦)'는 태평성대를 상징하는 괘이다. '홍범구주(洪範九疇)의 강녕함'은 기자(箕子)가 전했다는 홍범구주의 오복 중 강녕(康寧)을 말한다. 《書經 周書 洪範》

363 해가……차오르듯 : 일반적으로 장수를 축원하는 말로 쓰인다. 《시경》 〈소아(小雅) 천보(天保)〉에 나온다.

364 이전……선광전(宣光殿) : '승광전(承光殿)'은 청(淸)나라 건장궁(建章宮) 안에

사방에서 함께 우러러보는 곳이며, 두 궁궐의 돈화문(敦化門)과 홍화문(興化門)[365]이니 백관이 반드시 종종걸음으로 지나가야 하는 곳이네. 중고(中古) 시기부터 중수할 겨를이 없었는데 성인(聖人 고종)의 조정에서 선대의 뜻을 계승할 것을 생각하였네.

삼가 생각건대 주상 전하께서는 잠저(潛邸) 때부터 명성이 위에 알려져 대운으로 나라를 일으키셨네. 문고(文考)의 빛나는 계책을 이어받아[366] 즉위 초에 밝음을 명하고 길함을 명받았으며, 태모(太母)의 아름다운 가르침을 받들어[367] 옛 법을 따라 행동이 잘못되지도 않으며 잊지도 않으셨네. 어짊과 효성과 영명함이 일찍부터 훌륭한 명성으로 드러나 팔도 사람들이 모두 칭송하였고, 정사와 교화와 조치가 언제나 성대한 법에 합치되어 온갖 제도가 혁신되었네.

이에 공옥대(公玉帶)의 옛 도면을 상고하여[368] 화개전(華蓋殿)을 중

있는 전각이다. 원대(元代)에는 의천전(儀天殿)이라 불렀는데, 강희제(康熙帝) 때 중건한 뒤 승광전으로 개칭하였다. '선광전'은 황제 헌원씨(黃帝軒轅氏)를 모신 경령궁(景靈宮)에 있는 전각이다.

365 두……홍화문(興化門) : 돈화문(敦化門)은 창덕궁(昌德宮)의 정문이고, 홍화문은 경희궁(慶熙宮)의 정문이다.

366 문고(文考)의……이어받아 : 문고는 효명세자(孝明世子), 즉 익종(翼宗)을 말한다. 고종이 익종의 후사로 입적되어 왕위를 계승하였기 때문에 이렇게 말한 것이다.

367 태모(太母)의……받들어 : 태모는 신정왕후로, 철종이 후사 없이 승하하자 고종을 익종의 후사로 삼아 즉위시켰기 때문에 이렇게 말한 것이다. 302쪽 주29 참조.

368 공옥대(公玉帶)의……상고하여 : 한 무제(漢武帝) 때 공옥대가 명당도(明堂圖)를 올리자 무제가 그 도면에 의거하여 봉고현(奉高縣)의 문상(汶上)에 명당을 짓게 한 일이 있다. 《사기(史記)》 권12 〈효무본기(孝武本紀)〉에 "황제가 봉고 부근에 명당을 지으려고 하였으나 그 형식과 규모를 알 수 없었는데, 제남인 공옥대가 황제 때의 명당도를 올렸다.〔上欲治明堂奉高旁, 未曉其制度, 濟南人公玉帶上黃帝時明堂圖.〕"라

수한 일[369]을 경영하셨네. 이리하여 성상께서 마음속으로 먼저 정하셨는데 또 조정의 논의가 모두 일치하였네. 집안과 나라가 아름다움을 함께하여 위에서 드러나고 아래에서 드러나며, 조정과 재야가 서로 경하하면서 모두 말하기를 '한결같도다.'라고 하고, 모두 말하기를 '위대하도다.'라고 하네.

비록 백성들의 농사철을 빼앗지 말도록 염려하셨으나 모두 아버지의 일에 달려오듯 하였네.[370] 공적으로 비축된 재화나 사적으로 쌓아둔 저축이 예년보다 넉넉하다고 말하는 것이 아니라 다만 지리(地利)와 인화(人和)로 볼 때 마치 오늘을 기다린 듯하네.

사도(司徒)는 고공기(考工記)를 상고하고, 태사(太史)는 정성(定星)이 혼중성(昏中星)인지를 점쳤네.[371] 고고(鼛鼓) 소리가 감당하지

는 내용이 보인다. 공옥대는 전한(前漢) 제남(濟南) 사람으로, '공옥'은 복성(復姓)이다. '옥대의 옛 도면'이라고 한 것은 저자의 착오로 보인다.

369 화개전(華蓋殿)을 중수한 일 : '화개전'은 명나라 태조 주원장(朱元璋) 원년(1367)에 처음 세운 건물로 명대(明代) 자금성(紫禁城)의 3대 전각 중 하나이다. 1420년, 1441년, 1557년 등 여러 차례에 걸쳐 다시 지어졌으며, 1562년 중건한 뒤 중극전(中極殿)으로 이름이 바뀌고 청조(淸朝) 1645년 중화전(中和殿)으로 개명되었다. 여기서는 경복궁을 재건한 일을 말한다.

370 아버지의……하였네 : 《시경》 〈대아(大雅) 영대(靈臺)〉에 "서민들이 일하는지라 하루가 못 되어 완성되었네. 일을 시작할 때 급히 하지 말라 하셨으나 서민들이 자식이 아버지의 일에 달려오듯 하였네.〔庶民攻之, 不日成之. 經始勿亟, 庶民子來.〕"라는 구절이 보인다.

371 사도(司徒)는……점쳤네 : 궁궐을 수축하기 위해 관원들이 전적을 살피고 터를 잡은 일을 말하였다. '사도'는 《주례》의 교육과 토지를 관장하는 관명으로, 호조 판서를 가리키고, '태사(太史)는 관상감의 일관을 가리킨다. '정성(定星)'은 영실성(營室星)으로, 토목건축을 관장하는 별이다. 정성이 정남에 있을 때 토목공사를 시작한다. 위

못하니[372] 재목에 단청을 하고 담장에 흙손질을 하며, 집이 길함에 일치하니 하늘과 땅에서 형상을 본받고 음양에 따라 배치하네. 주춧돌 하나 섬돌 하나도 이전의 규범을 고치지 않았으니 조종(祖宗)을 본받아 정밀한 뜻을 부쳤고, 화려하지도 않고 누추하지도 않아 모두 중도(中道)에 합치되니 후손을 넉넉히 하는 데 원대한 계책을 남겼네.

아름답고 큰 건물이 새로 완성되었음을 아룀에 미쳐, 이에 문설주와 궐문의 말뚝은 옛 규모를 본받았네. 한(漢)나라 건장궁(建章宮)의 천 개의 양문과 만 개의 외문[373]이 어찌 보기에 아름답고 장엄하게 거처하는 뜻을 취한 것이겠으며, 주(周)나라 명당(明堂)의 오른쪽 곁채와 왼쪽 문짝[374]이 단지 법을 내걸고 명령을 반포하기 위한 것이겠는가.

푸른 기와가 비늘이 일렁이듯 신무문(神武門 경복궁의 북문)을 등지며 높이 정렬해 있고, 단청한 처마가 나란히 날듯 관악산(冠岳山)을 마주

문공(衛文公)이 궁실을 짓자 백성들이 기뻐 송축하는 시인 《시경》 〈용풍(鄘風) 정지방중(定之方中)〉에 "정성이 바야흐로 혼중성이 되거늘, 초궁을 지으니.〔定之方中, 作于楚宮.〕"라는 구절이 보인다.

372 고고(鼛鼓)……못하니 : 백성들이 광화문을 건립하는 일을 즐거워하여 공사를 권면하는 북을 그칠 수 없음을 말한 것이다. '고고'는 일을 할 때 울리는 큰 북이다. 《시경》 〈대아(大雅) 면(綿)〉에 "모든 담장을 쌓으니, 고고 소리가 감당하지 못하네.〔百堵皆興, 鼛鼓弗勝.〕"라는 구절이 보인다.

373 한(漢)나라……외문 : 《사기》 권12 〈효무본기(孝武本紀)〉에 "이에 건장궁을 수축하였는데 너비는 천 개의 양문과 만 개의 외문이 있었고, 그 전전(前殿)은 미앙궁보다 높았다.〔於是作建章宮, 度爲千門萬戶, 前殿度高未央.〕"라는 내용이 보인다.

374 주(周)나라……문짝 : '오른쪽 곁채'는 《예기》 〈월령(月令)〉에 "천자는 명당의 오른쪽 곁채에 거한다.〔天子居明堂右个.〕"라는 내용이 보이며, '왼쪽 문짝'은 《예기》 〈옥조(玉藻)〉에 "윤달에는 명당 문의 왼편 문짝만 닫고, 그 가운데에 선다.〔閏月則闔門左扉, 立于其中.〕"라는 내용이 보인다.

하여 우뚝 솟았네.

보배로운 편액에 옛 호칭을 거니 은구(銀鉤)[375]가 거듭 새롭고, 단청을 입힌 궁궐에 상서로운 기운이 감싸니 금약(金鑰 금빛 자물쇠)이 더욱 단단하네. 무지개처럼 빙 둘러 있는 것은 달을 머금은 모습이며, 붉은 교룡처럼 서려 있는 것은 해를 받드는 형상이네. 옥패(玉佩)를 차고 조정의 의식에 나아갈 때 양 문을 밀치고 위의(威儀)를 갖추어 나아가며, 푸른 끈을 친 어로(御路)[376]는 수레 두 대를 나란히 하여 들어갈 정도로 넓고 평평하네.

오대(烏臺)에서 바람이 일어나니 완연히 성상소(城上所)의 예전 터이고,[377] 황각(黃閣)이 가까운 곳에 있으니 예전 그대로 문하성(門下省)의 남은 규범이네.[378] 훤히 트여 있어서 바로 내 마음과 같고,[379]

375 은구(銀鉤) : 아름답고 힘찬 필체를 뜻하며, 특히 초서(草書)를 비유할 때 쓰인다. 진(晉)나라 색정(索靖)이 서법(書法)을 논하면서 "멋지게 휘돈 것이 흡사 은 갈고리 같다.〔婉若銀鉤.〕"라고 하였다. 《晉書 卷60 索靖列傳》

376 푸른……어로(御路) : 임금이 지나는 길은 푸른 끈으로 경계를 표시하고 교사(郊祀)의 장소를 둘러서 정하기 때문에 이렇게 말한 것이다.

377 오대(烏臺)에서……터이고 : '오대'는 어사대(御史臺), 즉 광화문 남쪽에 자리한 사헌부의 별칭이다. '성상소(城上所)'는 사헌부와 사간원의 관원이 백관을 규찰하던 직소(職所)이다.

378 황각(黃閣)이……규범이네 : '황각'은 정승이 집무하는 청사로, 한대(漢代) 이후 승상(丞相) 또는 삼공(三公)의 관서(官署)에 붉은색을 칠한 대궐의 주문(朱門)을 피하여 청사(廳舍) 문에 황색을 칠했던 데서 온 말이다. 여기서는 의정부를 뜻한다. '문하성'은 중국에서 왕명의 출납과 조칙(詔勅)의 심의를 맡아보던 관서로, 우리나라의 승정원에 해당한다.

379 훤히……같고 : 《송사(宋史)》 권3 〈태조본기(太祖本紀)〉에 "태조가 여러 문을 활짝 열게 하고 좌우의 신하들에게 '이는 마치 내 마음과 같으니, 간사하고 바르지 못함

높고 넓게 펼쳐 있어서 조정이 멀지 않네.

문지기가 경계를 맡으니 깊고 고요한 높은 누각에 물시계 소리가 들리고, 합문의 관리가 반열을 인도하니 어둑한 궁성에 새벽빛이 비치네. 남쪽을 향하여 해그림자를 바로잡고, 높이 솟은 새 형상의 처마가 하늘 위로 솟았네. 사방에 입혀 주어 극명준덕(克明俊德)의 공을 드러내니[380] 천지를 한집안으로 여기는 기상이며, 만물을 이루어 주어 과화존신(過化存神)의 묘리를 미루어 넓히니[381] 온 천지를 뜰과 거리로 삼는 것이네.[382] 감히 강물이 막 이르는 것과 같은 복록[383]을 노래하여 성대한 일을 돕네.

이 조금이라도 있으면 사람들이 모두 볼 수 있을 것이다.'라고 하였다.〔令洞開諸門, 謂左右曰: 此如我心, 少有邪曲, 人皆見之.〕"라는 내용이 보인다.

380 사방에……드러내니 : '광화문'에서 '광(光)' 자를 푼 것이다. '극명준덕(克明俊德)의 공'은 《서경》 〈우서(虞書) 요전(堯典)〉에 "능히 큰 덕(德)을 밝혀 구족(九族)을 친하게 하시니 구족이 이미 화목하였다.〔克明俊德, 以親九族, 九族旣睦.〕"라는 내용이 보인다.

381 만물을……넓히니 : '광화문'에서 '화(化)' 자를 푼 것이다. 과화존신(過化存神)의 '과화'는 성인이 지나는 곳이면 모든 사람이 감화되는 것이고, '존신'은 성인이 머무는 곳이면 모든 백성이 신묘하게 감화되는 것이다. 《孟子 盡心上》

382 온……것이네 : 진(晉)나라 때 죽림칠현(竹林七賢)의 한 사람인 유령(劉伶)의 〈주덕송(酒德頌)〉에 "해와 달을 빗장과 창문으로 삼고, 온 천지를 뜰과 거리로 삼는다.〔日月爲扃牖, 八荒爲庭衢.〕"라는 구절이 보인다.

383 강물이……복록 : 성대하게 복록이 이르는 것을 말한다. 《시경》 〈소아(小雅) 천보(天保)〉에 "하늘이 그대를 안정시켜 흥성하지 않음이 없네.……강물이 막 이르는 것과 같아 불어나지 않음이 없도다.〔天保定爾, 以莫不興.……如川之方至, 以莫不增.〕"라는 구절이 보인다.

들보를 동쪽으로 들어 올리니	抛樑東
낙산에 떠오른 아침 해가 새 궁궐을 비추네	駱峯初日照新宮
무성한 숲처럼 온 나라의 모든 백성이	林蔥匝域含生類
절로 우리 임금의 큰 교화 속에 있도다	自在吾王大化中

들보를 서쪽으로 들어 올리니	抛樑西
휘황한 규성과 벽성[384]이 금빛 글자를 비추네	煌煌奎壁耀金題
평안하다고 알리는 문졸의 보고를 기쁘게 들으니	喜聽門卒平安報
안산의 봉수대 빛이 밤마다 낮게 내리네	鞍峴烽光夜夜低

들보를 남쪽으로 들어 올리니	抛樑南
한강물 둘러 있어 쪽빛처럼 푸르네	漢水環之碧似藍
나라의 배와 수레 모두 다 모이는 곳에	郡國舟車都會地
은혜의 물결 넘쳐흘러서 송축 소리 멀리 퍼지네	恩波洋溢頌遐覃

들보를 북쪽으로 들어 올리니	抛樑北
모악산[385]이 하늘까지 닿아 우뚝 솟았네	母嶽參天瞻峻極
북두성 당겨 술잔으로 삼아 저 당에 올라서	援斗爲巵躋彼堂
성인이 억만년의 장수를 축수 드리기를 청하네	聖人請祝於千億

384 규성(奎星)과 벽성(璧星) : 28수 가운데 두 별의 이름으로, 문운(文運)을 주관하는 별이다.

385 모악산(母嶽山) : 경복궁 북쪽에 자리한 삼각산(三角山, 북한산)의 이칭이다.

《燃藜室記述 別集 卷16》

들보를 위로 들어 올리니 抛樑上
하늘의 마음 받들어서 큰 복을 맞이하네 對越天心迓景貺
연신이 물러 나오기를 매번 더디게 하니[386] 筵臣退食每遲遲
해가 기울어도 부지런히 치도를 묻도다 日昃猶勤治道訪

들보를 아래로 들어 올리니 抛樑下
뭇 생령을 크게 감싸 넓은 집에 거하게 하네 大庇群生居廣廈
전각에 임해 때때로 격양가[387] 소리 들으니 臨殿時聞擊壤聲
곳곳마다 누런 구름 온 들판에 가득하네[388] 黃雲處處滿田野

삼가 바라건대 들보를 올린 뒤에 햇빛과 달빛처럼 사사로이 비추지 않고, 비와 이슬처럼 은택이 고루 적시게 하소서. 건(乾)의 문을 열고 곤(坤)의 문을 닫아서[389] 집집마다 화락한 은택을 펴게 하며, 인(仁)을 관문으로 삼고 의(義)를 빗장으로 삼아서 자자손손 큰 복을 받게 하소서. 무너지지 않을 큰 터전을 세워 태산과 반석에 두게 하

386 연신(筵臣)이……하니 : 《시경》 〈소남(召南) 고양(羔羊)〉에 "조정에서 물러 나와 밥을 먹으니, 의젓하고 의젓하도다.〔退食自公, 委蛇委蛇.〕"라는 구절이 보인다.

387 격양가(擊壤歌) : 요(堯) 임금 때 어떤 노인이 땅을 두드리며 부른 노래로, 태평성대를 뜻한다. 《論衡 藝增》

388 곳곳마다……가득하네 : 농사가 풍년이 든 것을 말한다. '누런 구름'은 누렇게 익은 벼를 비유하는 표현이다.

389 건(乾)의……닫아서 : 화육(化育)의 공을 이른다. 《주역》 〈계사전 상(繫辭傳上)〉에 "문을 닫는 것을 '곤'이라 이르고, 문을 여는 것을 '건'이라 이른다.〔闔戶謂之坤, 闢戶謂之乾.〕"라는 내용이 보인다.

시며, 만세토록 편안하고 화평한 때를 열어 태평성대에 천수를 누리소서.

교태전 상량문[390]

交泰殿上樑文

삼가 생각건대 안과 밖의 자리를 바르게 하여 한집안 사람이라는 가인괘(家人卦)의 이로움이 되었으니[391] 황색 치마의 덕이 두터운 곤(坤)의 길함에 부합하며,[392] 위와 아래의 들보를 높게 하여 대장괘(大壯卦)를 취하였으니[393] 금빛 편액은 '교태'라는 예전 이름을 그대로 썼네. 보기에 사치함이 없어도 면모가 새롭게 바뀌었고, 재앙이 바뀌어

390 교태전(交泰殿) 상량문 : 저자가 62세 때인 1875년(고종12)에 교태전 상량문 제술관으로서 지은 글이다. 이유원은 동년 6월 3일 제술관의 예차(預差)에 임명되었다. 교태전은 경복궁의 내전(內殿)으로, 왕비의 침전(寢殿)이다. 1865년(고종2) 경복궁을 중건할 때 교태전도 함께 지었는데, 전각과 회랑 등이 불편하여 1875년에 고쳐 지은 것이다. 동년 3월 29일 전각을 고쳐 짓는 일을 논의한 뒤 6월 24일 정초(定礎)하여 8월 8일 신시(申時)에 상량하였다. '교태'라는 이름은 《주역》 〈태괘(泰卦 ䷊)〉가 하늘〔天〕이 아래에 있고 땅〔地〕이 위에 있기 때문에 음과 양이 서로 화합하고 소통하므로 이 괘사의 뜻을 취한 것이다. 《承政院日記 高宗 12年 3月 29日, 7月 29日》

391 안과……되었으니 : 《주역》의 '가인괘(家人卦 ䷤)'는 집안의 안팎이 모두 바른 상(象)이다. 〈가인괘〉에 "가인(家人)은 여자의 바름이 이롭다.〔家人, 利女貞.〕"라는 내용이 보인다.

392 황색……부합하며 : '황색 치마의 덕'은 부덕(婦德)을 비유하는 말이다. 313쪽 주75 참조.

393 위와……취하였으니 : 《주역》의 '대장괘(大壯卦 ䷡)'는 크고 웅장하다는 뜻이다. 《주역》 〈계사전 하(繫辭傳下)〉에 "상고 시대에 사람은 굴이나 들에서 살았는데, 후세에 성인이 궁실로 바꾸어서 위에는 들보를 얹고 아래에는 서까래를 얹어 비바람에 대비하였으니, 대장괘에서 취하였다.〔上古穴居而野處, 後世聖人易之以宮室, 上棟下宇, 以待風雨, 蓋取諸大壯.〕"라고 하였다.

상서가 되어[394] 회복될 수 있었네.

삼가 살펴보건대 옛날의 제왕이 집안을 바르게 하는 초기에 어진 후비가 중전의 자리에 있었네. 후성(後星)이 삼계(三階)의 궤도에 접하니[395] 요궁(瑤穹)에 임하여 극(極)에 짝하였으며,[396] 왕후가 육궁(六宮)[397]의 반열을 통솔하니 보좌(寶座)에 올라 음(陰)을 잡았네.[398] 침전(寢殿)에는 닭이 울었다고 경계함이 있고[399] 궁문에는 탁룡(濯龍)이 있으니[400] 깊숙한 내전은 거처의 바름을 얻었으며, 봄에는 누에를 기르고 여름에는 누에고치를 올리니 온화한 교화가 중궁에서부터 먼저 행

394 재앙이……되어 : 1592년(선조25) 임진왜란 때 소실되었다가 1865년(고종2) 경복궁 중건 때 다시 지은 일을 가리킨다. 399쪽 주357 참조.

395 후성(後星)이……접하니 : '후성'은 후비(后妃)의 별이라는 뜻이다. '삼계(三階)'는 3층 계단인데, 《관자(管子)》 〈군신 상(君臣上)〉에 "삼계의 위에 선다.〔立三階之上.〕"라고 한 데 대해 윤지장(尹知章)의 주에 "군주의 노침 앞에 삼계가 있다.〔君之路寢前有三階.〕"라고 하였다. 따라서 삼계는 군주의 계단으로, 임금을 비유하는 말이다.

396 요궁(瑤穹)에……짝하였으며 : '요궁'은 하늘을 뜻하고, '극(極)에 짝하다'라는 것은 임금의 배필인 왕비가 되었음을 말한다.

397 육궁(六宮) : 고대 천자의 황후는 정침(正寢)에, 3부인·9빈(嬪)·27세부(世婦)·81어처(御妻)는 5개의 연침(燕寢)에 나누어 거처하였다. 육궁은 이 여섯 처소를 말하는데, 여기서는 후궁을 가리킨다.

398 음(陰)을 잡았네 : 《예기》 〈예운(禮運)〉에 "그러므로 하늘은 양(陽)을 잡아서 해와 별을 드리우고, 땅은 음(陰)을 잡아서 산과 냇물을 통한다.〔故天秉陽, 垂日星, 地秉陰, 竅於山川.〕"라는 내용이 보인다.

399 침전(寢殿)에는……있고 : 왕비가 임금에게 정사에 힘쓰기를 권면함을 말한다. 《시경》 〈제풍(齊風) 계명(鷄鳴)〉에 "'새벽닭이 이미 울었으니 조정에 이미 신하들이 가득할 것입니다.'라고 하였다.〔雞旣鳴矣, 朝旣盈矣.〕"라는 구절이 보인다.

400 궁문에는 탁룡(濯龍)이 있으니 : 왕비가 검소함을 보이고 외척의 전횡을 경계함을 말한다. '탁룡'에 대해서는 320쪽 주102 참조.

해졌네.

이에 옛날 경복궁을 처음 지을 때 내정전(內正殿)도 함께 지은 제도를 거행하였네. 붉은 기둥이 표미거(豹尾車)가 지나는 길[401]에 매우 가까운데 옥으로 만든 문고리가 서로 비추고 구슬 같은 주춧돌이 서로 빛나며, 푸른 단청 건물이 아미사(蛾眉砂)에 의지하는데[402] 기이한 암석이 크고 어지러이 있고 진기한 뇌석(礧石)이 해그림자를 품고 있네. 금근거(金根車)와 괴어(騩馭)의 처소로 삼으니[403] 육침(六寢)과 구궁(九宮)을 법도로 삼았고, 자미당(紫微堂)과 인지당(麟趾堂)의 옆에 있으니[404] 사상(四象)과 팔괘(八卦)에 따라 건물을 배치하였네.

하늘과 땅이 서로 통한다는 《주역》 괘사의 칭호를 걸었으니, 적위(翟褘)[405]가 이곳에 임어한 것을 우러러보네. 그 형상은 작은 것이 가고 큰 것이 오니 음과 양의 이기(理氣)가 통하는 것을 미루어 넓혔으며,

401 표미거(豹尾車)가 지나는 길 : 어도(御道)를 말한다. '표미거'는 표범 꼬리로 장식한 수레로, 천자의 행차 뒤에 따르는 속거(屬車)이다.

402 푸른……의지하는데 : 아미사(蛾眉砂)는 교태전 북쪽 언덕인 아미산인데, 이곳의 형세를 따라 교태전을 지었다는 말이다. 1875년(고종12) 3월 29일 교태전을 고쳐 짓는 것을 의논할 때 호조 판서 민치상(閔致庠)이 아뢰기를 "교태전 뒤의 아미사는 바로 천연으로 이루어진 곳이니, 그 아래에 전각을 지은 것은 깊은 뜻이 있을 듯합니다. 지금 만약 전각을 허물고 다른 곳으로 옮겨 짓는다면 이미 천연의 형태를 잃는 것이고 또한 이 사각(砂角)을 따라 전각을 세우는 뜻도 아닐 것입니다."라고 하였다. 《承政院日記》

403 금근거(金根車)와……삼으니 : '금근거'는 진시황(秦始皇)이 처음으로 은로(殷輅)의 제도를 취하여 만든 천자의 수레이고, '괴어(騩馭)'는 검은 말인 괴마(騩馬) 여섯 필이 끄는 수레라는 뜻으로, 황후가 타는 수레이다.

404 자미당(紫微堂)과……있으니 : 경복궁에서 자미당과 인지당이 교태전 동쪽에 있기 때문에 이렇게 말한 것이다.

405 적위(翟褘) : 꿩의 무늬를 수놓은 왕후의 예복으로, 왕후를 지칭한다.

그 실체는 굳셈이 안에 있고 순함이 밖에 있으니[406] 임금과 신하의 지취가 서로 믿음을 비유한 것이네. 주(周)나라 왕실의 이남(二南)의 근본과 같으니 부부 사이에서 도(道)의 단서가 시작된다는 것[407]이 바로 이것이고, 당(唐)나라 때의 양의전(兩儀殿)[408]을 넘어서니 성인이 재성보상(財成輔相)[409]하는 뜻을 여기에 담았네. 근래 땅의 운수는 꽉 막힌 것이 기울어지는 때를 살폈고 하늘의 복은 빛이 회복되는 때를 기다렸네.

삼가 생각건대 통천 융운 조극 돈륜(統天隆運肇極敦倫)[410] 주상 전하께서는 교화가 집집마다 드러나고 상서가 관상감의 예측과 합치되었

406 그 실체는……있으니 : 《주역》 〈태괘(泰卦) 단(彖)〉에 "양이 안에 있고 음이 밖에 있으며, 굳셈이 안에 있고 순함이 밖에 있다.〔內陽而外陰, 內健而外順.〕"라는 내용이 보인다.

407 주(周)나라……것 : '주나라 왕실의 이남(二南)'은 《시경》 〈국풍(國風)〉의 〈주남(周南)〉과 〈소남(召南)〉 두 편을 가리키는데, 〈모시 서(毛詩序)〉에 "〈주남〉과 〈소남〉은 시작을 바로잡는 도이고, 왕의 교화의 근본이다.〔周南召南, 正始之道, 王化之基.〕"라고 하였으며, 《중용장구》 제12장에 "군자의 도는 부부 사이에서 그 단서가 시작된다.〔君子之道, 造端乎夫婦.〕"라고 하였다.

408 당(唐)나라 때의 양의전(兩儀殿) : 당나라 때 중전(中殿)을 '양의전'이라고 하였다. 《임하필기(林下筆記)》에 "《당육전(唐六典)》에 승천문(承天門)은 옛날의 외조(外朝)이고, 태극전(太極殿)은 옛날의 중조(中朝)이고, 양의전은 옛날의 내조(內朝)라고 하였다."라는 내용이 보인다. 《林下筆記 卷1 四時香館編 周禮》

409 재성보상(財成輔相) : 재성은 지나침을 억제하는 것이고 보상은 부족함을 보충해 주는 것으로, 성인 혹은 임금의 일을 말한다.

410 통천 융운 조극 돈륜(統天隆運肇極敦倫) : 1873년(고종10) 고종의 부친 흥선대원군(興宣大院君)이 섭정을 끝내고 고종이 직접 정사를 다스리는 것을 기념하여 이 존호를 올렸다. 302쪽 주26 참조. 《高宗實錄 10年 4月 17日》

네. 잠저(潛邸)에서 횡경(橫庚)의 점괘를 받드니[411] 큰 터전을 이어받아 명운을 정하였으며, 보위에 나아가 상갑(上甲)의 운수를 여니[412] 높이 드러내어 공업을 도모하였네.

선조를 계승하고 후손에게 복록을 남기는 계책은 부지런히 힘써서 두려운 마음으로 하였으며, 파괴된 것을 고치고 무너진 것을 일으키는 정사는 정연하여 조리가 있었네. 헌원씨(軒轅氏)의 좁은 당을 짓고 하후씨(夏后氏)의 낮은 궁궐을 지으면서[413] 영건만을 급히 여겨서는 안 될 것이며, 빈공(豳公)이 집을 지은 일과 노공(魯公)이 집터를 연 일[414]과 거의 같으니 반드시 선조를 잇는 것을 우선으로 해야 할

411 잠저(潛邸)에서……받드니 : 고종이 왕위를 계승하는 운수를 얻어 임금의 자리에 올랐다는 말이다. '잠저'는 임금이 즉위하기 전에 살던 집이다. '횡경(橫庚)의 점괘'는 왕이 되는 조짐을 말하는데, 한 문제(漢文帝)가 대왕(代王)으로 있다가 황제로 추대받았을 때 거북점을 치자 '대횡경경(大橫庚庚)'이라는 점괘가 나온 고사에서 나왔다. '대횡경경'은 제후의 자리에서 황제의 자리로 바뀐다는 뜻이다. 한 문제는 한 고조(漢高祖)의 넷째 아들이고, 고종은 흥선대원군의 둘째 아들이다. 《史記 卷10 孝文本紀》

412 보위에……여니 : 고종이 흥선대원군의 섭정에서 벗어나 친정(親政)을 행하였다는 말이다. '상갑(上甲)'은 상갑미(上甲微)로, 상(商)나라를 세운 탕왕(湯王)의 6대조이다. 상족(商族)은 한때 쇠퇴하였다가 상갑미가 아버지 자해(子亥, 왕해(王亥))를 죽인 유역(有易)을 정벌한 뒤 부흥하게 되었는데, 여기서는 흥선대원군을 가리킨다. 《史記 卷3 殷本紀》《竹書紀年 卷上》

413 헌원씨(軒轅氏)의……지으면서 : 성왕(聖王)들의 검소한 덕을 말한 것이다. '헌원씨'는 중국 고대의 임금인 황제(黃帝)를 말하고, '하후씨(夏后氏)'는 하(夏)나라 우왕(禹王)을 말한다. 남조(南朝) 진(陳)나라 때 심형(沈炯)의 〈태극전명(太極殿銘)〉에 "헌원씨의 좁은 당과 하우씨의 낮은 궁궐이여.〔軒轅狹堂, 夏后卑宮.〕"라는 내용이 보인다. 《藝文類聚 卷62 居處部2 殿》

414 빈공(豳公)이……일 : 빈공은 주(周)나라의 태왕(太王)인 고공단보(古公亶父)로 적인(狄人)을 피하여 기산(岐山)에 이르러 집터를 보았는데, 《시경》〈대아(大雅)

것이네.

아, 중광(重光)의 날에 다시 집을 지으니, 바로 좋은 터에 이에 잡고 이에 시작하였네. 이미 부지런히 흙손질을 하고 이미 부지런히 단청을 하니 공옥대(公玉帶)의 옛 도면을 따랐으며,[415] 이에 사공(司空)을 부르고 이에 사도(司徒)를 부르니 화개전(華蓋殿)[416]의 옛 제도를 상고하였네. 무지개를 그린 동자기둥과 물풀을 새긴 짧은 기둥은 한 쌍의 봉황이 솟아올라 구름 속으로 들어가는 듯하고, 노을 비낀 서까래와 꽃무늬 아로새긴 창문은 여섯 마리 용이 날아올라 해를 받드는 듯하네. 광대한 운수가 돌아올 줄 어찌 생각했겠는가. 갑자기 필방(畢方)의 새가 재앙을 경고하였네.[417] 하늘의 위엄을 공경하여 두려워하고 절약하는 규범을 다하였으며, 나라의 터전을 돌아보아 경영하고 건설하는 공역을 하려고 생각하였네.

위에서 덜어서 아래에 더해 주었으니[418] 시기가 어려운데 큰일을

면(綿)〉 제5장에 "집을 세우게 하니, 그 먹줄이 곧기도 하도다.〔俾立室家, 其繩則直.〕"라는 구절이 보인다. '노공(魯公)이 집터를 연 일'은 《시경》〈노송(魯頌) 비궁(閟宮)〉에 "너의 집터를 크게 열어서, 주나라 왕실의 보필이 될지어다.〔大啓爾宇, 爲周室輔.〕"라는 구절이 보인다.

415 공옥대(公玉帶)의……따랐으며 : 본래의 제도를 따랐다는 말이다. '공옥대'는 한 무제(漢武帝)에게 명당도(明堂圖)를 올린 사람으로, 401쪽 주368 참조.

416 화개전(華蓋殿) : 명나라 태조 주원장(朱元璋) 원년(1367년)에 처음 세운 건물로 명대(明代) 자금성(紫禁城)의 3대 전각 중 하나이다. 화재로 소실되어 여러 차례 중수한 바 있는데, 이에 대해서는 402쪽 주369 참조.

417 필방(畢方)의……경고하였네 : 교태전에 화재가 났다는 말이다. '필방의 새'는 전설상의 괴이한 새로 세상에 나타나면 항상 화재가 난다고 한다.

418 위에서……주었으니 : 고종이 내탕고의 비용을 내어 경복궁을 중건하는 데 썼음

벌인다고 말하지 말라. 옛 제도를 그대로 따라서 새롭게 만드니 단지 일은 반만 하고도 공은 갑절이 된 격이라네. 공수반(公輸般)의 재주와 공수(工倕)의 기교[419]로 먹줄과 자를 따라서 생각을 기울였고, 귀신처럼 운반하고 신령처럼 수송하여 집을 짓는 일에 달려가서 힘을 다 쏟았네.

구중궁궐에 이 옥우(玉宇)를 함께 우뚝하게 세우니, 두 글자 '교태'라는 보배로운 편액을 다시 걸었네. 발돋움하고 구부리며 추창(趨蹌)하고 공수(拱手)하는 모습은 황홀하게 규룡이 하늘에 서린 듯하고, 음과 양이 뒤섞여 있는 형상은 완연하게 거북의 등에 벌여 있는 현문(玄文)과 같네.

동조(東朝 신정왕후)의 보령이 더욱 높아지시는데[420] 안부를 여쭙기에 편하고 가까움이 기쁘고, 세자의 키가 점점 자라니[421] 장래에 왕업을 계승하는 길이 열렸네. 여기에서 머물고 여기에서 거처하며 난액(蘭掖)[422]에서 아름다운 계모를 펴고, 문을 열고 문을 닫으며 초도(椒塗)[423]

을 말한다.

419 공수반(公輸般)의……기교 : '공수반'과 '공수(工倕)'는 모두 중국 고대의 전설적 기술자이다.

420 동조(東朝)의………높아지시는데 : 대왕대비 신정왕후는 이해 1875년에 68세였으며, 자경전(慈慶殿)이 신정왕후의 처소였다.

421 세자의……자라니 : '세자'는 훗날의 순종(純宗)을 말하는데, 1874년(고종11) 2월 8일에 태어나 이때 2세였다.

422 난액(蘭掖) : 정전(正殿) 옆에 있는 궁전으로, 비빈이나 궁녀들이 거처하던 곳이다. 후정(後庭), 영항(永巷)이라고도 한다.

423 초도(椒塗) : 산초 가루를 진흙과 섞어서 벽에 바르는 것으로 왕후의 처소를 말한다. 초금(椒禁), 초위(椒闈), 초전(椒殿), 초각(椒閣)이라도 한다.

에서 복록을 맞이할 것이네. 관직을 살피는 뜻을 체득하여 군자(君子)의 도가 자라날 것이고, 후손들에게 넉넉함을 남겨 주는 뜻을 넓혀서 제을(帝乙)의 복이 길하리라.[424] 반석 같은 평안함에 나라의 형세를 공고히 놓고, 성상의 삼계(三階)의 교화[425]를 도울 것이네.

돌아보건대 지금 교태전의 높고 큰 제도는 자경전(慈慶殿), 강녕전(康寧殿), 함원전(含元殿), 수정전(修政殿)[426]에 짝할 수 있을 것이네. 이 교화의 근본을 따라서 '만물이 의지하여 생겨나고 순히 하늘을 받들며 만물을 실어 주고 지극히 고요하되 덕이 방정한' 곤괘[427]와 참으로 합치되리라. 빠른 시일에 일이 이루어짐을 도와서 감히 점점 차오르는 초승달처럼 되는 좋은 송축을 본받네.

들보를 동쪽으로 들어 올리니　　抛樑東

424 제을(帝乙)의 복이 길하리라 : 《주역》 〈태괘 육오(六五)〉에 "제을이 여동생을 시집보냄이니, 이로써 복을 받을 것이며 크게 선하여 길하리라.〔帝乙歸妹, 以祉元吉.〕"라는 내용이 보인다.

425 삼계(三階)의 교화 : 요(堯) 임금의 궁궐 뜰 높이가 비록 세 계단이었지만 치세를 이루었다는 것을 말한다. '삼계'에 대해서는 410쪽 주395 참조.

426 자경전(慈慶殿)……수정전(修政殿) : 경복궁에 있는 전각들이다. 자경전은 경복궁에 있는 대비의 침전이고, 강녕전(康寧殿)은 임금의 연침(燕寢)이다. 함원전(含元殿)은 경복궁의 교태전 서쪽에, 수정전(修政殿)은 경회루 남쪽에 있는 전각이다.

427 만물이……곤괘 : 《주역》 〈곤괘(坤卦 ䷁) 단(彖)〉에 "지극하도다, 곤원이여. 만물이 의지하여 생겨나니, 이에 하늘을 순종하여 받들도다.〔至哉坤元. 萬物資生, 乃順承天.〕"라고 하였고, "곤(坤)의 두터움이 물건을 실어 주는 것은 덕이 한이 없음에 합한다.〔坤厚載物, 德合无疆.〕"라고 하였다. 또 〈곤괘 문언(文言)〉에 "곤괘는 지극히 유순하되 동함이 강하고, 지극히 고요하되 덕이 방정하다.〔坤至柔而動也剛, 至靜而德方.〕"라는 내용이 보인다.

부상[428]에서 떠오른 상서로운 해가 먼저 붉어지네　榑桑瑞旭先紅
전성[429]이 찬란하게 동방에서 빛나니　前星有爛蒼震
만백성이 칭송 노래 부르며 함께 즐거워하네　萬姓謳歌樂同

들보를 서쪽으로 들어 올리니　抛樑西
옥 같은 누각은 높고 구슬 같은 연못은 낮네　玉樓高璧沼低
만물을 낳고 길러 주어 기쁘고 즐거우니　萬物生成説兌
문모께서 지금처럼 후덕하실 것이네　文母如今思齊

들보를 남쪽으로 들어 올리니　抛樑南
금은을 장식한 듯한 섬돌에 의남초[430] 길게 자라네　鈿砌草長宜男
해가 거듭 빛나서 밝음이 둘임을 다투어 송축하니[431]　日重爭頌明離
자전께 엿을 물고 손자의 재롱을 보는 기쁨을 드리네[432]
慈殿供權飴含

428 부상(扶桑) : 해가 이 나무 아래서 나온다는 동방의 신목(神木) 이름이다.

429 전성(前星) : 별 3개로 이루어진 심수(心宿)의 앞에 있는 별로, 왕세자를 뜻한다. 여기서는 순종을 말한다.

430 의남초(宜男草) : 원추리로, 훤초(萱草)라고도 한다. 옛날에는 임신한 부인이 허리에 차고 다니면 아들을 낳는다고 하여 차고 다닌 데서 유래하였다.

431 밝음이……송축하니 : 왕과 세자가 거듭 빛남을 칭송한 것이다. 《주역》〈이괘(離卦 ䷝) 상(象)〉에 "밝음이 둘인 것이 이(離)가 되니, 대인이 보고서 밝음을 이어 사방을 비춘다.〔明兩作離, 大人以, 繼明照于四方.〕"라는 내용이 보인다.

432 자전(慈殿)께……드리네 : '자전'은 대왕대비인 신정왕후 조씨를 말한다. '엿을 물고' 운운은 한가로이 지내는 모습을 형용한 말로, 310쪽 주58 참조.

들보를 북쪽으로 들어 올리니 抛樑北
묵묵히 음공을 운행하여 건극(乾極)에 짝하도다[433] 默運陰功配極
현무가 추기를 돌려 감의 자리에 있으니[434] 玄武斡樞乘坎
패옥 차고 퇴청할 때 얼굴빛을 기쁘게 하네 璜珮朝回愉色

들보를 위로 들어 올리니 抛樑上
그윽하고 맑은 덕이라 하늘이 도와주네 幽閑淑德天相
자리를 정하고 존위에 거하여 하늘을 받드니 定位居尊承乾
오색 운기에 감로가 내리는 좋은 복을 받네 慶雲甘露嘉貺

들보를 아래로 들어 올리니 抛樑下
빈조[435]의 정결한 제사를 종묘와 사직에 올리네 蘋藻潔禋廟社
왕후의 아름다움 더욱 빛나서 곤위를 비추니 壼徽增光燭坤
성스러운 덕이 유신씨와 도산씨, 등황후와 마황후[436] 같네
聖如莘塗鄧馬

433 묵묵히……짝하도다 : 곤(坤)인 왕비의 자리에서 건극(乾極)인 임금을 말없이 도와줌을 칭송한 것이다.

434 감(坎)의 자리에 있으니 : '감'은 《주역》의 속성에서 북쪽에 해당하는데, 교태전이 근정전 북쪽에 있기 때문에 '감의 자리'라고 한 것이다.

435 빈조(蘋藻) : 마름 따위의 수초(水草)로, 제수(祭需)에 쓰는 것이다. 《시경》 〈소남(召南) 채빈(采蘋)〉에 나온다.

436 유신씨(有莘氏)와……마황후(馬皇后) : 성스럽고 현숙한 덕으로 이름난 왕후들이다. 유신씨는 주(周)나라 문왕(文王)의 비이고, 도산씨(塗山氏)는 우(禹) 임금의 비이다. 등황후(鄧皇后)는 후한(後漢) 화제(和帝)의 비이고, 마황후는 후한 명제(明帝)의 비이다.

삼가 바라건대 들보를 올린 뒤에 온갖 신령이 문을 보호하고 많은 상서가 처마에 모여들며, 소나무가 무성하듯 대나무가 우거지듯 하소서. 하늘의 창합문(閶闔門 궁궐의 정문)을 열어서 번성하고 착하고 오래 살아서 백대토록 자손이 이어지게 하소서. 위로 〈사간(斯干)〉의 시구처럼 창성하고 아래로는 〈무양(無羊)〉의 시구처럼 풍성하여[437] 하늘의 복을 만년토록 받으며, 〈관저(關雎)〉에서 시작하여 〈인지지(麟之趾)〉에 이르고 〈작소(鵲巢)〉에서 드러나 〈추우(騶虞)〉에 응하여[438] 땅의 도가 순일한 덕을 얻어 편안하게 하소서.[439]

437 사간(斯干)의 ……풍성하여 : 《시경》의 〈소아(小雅) 사간〉은 새로 집을 지은 뒤에 후손이 창성하기를 송축한 시이고, 〈소아 무양(無羊)〉은 풍년이 들고 실가(室家)가 많아질 조짐을 노래한 시이다.

438 관저(關雎)에서……응하여 : 《시경》의 〈주남(周南)〉은 후비의 덕을 읊은 〈관저〉에서 시작하여 왕자(王者)의 상서(祥瑞)를 노래한 〈인지지(麟之趾)〉에서 끝난다. 《시경》의 〈소남(召南)〉은 부인의 덕을 읊은 〈작소(鵲巢)〉에서 시작하여 은택이 만물에 이른 것을 노래한 〈추우(騶虞)〉에서 끝난다.

439 땅의……하소서 : 《노자(老子)》 39장에 나오는 말이다. 317쪽 주88 참조.

내선각 상량문[440]

來宣閣上樑文

삼가 생각건대 굳건한 산하의 형세가 아름다우니 변방 관문에 큰 부(府)가 자리하고 있으며, 사신의 행차가 계속 이어지니 큰길에 별관(別館)을 열었네. 필방(畢方)의 새가 재변을 알리는 것[441]을 자주 보았는데, 꿩이 날아가듯 모습을 바꾼 것[442]을 이내 기뻐하네.

본부로 말하면 고을은 보주(保州)[443]의 옛 치소(治所)에 있고, 땅은

440 내선각(來宣閣) 상량문 : 저자가 36세 때인 1849년(철종 즉위년) 의주 부윤(義州府尹)으로 있으면서 지은 글이다. 저자는 의주 부윤에 제수된 다음 해에 내선각을 새롭게 만들고 직접 상량문을 지었다. 이유원은 1848년(헌종14) 8월 5일 의주 부윤에 제수되고 1850년(철종1) 2월 4일 잉임(仍任)되었다가 같은 해 4월 15일 체차되었다. '내선각'은 의주부(義州府)의 별관으로, 중국을 왕래하는 사신(使臣)들이 머물던 곳이다. 객사 앞 연못가에 있는 응향당(凝香堂)의 남쪽에 있었다. 이 건물은 1733년(영조9) 당시 의주 부윤이었던 조진희(趙鎭禧)가 처음 세웠는데 1736년(영조12) 화재로 소실되었다. 조두순(趙斗淳)의 〈내선각기〉에 "《시경》〈대아(大雅) 강한(江漢)〉에 이르기를 '왕께서 소호를 명하여 와서 두루하여 와서 베풀게 하시다.'라고 하였으니, 각의 이름은 이로 인해 지어진 것이다.〔江漢之詩曰, 王命召虎, 來旬來宣, 閣之所由名也.〕"라는 내용이 보인다. 《歸鹿集 卷18 義州來宣閣重修記》《心庵遺稿 卷29 來宣閣記》《薊山紀程 卷1 出城 癸亥十一月》《承政院日記》

441 필방(畢方)의……것 : 내선각에 화재가 자주 일어나서 건물이 훼손되었음을 말한다. '필방의 새'에 대해서는 414쪽 주417 참조.

442 꿩이……것 : 건물이 높고 화려한 것을 말한다. 《시경》〈소아(小雅) 사간(斯干)〉에 "새가 놀라 낯빛을 변함과 같으며, 꿩이 날아가는 것과 같다.〔如鳥斯革, 如翬斯飛.〕"라는 구절이 보이는데, 주희(朱熹)의 주에 동우(棟宇)가 높고 처마가 화려한 것을 말한다고 하였다.

저 청나라와 경계가 접해 있네. 망루와 해자가 별처럼 벌여 있고 바둑돌처럼 포진하였으니 하늘은 위화도(威化島) 같은 요해처를 두었으며, 성곽과 민가가 구름처럼 이어져 있고 안개처럼 자욱하게 모여 있으니 땅은 통군정(統軍亭)[444] 같은 승경을 독점하였네.

돌아보건대 이 내선각을 설치한 것은 왕명을 받든 사신이 쉬고 머무르도록 하기 위해서이네. 언덕과 습지에 휘황하게 꽃 핀 길을 오가는 사신[445]이 세폐(歲幣)의 예를 갖춘 것이 몇백 년이며, 함박눈이 내리고 버들이 늘어진 길[446]을 사신의 수레가 달린 것이 3천여 리라네. 문을 열면 초록빛 둘러 있는 압록강의 한 줄기가 삼킬 듯이 광활하고, 화려한 난간에 기대면 푸르게 우뚝 솟아 있는 마이산(馬耳山)[447] 두 봉우리가 멀리 바라다보이네.

정자는 시원하고 방은 따뜻하니 넓고 깊숙한 나의 큰 집이며, 역참의 매화 피고 관산(關山)의 달[448] 뜨면 슬퍼하며 객을 전송하는 정자라오.

443 보주(保州) : 의주(義州)의 옛 이름이다.

444 통군정(統軍亭) : 의주 압록강 가에 있는 정자로, 관서 팔경(關西八景)의 하나이다.

445 언덕과……사신 : 왕명을 받들어 사신이 먼 길을 수고롭게 왕래하는 것을 말한다. 299쪽 주19 참조.

446 함박눈이……길 : 《시경》〈소아(小雅) 채미(采薇)〉에 "예전에 내가 출정할 때에는 버들이 늘어졌는데, 지금 내가 돌아올 때에는 함박눈이 펑펑 내리네.〔昔我往矣, 楊柳依依, 今我來思, 雨雪霏霏.〕"라는 구절이 보인다.

447 마이산(馬耳山) : 의주의 객관(客館) 북쪽 압록강 가의 통군정에서 바라다보이는 산 이름이다.

448 관산(關山)의 달 : 당나라 시인 두보(杜甫)의 〈세병마행(洗兵馬行)〉에 "삼 년 동안 강적(羌笛) 소리에 관산의 달 보았고, 만국의 병사 앞에 초목이 바람에 브노라.〔三

한때에 이룸과 허물어짐은 무상하건만, 100년 만에 계획하는 것이 얼마나 될까. 옛 건물을 확장하여 흙을 쌓아 올렸으니 건물을 지은 사람이 누구인가. 공교로운 예언이 화(火)가 금(金)을 녹인 것에서 징험되었으니[449] 또한 기이하다고 할 것이네.

전 부윤이 창건하고 후 부윤이 중수하였으니, 정사(正使)와 부사(副使)가 거처하고 머무르네. 어찌하여 120년이 채 못 되는 시기[450]에 또 불이 나는 재해를 당한 것인가. 하남(河南)의 불이 갑자기 번져 환히 시정(檠亭)의 밤도깨비불이 빛난 것과 같으며,[451] 강릉(江陵)의 바람을

年笛裏關山月, 萬國兵前草木風.〕"라는 구절이 보인다.

449 공교로운……징험되었으니 : '화(火)가 금(金)을 녹인다'라는 말은 조현명(趙顯命)이 〈의주 내선각 중수기(義州來宣閣重修記)〉에서 한 말이다. 조현명이 영남을 안찰(按察)할 때 감영 100칸이 불에 탔는데, 태학사(太學士) 이덕수(李德壽)가 이 소식을 듣고 기뻐하면서 "아무개가 얼굴에 화색(火色)이 있는데 화방(火方)에 처하였기에 그가 돌아오지 못할까 오랫동안 늘 근심하였다. 그런데 지금 몸 때문이 아니라 집 때문이었다.〔某也面有火色而處火方, 久常憂其不能返, 乃今不以身以屋也.〕"라고 하였다. 그 뒤 1735년(영조11) 조현명이 평안 감사로 나가면서 이덕수에게 편지를 보내서 "화(火)가 금(金)을 녹이는 것은 이치이니, 공은 근심하지 말라.〔以火銷金, 理也, 公其無憂矣.〕"라고 하였다. 이것은 영남은 불에 해당하고 관서는 금에 해당하여, 화의 기운을 지닌 자신이 영남에서는 생명이 위태로울 수 있지만 관서에서는 금의 성질을 이길 것이라는 말이다. 그런데 이듬해인 1736년 1월 26일 조현명이 내선각에서 머물고 4일 뒤에 불이 나서 내선각이 소실되자, 이에 대해 "농담이었지만 끝내 공교로운 예언이 되었다.〔蓋戲言也, 而卒爲巧讖焉.〕"라고 하였다. 《歸鹿集 卷18》

450 120년이……시기 : 내선각이 처음 지어진 1733년(영조9)부터 이해 1849년까지 117년이 되기 때문에 이렇게 말한 것이다. 420쪽 주440 참조.

451 하남(河南)의……같으며 : '하남(河南)의 불이 갑자기 번져'라는 말은 한 무제(漢武帝) 때 하내(河內)에 화재가 나서 1천여 집이 불에 타자, 무제가 급암(汲黯)에게 가서 살펴보게 한 일이 있다. '시정(檠亭)의 밤도깨비불'에서 '시정'은 중국 섬서성(陝西

돌리지 못하여 크게 곤명지(昆明池)의 겁회(劫灰)가 되어 버렸네.[452]

부윤인 내가 의주(義州)에 부임하였으니, 봉각(鳳閣)의 관원에서 나온 것이네.[453] 서생(書生)은 무인의 일에 서투니 단지 매당(梅堂)[454]에서 소요하는 데 맞았고, 여관(旅館)은 관리의 거처로 여기니 죽루(竹樓)의 흥폐를 어찌 논하겠는가. 그러나 관사가 무너지면 반드시 수리한다는 말이 옛 책에 있고,[455] 빈객이 이르렀을 때 묵을 곳이 없는 것은

省) 미현(郿縣)에 있는 정(亭)이다. 후한(後漢) 때 왕돈(王忳)이 미 영(郿令)으로 부임하면서 이 시정에 묵으려 하자 정장(亭長)이 이 정에 귀신이 있어 과객을 죽인다고 하면서 묵지 못하게 하였다. 왕돈은 "인(仁)은 흉사를 이기고 덕은 상서롭지 못한 것을 없애니 어찌 귀신을 피하겠는가.〔仁勝凶邪, 德除不祥, 何鬼之避!〕" 하고서 정에 묵었는데, 밤중에 여자가 정장에게 죽임을 당한 일을 말하였다. 이에 왕돈이 정장의 죄를 다스리고, 정(亭)은 마침내 깨끗하고 편안해졌다. '시정'은 《후한서》 권81 〈왕돈열전〉에는 '태정(斄亭)'으로 되어 있다. 《資治通鑑綱目 卷4》《後漢書 卷81 王忳列傳》

452 강릉(江陵)의……버렸네 : '강릉의 바람을 돌리지 못하여'라는 말은 한(漢)나라 때 화재(火災)를 제거한 유곤(劉昆)의 일화에서 나왔다. 유곤이 강릉 영(江陵令)에 임명되었을 때 당시 현에 해마다 화재가 발생하였는데, 그가 불을 향해 머리를 조아려서 비를 내리고 바람을 그치게 한 일이 많았다. 황제가 유곤에게 강릉에 있을 때 어떻게 바람의 방향을 돌려서 불을 껐냐고 물었는데, 우연일 뿐이라고 대답하였다. '곤명지(昆明池)의 겁회(劫灰)'에서 '곤명지'는 섬서성(陝西省) 장안현(長安縣) 서남에 있는 못이다. 한 무제(漢武帝) 때 곤명지의 땅속에서 검은 재가 나오자 무제가 동방삭(東方朔)에게 물었는데, 동방삭이 서역(西域)의 승려에게 물으니 그 승려가 겁회라고 말하였다. 《後漢書 卷79上 劉昆列傳》《天中記 卷25》

453 부윤인……것이네 : '봉각(鳳閣)'은 규장각을 지칭하는 듯하다. 규장각 검교대교를 맡고 있었던 저자는 35세 때인 1848년(헌종14) 8월 5일 의주 부윤에 제수되었다. 《承政院日記》

454 매당(梅堂) : 지방의 수령이 정사를 처리하는 정당이다.

455 관사가……있고 : 《춘추좌씨전》 소공(昭公) 23년 조에 "숙손이 머문 곳에는 비록 하루를 머문 곳이라 해도 반드시 그 담장과 지붕을 수리하였으니, 떠날 때가 처음 왔을

주인의 책임이네.

이리하여 송사를 심리하는 여가에 장인을 불러서 중수를 계획하였네. 반년 사이에 재목을 모으고 농한기에 공사를 시작하였네. 상근(霜斤)을 담그니 월부(月斧)가 빛깔을 바꾸고,[456] 절굿공이가 구름처럼 모이자 목수(木宿)가 빛을 발하네.[457] 큰 들보가 무지개처럼 드리우니 먼 곳에 있는 백마산성(白馬山城)에 공손히 읍을 하고, 높은 용마루가 북두와 맞먹으니 학봉(鶴峯)과 함께 자웅을 겨루네.

한번 가리키고 한번 돌아보는 사이에 이루어진 것이니 형세가 다시 우뚝하네. 노(魯)나라의 창고를 지을 때처럼 예전 모습을 따르니[458] 진(晉)나라의 궁실처럼 크고 화려한 것이 새로 지은 듯하네.[459] 뜰에

때와 같았다.〔叔孫所館者, 雖一日, 必葺其牆屋, 去之如始至.〕"라는 내용이 보인다.

456 상근(霜斤)을……바꾸고 : 상근은 서릿발 같은 도끼이다. 월부(月斧)는 달을 다듬었다는 전설상의 도끼로, 신화에 의하면 달은 칠보(七寶)로 이루어져 있고 항상 8만 2천 호의 사람들이 이를 수리한다는데, 이때 사용하는 도끼를 월부라고 한다.

457 절굿공이가……발하네 : 작업이 신속하게 이루어지는 모습을 형용한 듯하다. '절굿공이가 구름처럼 모이자'라는 말은 '구름이 모이듯 가래질하고 비가 내리듯 절구질을 한다〔雲鍤雨杵〕'의 뜻으로, 빨리 작업하는 것을 말한다. '목수(木宿)'는 목수(木手)를 관장하는 별로, '목수가 재목을 가려 취한다〔木宿掄材〕'라는 말이 있다.

458 노(魯)나라의……따르니 : 노나라 사람이 창고를 짓자 민자건(閔子騫)이 "옛일을 그대로 이용하는 것이 어떻겠는가? 하필 고쳐 지어야 하는가?〔仍舊貫如之何? 何必改作?〕"라고 한 구절을 원용한 것이다. 《論語 先進》

459 진(晉)나라의……듯하네 : '진나라의 궁실'은 진나라 헌문자(獻文子)의 집을 말한다. 그의 집이 준공되자 진나라의 대부들이 예물을 보내고 치하하였는데, 장로(張老)가 그 규모를 보고 말하기를 "아름답구나, 높고 크도다! 아름답구나, 성대하도다! 제사 때에도 여기에서 음악을 연주하고, 상사 때에도 여기에서 곡읍을 하고, 연회 때에도 여기에서 국빈과 종족을 모아 즐기리로다.〔美哉輪焉! 美哉奐焉! 歌於斯, 哭於斯, 聚國

종종걸음으로 걷는 이서(吏胥)들은 연작(燕雀)을 뒤따라와서 축하를 하고,[460] 누대에 오른 관기(官妓)들은 끊임없이 오가는 사신(使臣)의 일을 노래하며 낙성(落成)의 의례를 거행하네. 공사를 잠깐 멈추고 사창(司唱)[461]이 어영차 노래를 부르네.

들보를 동쪽으로 들어 올리니 抛樑東
구름 너머 금산에 아침 해 붉게 떠오르네 雲外金山朗旭紅
들불이 해마다 다 태우지 못하니[462] 野火年年燒不得
관가 제방의 푸른 풀에 또 봄바람 부네 官堤綠草又春風

들보를 서쪽으로 들어 올리니 抛樑西
울창한 계문의 나무[463]가 시야에 나직이 들어오네 薊樹蒼蒼入望低

族於斯.〕"라고 하니, 헌문자가 장로의 말을 되풀이하면서 두 번 절하고 머리를 조아리자, 군자들이 축사와 답사를 모두 잘했다고 칭찬하였다. 《禮記 檀弓下》

460 연작(燕雀)을……하고 : '연작'은 제비와 참새인데, 큰 집이 이루어지려고 할 때 제비와 참새가 사람의 집을 자기들의 보금자리로 여겨 서로 축하한다는 말이 있다. 《회남자》 〈설림훈(說林訓)〉에 "큰 집이 이루어지면 제비와 참새들이 서로 축하한다.〔大厦成而燕雀相賀.〕"라는 내용이 보인다.

461 사창(司唱) : 조선 후기 연향에서 악장에 선율을 붙여 노래하는 역할을 맡았던 여성 가창자이다. 여기(女妓) 2인이 짝이 되어 사창을 맡았다.

462 들불이……못하니 : 어떤 억압도 견딜 만큼 생명력이 강하다는 말이다. 당(唐)나라 시인 백거이(白居易)의 〈옛 언덕의 풀을 읊어 송별하다〔賦得古原草送別〕〉에 "무성한 저 언덕 위의 풀이여, 한 해에 한 번씩 났다가 시드는구나. 들불이 다 태우지 못하니 봄바람 불면 또 생기네.〔離離原上草, 一歲一枯榮. 野火燒不盡, 春風吹又生.〕"라는 구절이 보인다.

463 계문(薊門)의 나무 : 연경(燕京, 북경)의 팔경(八景) 가운데 하나인 계문연수(薊

〈여구〉의 노래[464]를 다 마치자 사람이 보이지 않으니 唱罷驪駒人不見
노을 속에 취한 몸 부축하여 붉은 층계를 내려오네 夕陽扶醉下朱梯

들보를 남쪽으로 들어 올리니 抛樑南
하늘과 나란한 전문령[465]에 푸른 이내가 일어나네 箭嶺天齊起碧嵐
오래된 버드나무 가지 휘늘어져 난간을 스치니 老柳鬖鬖來拂檻
이곳에 이르러 몇 사람이나 말을 매어 두었나 幾人到此繫征驂

들보를 북쪽으로 들어 올리니 抛樑北
멀고 험한 의무려산[466] 하늘가에 솟아 있네 巫閭遠嶂天邊直
국경에 일이 없으니 용사들 한가하고 封疆無事健兒閑
사냥 마치고 돌아올 때 산길이 어둑하네 獵火歸來山路黑

들보를 위로 들어 올리니 抛樑上

門煙樹)를 말한다. 계문은 북경과 인접한 계주(薊州)로, 지금의 하북성(河北省) 계현(薊縣)인데, 이곳의 연기와 안개 속에 한 줄기 장림(長林)이 수백 리에 은은히 비쳐 보인다고 한다.

464 여구(驪駒)의 노래 : 〈여구〉는 산일된 시(詩)의 편명으로, 손님이 떠나려 하면서 이별의 정을 표시하는 노래이다.

465 전문령(箭門嶺) : 의주 남쪽에 있는 고개 이름이다.

466 의무려산(醫巫閭山) : 만주(滿洲) 요령성(遼寧省) 북진현(北鎭縣) 서쪽에 있는 산 이름으로, 의무려(醫無閭) 혹은 어미려(於微閭) 등으로 쓰기도 하고, 줄여서 의려(醫閭)라고 하기도 한다.

자그마한 응향당[467]이 거룻배처럼 보이네 凝香堂小看如舫
붉은 소매 미인이 주렴 걷고 난간에 기대니 捲簾紅袖倚欄干
수령에게 글을 부쳐 사방의 풍경을 함께하네 寄與遨頭供四望

들보를 아래로 들어 올리니 抛樑下
만 리 길에 펼쳐진 풍광이 요동 벌판에 이어졌네 風煙萬里連遼野
번화한 마을에 기와가 강물처럼 끝없으니 繁華井落瓦如流
온 고을의 물색이 아름답고 고아하네 物色一州都且雅

삼가 바라건대 들보를 올린 뒤에 변방의 봉수(烽燧)는 중국 변경의 경보를 전하지 않고, 밝은 달은 유량(庾亮)의 누각[468]에 길이 둥글게 비추게 하소서. 서쪽 변방을 웅대하게 진압하니 신령이 보우하고 귀신이 감싸 주기를 바라며, 가까이에 동각(東閣)을 의지하니 더는 바람에 꺾이지도 비에 무너지지도 않게 하소서.

467 응향당(凝香堂) : 의주 객사(客舍) 앞의 연못가에 있는 당이다.

468 유량(庾亮)의 누각 : 유량은 동진(東晉)의 명재상이다. 그가 무창(武昌)을 다스릴 때, 가을밤에 남루(南樓)에서 하속들과 함께 시를 읊으며 흥취를 즐겼다는 고사가 전한다.《晉書 卷73 庾亮列傳》

북청향교 이건 상량문[469]

北青鄕校移建上樑文

다음과 같이 서술한다. 학교를 세워서 교육을 하니 향교를 이건하는 것이 기쁘고, 생민 이래로 이처럼 성대한 일이 없으니 문묘(文廟)를 새롭게 바꾼 것이 아름답네. 만년토록 이어질 토대가 공고해지니 온 지역 사람들이 경하하는 소리가 드높네.

듣건대 마음에 두고 있으면 신묘해지고 지나는 곳은 교화가 되니[470] 성인은 백대의 스승이며, 예(禮)로 인도하고 악(樂)으로 감화하니 학교는 하(夏)·은(殷)·주(周) 삼대(三代)에서 공통으로 둔 제도라고 하네. 봄에 제사하고 가을에 제향할 때 질서 있게 예가 갖추어지니 여러 고을이 제사를 올리는 의식을 설행하며, 금(金)으로 시작하고 옥(玉)으로 거두어 집대성하니[471] 많은 선비들의 갱장(羹墻)의 사모하는 뜻[472]을 부치네. 이것이 어찌 사도(師道)를 높이고 학술(學術)을

469 북청향교(北靑鄕校) 이건(移建) 상량문 : 함경도 북청에 있던 향교를 옮겨 지은 뒤에 지은 글이다. 저자는 49세 때인 1862년(철종13) 12월 19일 함경 감사에 임명되어 1864년(고종1) 6월 15일 좌의정에 임명될 때까지 재임하였다. 《哲宗實錄》《高宗實錄》《承政院日記》

470 마음에……되니 : 《맹자》 〈진심 상(盡心上)〉에 "군자는 지나는 곳은 교화가 되며, 마음에 두고 있으면 신묘해진다.〔夫君子所過者化, 所存者神.〕"라는 내용이 보인다.

471 금(金)으로……집대성하니 : '금'은 종(鐘)이고 '옥'은 경쇠이다. 팔음(八音)을 연주할 때 먼저 종을 쳐서 시작하고, 마지막에 경쇠를 쳐서 소리를 거두어 음악 한 곡을 완성한다.

472 갱장(羹墻)의 사모하는 뜻 : 공자를 간절히 사모하고 추념함을 말한다. 요(堯)

숭상해서일 뿐이겠는가. 또한 사람의 마음을 착하게 하고 세교(世敎)를 부지하는 방도이네.

생각건대 이 청해(青海)[473]의 이름난 지역에 현성(玄聖 공자(孔子))을 평안히 모시는 곳이 있네. 익주(益州)의 난간[474]이 엄연하니 아, 유학의 지남(指南)이며, 무성(武城)의 현가(絃歌)가 들리니[475] 성대하게 이름난 선비들의 기북(冀北)[476]이 되었네. 황홀하게 주형(珠衡)을 올려보고 옥두(玉斗)를 우러르니[477] 이에 삼물(三物)로 백성들을 흥기시키며,[478] 찬란하게 벽수(璧水)가 둘러 있고 괴림(瓌林)[479]이 에워싸고 있으니

임금이 죽은 뒤에 순(舜) 임금이 지극히 사모하여 "자리에 앉으면 담장에 요 임금의 모습이 나타나는 듯하고, 밥을 먹으면 국그릇 속에 요 임금의 모습이 비치는 듯하였다. 〔坐則見堯於墻, 食則覩堯於羹.〕"라고 한 데서 나왔다. 《後漢書 卷63 李固列傳》

473 청해(青海) : 북청(北青)의 옛 이름이다.

474 익주(益州)의 난간 : '익주'는 지금의 중국 사천성(四川省)이다. 당(唐)나라 왕발(王勃)이 〈익주부자묘비(益州夫子廟碑)〉라는 글에서 공자의 덕을 기렸다.

475 무성(武城)의 현가(絃歌)가 들리니 : 수령이 예악으로 교화하는 것을 말한다. '무성'은 춘추 시대 노(魯)나라의 고을로 지금의 산동성(山東省) 비현(費縣)에 해당하며, '현가'는 거문고와 비파 등을 연주하며 시가(詩歌)를 읊는 것이다. 공자의 제자 자유(子游)가 무성의 읍재(邑宰)가 되어 백성들에게 예악을 가르쳤으므로 곳곳마다 현가의 소리를 들을 수 있었다. 《論語 雍也》

476 선비들의 기북(冀北) : '기북'은 기주(冀州)의 북쪽 땅으로 준마가 많이 나는 지역인데, 여기서는 선비들이 많이 배출되는 곳이라는 뜻이다.

477 주형(珠衡)……우러르니 : 공자를 우러러 공경함을 말한다. '주형'은 북두칠성의 표(杓) 3성(星)을, '옥두(玉斗)'는 두(斗) 4성(星)을 말하는데, 모두 공자를 상징한다. 《與猶堂全書補遺 尙書知遠錄 下乙十璿璣玉衡》

478 삼물(三物)로 백성들을 흥기시키며 : '삼물'은 육덕(六德), 육행(六行), 육예(六藝)이다. 주(周)나라 때 교육을 담당한 대사도(大司徒)가 이 세 가지 일로 백성들을 교화하였다. 《周禮 地官 大司徒》

참으로 만세를 영토로 삼네.[480]

다만 터를 잡은 것이 적절하지 않음으로 인해 전각이 무너지려는 것을 면하지 못하였네. 위험한 돌이 벼랑에 매달려 있어 위태로운 것이 마치 무너지려는 담장 아래 있는 것과 같으며, 세찬 물살이 언덕을 침식하여 위험한 것은 무너지는 하수(河水)의 근심이 있는 것과 같았네. 사림들이 이건을 청한 지가 오래여서 한시가 급하였으나 도신(道臣 함경 감사)이 회주(回奏)하기까지 6년 동안 겨를이 없었네.

지난번에 선조의 사원(祠院)을 찾아가 정성을 펼 때[481] 이에 교궁(校宮)에 가서 공경히 살펴보았네. 터를 잡고 다시 세우는 일을 늦출 수 없어서 즉시 성상께 보고하고, 향을 피우고 축문(祝文)을 읽으며 경건히 고하는 일을 속히 행하기를 모두 법식을 따라 행하였네. 마침내 성 북쪽에 복이 있는 땅을 헤아리니 정성(定星)이 혼중성(昏中星)이 될 때 해그림자로 방향을 헤아렸네.[482] 맑은 시내가 빙 둘러 흐르니

479 괴림(瓌林) : 보배의 숲이라는 뜻인데, 여기서는 훌륭한 인재가 모여 있는 곳을 비유한다.

480 만세를 영토로 삼네 : 소옹(邵雍)이 공자를 칭송하여 "중니(공자)는 만세를 영토로 삼는다.〔仲尼以萬世爲土.〕"라고 한 말을 원용한 것이다. 이 말은 공자는 비록 토지를 소유하지 못하였지만 그 도(道)가 만세토록 행해질 것이니, 곧 만세가 모두 공자의 영토라는 뜻이다. 《皇極經世書 卷11 觀物篇》《性理群書句解 卷15》

481 지난번에……때 : '선조의 사원(祠院)'은 1627년(인조5) 북청의 유림들이 저자의 9대조 백사(白沙) 이항복(李恒福)을 추모하기 위해 세운 노덕서원(老德書院)을 말한다. 이항복은 광해군의 인목대비(仁穆大妃) 폐모론(廢母論)을 반대하다가 관작이 삭탈되고 1618년(광해군10) 1월 6일 북청으로 유배되었는데, 동년 5월 13일 그곳에서 세상을 떠났다. 1864년(고종1) 5월 1일 당시 함경 감사이던 저자는 소를 올려 선조 이항복을 모신 노덕서원을 배알하기 위해 휴가를 청하였다. 《光海君日記》《承政院日記》

현가(絃歌)의 음률이 반이 섞였고, 푸른 봉우리가 죽 벌여 있으니 문필(文筆)의 형상이 빼어나게 솟아 있네. 삼각(三角)을 등지고 도덕(道德)의 숲을 여니 그윽한 난초가 피어 있는 깊숙한 골짝에 이어졌으며, 동정(東井)[483]을 끌어당겨서 신령스럽고 맑은 기운을 품으니 문묘(文廟)의 옛 행단(杏壇)이 완연하였네.

모두 말하기를 "땅이 우연이 아니니, 생각건대 하늘이 이곳에 마련하여 기다린 것입니다."라고 하였네. 마침내 이에 도모하고 이에 공사를 시작하였으니 또한 이미 터를 다지고 이미 흙을 담아왔네. 범의 꼬리에 봉황의 날개이니 뜰과 기둥은 음양의 형세를 얻었으며, 꿩이 날아오르는 듯하고 새가 놀란 듯하니[484] 도목수가 공역의 완성을 아뢰었네. 제도는 모두 옛 법을 그대로 따라서 선비들과 도모하였고, 재력은 미리 결정해 놓은 계획이 있어서 번거롭게 백성들에게 요구하지 않았네.

조리가 있어서 규모는 중후함을 더하였고, 환하게 빛나서 문채가 볼만하였네. 서까래와 난간을 이에 세우니 반궁(泮宮)의 숲에 날아온 올빼미가 좋은 목소리로 회유하고,[485] 종(鐘)과 경쇠를 다시 매다니

482 정성(定星)이……헤아렸네 : '정성'이 정남에 있을 때 토목공사를 시작하는데, 이에 대해서는 402쪽 주371 참조.

483 동정(東井) : 함경도 북청부(北靑府) 동문 밖에 있는 우물이다. 저자가 함경 감사로 있을 때 이 우물의 자정수(子正水)를 마시고 1년간 앓던 학질(瘧疾)이 나아서 '성수가(聖水歌)'를 지어 우물가의 정자에 걸어 두었다고 한다. 《林下筆記 卷27 春明逸史 東井水》

484 꿩이……듯하니 : 높고 화려한 건물을 비유한 말이다. 420쪽 주442 참조.

485 반궁(泮宮)의……회유하고 : 《시경》〈노송(魯頌) 반수(泮水)〉에 "이리저리 나는 저 올빼미여 저 반궁의 숲에 모여 앉아서, 우리 뽕나무 오디를 먹고 나를 좋은 목소리로 회유하도다.〔翩彼飛鴞, 集于泮林, 食我桑黮, 懷我好音.〕"라는 구절이 보인다.

나무 아래서 강론하는 곳의 나무에 날기를 익히는 새들처럼 다 모여드네. 제자들이 이곳에서 존장(尊長)을 바라보고 의지할 때 궁장(宮墻)이 더욱 높아질 것이며,[486] 두 차례 정일(丁日)에 석전제(釋奠祭)가 능히 경건히 행해지니[487] 예물로 바치는 근조(芹藻)[488]가 더욱 정결하다 할 것이네. 어찌 백성들이 이를 바라보고 감동하는 미풍을 위해서일 뿐이겠는가. 또한 후학들이 덕을 진작하고 학문을 닦는 방도를 장차 보게 될 것이네.

여름에는 예를 익히고 봄에는 시를 외울 것이니 아, 유학의 젊은 유생이며, 동쪽과 서쪽의 강당은 수만 칸의 넓은 집보다 나을 것이네. 예(藝)에 노닐고 인(仁)을 품어서[489] 개미의 새끼처럼 선배를 이어 전승하는 공[490]이 이에 돈독할 것이며, 어려서 배우는 것은 장성하여 그것

486 궁장(宮墻)이……것이며 : 학문과 인격이 높은 것을 비유한 말이다. 공자의 제자 자공(子貢)이 공자를 칭송할 때 궁장에 비유하면서 "부자의 담장은 여러 길이어서 그 문을 얻어 들어가지 못하면 종묘의 아름다움과 백관의 많음을 볼 수 없다.〔夫子之牆數仞, 不得其門而入, 不見宗廟之美, 百官之富.〕"라고 한 데서 나왔다. '墻'과 '牆'은 통용하는 글자이다.《論語 子張》

487 두……행해지니 : 봄과 가을 상정일(上丁日)에 석전제(釋奠祭)를 지내는 것을 말한다. '상정일'은 매달 간지에 정(丁)이 들어간 첫째 날이다.

488 예물로 바치는 근조(芹藻) : '근조'는 미나리와 마름으로, 석전에 바치는 제수를 말한다.

489 예(藝)에……품어서 :《논어》〈술이(述而)〉에 "도에 뜻을 두고, 덕을 굳게 지키고, 인에 의지하고, 예에 노닐어야 한다.〔志於道, 據於德, 依於仁, 游於藝.〕"라는 내용이 보인다.

490 개미의……공 : 부지런히 배워서 큰 도를 이룬다는 말이다.《예기》〈학기(學記)〉에 "개미의 새끼는 수시로 흙을 물어 나르는 일을 익힌다.〔蛾子時術之.〕"라는 내용이 보인다.

을 행하고자 해서이니[491] 표범 무늬처럼 현저하게 변하는 효과[492]를 기대할 수 있네. 뭇사람이 먼 시골의 일에 대해 함께 기뻐하니 성대한 일로 후세 사람들에게 할 말이 있게 되었네. 공경히 짧은 인(引)을 기술하여 들보를 지어 올리는 일을 돕네.

들보를 동쪽으로 들어 올리니 抛樑東
공자의 참된 본원이 동방으로 흘러들어 왔네 洙泗眞源左海通
접역[493]의 뭇 생령이 다 스스로 즐거워하니 鰈域群生皆自樂
성대하게 모두 성인의 교화 속에 있도다 洋洋盡在聖敎中

들보를 서쪽으로 들어 올리니 抛樑西
우뚝한 영덕산이 높이 천 길이네 迎德崔嵬千仞齊
한 삼태기로 무너진다는 밝은 경계가 아직 남아 있으니[494] 炯戒猶存虧一簣
제군들 노력하여 높은 경지에 오르라 諸君努力且攀躋

491 어려서……해서이니 : 《맹자》 〈양혜왕 하(梁惠王下)〉에 "사람이 어려서 배움은 장성해서 그것을 행하고자 해서이다.〔夫人幼而學之, 壯而欲行之.〕"라고 하였다.

492 표범……효과 : 《주역》 〈혁괘(革卦 ䷰) 상육(上六)〉에 "군자는 표범이 변하듯 하고, 소인은 얼굴만 변한다.〔上六, 君子豹變, 小人革面.〕"라고 하였다.

493 접역(鰈域) : 우리나라의 다른 이름이다. '접(鰈)'은 가자미로, 우리나라 동해에서 가자미가 많이 생산되기 때문에 우리나라를 가리킨다.

494 한……있으니 : 《서경》 《주서(周書) 여오(旅獒)》에 "아홉 길 높이의 산을 만드는데, 공이 한 삼태기 때문에 무너질 것입니다.〔爲山九仞, 功虧一簣.〕"라는 내용이 보인다.

들보를 남쪽으로 들어 올리니 抛樑南
천의봉의 머리에 새벽 산기운 걷히네 天義峯頭捲曉嵐
성인의 도는 본래 일관[495]일 뿐이니 聖道從來惟一貫
만 가지 이치가 빽빽하게 그 속에 들어 있네 森然萬理箇中含

들보를 북쪽으로 들어 올리니 抛樑北
대덕산 이름 짓기 어려워[496] 북두성과 나란하네 大德難名齊斗極
이 산을 오를 수 없다 말하지 말라 莫謂玆山不可登
한 치 한 걸음 나아감도 사람의 노력에서 나오네 銖行寸進由人力

들보를 위로 들어 올리니 抛樑上
너른 하늘에 규수와 벽수[497]가 빛을 머금었네 奎壁光涵天宇曠
천 년 만에 우리나라에 큰 운수가 돌아왔으니 千載吾東景運回
문명 세상의 훌륭한 정치로 태평성대의 형상이네 文明至治昇平象

들보를 아래로 들어 올리니 抛樑下
많은 유생들이 부지런히 쇄소응대하네 濟濟靑襟勤掃灑

495 일관(一貫) : 일이관지(一以貫之)의 도라고 말하는데, 공자가 일찍이 증자에게 "삼(參)아! 우리 도는 한 가지 이치가 만 가지 일을 꿰뚫고 있다.〔參乎! 吾道一以貫之.〕"라고 한 데서 나왔다. 《論語 里仁》

496 대덕산(大德山)……어려워 : 함경도 북청부에 대덕산이 있어서 중의적으로 표현한 것이다.

497 규수(奎宿)와 벽수(壁宿) : 28수 가운데 두 별의 이름으로, 문운(文運)을 주관하는 별이다.

유학의 학맥이 동쪽에 와서 우리 고을로 이어지니 宗派東來接我鄉
임천 일대에 한 줄기 큰 교화가 흐르네 臨川一帶流弘化

삼가 바라건대 들보를 올린 뒤에 정도(正道)가 더욱 빛나고, 참된 선비가 계속 나오게 하소서. 안자(顔子)를 배우고 이윤(伊尹)에 뜻을 두어 내 마음에 본래 있는 천성을 밝히며, 정자(程子)를 집으로 삼고 주자(朱子)를 문으로 삼아 사문(斯文 유학)의 단절된 유업을 잇도록 하소서. 용처럼 비상하고 봉황처럼 높이 날아서 황하와 오악(五岳)의 영령께서 쇠하지 않도록 하시고, 좀벌레가 쇠하고 개똥벌레가 마르도록 경전의 문빗장이 크게 열리게 하소서. 무성하고 무성한 쑥처럼 많은 인재를 육성하여 문교(文教)가 일월과 함께 아름답고 밝아지며, 소나무가 무성하고 대나무가 총생하는 것처럼 이 향교가 천지와 더불어 유구하게 하소서.

우화정 중건 상량문[498]

藕華亭重建上樑文

다음과 같이 서술한다. 소나무와 계수나무 숲의 산수 좋은 곳에 지방관으로 나오니[499] 삼대의 동향(桐鄕)[500]인데, 모래톱의 무수한 연꽃 사이에 어느 날 모옥을 이루었네. 나와 뜻을 함께하는 군자들과 이 아름다운 경치와 이 좋은 날을 즐기리라.

시인이 부절(符節)을 받아 들고 이름난 곳에 부임하니 아름다운 경치에 꽃구경이 맑은 복이네. 양주(楊州)의 관사에서 매화를 감상한 것은 하 수부(何水部)의 풍류이며,[501] 하양(河陽)에 복숭아나무를 심은

498 우화정(藕華亭) 중건 상량문 : 저자가 49세 때인 1862년(철종13)에 황해 감사로 있으면서 지은 글이다. '우화정'은 황해도 해주(海州)에 있는 정자이다. 저자는 1861년 11월 25일 황해 감사에 제수되어 재임하였는데, 이 글에서 "옥부절을 쥐고 이곳을 다스린 지 반년 만에"라고 언급한 것으로 볼 때 고을 정사를 수행한 지 6개월이 지난 시기에 이 상량문을 지은 것이다. 《哲宗實錄》

499 소나무와……나오니 : 당(唐)나라 한유(韓愈)의 〈현재에서 글을 읽다〔縣齋讀書〕〉에 "산수 좋은 고을의 원으로 나가, 소나무와 계수나무 숲에서 글을 읽네.〔出宰山水縣, 讀書松桂林.〕"라는 구절이 보인다.

500 삼대의 동향(桐鄕) : '동향'은 선조가 치적을 남긴 고을을 뜻한다. 저자의 조부 이석규(李錫奎)는 1811년(순조11) 1월 7일 안악 현감(安岳縣監)에 제수되었고, 부친 이계조(李啓朝)는 1834년(순조34) 1월 3일 안악 군수(安岳郡守)에 제수되었는데, 조부와 부친에 이어 저자가 황해도에 지방관으로 부임하였기 때문에 '삼대의 동향'이라고 말한 것이다. 《承政院日記》

501 양주(楊州)의……풍류이며 : 하 수부(何水部)는 남조 양(梁)나라의 시인 하손(何遜)으로, 수부는 상서수부랑(尙書水部郞)의 약칭이다. 그가 양주(楊州)의 법조(法

것은 반안인(潘安仁)의 문채로다.[502] 이는 평범한 풀과 나무에 지나지 않으니 어찌 내가 나의 정자에 이름 붙이는 데 족하겠는가.

판관(判官) 이후(李侯)는 청련(靑蓮)과 같은 시인이고 단약(丹藥)을 복용한 선리(仙吏)라네.[503] 뽕나무와 삼이 무성하게 사방에 있으니 모두 평향(萍鄕)의 좋은 관리라고 일컬었으며,[504] 부들 채찍을 시행하지 않은 것이 3년이 되었고 오직 남전(藍田)의 공사(公事)만 있었네.[505]

曹)로 있을 때 관사에 매화가 만개하여 그 아래에서 시를 읊었다. 그 뒤 낙양에 돌아와서 매화를 생각하여 다시 양주에 부임하기를 청하였는데, 양주에 이르니 한창 매화가 필 때여서 하루 종일 꽃을 대하며 지냈다. 《古今事文類聚 遺集 卷15 觀梅動興》

502 하양(河陽)에……문채로다 : 반안인(潘安仁)은 진(晉)나라의 문학가 반악(潘岳)으로, 안인은 자(字)이다. 하양 현령(河陽縣令)이 되어 온 고을에 복숭아나무와 오얏나무를 심자, 사람들이 이를 '하양일현화(河陽一縣花)'라고 일컬었다. 《白氏六帖 卷21》

503 판관(判官)……선리(仙吏)라네 : '판관 이후(李侯)'는 이정모(李鼎謨, 1815~?)로, 본관은 전주(全州), 자는 우삼(友三)이다. 1860년(철종11) 6월 25일 해주 판관에 임명되었다. 《사마방목(司馬榜目)》에는 자가 '우삼(虞三)'으로 기록되어 있다. '청련'은 '청련거사(靑蓮居士)'의 약칭으로, 시선(詩仙) 이백(李白)의 별호이다. '선리'는 수령의 미칭으로, 칠원(漆園)의 관원으로 있던 장주(莊周)를 높여 이른 데서 나왔다.

504 뽕나무와……일컬었으며 : 지방관이 농정(農政)을 잘 시행하여 백성들이 편안하고 넉넉하게 지냈다는 말이다. '평향(萍鄕)의 좋은 관리'는 송(宋)나라 경덕(景德) 연간에 평향 영(萍鄕令)을 맡은 장희안(張希顔)을 가리킨다. 당시 금릉(金陵)을 다스리던 장영(張詠)이 공무를 띠고 금릉을 지나던 범연귀(范延貴)에게 도중에 훌륭한 관원을 보았느냐고 물었는데 범연귀가 장희안을 칭찬하자, 장영이 말하기를 "희안도 훌륭하지만 그대도 훌륭한 관원이다." 하고 바로 그날 조정에 두 사람을 함께 천거하였다. 《山堂肆考 卷76 臣職 縣尹上》

505 부들……있었네 : 관대한 정사를 펼치고 공사만 수행했다는 말이다. '부들 채찍을 시행하지 않은 것'은 후한(後漢) 때 유관(劉寬)이 남양 태수(南陽太守)로 있을 적에 인후한 성품으로 사람들의 과실을 많이 용서하였는데, 아전이나 백성들이 잘못하면

마침내 업무를 처리하고 문객을 수응하는 여가에 지팡이를 짚고 한가롭게 거닐 방도를 도모하였네. 마음에 맞는 곳이 멀지 않은 데 있어야 해서 고을 남쪽의 100보 떨어진 땅을 얻었으니, 단지 진면목을 알았기 때문에 이곳을 산간의 사시(四時)를 바라보는 곳으로 삼았네. 가운데에는 삿갓 모양의 정자 하나가 있는데 예전에는 '소하(小荷)'라는 편액이 걸려 있었네.[506] 전후로 몇백 년이나 되었나. 정자를 만들고 허물어진 것이 일정함이 없었네. 앞뒤로 두세 칸이니 규모와 제작에 차이가 있었네.

회상하면 내가 방년 16세에 '우화'라는 두 글자로 편액을 썼었네. 채복(彩服)을 입고 수령이 여는 잔치에 배석한 일[507]을 동자였던 내가 기억하는 것이고, 향 받침을 들고 시문 지을 도구를 드린 일을 고로(故老)들이 서로 전하네. 거의 난사(蘭寺)의 옛 놀이[508]와 같았으니 못내

부들 채찍을 써서 스스로 부끄러움을 느끼게 하여 감화시켰다는 고사가 전한다. '남전(藍田)의 공사(公事)'는 남전현 승(藍田縣丞)으로 좌천된 최사립(崔斯立)이 날마다 시(詩)를 읊조리며 지내다가 무슨 일을 묻는 자가 있으면 곧 대답하기를 "나는 지금 공사가 있으니, 그대는 우선 가 있으라.〔余方有公事, 子姑去.〕"라고 하였는데, 이를 원용한 것인 듯하다. 《後漢書 卷25 劉寬列傳》《古文眞寶後集 卷4 藍田縣丞廳壁記》

506 예전에는……있었네 : 《가오고략》 책12 〈우화정 중건기(藕華亭重建記)〉에 "읍지(邑誌)를 살펴보건대 정자의 이름이 '소하(小荷)'이다."라는 내용이 보인다.

507 채복(彩服)을……일 : 저자의 부친 이계조가 1834년(순조34) 1월 안악 군수로 부임한 뒤 동년 4월에 부친 이석규를 모셔와 양로연을 베풀었던 일을 말한다. 《嘉梧藁略 冊2 楊山百老會圖, 冊12 楊山百老會圖序》《承政院日記》

508 난사(蘭寺)의 옛 놀이 : 353년 3월 3일 진(晉)나라 왕희지(王羲之)가 난정(蘭亭)에서 사안(謝安) 등 42명과 수계(修禊)하고 시회(詩會)를 즐겼던 일로 추정된다. '난정'은 회계군(會稽郡) 산음현(山陰縣)에 있던 정자로, 이곳에서 수계를 행한 일이 왕희지의 〈난정기(蘭亭記)〉에 보인다. 《晉書 卷80 王羲之列傳》《古文眞寶後集 卷1》

그리워하는 마음으로 뽕나무 아래서 묵는 것을 금하지 않았네.[509]

옥부절을 쥐고 이곳을 부임한 지 반년 만에 다행히도 묵적(墨迹)이 완연히 지난 시절과 같네.[510] 연못의 연뿌리며 줄기도 하얗고 깨끗하니 예전 그대로의 물색이며, 은구(銀鉤)처럼 철삭(鐵索)처럼[511] 필획이 선명하였네. 때는 소유문(蘇孺文)의 옛 친구[512]가 통판으로 있는 시기이고, 땅은 등왕각(滕王閣)을 중건한 것[513]처럼 바로 그 자리라오. 농사일이 한가해진 틈을 타서 공사를 하니 백성들이 즐겁다고 하였고, 보름

509 못내……않았네 : 《후한서(後漢書)》 권30 하(下) 〈양해열전(襄楷列傳)〉에 "승려가 뽕나무 아래서 사흘을 머무르지 않는 것은 오래 머물러 은애(恩愛)가 생기지 않게 하려 함이니, 정진의 지극함이다.〔浮屠不三宿桑下, 不欲久生恩愛, 精之至也.〕"라고 하였는데, 이를 원용하여 오래 머무르고 싶은 마음을 표현한 것이다.

510 묵적(墨迹)이……같네 : 1829년(순조29) 저자는 해주 판관으로 부임하는 부친 이계조를 따라 해주에 와서 유람하였는데, 당시 공해대(控海臺) 동쪽에 작은 정자가 있어서 그 문미에 '우화(藕華)'라는 편액을 쓰니 마을 사람들이 새겨서 걸었다. 이후 1862년에 저자가 황해 감사로 오게 되었을 때 해주 판관 이정모(李鼎謨)가 33년 전에 저자가 썼던 편액을 보여 주어서 다시 걸었다. 《嘉梧藁略 冊12 藕華亭重建記》

511 은구(銀鉤)처럼 철삭(鐵索)처럼 : '은구'는 은 갈고리로 아름답고 힘찬 필체를 뜻하고, '철삭'은 쇠사슬로 강한 필획을 형용한 것이다. '은구'에 대해서는 404쪽 주375 참조.

512 소유문(蘇孺文)의 옛 친구 : 소유문은 후한(後漢)의 소장(蘇章)으로, 유문은 자(字)이다. 소유문이 기주 자사(冀州刺史)가 되었을 때 관할 지역인 청하(淸河)에 옛 친구가 태수(太守)로 있었는데, 옛 친구와 사적으로는 술을 마시되 일 처리는 공적으로 행한 고사가 있다. 《後漢書 卷31 蘇章列傳》

513 등왕각(滕王閣)을 중건한 것 : '등왕각'은 중국 강남의 3대 누각의 하나로, 당 태종(唐太宗)의 아우 등왕(滕王) 이원영(李元嬰)이 653년에 처음 건립하였다. 이후 820년에 왕중서(王仲舒)가 강서 관찰사로 부임했는데, 만 1년이 되었을 때 등왕각을 중수하고 당대의 문장가 한유(韓愈)를 불러서 기문을 짓게 하였다.

사이에 재물을 모아들였으니 내가 아낄 것이 뭐가 있겠는가. 순식간에 눈앞에 우뚝 솟았으니 마음속에서부터 계획하고 도모해서였네. 1할은 물에 들어가고 2할은 산에 의지하니 구조가 마치 옥천(玉川)의 집[514]과 같고, 사면으로는 바람을 맞고 삼면으로는 달을 볼 수 있으니 경치가 유정(柳亭)이 있는 곳[515]보다 낫네. 이전의 규모를 폐하지도 않고 이후의 경관을 사치하게 하지도 않았으니 화사공(花史公)[516]이 선조를 이어받아 지은 것이며, 지형을 바꾸지도 않고 인력을 번거롭게 하지도 않았으니 부용당(芙蓉堂)[517]을 뒤따르지 않은 것이네.

기축년(1829, 순조29) 벽성(碧城)에 왔었는데[518] 연막(蓮幕)[519] 자네

514 옥천(玉川)의 집 : '옥천'은 당나라 시인 노동(盧仝)의 호이다. 소실산(少室山)에 은거하여 자호를 옥천자(玉川子)라고 하였다. 한유의 노동에게 부치는 시〔寄盧仝詩〕에 "옥천 선생은 낙양성 안에 허물어진 집 몇 칸이 있을 뿐이네.〔玉川先生洛城裏, 破屋數間而已矣.〕"라고 하였는데, 여기서는 노동의 집처럼 소박하다고 말한 것이다.

515 유정(柳亭)이 있는 곳 : '유정'은 진(晉)나라 도연명(陶淵明)의 집을 말하는 것으로 보인다. 그는 집 주위에 다섯 그루의 버드나무를 심어 놓고 '오류선생(五柳先生)'이라 자호하였다.

516 화사공(花史公) : 이정신(李鼎臣, 1792~1858)으로, 본관은 전주(全州), 자는 성린(聖鄰), 호는 화사이다. 해주 판관 이정모(李鼎謨)의 사촌 형으로, 1822년(순조22) 9월 10일 해주 판관에 임명되었다. '이정모'에 대해서는 437쪽 주503 참조. 《嘉梧藁略 冊12 藕華亭重建記》《梣溪遺稿 卷6 工曹判書李公行狀》《承政院日記》

517 부용당(芙蓉堂) : 황해도 해주(海州)의 객관 서쪽에 있던 누정이다. 《靑莊館全書 卷32 淸脾錄1 芙蓉堂》

518 기축년……왔었는데 : '벽성(碧城)'은 해주의 별칭이다. 저자가 해주 판관에 임명된 부친을 따라 해주에 왔던 때를 말한다.

519 연막(蓮幕) : 막부(幕府)의 미칭으로, 해주 판관 이정모(李鼎謨)를 가리킨다. '이정모'에 대해서는 437쪽 주503 참조.

는 아는가. 임술년(1862, 철종13) 적벽(赤壁)에서 부(賦)를 지으면서 소선(蘇仙)을 읊으며 낙성하였네.[520] 나와 함께 사랑할 이는 누구인가? 이 누각에 오르니 생각이 있도다. 진흙에서 나왔으면서도 진흙에 물들지 않으니[521] 얼음물을 마시고 황벽(黃蘗)을 씹는[522] 어진 수령의 지조에 부합하며, 천연 그대로여서 꾸밈이 없으니 가벼운 가죽옷에 느슨한 허리띠를 맨 자사(刺史)의 지취(志趣)[523]를 얻었네. 이에 상량식을 축하하는 노래를 지어 목공의 일을 돕네.

들보를 동쪽으로 들어 올리니	抛樑東
비에 씻긴 지당에 새벽 해가 붉네	雨洗池塘曉旭紅
공해대[524] 앞에 꽃의 바다가 넓으니	控海臺前花海濶

520 임술년……낙성하였네 : '소선(蘇仙)'은 소식(蘇軾)을 말한다. 이 글을 지을 때의 간지인 임술년이 소식이 〈적벽부(赤壁賦)〉를 지은 해와 같으며 소식의 풍류를 따름을 말한 것인데, 여기에서 적벽은 우화정이 위치한 지역의 적벽을 말한다.

521 진흙에서……않으니 : 송(宋)나라 학자 주돈이(周敦頤)의 〈애련설(愛蓮說)〉에 "나는 홀로 연꽃이 진흙에서 나왔으면서도 물들지 않는다.〔予獨愛蓮之出於淤泥而不染.〕"라는 내용이 보인다.

522 얼음물을……씹는 : 청빈하게 살면서 굳게 지조를 지키는 것을 비유한다. 373쪽 주280 참조.

523 가벼운……지취(志趣) : '자사(刺史)'는 진(晉)나라 장군 양호(羊祜)를 말한다. 양호가 도독형주제군사(都督荊州諸軍事)로 재임할 때 둔전(屯田)을 실시하여 식량을 비축하면서 오(吳)나라를 정복할 계획을 하였는데, 평일에는 갑옷을 입지 않고 가벼운 갖옷에다 허리띠를 느슨히 맨 차림으로 오나라 장수 육항(陸抗)과 사신을 교환하면서 원근을 안심시켜 강한(江漢)과 오나라 사람의 마음을 수습하였다. 《晉書 卷34 羊祜列傳》

524 공해대(控海臺) : 해주성과 이어지는 북쪽 곡성(曲城)에 있는 장대(將臺)로, 이

연화세계가 그림 속에 있도다 蓮華世界畫圖中

들보를 서쪽으로 들어 올리니 抛樑西
물고기들 노니는 잔물결에 연잎들 나직하네 魚戲鱗鱗葉葉低
십 리의 연꽃 있는 항주의 서호[525]가 이러할까 十里杭湖如許否
풍경을 잘 옮겨다가 새로 시를 지으리 好輸風景入新題

들보를 남쪽으로 들어 올리니 抛樑南
남포의 가을빛이 쪽빛으로 푸르네 南浦秋光碧蔚藍
따로 중류에서 노래하며 연잎을 캐고 캐는데 別有中流歌採採
목란주[526] 둘씩 또 셋씩 떠 있네 蘭舟兩兩又三三

들보를 북쪽으로 들어 올리니 抛樑北
늘 북두성에 기대어 주상 계신 곳 우러러보네 每依星斗瞻宸極
바라노니 연뿌리를 가지고서 천만년토록 願將雪藕萬千霜
성인께서 장수하시기를 축원하노라 請祝聖人躋壽域

들보를 위로 들어 올리니 抛樑上

곳에서 바다를 바라다볼 수 있다. 《晉菴集 卷6 控海臺記》

525 항주(杭州)의 서호(西湖) : 절강성(浙江省) 항주 서쪽 전당강(錢塘江)에 있는 호수이다.

526 목란주(木蘭舟) : 결이 곱고 향기 좋은 목련으로 만든 작은 배로, 흔히 조각배의 미칭으로 쓰인다.

금부용 깎아 세운 듯한 산[527]이 멀리 눈에 들어오네 削出金蓉遙入望
팔랑대는 천 개의 일산 같은 연잎을 한번 보니 試看翻翻千蓋擎
길이 은혜로운 비를 받아서 탈 없이 푸르리라 長承恩雨翠無恙

들보를 아래로 들어 올리니 抛樑下
풍성하게 익은 곡식이 사방에 연이어졌네 禾稼穰穰連四野
태수가 때때로 태을의 배를 타고서[528] 太守時乘太乙舟
꽃 사이에서 길이 취하며 태평성대의 술잔을 드네 花間長醉太平斝

삼가 바라건대 들보를 올린 뒤에 옥빛 물가는 갈매기 노는 물결이 더해져 더욱 맑아지고, 채색한 기둥은 용봉(龍峯)과 함께 높아지소서. 현도관(玄都觀)의 복숭아나무[529]를 다시 심으니 수령이 베푼 선정(善政)을 집집마다 칭송하며, 황강(黃崗)의 대나무[530]가 불후하니 새로

527 금부용(金芙蓉)……산 : 산의 모습을 형용한 것이다. 이백(李白)의 〈여산의 오로봉을 바라보며〔望廬山五老峯〕〉에 "여산의 동남쪽 오로봉은 푸른 하늘에 금부용을 깎아 세운 듯하네.〔廬山東南五老峯, 靑天削出金芙蓉.〕"라는 시구가 있다.

528 태수가……타고서 : 태수는 해주 판관 이정모를 말한다. 437쪽 주503 참조. '태을(太乙)의 배'는 도가(道家)의 태일진인(太一眞人)이 타고 있는 연잎 배라는 뜻이다.

529 현도관(玄都觀)의 복숭아나무 : 당(唐)나라 유우석(劉禹錫)이 주객랑(主客郎)이 되어 현도관에 노닐었는데, 당시에는 현도관에 복사꽃이 없었다. 돌아간 뒤에 어느 도사(道士)가 복숭아나무를 심어 도화(桃花)가 만발하였다는 말을 듣고 〈도화부(桃花賦)〉를 지었다. 《舊唐書 卷160 劉禹錫傳》

530 황강(黃崗)의 대나무 : '황강'은 황해도 황주(黃州)를 말한다. 송(宋)나라 왕우칭(王禹偁)이 황주 자사(黃州刺史)로 좌천되었을 때 죽루(竹樓)를 지었는데, 기와 대신 그곳에서 많이 나는 대나무로 지붕을 얹었다. 왕우칭의 〈황주죽루기(黃州竹樓記)〉에

지은 정자를 해마다 보수하게 하소서. 염불조(念佛鳥)가 꽃을 물고 거문고 타는 당 위에 날아들며,[531] 영귀(靈龜)가 연잎에서 노닐면서 감당나무 집 앞에서 쉬는 것을 와서 맞이하게 하소서.[532]

"부디 후임으로 오는 사람이 나와 뜻이 같아서 계속 뒤이어 이를 수리한다면 이 누대는 불후할 것이다.〔幸後之人與我同志, 嗣而葺之, 庶斯樓之不朽也.〕"라는 내용이 보인다. 황해도 황주에도 이 고사에 의거하여 죽루(竹樓)와 월파루(月波樓)라고 불리던 누각이 있었다.《古文眞寶後集 卷6》

531 염불조(念佛鳥)가……날아들며 : '염불조'는 불교를, '거문고 타는 당'은 공자(孔子)의 문하를 비유하는 말로, 유학(儒學)의 영향으로 사람들이 감화되는 모습을 형상한 듯하다. '염불조'는 몸은 청흑색이고 울음소리가 염불하는 것 같다고 한다. 송나라 왕득신(王得臣)의《주사(麈史)》권3〈기이(奇異)〉에 "안육(安陸) 지역에 염불조가 있는데, 구관조보다 작고 청흑색이며 항상 일체제불을 말한다.〔安陸有念佛鳥, 小於鴝鴿, 色青黑, 常言一切諸佛.〕"라는 내용이 보인다. '거문고 타는 당'이라는 말은《예기》〈단궁 상(檀弓上)〉에 "공자가 상제(祥祭)를 지낸 지 5일 뒤에 거문고를 탔으나 소리를 이루지 못했고, 10일 뒤에야 생황을 불고 노래할 수 있었다.〔孔子旣祥五日, 彈琴而不成聲, 十日而成笙歌.〕"라는 내용이 있으며,《장자(莊子)》〈어부(漁父)〉에 공자가 치유의 숲에 노닐고 행단 위에서 쉴 때 제자들은 글을 읽고 공자는 노래하며 거문고를 탔다는 내용이 보인다.

532 영귀(靈龜)가……하소서 : 장수를 축원하는 말이다.《사기(史記)》권128〈귀책열전(龜策列傳)〉에 "거북이가 천 년 묵으면 연잎 위에서 노닌다.〔龜千歲乃遊蓮葉之上.〕"라는 내용이 보인다. '감당나무' 운운은 지방관의 선정을 읊은 시인《시경》〈소남(召南) 감당(甘棠)〉을 원용한 구절로, 이에 대해서는 356쪽 주219 참조.

읍호정 상량문[533]

挹湖亭上樑文

다음과 같이 서술한다. 해동(海東)에 거처하며 자취를 거두었으니 흰 구름 속의 은자이며, 호서(湖西)에 집을 정하여 몸을 깃들이니 붉은 벼랑의 작은 집이라네. 평평히 강의 여울을 마주하니 완연하게 물 위에 떠 있는 집이네.

듣건대 때로 나무를 하기도 하고 때로 물고기를 잡기도 하니 반곡(盤谷)의 그윽한 거처를 즐길 만하며[534] 비가 와도 좋고 눈이 와도 좋으니 죽루(竹樓)가 도움 되는 바가 참으로 많다[535]고 한다. 졸졸 흐르는 샘물과 사립문[536]이 비단 은거하는 곳이 될 뿐만 아니고 이름난 산과 복된

533 읍호정(挹湖亭) 상량문 : '읍호정'이 누가 어디에 조성한 것인지 찾지 못하였는데, 본문의 내용에 따르면 호서(湖西)에 위치한 정자이다.

534 나무를……만하며 : 당(唐)나라 한유(韓愈)의 〈반곡으로 돌아가는 이원을 전송하는 서〔送李愿歸盤谷序〕〉에 "산에서 채취함에 맛난 나물을 먹을 수 있고, 물에서 낚시질함에 물고기를 먹을 수 있다.〔採於山, 美可茹. 釣于水, 鮮可食.〕"라는 내용이 보인다. '반곡'은 태항산(太行山) 남쪽에 있는 골짜기로, 전하여 은거하는 곳을 지칭한다. 《古文眞寶後集 卷4》

535 비가……많다 : 송(宋)나라 왕우칭(王禹偁)이 황주 자사(黃州刺史)로 좌천되었을 때 자신의 은거 생활을 담은 〈황강죽루기(黃岡竹樓記)〉를 지었는데, 그 글에 "여름에는 소낙비가 좋으니 폭포 소리가 나고, 겨울에는 싸라기눈이 좋으니 옥 부서지는 소리가 난다.……이는 모두 죽루의 도움 때문이다.〔夏宜急雨, 有瀑布聲, 冬宜密雪, 有碎玉聲.……皆竹樓之所助也.〕"라는 내용이 보인다. 왕우칭의 죽루에 대해서는 443쪽 주530 참조. 《古文眞寶後集 卷6》

536 졸졸……사립문 : 《시경》〈진풍(陳風) 형문(衡門)〉에 "사립문 아래여, 쉬고 놀

땅도 또한 필시 한가하고 적적한 정취를 취하였을 것이네.

주인은 안개 낀 물가에서 낚시질하는 사람이고 눈 내린 정원에서 시를 읊는 가객이라오. 천하의 기이한 소문과 장관을 찾아서 문장의 연원을 다하고자 하였는데, 산중에 무성한 소나무와 맑은 샘물을 맡고 있으니 석인(碩人)의 과축(薖軸)과 어찌 다르겠는가.[537] 즐거움이 누추한 시골에 있으니 안씨(顔氏)처럼 쌀독이 자주 비었고,[538] 자취가 창애(蒼崖)에 머무르니 자아(子牙)처럼 낚싯대가 길이 펼쳐 있네.[539] 당(堂)에는 거문고 소리가 들리니 바다와 산을 늘어세우며 곡조가 울려 퍼지고, 문에는 찾아오는 사람이 없으니 이끼가 섬돌을 가득 덮는 대로

수 있도다. 샘물이 졸졸 흐름이여, 굶주림을 즐길 수 있도다.〔衡門之下, 可以棲遲, 泌之洋洋, 可以樂飢.〕"라는 구절이 보인다.

537 석인(碩人)의……다르겠는가 : 산수에서 한가로이 지내는 은자라고 말한 것이다. '석인'은 덕이 높은 사람을, '과축'은 은둔한 곳을 말하는데, 《시경》 〈위풍(衛風) 고반(考槃)〉 2장의 "고반이 언덕에 있으니, 석인의 마음이 넉넉하도다.〔考槃在阿, 碩人之薖.〕"와 3장의 "고반이 높은 육지에 있으니, 석인이 한가히 소요하도다.〔考槃在陸, 碩人之軸.〕"라는 시구에서 나왔다.

538 즐거움이……비었고 : 안빈낙도의 삶을 사는 것을 말한다. '안씨(顔氏)'는 공자의 제자 안회(顔回)이다. 《논어》 〈옹야(雍也)〉에 공자가 안회에 대해 말하기를 "한 그릇의 밥과 한 표주박의 물로 누추한 시골에 있는 것을 다른 사람은 그 근심을 견뎌내지 못하는데, 안회는 그 즐거움을 변치 않으니, 어질다, 안회여!〔一簞食, 一瓢飮, 在陋巷, 人不堪其憂, 回也不改其樂, 賢哉回也!〕"라고 하였으며, 또 《논어》 〈선진(先進)〉에 "안회는 도에 가까웠고 자주 쌀독이 비었다.〔回其庶幾乎, 屢空.〕"라고 하였다.

539 자아(子牙)처럼……있네 : '자아'는 주(周)나라 무왕(武王)을 도와 은(殷)나라를 정벌한 태공망(太公望) 여상(呂尙)으로, 자아는 자(字)이다. 그의 본성(本姓)은 강씨(姜氏)로 강태공(姜太公)이라고도 한다. 위수(渭水) 북쪽에서 낚시하며 때를 기다리다가 문왕(文王)을 만나서 재상이 되었다.

내버려 두네.

이에 이 언덕에 나아가 마침내 깊고 조용한 집을 지었네. 다섯 곳의 곤륜산을 등지고 기둥을 높이 세우니 산은 옥을 품은 광휘를 머금고,[540] 세 그루 회화나무를 앞에 두고 창을 여니 마을에는 좋은 나무가 있다는 칭송이 드높네. 집에 가득 안개가 자욱할 때 봄잠 자기에 족한데 문득 십리의 깨끗한 모래가 일깨우고, 베갯머리에 폭포수 소리가 떨어질 때 가을비가 차가운데 바닥이 보일 정도로 맑고 소용돌이치는 호수가 하나 있네.

생각건대 시냇가의 이 은거지에서 가장 좋은 것은 평호(平湖)가 가까이 있는 것이라네. 물고기랑 갈매기와 이웃하고 있으니 풍파가 적은 곳에 머무르는 것이 무슨 문제이겠는가. 하늘과 땅 사이에 여관과 같으니 어느새 강호의 한가한 사람이 되었네. 비래봉(飛來峯)과 천축봉(天竺峯) 두 봉우리[541]에 이내가 자욱하니 누구를 읍(揖)하며 보내는지 알 수 없고, 오송(吳淞)의 강물 반을 베어왔으니[542] 마치 화공이 이곳에 옮겨 그려놓은 듯하네.

540 산은……머금고 : 진(晉)나라 육기(陸機)의 〈문부(文賦)〉에 "돌이 옥을 품으면 산이 빛나고, 옥이 산에 있으면 나무가 윤난다.〔石蘊玉而山輝, 玉在山而木潤.〕"라는 구절이 보인다. 《文選 卷17》

541 비래봉(飛來峯)과……봉우리 : 중국 항주(杭州) 영은산(靈隱山)에 비래봉과 천축봉이 있는데, 중의적으로 쓰인 듯하다.

542 오송(吳淞)의……베어왔으니 : 오송은 중국 강소성(江蘇省)에 있는 강이다. 당(唐)나라 두보(杜甫)의 시에 "어찌하면 병주의 잘 드는 가위를 얻어서 오송의 강물 반을 베어올 수 있을까.〔焉得幷州快剪刀, 剪取吳淞半江水.〕"라는 구절이 있다. 《杜少陵詩集 卷9 戲題王宰畫山水圖歌》

특별한 것은 항주(杭州)의 눈썹 같은 호수가 완연하게 금초엽(金蕉葉) 두 잎을 마주하고 있는 모습이라네.[543] 책상에 걸터앉아 구름과 안개의 변화를 깨달으니 춘산(春山)의 전도를 헤아리고, 궤안에 기대어 피리와 퉁소의 소리를 들으니 추수(秋水) 1구[544]를 하릴없이 읊조리네. 복사꽃이 물에 흘러가니 장지화(張志和)의 푸른 도롱이[545]를 걸칠 만하며, 연꽃이 모래섬에 피었으니 하 비감(賀秘監)의 채색한 배[546]를 띄우기에 좋네. 월부(月斧)를 휘둘러서[547] 무지개 들보를 세우는 일을 돕네.

543 특별한……모습이라네 : 항주의 서호(西湖)에 비래봉과 천축봉 두 봉우리를 마주한 모습을 비유한 듯하다. 소식(蘇軾)의 〈항주의 서호를 개통하기를 청하는 글〔杭州乞度牒開西湖狀〕〉에 "항주에 서호가 있는 것은 사람에게 미목(眉目)이 있는 것과 같으니, 폐해서는 안 될 것입니다.〔杭州之有西湖, 如人之有眉目, 蓋不可廢也.〕"라는 내용이 보인다. '금초엽(金蕉葉)'은 술잔 이름이다.《東坡全集 卷57》

544 추수(秋水) 1구 : 당나라 왕발(王勃)의 〈등왕각서(滕王閣序)〉의 "추수는 높은 하늘과 같은 빛이네.〔秋水共長天一色.〕"라는 시구를 가리키는 듯하다.

545 장지화(張志和)의 푸른 도롱이 : 당나라의 은사(隱士) 장지화는 일찍 벼슬을 그만두고 강호(江湖)에 살면서 연파조도(煙波釣徒) 또는 현진자(玄眞子)라 자호했는데, 그의 〈어부사(漁父詞)〉에 "푸른 대삿갓 쓰고 푸른 도롱이 걸쳤으니, 비낀 바람 가랑비에 돌아갈 것 없고말고.〔青箬笠綠簑衣, 斜風細雨不須歸.〕"라는 구절이 보인다.

546 하 비감(賀秘監)의 채색한 배 : '하 비감'은 당나라 시인 하지장(賀知章)으로, 일찍이 비서감에 임명된 적이 있으며 말년에 비서외감(秘監外監)이라고 자호하였다. 당 현종(唐玄宗) 때 하지장이 사직하고 돌아가자, 현종이 그에게 경호(鏡湖) 한 굽이를 하사하였다. 경호는 절강성(浙江省) 소흥(紹興)에 있는 호수이다.《新唐書 卷196 隱逸列傳 賀知章》

547 월부(月斧)를 휘둘러서 : 문장을 짓는 솜씨를 발휘한다는 말이다. '월부'에 대해서는 424쪽 주456 참조.

들보를 동쪽으로 들어 올리니 抛樑東
물가 누대에 머리 감은 아침 해가 붉게 떠오르네 水樓朝日沐輪紅
난간에 기대어 온갖 꽃이 핀 산을 멀리 바라보니 倚欞遠望百花嶺
시야 가득 노을 지고 비단 같은 바람 불어오네 滿眼雲霞錦繡風

들보를 서쪽으로 들어 올리니 抛樑西
이른 아침 상쾌한 기운에 산빛이 낮게 깔리네 爽氣朝來山色低
창랑가[548] 한 곡조 미처 마치기도 전에 一曲滄浪歌未了
온 산에 성근 비 내리는 속에 말을 재촉하네 滿山疏雨策花蹄

들보를 남쪽으로 들어 올리니 抛樑南
산인의 암자에 수성이 빛을 드리우네 壽星垂彩山人菴
굽은 난간 한 면이 먼 들판에 비껴 있으니 曲欄一面橫遙野
고운 풀에 안개 자욱한 저녁 경치에 취하네 芳草煙籠晩眺酣

들보를 북쪽으로 들어 올리니 抛樑北
천 리에 구름 덮인 산에 검푸른 빛이 비꼈구나 千里雲山橫黛色
만 번 꺾이는 강물이 반드시 동으로 들어가니[549] 萬折之流歸必東
모든 물이 흘러드는 대해에 큰 파도 잠잠하네 朝宗大海鯨波息

548 창랑가(滄浪歌) : 전국 시대 초(楚)나라의 굴원(屈原)이 지은 〈어부사(漁父辭)〉를 가리키는데, 그 가사에 "창랑의 물이 맑으면 내 갓끈을 씻고, 창랑의 물이 흐리면 내 발을 씻는다.〔滄浪之水淸兮, 可以濯吾纓, 滄浪之水濁兮, 可以濯吾足.〕"라고 하였다.
549 만……들어가니 : 《순자(荀子)》〈유좌(宥坐)〉에 나온다. 298쪽 주16 참조.

들보를 위로 들어 올리니 抛樑上
북두성이 찬란하게 지붕 마루에 퍼지네 星斗煌煌屋脊放
그 아래 은자가 누워서 책을 안고 있으니 下有幽人臥抱書
청려장 짚은 노인이 찾아오시네[550] 燃藜老父來相訪

들보를 아래로 들어 올리니 抛樑下
잔잔하게 흐르는 장강 한 굽이가 쏟아져 내리네 平鋪長江一曲瀉
복사꽃을 골짝 밖으로 흐르는 물에 떨어뜨리지 않으니[551]
不放桃花出洞流
봄이 왔을 때 어찌 나루를 물을 이가 있겠는가[552] 春來那有問津者

삼가 바라건대 들보를 올린 뒤에 산천은 길이 남아 있고, 비바람은 불지 말게 하소서. 노자(老子)의 책으로 정신을 느긋하게 하여 계곡이 되고 골짜기가 되며,[553] 장주(莊周)의 말로 세상을 달관하여 통발

550 그……찾아오시네 : 한(漢)나라 유향(劉向)과 관련된 고사이다. 351쪽 주204 참조.

551 복사꽃을……않으니 : 진(晉)나라 도잠(陶潛)의 〈도화원기(桃花源記)〉에 진(晉)나라 때 무릉(武陵)의 어부가 복사꽃이 흘러 내려오는 물길을 따라 거슬러 올라갔다가 무릉도원에 이르렀다는 고사가 있다.

552 어찌……있겠는가 : 공자가 은자인 장저(長沮)와 걸익(桀溺)이 나란히 밭을 갈고 있는 곳을 지나면서 제자 자로(子路)를 시켜 나루를 묻게 한 일을 원용한 것이다. 《論語 微子》

553 노자(老子)의……되며 : 겸양과 유순한 덕으로 처하면 천하 사람이 모두 자기에게로 돌아온다는 말이다. 《노자》 28장에 "수컷의 강함을 알면서도 암컷의 약함을 지키면 모든 시내가 모여드는 천하의 골짜기가 된다.〔知其雄, 守其雌, 爲天下谿.〕"라는 내

을 잊고 올가미를 잊게 하소서.[554] 경호(鏡湖) 3만 경(頃)의 유리 같은 강물에 방옹(放翁)의 시경(詩境)이 있으며,[555] 동강(桐江) 70리의 안개 낀 달빛 속에 자릉(子陵)의 조대(釣臺)[556]가 오래도록 보존되게 하소서.

용이 보인다.

554 장주(莊周)의……하소서 : 본질을 찾으면 본질을 찾기 위해 사용한 도구에 집착하지 않는다는 뜻이다. 《장자(莊子)》 〈외물(外物)〉에 "통발은 고기를 잡기 위한 것이니 고기를 잡고 나면 통발을 잊고, 올가미는 토끼를 잡기 위한 것이니 토끼를 잡고 나면 올가미를 잊는다.〔筌者所以在魚, 得魚而忘筌, 蹄者所以在兎, 得兎而忘蹄.〕"라는 내용이 보인다.

555 경호(鏡湖)……있으며 : '경호'는 중국 절강성(浙江省) 소흥(紹興)에 있는 호수이다. '방옹'은 남송(南宋)의 시인 육유(陸游)로, 방옹은 호이다. 보장각 대제(寶章閣待制)의 벼슬을 지냈으나 조정이 부패하자 향리로 물러나 소흥에 칩거하였다. 육유의 고거(故居)가 있던 유지(遺址)가 현재 절강성 소흥시 경호신구(鏡湖新區)에 있다.

556 동강(桐江)……조대(釣臺) : '동강'은 중국 절강성 동려현(桐廬縣)에 있는 강 이름이다. '자릉'은 후한(後漢)의 은사(隱士) 엄광(嚴光)으로, 자릉은 자이다. 일찍이 광무제(光武帝) 유수(劉秀)와 동문수학하였는데, 광무제가 등극한 뒤 그를 물색하여 간의대부(諫議大夫)에 제수하였으나 끝내 거절하고 부춘산(富春山)에 들어가 농사를 짓고 동강의 조대에서 낚시하며 일생을 마쳤다.

우가정 상량문[557]

又佳亭上樑文

다음과 같이 서술한다. 나의 본가는 가곡(佳谷)에 있으니 먼저 두 고을을 잡아 거주하였고,[558] 사람들이 말하기를 생전에는 진천(鎭川)에 산다고 하니[559] 또 정자 한 채를 지었네. 무엇이 이보다 더하겠는가. 쉽게 얻을 수 없는 것이네.

주인은 괴극(槐棘) 반열의 옛 신하로 귤산 퇴사(橘山退士)라고 자호한다오.[560] 발로는 천하의 명승지를 두루 다녀서 북으로는 연경(燕京 북경)과 계주(薊州)에 이르고[561] 동으로는 봉래산에 이르렀으며,[562] 눈

557 우가정(又佳亭) 상량문 : 저자가 경주 이씨가 모여 사는 충청도 진천현(鎭川縣) 초평(草坪) 연촌(蓮村)에 우가정을 만들고 지은 글이다. 현재 충청북도 진천군 초평면 용정리 지역이다.

558 나의……거주하였고 : '두 고을'은 진천과 경기도 양주(楊州)를 말한다. 진천은 경주 이씨 집성촌이고, 양주에는 저자의 가오실(嘉梧室)이 있었다.

559 사람들이……하니 : 이 당시 사람들 사이에 "살아서는 진천에 살고 죽어서는 용인에 묻힌다.〔生居鎭川, 死葬龍仁.〕"라는 말이 있었는데, 진천은 토질이 비옥하고 용인은 아름다운 산이 많기 때문이었다. 《研經齋全集 外集 卷64 雜記》

560 주인은……자호한다오 : '괴극(槐棘)'은 회화나무와 가시나무로, 후에 삼공(三公)과 구경(九卿)을 지칭하는 말로 쓰이게 되었다. 저자가 좌의정을 역임하였기 때문에 이렇게 말한 것이다. 이유원은 1864년(고종1) 6월 15일 좌의정에 임명되고 이듬해 2월 26일 수원 유수에 제수되었다가 1868년(고종5) 윤4월 11일 다시 좌의정에 임명되었다. '퇴사(退士)'는 조정에서 물러난 선비라는 뜻으로, 저자는 가오 퇴사(嘉梧退士), 귤산 퇴사(橘山退士) 등으로 자호하였다. 《嘉梧藁略 冊10 美堂老人玉磬銘, 冊12 退川憩廬記》《承政院日記》

으로는 해동의 기이한 경관을 다 보아서 가까이는 구담(龜潭)과 도담(島潭)을 보고[563] 멀리는 총수산(蔥秀山)의 줄기를 보았네.[564] 10년 만에 시골에 사는 즐거움을 얻었으니 산림에 뜻이 있었던 것이고, 50에 치사(致仕)를 청하는 소를 올렸으니[565] 벼슬에 대한 생각을 끊었던 것이네.

돌아보건대 이 초평(草坪)의 아홉 굽이는 바로 연촌(蓮村)의 한 구역에 있네.[566] 두타산(頭陀山)을 전(殿)으로 삼아서 회룡(回龍)의 형

561 북으로는……이르고 : 저자는 32세 때인 1845년(헌종11) 6월 25일 사은 겸 동지사(謝恩兼冬至使)의 서장관에 임명되어 연경(燕京)에 간 적이 있었다. 또 62세 때인 1875년(고종12) 1월 7일 왕세자 책봉 주청정사(奏請正使)에 임명되어 연경에 갔다. 《憲宗實錄》《承政院日記》

562 동으로는 봉래산에 이르렀으며 : 저자는 52세 때인 1865년(고종2)에 금강산과 관동팔경(關東八景)을 유람하였는데, 《가오고략》 책2에 〈봉래산에서 돌아오는 길에 오백간정에 대해 읊다〔蓬萊歸路 題五百間亭〕〉, 책12에 〈금강산 단풍나무에 대한 기〔金剛楓葉記〕〉 등이 실려 있다. 또 저자는 이 지역을 답사한 뒤 《봉래비서(蓬萊秘書)》라는 책을 만들었다. 《林下筆記 卷37 蓬萊秘書》

563 가까이는……보고 : '구담(龜潭)과 도담(島潭)'은 모두 단양의 명소이다. 구담은 거북을 닮았다는 구봉(龜峯) 주위를 에워싼 못이고, 도담은 물 가운데 솟은 세 바위와 함께 도담삼봉(島潭三峯)이라 칭한다. 저자는 55세 때인 1868년(고종5) 단양 지역에 다녀온 뒤 〈동계관 중수기(彤谿觀重修記)〉를 남겼는데, 동계관은 단양현(丹陽縣) 관아의 동헌(東軒)이다. 《嘉梧藁略 冊12》

564 멀리는……보았네 : '총수산(蔥秀山)'은 황해도 평산(平山) 북쪽 30리 지점에 있는 산인데, 저자가 황해 감사 때 다녀온 것을 말한다. 이유원은 1861년(철종12) 11월 25일 황해 감사에 임명되고 이듬해 12월 19일 함경 감사로 옮겼다. 《承政院日記》

565 50에……올렸으니 : 저자는 50세 때인 1863년(철종14) 7월 15일 함경 감사로서 치사를 청하는 상소를 올렸다. 《承政院日記》

566 이……있네 : 452쪽 주557 참조.

세[567]이니 왼편에는 농토가 있고 오른편에는 양지(陽地)가 있으며, 미록(尾麓)을 대(臺)로 삼아서 비봉(飛鳳)의 형세[568]이니 뒤에는 금대(琴臺)가 있고 앞에는 지산(芝山)이 있네. 구름과 별이 서로 빛나는 곳이니 한강 남쪽과 300리 거리이며, 숲속의 정자와 물가의 대나무가 있는 맑은 비경(秘境)이니 호서(湖西 충청도)에서 첫째가는 고을이네.

벽오공(碧梧公) 때에 명당 터를 가려서[569] 집을 지어 성대하게 우리 이씨가 살아가는 복된 땅이 되었네. 하나의 언덕을 각각 차지하니 산은 그윽하고 물은 휘돌며, 10대가 서로 전하니 집집마다 뽕나무와 삼이 있고 집집마다 글 읽는 소리가 들리네. 후손들이 학업을 닦는 터전으로 삼았으니 어찌 다른 사람을 이곳에 들어오게 하겠으며, 친척이 정답게 얘기 나누는 것을 기뻐하니 후손들끼리 소원해져서는 안 될 것이네.

이에 두세 칸의 띳집을 지어서 만년에 좋은 이웃이 있는 집으로 삼노라. 제도는 편안함만을 취하였으니 구조가 무릎을 겨우 들여놓을 정도이고, 규모는 소박하고 누추한 것을 꺼리지 않았으니 짧은 처마에 머리가 부딪힐 정도이네. 단양(丹陽)에서 서까래를 거두어 오니 산기운은

567 회룡(回龍)의 형세 : 풍수지리에서 산의 지맥이 마치 용이 몸을 틀듯이 빙 돌아서 본산(本山)과 서로 마주하는 형세를 말한다.

568 비봉(飛鳳)의 형세 : 풍수지리에서 봉황이 날아가는 모양을 한 것을 말한다.

569 벽오공(碧梧公)……가려서 : 벽오공은 저자의 7대조인 이시발(李時發, 1569~1626)로, 자는 양구(養久), 호는 벽오·후영어은(後潁漁隱), 시호는 충익(忠翼)이다. 경주 이씨 가문에 다음과 같은 이야기가 전한다. 임진왜란에 참전했던 명나라의 장수 이여송(李如松)과 함께 지관 두사충(杜師忠)이 우리나라에 왔을 때 두사충이 진(陣)을 잘못 쳐서 명나라 군대가 왜(倭)에 패하여 그의 목숨이 위태롭게 되었는데, 이시발의 건의 덕분에 목숨을 구하자 두사충이 경주 이씨 종가 터를 잡아 주었다고 한다.

도솔산의 구름 기운을 데려온 것이고, 옥포(玉浦)에서 뱃전에 노를 치며 소리를 내니 물소리가 금대(琴臺)의 맑은 바람을 보내오네. 마음 가는 대로 하지 않음이 없으니 참으로 우연이 아니며, 마치 서로 기다림이 있는 듯하니 무엇으로 이름을 붙일 것인가.

저 진천과 평택 두 고을의 옛 산을 보니 바로 두 곳에 '가(佳)'라는 같은 이름이 있네.[570] 송추(松楸)[571]가 그늘을 드리우니 길한 기운이 부성(釜城)[572]에서 정기를 모으고, 오동나무에서 도낏자루를 뽑아내니 상서로운 빛이 천마산(天磨山)[573]에서 드러났네. 칠모재(七慕齋)[574]는 바라보고 의지할 곳이 되니 전날 밤에 양식을 찧어 준비하는 90리 길이고,[575] 사향관(四香館)[576]은 도식을 모사할 수 있으니 9할이 표본이 되

570 저……있네 : 진천에는 '우가정(又佳亭)'이 있고, 양주에는 '가곡(佳谷)'이 있다.

571 송추(松楸) : 소나무와 가래나무로 모두 묘소 앞에 심는 나무인데, 전하여 선영(先塋)을 뜻한다.

572 부성(釜城) : 현재 경기도 평택(平澤) 지역이다.

573 천마산(天磨山) : 경기도 양주(楊州)의 산으로, 이곳에 저자의 집이 있었다. 천마산(天摩山)'으로 표기하기도 한다.

574 칠모재(七慕齋) : 저자 집안의 선산이 있던 곳인 진위(振威)에 있었던 여사(廬舍)이다. 조부 이석규(李錫奎)가 '칠모(七慕)'로 명하였는데 세월이 오래되어 이 여사가 무너져서 저자가 진위현의 동천(桐泉)으로 이건하였다. '칠모'는 자세히 알 수 없다. 《橘山文稿 冊15 七慕齋事實記》

575 전날……길이고 : 《장자》 〈소요유(逍遙遊)〉에 "가까운 교외에 가는 자는 세끼 밥만 가지고 갔다가 돌아와도 배가 여전히 부르고, 100리를 가는 자는 전날 밤에 양식을 찧어서 준비해야 하고, 1000리를 가는 자는 3개월 전부터 양식을 모아야 한다.〔適莽蒼者, 三飡而反, 腹猶果然, 適百里者, 宿舂糧, 適千里者, 三月聚糧.〕"라는 내용이 보인다.

576 사향관(四香館) : 양주 가오곡에 있던 서재인 사시향관(四時香館)을 말한다. 《임하필기》 권34 〈화동옥삼편(華東玉糝編)〉에 따르면, 이곳에 을보정(乙父鼎), 하도

네. 여러 아름다운 것 중에서 '더욱 아름다운〔又佳〕' 경치라는 뜻을 취하여 이 가오곡에 자리한 나의 정자에 편액을 거네.

정자가 날아갈 듯 있으니 초평 구곡 중 한 굽이 거슬러 올라오면 또 열두 굽이 난간이 있고, 내 집에 들어오는 사람은 초평의 가운데에 거하여 상하평(上下坪)이 있네. 시내와 못이 둘러 있고 논밭을 개간하니, 그 즐거움은 생선국에 쌀밥을 먹는 것이며, 뜰을 넓게 하고 곁채를 작게 만드니 편한 점은 산을 대하고 강물을 임한다는 것이네. 그윽한 정취를 풀기에 충분하니 여기에서 한가로이 거니는 아름다운 나그네가 되네. 한 개의 옥덩이며 100개 심지의 별빛 같은 정화(精華)가 창문에 어려 있고, 만 송이 연꽃과 천 경의 모란 같은 봉우리들이 난간을 호위하네. 맑은 모래와 푸른 물은 하 비감(賀秘監)의 감호(鑑湖)[577]보다 못하지 않으며, 따뜻한 객사와 시원한 누대는 배 영공(裵令公)의 녹야(綠野)[578]에 감히 견주노라.

높은 산처럼 우러르고 큰길처럼 따르면서[579] 여섯 선생의 영당(影堂)

연(河圖硯)을 비롯하여 옛 도장과 그림이 보관되어 있었고, 그 밖에 고려비색기(高麗秘色器), 반죽장(斑竹杖) 등이 있었다.

577 하 비감(賀秘監)의 감호(鑑湖) : '감호'는 경호(鏡湖)와 같은 말로, 절강성 소흥(紹興)에 있는 호수 이름이다. 448쪽 주546 참조.

578 배 영공(裵令公)의 녹야(綠野) : '배 영공'은 당나라의 중서령(中書令) 배도(裴度)를 말한다. 그는 벼슬에서 물러나 낙양(洛陽) 남쪽의 오교(午橋)에 꽃나무 만 그루를 심고서 그 중앙에 여름에 더위를 식힐 누대와 겨울에 따뜻하게 지낼 집을 짓고 녹야당(綠野堂)이라 이름을 붙인 뒤 백거이(白居易), 유우석(劉禹錫) 등 문인들과 모여 시를 읊고 술을 마시며 소일하였다. 《新唐書 卷173 裴度列傳》《古今事文類聚 前集 卷32 退隱部 作綠野堂》

579 높은……따르면서 : 선인의 높은 덕과 행실을 본받는 것을 말한다. 《시경》〈소아

을 경건하게 모시며, 이곳에서 학업에 힘쓰고 편안하게 쉬면서 여러 형제가 화수회(花樹會)를 단란하게 갖네. 일찍이 명(明)나라의 두사충(杜師忠)이 터를 봐 주었고[580] 또 청(淸)나라의 주난서(周蘭西)[581]가 문미(門楣)에 글을 써 주었네. 이에 상량하는 글을 엮어서 애오라지 세 번째 가향(佳鄕)의 노래를 돕네.

들보를 동쪽으로 들어 올리니	抛樑東
새벽 이내 맑은데 아침 해가 붉네	曉嵐晴朝日紅
지산서원[582]에서 제향 드리는 모습이 눈에 들어오니	芝山俎豆入望
후생이 선조의 유풍을 경모하네	後生景仰遺風

들보를 서쪽으로 들어 올리니	抛樑西
옅게 낀 구름 속 정자에 옛 편액 남아 있구나	澹雲亭存舊題
많은 후손들이 지켜 왔으니	詵詵雲仍相守
정자 아래에 벼랑 우뚝하고 옥계가 흐르네	亭下壁立玉溪

〈小雅〉 거할(車舝)〉에 "높은 산처럼 우러르며 큰길처럼 따르도다.〔高山仰之, 景行行止.〕"라는 구절이 보인다.

580 명(明)나라의……주었고 : 454쪽 주569 참조.

581 청(淸)나라의 주난서(周蘭西) : 청나라의 화가 주당(周棠)으로, 자는 소백(少伯), 호는 난서이다. 저자에게 〈소중화의 속난정도를 읊은 시〔詠小華續蘭亭圖詩〕〉를 선물하였다.《林下筆記 卷25 春明逸史 續蘭亭會, 卷30 春明逸史 周棠畫石》

582 지산서원(芝山書院) : 최석정(崔錫鼎)을 모신 서원이다. 지산서원은 충청도 진천현에 있었는데, 1722년(경종2)에 세워졌고 1723년에 사액되었다. 이후 1871년(고종8) 흥선대원군의 서원 철폐령으로 훼철되었다.《新增東國輿地勝覽 卷16 忠淸道》

들보를 남쪽으로 들어 올리니 拋樑南
두타산의 신령이 규룡을 타네 頭陀山靈虯驂
한 갈래가 꿈틀대며 뒤를 돌아보니 一支蜿蜒回顧
사당의 전각이 엄숙하게 맑은 못을 굽어보네 廟閣儼臨清潭

들보를 북쪽으로 들어 올리니 拋樑北
마이 두 봉우리 하늘까지 닿았네 馬耳雙峯峻極
꽃 같고 횃불 같은 형상을 이루니 如花如炬成形
자손이 이곳에서 천이 되고 억이 되리라[583] 子孫萬斯千億

들보를 위로 들어 올리니 拋樑上爲
북두성이 장상을 환히 비추네 星斗耀彩將相
도성의 번화한 거리에 다니던 것은 지난 일이니 紫陌繁華前塵
백발의 물러난 늙은이가 죽장 짚고 거니네 白髮退翁竹杖

들보를 아래로 들어 올리니 拋樑下
굽이굽이 둥글게 꺾이며 맑은 물이 쏟아져 내리네 曲曲圓折清瀉
시냇가에 가면 방울 소리 듣는 듯하니[584] 臨流若聞鳴珂
작은 오두막이 크고 넓은 집보다 나은 듯하네 矮屋勝似廣廈

583 자손이……되리라 : 《시경》 〈대아(大雅) 가락(假樂)〉에 나온다.

584 시냇가에……듯하니 : 시냇물 소리를 귀인이 탄 마차에서 울리는 방울 소리에 비유한 것이다. '명가(鳴珂)'는 고관들이 타는 말에 옥을 장식하여 행차할 때면 쟁그랑대는 소리가 나는 것을 이르는 말로, 전하여 귀인의 행차를 뜻한다.

삼가 바라건대 들보를 올린 뒤에 풀이 자란 둑이 섬돌과 뜰에 빙 둘러서 환하게 빛나고, 띳집 처마가 산안개를 받아들여 더욱 맑게 하소서. 천년토록 신령한 지역은 태평연월이 장구하게 머물며, 한집안의 아름다운 모임은 시인들의 풍류가 끝없이 이어지게 하소서. 이 산은 삼공(三公)과도 바꾸지 않을 것이니[585] 또〔又〕 이곳에서 지내면서 이야기하며, 후세에 돌 하나도 훼손하지 말지니[586] 좋구나〔佳〕 울울창창한 기운이여.[587]

585 이……것이니 : 남송(南宋)의 시인 대복고(戴復古)의 〈조대(釣臺)〉에 "만사에 마음 없어 낚싯대 하나뿐, 이 강산을 삼공과도 바꾸지 않으리.〔萬事無心一釣竿, 三公不換此江山.〕"라는 구절이 있다. 조대는 후한(後漢)의 고사(高士) 엄광(嚴光)이 낚시하던 곳이다. 《石屏詩集 卷6》

586 후세에……말지니 : 당(唐)나라 재상 이덕유(李德裕)가 자손들에게 경계하기를 "후대에 이 평천장을 파는 자는 내 자손이 아니며, 평천장의 나무 하나 돌 하나라도 남에게 주는 자는 훌륭한 자제가 아니다.〔後代鬻平泉者, 非吾子孫也, 以平泉一樹一石與人者, 非佳子弟也.〕"라고 하였다. 《古今事文類聚 續集 卷9 平泉山居戒子孫記》

587 좋구나 울울창창한 기운이여 : 후한(後漢) 광무제(光武帝)의 가향(家鄉)인 용릉(舂陵)의 지형을 술사(術士) 소백아(蘇伯阿)가 멀리서 보고 "기운이 좋구나, 울울창창하도다.〔氣佳哉, 鬱鬱葱葱然.〕"라고 말한 고사가 있다. 《後漢書 卷1 光武帝紀》

경연당 상량문[588]

慶衍堂上樑文

삼가 생각건대 혼인의 예로 길상(吉祥)을 정하여 저궁(儲宮)의 빈(嬪)을 장차 책봉할 것이니[589] 이 예(禮)는 납채(納采)와 납길(納吉)과 납징(納徵)이며,[590] 인경산(引慶山)[591]을 마주하여 별궁의 낙성을 고하였으니 이는 《주역》의 대장괘(大壯掛)와 대연(大衍)의 수를 취한 것이네.[592] 하늘이 맺어준 짝이고, 달이 그 아름다움을 즐기네.[593]

588 경연당(慶衍堂) 상량문 : 저자가 67세 때인 1880년(고종17)에 별궁 경연당 상량문 제술관으로서 지은 글이다. 이유원은 동년 6월 24일 상량문 제술관에 임명되었다. '경연당'은 서울 안국동(安國洞) 별궁에 속한 전각이다. 《承政院日記》《日省錄》

589 혼인의……것이니 : 세자빈을 정하여 혼례를 거행할 것임을 말한다. '저궁(儲宮)'은 훗날의 순종으로, 1875년(고종12) 2월 18일 세자로 책봉되었기 때문에 저궁이라고 칭한 것이다. 이 상량문이 지어진 2년 뒤 1882년(고종19) 1월 26일 민태호(閔台鎬)의 딸을 세자빈으로 정하고, 2월 19일 창덕궁 인정전(仁政殿)에서 왕세자빈을 책봉하는 의식을 거행하였다. '혼인의 예로 길상(吉祥)을 정하여'라는 말은 길일을 정하여 친영하는 예를 행함을 말하는데, 《시경》〈대아(大雅) 대명(大明)〉에 보인다. 《高宗實錄》

590 이 예(禮)는……납징(納徵)이며 : '이 예'는 왕실의 가례(嘉禮)에서 진행되는 '육례'를 말한다. 이 여섯 단계의 의식은 납채(納采), 납징(納徵), 납길(納吉), 책비(冊妃), 친영(親迎), 동뢰연(同牢宴)이다. '책비'는 국왕과 왕비의 가례에 해당되고, 세자와 세자빈, 세손과 세손빈의 가례 때는 '책빈(冊嬪)'이라고 한다. 《儀禮 士昏禮》

591 인경산(引慶山) : 서울 남산(南山)의 본래 이름으로, 이외에도 목멱산(木覓山), 종남산(終南山), 열경산(列慶山), 마뫼 등의 별칭이 있다.

592 이는……것이네 : 《주역》의 대장괘(大壯掛)는 2월에 해당하고 양(陽)이 장성한 것을 취하여 왕세자가 별궁에 가서 배필을 맞이하는 의미를 나타내며, '대연(大衍)의 수'는 경연당의 '연' 자에 부합하여 성대하게 나아가는 의미를 나타낸 것으로 보인다.

열성조의 친영(親迎)한 때를 상고하건대 반드시 대내의 정침(正寢)에 예를 행하는 곳이 있었네. 배필은 생민(生民)의 처음이 되니 한(漢)나라 때의 등씨(鄧氏)와 마씨(馬氏)[594] 같은 명문가에서 택하며, 군자는 단서가 시작되는 시초를 중히 여기니[595] 주(周)나라 왕후의 요적(褕翟)[596]을 입는 옛 제도를 본받네.

생각건대 빈궁은 빈의 자리에 거할 것이고, 동궁(東宮)은 도울 사람을 맞이하러 가는 의식[597]에 이를 것이네. 동뢰연(同牢宴)의 의절을 크게 꾸미고 예물을 드리는 예를 공경히 따라 행하리라. 참으로 100대의 수레로 맞이할 사람[598]은 집안을 편안하게 할 것이며, 이에 종묘사직

593 달이……즐기네 : 남녀가 혼인하는 시기임을 뜻한다. 《주례》 〈지관사도(地官司徒) 매씨(媒氏)〉에 "중춘의 달에 남녀가 서로 만나라고 영을 내린다.〔中春之月, 令會男女.〕"라고 하였는데, 중춘은 2월을 말하고 남녀가 혼인하는 시기이다.

594 한(漢)나라……마씨(馬氏) : 후한(後漢) 때 현숙한 덕으로 일컬어진 등황후(鄧皇后)와 마황후(馬皇后)를 말한다. 등황후는 명신 등우(鄧禹)의 손녀로 화제(和帝)의 비가 된 화희황후(和熹皇后)이고, 마황후는 명장인 복파장군(伏波將軍) 마원(馬援)의 딸로 명제(明帝)의 비가 된 명덕황후(明德皇后)이다.

595 군자는……여기니 : '단서가 시작되는 시초'는 부부간을 말한다. 《중용장구》 제12장에 "군자의 도는 부부에게서 단서가 시작된다.〔君子之道, 造端乎夫婦.〕"라는 내용이 보인다.

596 요적(褕翟) : 고대 왕후가 입는 육복(六服) 중 하나로, 꿩 무늬가 있으며 요적(褕狄), 요적(揄狄)이라고도 한다. 《周禮 天官 內司服》

597 도울……의식 : 아내를 맞이하는 친영(親迎) 의식을 말한다. 《의례》 〈사혼례(士婚禮)〉에 아버지가 친영하러 가는 아들에게 술을 따라 주면서 "가서 너를 도울 사람을 맞이하여 우리 집안 제사를 계승하도록 하라.〔往迎爾相, 承我宗事.〕"라고 명한 말에서 나왔다.

598 100대의……사람 : 혼인할 사람을 뜻한다. 《시경》 〈소남(召南) 작소(鵲巢)〉에 "이 아가씨 시집옴에 100대의 수레로 맞이하네.〔之子于歸, 百兩御之.〕"라는 구절이 보

의 억만년 복록을 굳건하게 할 것이네.

삼가 생각건대 주상 전하께서는 치도(治道)는 교화의 근원에 근본을 두고, 덕(德)은 인륜의 지극함을 드러내셨네. 모두들 "왕의 마음이 한결같도다."라고 하고 또 "왕의 말이 훌륭하도다."라고 하니[599] 상법(常法)을 본받은 것이며, 건원(乾元)으로 만물이 형체를 갖추고 곤원(坤元)으로 만물이 의지하여 생겨나니[600] 성상의 은택이 두루 미쳤네. 지위를 얻고 수명을 얻고 복록을 얻으리니 어떤 복이든 합당하지 않겠는가. 밝은 명을 명하고 길흉을 명하고 국운을 명하리니 실로 이곳을 기반으로 할 것이네.

또한 우리 왕세자 저하(邸下)는 동조(東朝 신정왕후)께 엿을 물고 손자의 재롱을 보는 기쁨을 드렸으며,[601] 양전(兩殿)께 음식을 살피는 정성을 부지런히 행하네.[602] 용(龍)의 의용과 봉황의 자태를 가졌으니

인다.

599 모두들……하니 : 《서경》 〈상서(商書) 함유일덕(咸有一德)〉에 나온다.

600 건원(乾元)으로……생겨나니 : 《주역》 〈건괘(乾卦 ䷀) 단(彖)〉에 "구름이 가고 비가 내려 만물이 형체를 갖춘다.〔雲行雨施, 品物流形.〕"라고 하고, 《주역》 〈곤괘(坤卦 ䷁) 단(彖)〉에 "지극하도다, 곤원이여. 만물이 의지하여 생겨나니, 이에 하늘을 순종하여 받들도다.〔至哉坤元. 萬物資生, 乃順承天.〕"라고 하였다.

601 왕세자……드렸으며 : 1874년(고종11) 2월 8일 창덕궁 관물헌(觀物軒)에서 훗날의 순종인 원자가 태어났는데, 이로 인해 신정왕후(神貞王后) 조씨(趙氏)가 기뻐하였다는 말이다. '엿을 물고' 운운은 한가로이 지내는 모습을 형용한 말로, 310쪽 주58 참조.

602 양전(兩殿)께……행하네 : '양전'은 대왕대비 신정왕후 조씨와 왕대비 효정왕후(孝定王后) 홍씨를 말한다. '음식을 살피는 정성'은 임금이 드실 음식을 신하가, 부모가 드실 음식을 자녀가 직접 살피는 일을 말한다. 315쪽 주80 참조.

훌륭한 성인의 해와 같은 의표를 갖고 태어났으며, 학(鶴)처럼 오래 살고 거북처럼 장수하리니 일원(一元)[603] 문명의 시기를 만났네. 율관(律官)이 악사의 들음에 밝게 응하여 뭇사람에게 밝게 알려서 상갑(上甲)의 운수가 이르렀으며, 민장(珉章)을 미리 세우는 태자에게 내려서[604] 원자의 책임이 보존되었네. 조근(朝勤)하고 칭송하는 자들이 귀의하니 간절히 사모하는 뭇사람의 마음에 부합하고, 효(孝), 인(仁), 예(禮), 의(義)로 인도하니 몸을 삼가는 데 사보(四輔)[605]를 본받네.

세자의 나이가 점점 차서 황리(黃離)[606]의 길함에 합하고, 종묘의 중한 기물〔匕鬯〕을 주관하리니 창진(蒼震)[607]이 길상을 기르네. 이로부터 이남(二南)의 정풍(正風)[608]에 기반을 두고, 장차 육례(六禮)의 길일을 물을 것이네. 사록(沙麓)의 신령스럽고 맑은 기운을 기르니[609]

603 일원(一元) : 두 가지 의미를 담고 있다. 천지 만물을 생성시키는 원기라는 일반적인 의미, 또는 송(宋)나라 소옹(邵雍)이 원(元)·회(會)·운(運)·세(世)에 입각하여 말한 천지가 개벽하여 끝나는 기간이다. 《皇極經世書 卷2 纂圖指要下》

604 민장(珉章)을……내려서 : 왕세자를 책봉하는 예를 거행하였다는 말이다. '민장'은 아름답게 조각한 돌로, 옥책(玉冊)을 비유하는 말이다. 순종은 1875년(고종12) 2월 18일 왕세자에 책봉되었다. 309쪽 주53 참조.

605 사보(四輔) : 천자의 전후좌우에서 보필하는 관원으로, 앞에는 의(疑), 뒤에는 승(丞), 왼쪽에는 보(輔), 오른쪽에는 필(弼)이라고 하였다. 《史記 夏本紀》

606 황리(黃離) : '중앙의 색인 황색에 붙는다'라는 뜻으로, 《주역》 〈이괘(離卦 ䷝) 육이(六二)〉에 보인다. 여기에서 유래하여 왕세자를 비유하기도 한다.

607 창진(蒼震) : 동방(東方)을 뜻하는 말로, 동궁(東宮) 즉 왕세자를 말한다.

608 이남(二南)의 정풍(正風) : 《시경》 〈국풍(國風)〉의 〈주남(周南)〉과 〈소남(召南)〉을 말한다. 412쪽 주407 참조.

609 사록(沙麓)의……기르니 : 왕비가 태어나는 일을 가리키는데, 여기서는 세자빈이 되는 민태호(閔台鎬)의 딸이 태어난 일을 말한다. '사록'에 대한 것은 365쪽 주253

순(舜) 임금에게 시집간 요(堯) 임금의 두 딸의 조짐[610]이 이미 나타났고, 대대로 충성을 바친 교목(喬木) 같은 집안[611]을 구하니 얌전하고 정숙한 지중(摯仲)[612]에 반드시 응할 것이네.

더구나 지금 규모를 새롭게 만들어서 힘써 성대한 의식에 걸맞게 하고자 하니 말할 나위가 있겠는가. 이전의 공사가 궁핍한 시기에 사치스러운 것을 비추어서 보기에 아름답게 한다는 혐의가 없도록 경계하였네. 드디어 규얼(圭臬)[613]로 복된 터를 처음 잡고 목석(木石)으로 아름다운 집을 처음 만들었네.

이에 경복궁의 동쪽이며 대안현(大安峴)의 서쪽이네. 비로소 현광루(顯光樓)를 만들었으니 누각은 정화당(正和堂) 부근이고, 내탕(內帑)의 재화를 썼으니 호조를 번거롭게 하지 않았네. 산림을 담당하는 관원이 재목을 운반하고 땔나무를 실어오니, 재주를 다투어 빠르고 솜씨 좋게 도끼질을 하였네. 영지 모양이 새겨진 짧은 기둥과 채색한 두공이 우뚝 솟아 다투며, 수초 무늬를 그린 천장과 선명한 마룻대의 화려함은 보기에 놀랍네.

참조.

610 순(舜)……조짐 : 순이 규수(嬀水) 가에 살았을 때 요 임금이 두 딸을 순에게 시집보냈는데, 여기서는 숙종의 비인 인현왕후(仁顯王后)와 고종의 비인 명성황후(明成皇后)가 모두 여흥 민씨(驪興閔氏)이고, 새로 책봉된 세자빈도 여흥 민씨이기 때문에 이렇게 말한 것이다. 《書經 虞書 堯典》

611 교목(喬木) 같은 집안 : 대대로 국가의 중요한 지위에 있어서 나라와 운명을 함께 하는 가문을 말하는데, 여기서는 세자빈이 되는 여흥 민씨 집안을 말한다.

612 지중(摯仲) : 지(摯)나라의 둘째 딸이라는 뜻으로, 주(周)나라 문왕의 모후인 태임(太任)이다.

613 규얼(圭臬) : 해그림자를 재어 사계절을 바로잡고 토지를 측량하는 도구이다.

《시경》에서 말한 비바람을 제거한 곳이니[614] 상서로운 빛이 화개(華蓋)의 산을 마주하고, 거기에 '모년 모월에 세웠다'라고 쓰니 아름다운 편액이 신궁(新宮)의 문미(門楣)에 빛나네. 돌아보건대 간가(間架)가 다 적합한 곳을 얻었는데 그중에 정당(正堂)은 더욱 중한 바가 있네. 꿩이 날아가는 듯하고 새가 놀란 듯하니[615] 비단 환하고 탁 트인 곳일 뿐만 아니고, 봉황이 맑게 울고 기러기가 화목하니 이에 조용하고 정숙한 짝을 간택하리라. 양(陽)의 도를 다스리고 음(陰)의 도로 거처하여[616] 온화한 교화를 펴며, 어진 이를 찾고 관리를 공정하게 살펴서 아름다운 덕음(德音)을 계승하리라.

참으로 온갖 복의 근원이 되니[617] 밝은 덕을 불러올 것이고, 특별히 두 글자 편액을 거니 이름을 돌아보고 그 뜻을 생각하네. 《시경》의 경사를 돈독히 하는 가사[618]를 채록하니 빈조(蘋藻)[619]를 공경히 올릴

614 시경에서……곳이니 : 《시경》〈소아(小雅) 사간(斯干)〉에 "비바람을 제거하고 새와 쥐를 제거하였으니, 바로 군자가 높이 계실 곳이로다.〔風雨攸除, 鳥鼠攸去, 君子攸芋.〕"라는 구절이 보인다.

615 꿩이……듯하니 : 궁실이 높고 화려한 것을 형용한 말이다. 420쪽 주442 참조.

616 양(陽)의……거처하여 : 《예기》〈혼의(昏義)〉에 "천자는 양(陽)의 도를 다스리고 후는 음(陰)의 덕을 다스리며, 천자는 외치를 다스리고 후는 내직을 다스린다.〔天子理陽道, 后治陰德, 天子聽外治, 后聽內職.〕"라는 내용이 보인다.

617 온갖……되니 : 과거 혼인 의식에서 교배(交拜)할 때 긴 자리를 까는데, 그 자리에 "두 성이 합하니, 만복의 근원이다.〔二姓之合, 百福之源.〕"라고 쓰여 있었다. 《星湖全集 卷48 雜著 嫁女儀》

618 시경의……가사 : 《시경》〈대아(大雅) 황의(皇矣)〉에 "이 왕계가 마음으로부터 우애하여, 그 형과 우애하여 그 경사를 돈독히 하였네.〔維此王季, 因心則友, 則友其兄, 則篤其慶.〕"라는 구절이 보인다.

619 빈조(蘋藻) : 마름 따위의 수초(水草)로, 제수(祭需)에 쓰는 것이다. 《시경》〈소

것이며, 향기로운 산초 열매가 무성하다는 노래[620]에서 뜻을 취하니 후손들이 능히 창성하리라. 이곳은 실로 성스러운 임금이 서로 계승하는 토대이고, 또한 나라의 더없이 큰 경사이네. 다행히 무궁한 복록의 성세를 만나, 감히 〈사간(斯干)〉의 번성함을 송축하는 축사[621]를 높이 부르네.

들보를 동쪽으로 들어 올리니 抛樑東
청제[622]가 돌아온 이때 떠오른 아침 해 붉도다 青帝輪廻旭日紅
맑은 기운 가득 차서 교화의 터전이 열리니 淑氣冲融開化囿
자손이 천이 되고 억이 되어[623] 〈인지〉와 〈종사〉의 경사[624]를 송축하리 子孫千億頌麟螽

남(召南) 채빈(采蘋)〉에 나온다.

620 향기로운……노래 : 산초 가지가 멀리 뻗고 열매가 많이 달리기 때문에 자손이 번성함을 비유한다. 《시경》 〈당풍(唐風) 초료(椒聊)〉에 "산초 열매여, 알알이 열려 한 움큼에 가득하구나.〔椒聊之實, 蕃衍盈匊.〕"라는 구절이 보인다.

621 사간(斯干)의……축사 : 〈사간〉은 《시경》 〈소아(小雅)〉의 편명으로, 새로 집을 지은 뒤에 후손이 번성하기를 송축하는 내용이다.

622 청제(青帝) : 봄을 말한다. 오행(五行)의 설에 따르면 동방(東方)은 목(木)에 속하는데, 목은 또 봄과 청색과 인(仁)을 상징하므로, 봄을 주재하는 신(神)을 동황(東皇) 혹은 청제라고 한다.

623 자손이……되어 : 《시경》 〈대아(大雅) 가락(假樂)〉에 나온다.

624 인지(麟趾)와 종사(螽斯)의 경사 : 자손이 인후하고 후손이 번성함을 이른다. 〈인지〉는 후비의 덕으로 왕자(王者)의 상서(祥瑞)가 나타남을 노래한 시이고, 〈종사〉는 후비의 자손이 번성함을 노래한 시이다.

들보를 서쪽으로 들어 올리니 抛樑西
무궁한 부처의 복이 내전을 보호하네 福佛無量護玉闈
지신이 영험을 보여 마치 기다림이 있는 듯하니 富媼効靈如有待
인왕산 산빛이 하늘과 나란하네 仁王山色與天齊

들보를 남쪽으로 들어 올리니 抛樑南
문미에 금색으로 보배로운 세 글자 썼네 楣上金題寶字三
남극노인성이 상서로운 광채를 드리우니[625] 極宿老人垂瑞彩
강녕함과 장수와 부귀, 또 자손이 많으리라[626] 康寧壽富又多男

들보를 북쪽으로 들어 올리니 抛樑北
전성[627]이 찬란하게 빛나며 북극성을 에워싸네 前星爛爛環宸極
음공[628]이 말없이 보좌하여 도와주는 공이 깊으니 陰功嘿贊助之深
후비의 궁에서 교화가 행해져 온 나라에 미치리라 化自宮闈覃一國

들보를 위로 들어 올리니 抛樑上
상제께서 경사를 내려 만백성이 우러러보네 惟皇敷錫萬民仰
팔도에서 부르는 사중의 노래[629]를 들어 보라 試聽八域四重謠

625 남극노인성이……드리우니 : 장수와 복록의 징조가 나타남을 말한다. '남극노인성'은 사람의 수명을 관장하는 별이다.

626 강녕함과……많으리라 : 화(華) 땅의 봉인이 올린 축수의 말이다. 294쪽 주7 참조.

627 전성(前星) : 세자(世子)를 상징하는 별로, 순종을 말한다.

628 음공(陰功) : 여성의 일로, 세자빈을 말한다.

천심을 기쁘게 하니 큰 복을 주시도다 悅豫天心孚景貺

들보를 아래로 들어 올리니 抛樑下
유해[630]의 은혜로운 물결이 온 누리 적셔 주네 幼海恩波涵九野
아! 만년토록 태평의 기틀 되리니 於萬斯年基太平
만물을 후하게 실어 주어 고루 도야해 주리 含弘厚載勻陶冶

삼가 바라건대 들보를 올린 뒤에 하늘과 땅의 신령이 가호하며, 반석과 기수(箕宿)와 익수(翼宿)처럼 편안하고 장수하는 공고함을 더욱 누리게 하소서.[631] 음양이 천지가 통하는 형상에 부합하여 그대로 하여금 장수하게 하고 좋게 하고 창성하게 하며, 육궁(六宮)[632]에 복록으로 편안히 하는 노래가 높이 울려 퍼져서 복록과 만물이 불어나지 않음이 없고 흥성하지 않음이 없고 풍부하지 않음이 없게 하소서.

629 사중(四重)의 노래 : 세자의 덕을 찬양하는 노래이다. 310쪽 주59 참조.

630 유해(幼海) : 소해(少海)라고도 하는데, 세자를 말한다.

631 반석과……하소서 : '기수(箕宿)와 익수(翼宿)'는 28수에 속하는 기성(箕星)과 익성(翼星)을 말한다. 《순자(荀子)》 〈부국(富國)〉에 "명예를 위함이 없고 이익을 챙김이 없고 분노함이 없으면 나라가 반석처럼 편안하고, 기수와 익수처럼 장수를 누릴 것이다.〔爲名者否, 爲利者否, 爲忿者否, 則國安於盤石, 壽於箕翼.〕"라는 내용이 보인다.

632 육궁(六宮) : 410쪽 주397 참조.

강녕전 중건 상량문[633]

康寧殿重建上樑文

삼가 생각건대 왕실은 기자(箕子) 홍범구주(洪範九疇)의 아름다운 징조에서 '강녕함〔康〕'을 알 수 있으니 제때 비가 내리는 것을 숙(肅)이라 하고 제때 날이 개는 것을 예(乂)라 하고 제때 바람이 부는 것을 성(聖)이라 하며,[634] 나라는 복희(伏羲)에서 모두 '편안함〔寧〕'을 알 수 있으니 천지와 더불어 덕이 합하고 사시와 더불어 차례가 합하고 일월과 더불어 밝음이 합하네.[635] 아, 전각을 중건하여 새롭게 만들고 환하게 두 글자 편액을 예전 그대로 걸었네.

삼가 살펴보건대 경복궁은 임금이 거둥하는 곳이니, 곧 우리 열성조께서 정하신 태평성세의 터전이네. 뒤에는 시장을 두고 앞은 조정을 두니[636] 사방의 표준이고, 오른쪽은 평평하고 왼쪽은 층계이니[637] 온

633 강녕전(康寧殿) 중건 상량문 : 저자가 75세 때인 1888년(고종25) 4월 12일 강녕전 상량문 제술관으로서 지은 글이다. '강녕전'은 임금이 일상을 보내는 연침(燕寢)이다. 1865년(고종2) 경복궁을 중건할 때 강녕전도 함께 건립하여 동년 10월 11일 강녕전을 상량하였다. 그런데 1876년(고종13) 11월 14일 경복궁에 화재가 나서 강녕전, 교태전(交泰殿), 사정전(思政殿) 등이 소실되었다가 1888년에 이르러 강녕전을 다시 지은 것이다. 《景福宮營建日記》《高宗實錄》《承政院日記》

634 제때 비가……하며 : 《서경》 〈주서(周書) 홍범(洪範)〉에 나온다.

635 천지와……합하네 : 《주역》 〈건괘(乾卦 ䷀) 문언(文言)〉에 나온다.

636 뒤에는……두니 : 《주례》 〈동관(冬官) 고공기(考工記)〉에 나온다.

637 오른쪽은……층계이니 : 전각의 계단은 오른쪽 즉 서쪽은 평평한 중에 경사가 져 천자의 수레가 위층으로 올라갈 수 있고, 왼쪽 즉 동쪽은 층층의 계단으로 되어

경내가 다 지어졌네. 중원(中垣)의 자미원(紫微垣) 자리[638]에 응하니 완연히 뭇별이 주위를 도는 북극성의 형세이며, 《서경황도(西京黃圖)》[639]에 기록된 제도를 상고하니 거의 미앙궁(未央宮)의 엄중한 위엄과 같았네. 바람이 불어도 먼지 하나 일지 않고 비가 와도 조금도 젖지 않으니[640] 이는 만물이 순응하는 이치이며, 겨울에는 따뜻한 온돌방이 있고 여름에는 시원한 대청이 있으니 또한 육기(六氣)[641]에 따라 몸을 조섭하는 방도였네.

지난번에는 교태전(交泰殿) 앞이었고 사정전(思政殿) 안쪽 자리에 자리하였네. 합전(合殿)[642]을 지으니 만년토록 하늘의 복을 받은 것이며, 아름다운 이름을 내리니 홍범구주의 오복 중 세 번째 '강녕'이라네.

있어 사람이 오르내릴 수 있다. 반고(班固)의 〈서도부(西都賦)〉에 "이에 왼쪽은 사람이 오르는 층계이고 오른쪽은 수레가 다니는 평평한 길이며, 난간은 겹겹이고 섬돌은 층층이다.〔於是左墄右平, 重軒三階.〕"라는 내용이 보인다.

638 중원(中垣)의 자미원(紫微垣) 자리 : 태미원(太微垣), 천시원(天市垣)과 함께 삼원(三垣) 중 하나로, 고대 천문학에서 천제(天帝)가 거처하는 곳이다. 자미원은 북천(北天)의 한가운데에 위치하여 중궁(中宮)으로도 불린다.

639 서경황도(西京黃圖) : 고대의 지리서인 《삼보황도(三輔黃圖)》를 말하는데, '황도(黃圖)'라고 약칭하기도 한다.

640 바람이……않으니 : 반고(班固)의 〈서도부(西都賦)〉에 "긴 정원은 숫돌처럼 평평하며, 종과 북을 다는 틀이 마주하고 늘어서 있다. 뜰은 바람이 불어도 먼지 하나 일지 않고, 비가 내려도 조금도 젖지 않는다.〔長庭砥平, 鍾虡陳. 風無纖埃, 雨無微津.〕"라는 내용이 보인다.

641 육기(六氣) : 여섯 가지 자연 기후 현상인 음(陰), 양(陽), 바람〔風〕, 비〔雨〕, 어둠〔晦〕, 밝음〔明〕이다. 《春秋左傳 昭公 元年》

642 합전(合殿) : 황제(黃帝)가 정사를 했다고 하는 궁전으로, 합궁(合宮)이라고도 한다.

정직과 강극(剛克)과 유극(柔克)의 가르침[643]으로 날마다 세 가지 덕을 밝혔고, 포용하고 너그럽고 빛나고 광대한 계책으로 땅의 도가 '일(一)'을 얻었네.[644] 현단복(玄端服)을 가지런히 입고 수놓은 슬갑에 옥을 차고서 깊은 궁궐에 임하셨으며, 궁중의 역사를 진달하고 옛 계책을 거울삼으니 〈관저(關雎)〉와 〈인지(麟趾)〉의 징험[645]을 칭송하였네.

다만 기수(氣數)가 막히고 통하는 운수가 번갈아 바뀌니 궁실을 다시 일으키는 것이 기약이 있었네. 낙읍(洛邑)을 두루 살펴보아 경영한 일[646]과 같으니 억만년토록 무너지지 않을 터전을 길이 정하였으며, 헌원씨 갑자의 을년(乙年)의 길함을 맞아[647] 300년간 정비할 겨를이 없던 공사를 거행하였네. 그런데 또 어찌하여 화재의 변고가 온갖 아름다움이 모인 때에 갑자기 있었단 말인가. 어진 하늘이 변고를 알리는 뜻을 보여 주었는데 정(鄭)나라 비조(裨竈)가 먼저 예언한 말[643]이 어

643 정직과……가르침 : 기자(箕子)가 말한 삼덕(三德)이다. '강극(剛克)'은 강함으로 다스리는 것이고, '유극(柔克)'은 부드러움으로 다스리는 것이다. 《書經 周書 洪範》

644 땅의……얻었네 : 땅이 순일한 덕을 얻어 편안하여 흔들리지 않는다는 말로, 《노자(老子)》 39장에 보인다. 317쪽 주88 참조.

645 관저(關雎)와 인지(麟趾)의 징험 : 〈관저〉는 후비의 덕을 읊은 시이고, 〈인지〉는 왕자(王者)의 상서(祥瑞)를 노래한 시인데, 후비의 교화가 행해져서 그 효응이 나타남을 말한 것이다. 419쪽 주438 참조.

646 낙읍(洛邑)을……일 : 《서경》 〈주서(周書) 소고(召誥)〉에 "다음 날인 을묘일에 주공이 아침에 낙읍에 이르러 새 도읍에 경영할 위치를 두루 살펴보았다.〔若翼日乙卯, 周公朝至于洛, 則達觀于新邑營.〕"라는 내용이 보인다.

647 헌원씨……맞아 : 1865년(고종2) 경복궁을 중건할 때 강녕전도 함께 건립하였는데, 1865년의 간지가 을축년이고 주공이 을묘일에 도읍을 경영할 땅을 살펴보았기 때문에 '을년(乙年)의 길함'이라고 말한 듯하다.

648 정(鄭)나라……말 : '비조(裨竈)'는 춘추 시대 정나라 대부로, 점술과 천문에 능

찌할 수 없었고, 정전(正殿)이 회록(回祿)의 재앙[649]을 불렀으니 어디에 노(魯)나라의 영광전(靈光殿)[650]이 홀로 남아 있었나. 이제 와서 재이가 변하여 길조가 되었으니 바로 선대의 뜻을 이어 터를 닦고 지어야 마땅하며, 이 공사는 옛것을 버리고 새롭게 만들려고 하니 어찌 선조의 일을 잘 잇고 잘 계승할 것을 생각하지 않겠는가.

삼가 생각건대 주상 전하께서는 명당(明堂)에서 월령(月令)을 따르시고 춘대(春臺)에서 원기를 조화롭게 하시네.[651] 교화가 궁중에서부터 먼저 베풀어졌으니 성스러운 모후께서 이루어 주고 현숙한 왕비가 도우셨으며, 천하를 소유하여 경영하시니 대신이 공경하고 먼 지역의 사람들이 복종하네. 하후씨(夏后氏)의 궁실을 낮게 짓고 소박하게 먹

하였다. 비조가 송(宋)·위(衛)·진(陳)·정(鄭)나라에 같은 날 화재가 발생할 것인데, 자신이 기도를 하면 정나라는 화를 피할 수 있을 것이라 하면서 관가(瓘斝)와 옥찬(玉瓚)을 내주기를 정자산(鄭子産)에게 요구하였다. 그러나 자산은 이를 허락하지 않았다. 이듬해에 과연 정나라에 화재가 발생하였으나, 자산은 나라 안의 정령을 정비하여 혼란스러운 상황이 발생하지 않도록 하였다.《春秋左氏傳 昭公 17年, 18年》

649 회록(回祿)의 재앙 : '회록'은 불을 주관하는 신의 이름으로, 화재를 의미하는 말로 쓰인다.《春秋左氏傳 昭公 18年》

650 노(魯)나라의 영광전(靈光殿) : 한 경제(漢景帝)의 아들 노 공왕(魯恭王)이 건립한 전각으로, 춘추 시기 노나라가 있던 지역인 산동성 곡부시(曲阜市) 동쪽에 있다. 수차례의 전란을 겪으면서 미앙궁(未央宮)이나 건장궁(建章宮) 같은 궁전들이 대부분 없어졌으나 영광전만은 홀로 남았다.

651 춘대(春臺)에서……하시네 : 태평한 시대에 장수를 누리는 것을 말한다. '춘대'는 《노자(老子)》 20장에 "사람들 기분이 마냥 들떠서 태뢰(太牢)를 먹은 것처럼, 춘대에 오른 것처럼 하네.〔衆人熙熙, 如享太牢, 如登春臺.〕"라는 내용이 보인다. '태뢰'는 고대 제사 때 소·양·돼지 세 가지 희생을 갖추는 것을 말하는데, 성찬(盛饌)의 뜻으로 쓰인다.

은 일[652]을 사모하여 성색(聲色)이며 완호품에 얽매이지 않으셨으며, 주(周)나라 가르침의 흙을 바르고 띠풀로 지붕을 덮는 일[653]을 강구하여 법도와 의식을 거울삼고 본받는 것을 잊지 않으셨네.

이리하여 필방(畢方)의 새를 영구히 쫓아낸 뒤,[654] 이에 송축을 잘하던 장로(張老)의 방도를 구하네.[655] 이 때문에 명(明)나라의 고사에서 다시 봉천전(奉天殿)을 지은 일[656]을 알 수 있으며, 순조 때 큰 계책에서도 또한 인정전(仁政殿)을 다시 지은 일[657]이 있었네. 하늘이 거듭 큰 복을 내려서 길함을 명하고 밝은 명을 명하고 오랜 국운을 명하였으며, 백성들이 자식처럼 와서 거북점이 따르고 시초점이 따르고 경사(卿

652 하후씨(夏后氏)의……일 : 하후씨는 우(禹) 임금을 말한다. 공자는 우 임금에 대해 음식은 소박하게 먹으면서 제사에는 성심을 다하고, 의복은 검소하게 입으면서 제복(祭服)에는 아름다움을 다하였다고 칭송하였다. 《論語 泰伯》

653 주(周)나라……일 : 《서경》 〈주서(周書) 재재(梓材)〉에 주나라 무왕(武王)이 아우 강숙(康叔)을 경계하며 말하기를 "집을 지을 때 이미 부지런히 담을 쌓았으면 진흙을 바르고 지붕을 해 이는 것과 같다.〔若作室家, 旣勤垣墉, 惟其塗塈茨.〕"라고 하였다.

654 필방(畢方)의……뒤 : 화재의 위험이 사라졌다는 말이다. '필방의 새'에 대해서는 414쪽 주417 참조.

655 송축을……구하네 : 새로 건물을 지었을 때 송축하는 일을 말한다. 424쪽 주459 참조.

656 명(明)나라의……일 : '봉천전(奉天殿)'은 명나라의 칭호로, 청대(淸代)의 1645년에 태화전(太和殿)으로 개칭되었다. 1646년과 1669년에 대규모로 개수하였는데 1679년 겨울에 불이 나서 연소되고, 1695년부터 1697년 사이에 다시 지었다.

657 순조……일 : 1803년(순조3) 12월 13일 창덕궁에 불이 나서 인정전(仁政殿)이 전소하였는데, 순조가 동년 12월 17일 인정전을 중건하기를 논의하여 이듬해 12월 17일 인정전을 완공한 일이 있다. 《純祖實錄》

士)가 따랐네. 혼중성(昏中星)을 살펴 땅을 측량하고 마침내 사도(司徒)를 불렀으며,[658] 내탕고의 재물을 꺼내서 번거롭게 호조의 경비를 쓰지 않았네. 선왕의 보기 좋은 건물에 비할 수 있으니 크고 새롭게 단장하였으며, 후세 사람들에게 더 꾸미지 말게 하였으니 훌륭하고 갖추어졌네.

아로새긴 창문이 탁 트여 모든 신령이 보호하고, 화려한 두공이 죽 벌여 있어 오색 빛깔이 감도네. 치문(鴟吻)[659]이 비췻빛 용마루에 높이 솟아 있으니 3만 호(戶)가 옥을 다듬는 도끼를 들고 있으며, 황구(黃耇)에 이르도록 복어 등이 될 때까지[660] 길이 장수하여 명령(冥櫺)처럼 8000년을 봄으로 삼을 것이네.[661] 화려한 건물이 이미 이루어지니 이 터는 바른 자리에 거하고, 보배로운 편액을 예전 그대로 거니 그 뜻은

658 혼중성(昏中星)을……불렀으며 : '혼중성'은 토목공사를 시작할 때 척도가 되는 '정성(定星)'이고, '사도(司徒)'는 《주례》의 교육과 토지를 관장하는 관명으로, 호조판서를 가리킨다. 402쪽 주371 참조.

659 치문(鴟吻) : 큰 전각 같은 지붕의 용마루 끝에 장식하는 물형으로, 우리말로는 '망새'라고 부른다. 한나라 때는 반우(反羽), 진나라 때는 치미(鴟尾), 당나라 때는 치문, 통일신라 때는 누미(樓尾)라고 하였다.

660 황구(黃耇)에……때까지 : '황구'는 늙어서 머리카락이 하얗게 되었다가 다시 누렇게 변한 것이고, '복어 등이 될 때'는 노인의 등에 복어의 무늬처럼 검은 점이 생긴 것을 이르는 말로, 둘 다 장수하는 것을 뜻한다.

661 명령(冥櫺)처럼……것이네 : 《장자》 〈소요유(逍遙遊)〉에 "초나라 남쪽에 명령이라는 나무가 있는데 500년을 봄으로 삼고 500년을 가을로 삼는다. 상고에 대춘이라는 나무가 있는데 8000년을 봄으로 삼고 8000년을 가을로 삼는다.〔楚之南有冥靈者, 以五百歲爲春, 五百歲爲秋. 上古有大椿者, 以八千歲爲春, 八千歲爲秋.〕"라는 내용이 보인다. '櫺'과 '靈'은 통용하는 글자이다. '명령이 8000년을 봄으로 삼는다.'라고 한 것은 저자의 착오로 보인다.

형체는 '편안하고〔康〕', 마음은 '평안하다〔寧〕'라는 것이네. 감히 화봉인(華封人)이 세 가지로 축수한 말[662]을 서술하여 도목수의 노래를 돕네.

어영차 들보를 동쪽으로 들어 올리니 兒郎偉拋樑東
상서로운 해가 눈부시게 동쪽에서 솟아오르네 瑞日曈曈出自東
봄에 진대하라는 은혜로운 조서가 내리니[663] 賑貸方春恩詔下
덕화 속에 산동의 부로들이 그 명을 듣네[664] 化中父老聽山東

어영차 들보를 서쪽으로 들어 올리니 兒郎偉拋樑西
어가가 조회에서 계액 서쪽[665]으로 돌아오네 鳳輦朝回桂掖西
곤륜산에 복숭아씨를 뿌려서 보령과 같게 되리니 擲核昆侖齊聖筭

662 화봉인(華封人)이……말 : 화(華) 땅의 봉인이 올린 축수의 말이다. 294쪽 주7 참조.

663 봄에……내리니 : 1888년(고종25) 2월 8일 고종이 각 공인(貢人)들의 형편을 염려하여 내탕고의 10만 냥을 꺼내어 나누어 주어서 진휼해 주라고 명한 일이 있다. 《高宗實錄》

664 덕화……듣네 : 한 문제(漢文帝) 때 가산(賈山)이 치란(治亂)의 도를 아뢴 내용 가운데 즉위 초기의 성대한 은덕을 말하면서 "신이 듣건대 산동의 관리가 조령을 반포하였을 때, 비록 늙고 병든 백성이라도 모두 지팡이를 짚고 가서 명을 들으며 잠시나마 죽지 않고 덕화가 이루어지는 것을 보기를 원하였다고 합니다.〔臣聞山東吏布詔令, 民雖老羸癃疾, 扶杖而往聽之, 願少須臾毋死, 思見德化之成也.〕"라고 하였다. 《漢書 卷51 賈山傳》

665 계액(桂掖) 서쪽 : '계액'은 후비(后妃)가 거처하는 궁전으로 여기서는 교태전을 말하는데, 그 서쪽에 경회루가 있다.

복숭아 바친 서왕모가 연못 서쪽에 내려오도다[666] 獻桃王母降池西

어영차 들보를 남쪽으로 들어 올리니 兒郎偉抛樑南
산의 장구함에서 종남산을 보네 於山之壽見終南
규문의 교화가 〈규목〉과 〈갈담〉[667] 같으니 閨門聖化同樛葛
시인이 이남의 노래[668]로 칭송함도 마땅하네 合有詩人頌二南

어영차 들보를 북쪽으로 들어 올리니 兒郎偉抛樑北
오색구름이 많은 곳이 대궐이네 五雲多處爲宸北
항해[669] 한 잔을 따라 올리고자 하노니 欲斟沆瀣一杯擎
만수무강 빌면서 북두성 국자를 뜨네 萬壽無疆挹斗北

666 곤륜산(崑崙山)에……내려오도다 : 곤륜산은 중국의 서쪽에 있다는 상상 속의 산으로, 선녀 서왕모(西王母)가 살고 산 위에는 예천(醴泉)과 요지(瑤池)가 있다고 전한다. 한(漢)나라 무제(武帝) 때 서왕모가 궁전(宮殿)에 내려와 선도(仙桃) 7개를 바쳤는데, 무제가 그 씨를 뿌려서 남겨 두려고 하자 서왕모가 "그 복숭아는 3천 년에 한 번 열매를 맺는다.〔此桃三千年一生實.〕"라고 하였다. 이 고사를 인용하여 장수를 축원한 말로 쓰인다. 《說郛 卷111上 漢武帝內傳》

667 규목(樛木)과 갈담(葛覃) : 모두 《시경》 〈주남(周南)〉의 편명으로, 〈규목〉은 후비가 질투하는 마음이 없어 후궁들에게 두루 은혜를 베푼 것을 칭송한 시이고, 〈갈담〉은 후비의 훌륭한 덕을 노래한 시이다.

668 이남(二南)의 노래 : 《시경》 〈국풍(國風)〉의 〈주남(周南)〉과 〈소남(召南)〉을 가리킨다. 412쪽 주407 참조.

669 항해(沆瀣) : 밤사이에 엉겨 모인 이슬을 말하는데, 신선이 마신다고 하는 음료수이다.

어영차 들보를 위로 들어 올리니　兒郎偉抛樑上
밝디밝은 덕은 하늘에 짝하시네　昭昭德配明明上
우리나라에 큰 복이 내려 태평 시대를 빛내니　潛周景貺飾昇平
지극한 정치는 삼대[670]에 견줄 수 있네　至治可侔三代上

어영차 들보를 아래로 들어 올리니　兒郎偉抛樑下
금천교[671] 아래 시냇물 소리 졸졸졸 들리네　泉音戞玉禁橋下
인간 세상에 비를 만들어 농부를 위로하니　人間作雨慰三農
성상의 은택이 백성들을 위해 아래로 내렸네　聖澤爲民而爲下

삼가 바라건대 들보를 올린 뒤에 이 강녕전이 마치 화살이 곧게 날아가듯, 몸을 곧게 세워 공경하듯[672] 높은 전각이 길이 보존되고, 오순육순이 되도록 복록을 크게 받으소서. 원자가 색동옷을 입고 재롱을 안겨 드리니 봄빛이 금술잔에 항상 넘치며, 장락궁(長樂宮)[673]의 추녀와 문미(門楣)가 서로 빛나니 남극성(南極星)[674]이 어좌를 길이 감

670 삼대(三代) : 중국 고대 왕조인 하(夏)·은(殷)·주(周)를 말하는데, 태평성대를 가리키는 말로도 쓰인다.

671 금천교(禁川橋) : 궁궐 정문 안에 흐르는 명당수를 금천(禁川)이라고 부르는데, 그 위에 놓여진 다리가 금천교이다.

672 마치……공경하듯 : 장엄하고 아름다운 궁실의 모습을 묘사한 것으로, 《시경》 〈소아(小雅) 사간(斯干)〉에 나온다.

673 장락궁(長樂宮) : 태후가 거처하던 궁전으로, 369쪽 주268 참조.

674 남극성(南極星) : 장수를 상징하는 별로, 노인성(老人星) 또는 수성(壽星)이라고도 한다.

싸며 돌게 하소서. 의(義)의 거처를 넓히고 인(仁)의 집을 편안히 하니[675] 그 몸이 안락하고 강건할 것이며〔康〕, 장수를 누리고 삼공(三公)의 자리가 편안하니 백성들이 덕분에 안정되고 평온하게 하소서〔寧〕. 이에 말할 것을 말하고 이에 집에 거처하며, 자손이 계속 이어지고 끊임없이 나오게 하소서.

675 의(義)의……하니 : 《맹자》 〈공손추 상(公孫丑上)〉에 "인은 사람의 편안한 집이다.〔仁者, 人之安宅.〕"라고 하였다. 또 《맹자》 〈등문공 하(滕文公下)〉에 "천하의 넓은 집에 거하며 천하의 바른 자리에 서며 천하의 대도를 행한다.〔居天下之廣居, 立天下之正位, 行天下之大道.〕"라고 하였는데, 주희(朱熹)의 주에 "넓은 집〔廣居〕은 인(仁)이다."라고 하였다.

명銘

아소당에 대한 명[676]

我笑堂銘

국도(國都)의 진산(鎭山 삼각산)이 서쪽으로 가다가 꺾어져 남쪽으로 와서 꿈틀대며 모여 맥을 맺은 것이 공덕(孔德)이라는 언덕이 되었다. 첩첩 산을 뒤에 두고 큰 강을 머금어서 맑은 기운이 원만하게 감도니 만대토록 장구하게 이어질 형세가 있다.

석파 대원군(石坡大院君 '석파'는 호) 합하(閤下)가 이곳에 올라 즐거

676 아소당(我笑堂)에 대한 명 : 흥선대원군(興宣大院君) 이하응(李昰應)의 별장인 아소당에 대한 명이다. 이 별장은 1870년(고종7) 대원군이 도성 서쪽 공덕리(孔德里)에 조성한 것이다. 이곳은 산세가 수려한 명당으로, 생전에 미리 묘소를 만들어 놓았던 옛사람의 뜻을 따라 자신의 묏자리로 쓰려고 별장 옆에 가묘(假墓)를 둔 곳이기도 하다. 흥선대원군은 1882년(고종19) 청(淸)나라 보정부(保定府)로 끌려가 3년간 유폐되어 있다가 돌아온 후 이곳에서 여생을 보냈다. 1898년(고종35) 2월 2일 아소당 정침(正寢)에서 세상을 떠났으며 동년 윤3월 26일 자신의 뜻대로 여기에 묻혔다. 아소당에 대해 대원군이 직접 지은 시가 있다. 또 〈아소당기(我笑堂記)〉 현판이 현재 서울역사박물관에 소장되어 있는데, 이 기문은 대원군의 명으로 신응조(申應朝)가 글을 짓고 글씨를 썼다. 아소당의 위치는 현재 서울 마포구 염리동 150번지이다. 《雲養集 卷9 銜製代撰園誌銘 興宣獻懿大院王園誌銘》《澹人集 卷16 我笑堂銘》

위하여 수장(壽藏)[677]을 만들고 옆에 당(堂) 하나를 지어 '아소(我笑)'라는 이름을 붙였으니, '성인은 즐거운 뒤에야 웃는다.'라는 뜻[678]을 취한 것이다.

아, 대원군 합하는 교화를 돕고 공업(功業)을 열며 문덕(文德)을 닦고 무예를 익혔다. 사설(邪說)을 물리쳐 정도(正道)를 붙들고 무너진 것을 일으켜 편안한 토대를 마련하여 팔도에 길하고 온화한 기운을 맞이하고 백세토록 길이 왕업을 이어지게 하였다. 마침내 집에 시행했던 것을 가지고 생명을 보전할 수 있는 길한 택지를 점쳐 얻어서 후손이 무궁한 복을 누릴 수 있게 하였으니 어찌 옛사람이 그 택지에서 시를

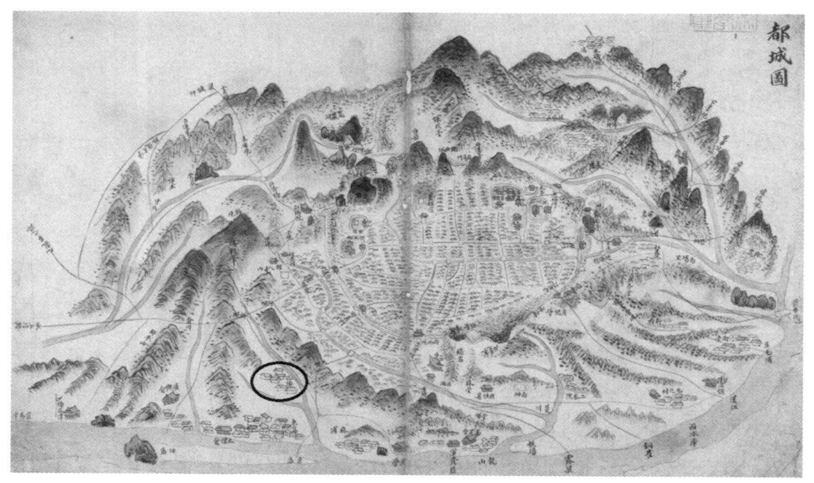

〈도성도〉_동그라미로 표시된 곳이 공덕(孔德)이다.
《동국여도(東國輿圖) 규장각 소장(古大 4790-50)》

677 수장(壽藏) : 생전에 미리 만들어 놓은 무덤이다.

678 성인은……뜻 : 공자가 공명가(公明賈)에게 공숙문자(公叔文子)에 대해 묻자, 공명가가 "그분은 즐거운 뒤에야 웃기 때문에 사람들이 그분의 웃음을 싫어하지 않습니다."라고 답한 말이 《논어》〈헌문(憲問)〉에 나온다.

읊은 일을 본받는 정도일 뿐이겠는가.

당(堂)은 좁지만 낮지 않고 깊숙하지만 훤히 트여 있으니, 봄과 여름에는 온화할 것이고 가을과 겨울에는 높고 깨끗할 것이다. 사계절의 기후가 360일을 거느리고 일원(一元)의 성대한 기운이 쉼 없이 유행(流行)하여 천지와 함께 서로 시작과 끝이 되리니 조물주의 무진장한 보고가 바로 이곳에 있을 것이다.

당(堂)이 이미 이루어지자 조정 관원들이 각자 한마디씩 말을 올렸다. 당(堂)이라는 말은 '마주하다〔當〕'라는 것이니, 양(陽)을 향한 땅을 마주한다는 것이다. 당당하게 높이 편액을 걸고 술잔을 받들어 헌수(獻壽)하니, 태평성대에 긴 봄은 크게 웃음을 즐거움으로 삼는 데 본래 들어 있다. 이에 손 모아 절하고 명(銘)을 지어 올리니, 명은 다음과 같다.

도가 있는 동방의 나라이니	有道東方
별자리 분야는 동방 칠수[679]에 있네	星分蒼陸
문명의 때를 만난지라	文明之會
원기를 깊이 간직하고 있네	元氣含蓄
산맥이 장백산에서부터	山自長白
맑고 깨끗하게 내달렸네	馳騁淸淑
삼각산에 이르러	及乎三角
높고 성대하게 솟았도다	崒嵂醲郁

679 동방(東方) 칠수 : 28수 가운데 동방에 속하는 각수(角宿), 항수(亢宿), 저수(氐宿), 방수(房宿), 심수(心宿), 미수(尾宿), 기수(箕宿)를 말한다.

꿈틀거리는 한 줄기가　蜿蜒一支
강가의 산언덕이 되었네　湖上之麓
여러 물줄기는 옷깃처럼 둘러 흐르고　衆流抱襟
벌여 선 멧부리들 에워싸며 모여드네　列峙拱輻
덕에 합치된 곳이고　惟德之合
하늘이 길러 준 곳이라오　惟天之毓
이에 가성[680]을 조성하니　迺營佳城
참으로 터를 잡은 것이 좋구나　允臧其卜
이에 들보와 서까래를 얹고　迺立棟宇
담장을 착착 쌓았네　有陾其築
여기에서 웃고 여기에서 말할 것이며[681]　爰笑爰語
스스로 많은 복을 구하리로다　自求多福
조정의 모든 관원들이　凡厥卿士
공덕 골짜기를 우러러보네　仰止德谷
당대의 뛰어난 대인이　大人命世
이 강산에 특별히 내려왔네　表降嶽瀆

680 가성(佳城) : 무덤을 뜻한다. 한(漢)나라 등공(滕公)이 말을 타고 가다가 동도문(東都門) 밖에 이르자 말이 울면서 앞으로 나가지 않은 채 발로 오랫동안 땅을 구르기에, 사졸(士卒)을 시켜 땅을 파 보니 깊이 석 자쯤 들어간 곳에 석곽(石槨)이 있고, 거기에 "가성이 아름다우니, 3000년 만에야 해를 보도다. 아! 등공이여 이 집에 거처하리로다.〔佳城鬱鬱, 三千年見白日. 吁嗟滕公, 居此室.〕"라는 글이 새겨져 있었다.《西京雜記 卷4》

681 여기에서 웃고……것이며 : 《시경》〈소아(小雅) 사간(斯干)〉에 "여기에서 거하고 여기에서 처하며, 여기에서 웃고 여기에서 말하리로다.〔爰居爰處, 爰笑爰語.〕"라는 구절이 보인다.

종묘를 붙들고 사직을 안정시키니　扶宗定社
사책에 실리고 이름을 남길 것이네　載帛垂竹
모든 행실 가운데 효도가 근본이니　百行源孝
구족이 화목하게 지내도다[682]　九族親睦
계획하고 다스려서 크게 안주하니　經緯奠宏
기강이 진작되고 엄숙하도다　綱紀振肅
세상의 법이 되어 일을 이루니　範世成務
원근의 사람들이 다 복종하도다　遐邇率服
아, 덕이 드러나지 않겠는가　於乎不顯
하늘의 복록을 크게 받을 것이네　誕受天祿
옛 거처에서 지내려는 당초의 뜻을 이루니　遂初舊居
손자와 일찍부터 약속한 것이네[683]　彌甥契夙
모두들 즐겁구나 하면서　咸曰樂哉
화락과 공경으로 태평성대를 맞이하네　迓衡穆穆
대인이 크게 웃으니　囅然而咍
대소 신하들이 축수를 올리도다　小大獻祝

682 구족이 화목하게 지내도다 : 《서경》 〈우서(虞書) 요전(堯典)〉에 나온다.

683 옛……것이네 : 저본의 '미생(彌甥)'은 외손(外孫)이나 누이의 손자를 지칭하는 말인데, 누구를 말하는지 자세히 알 수 없다. 참고로 흥선대원군의 적손이며 고종의 조카인 이준용(李埈鎔)이 이 자리에 99칸 집을 짓고 살았으며, 후일 1894년(고종31) 그가 교동부(喬洞府)에 유배되었을 때는 대원군이 이곳에 들어와 거처하였다.

이씨 집안에서 대대로 간직해 온 홀에 대한 명[684]

李氏世藏笏銘

만력(萬曆) 정유년(1597, 선조30) 이공 경중(李公擎中)이 알성시(謁聖試) 무과(武科)에 급제하였을 적에 백사 선생(白沙先生)[685]께서 한번 만나보고 세상에 쓰일 만한 능력이라 칭찬하고 나서 상아홀(象牙笏)을 주셨는데, 이 홀이 이씨 집안의 소장품으로 전해 오고 있다.

내가 계해년(1863, 철종14)에 왕명을 받들고 관북(關北 함경도)에 관찰사로 나갔을 때[686] 이씨 집을 찾아갔더니, 그 홀이 아직 있었다. 내가 말하기를 "선생께서 지난 혼조(昏朝 광해군(光海君))에서 바른말로 간하여 북청(北靑)에 유배되셨을 때 이공(李公)이 홀을 가지고 예전 일을 증거하여 말하였으니,[687] 이것이 함경도의 고사가 되었다."라고

684 이씨(李氏)……명 : 이경중(李擎中, 1574~1627)의 집안에서 대대로 전해 오는 홀(笏)에 대한 명이다. 이경중은 본관은 용인(龍仁), 자는 덕보(德普)이며, 임진왜란 당시 공을 세웠던 참판 이유일(李惟一, 1549~1594)의 아들이다. 임진왜란 때 의병장이었던 이유일을 비롯하여 유응수(柳應秀), 한인제(韓仁濟) 등을 '함흥 삼걸(咸興三傑)'로 칭하였으며, 이들에 대한 기록이 《임진록(壬辰錄)》에 실려 있다.

685 백사 선생(白沙先生) : 저자의 9대조인 백사 이항복(李恒福)이다. 430쪽 주481 참조.

686 내가……때 : 1862년(철종13) 12월 19일 함경 감사에 임명되어 1864년(고종1) 6월 15일 좌의정에 임명될 때까지 함경도에서 공무를 수행한 일을 말한다. 《承政院日記》

687 이공(李公)이……말하였으니 : 이항복이 북청에 유배되었을 때, 이경중이 이항복을 만나서 예전에 자신에게 준 홀을 가지고 만력(萬曆) 정유년(1597)의 일을 말하였다는 것이다.

하였다.

공(이경중)은 자는 덕보(德普)이고 계보는 용인(龍仁)에서 나왔다. 임진년(1592)에 공을 세운 참판 이유일(李惟一)의 아들로, 갑술년(1574, 선조7)에 태어나 천계(天啓) 정묘년(1627, 인조5)에 세상을 떠났으니, 향년이 겨우 54세였다. 공은 활을 매우 잘 쏘아서 왜군의 우두머리가 이씨 부자(父子)를 두려워하여 감히 함관령을 넘지 못하고 바다를 따라 도망쳤으니, 이 일이 《함산지(咸山誌)》에 실려 있다.[688] 명(銘)은 다음과 같다.

위징의 홀은 소공의 감당나무이니[689] 魏笏甘棠
대대로 그 집안에서 지켜 내려오네 世守其家
공도보의 홀처럼 순수하고 강하니[690] 孔笏純剛

688 공은……있다 : 이 일은 《연경재전집(研經齋全集》 권60 〈난실사료(蘭室史料) 3 북방충의전(北方忠義傳)〉에 자세하게 보인다.

689 위징(魏徵)의……감당나무이니 : 위징의 홀이 소공의 감당나무처럼 공덕을 추모하여 소중히 보관해 오는 기물이라는 말이다. '위징'은 당 태종(唐太宗) 때의 명신(名臣)이다. '소공(召公)의 감당나무'는 주 문왕(周文王) 때 남국(南國)의 백성들이 소공의 선정에 감사하는 뜻으로 그가 머물고 쉬었던 감당나무를 소중히 여겼던 고사에서 나왔다. 356쪽 주219 참조. 당 문종(唐文宗) 때 위징의 5대손인 위모(魏謨)가 기거사인(起居舍人)에 임명되어 자신전(紫宸殿)에서 사은하였는데, 이때 황제가 묻기를 "경의 집에 옛 조서가 있는가?〔卿家有何舊書詔?〕"라고 하니, 위모가 대답하기를 "이전에 대부분 잃어버리고 오직 옛 잠홀만 보존하고 있습니다.〔比多失墜, 唯簪笏見存.〕"라고 하였다. 이 말을 들은 황제가 말하기를 "이것이 바로 〈감당〉의 공덕을 추모하는 뜻이고 단지 홀에 있는 것은 아니다.〔此卽甘棠之義, 非在笏而已.〕"라고 하였다. 《詩經 召南 甘棠》《舊唐書 卷176 魏謨列傳》

690 공도보(孔道輔)……강하니 : 송(宋)나라 때 직언으로 이름난 신하인 공도보가

올바름이 사악함을 이겼도다	正勝其邪
이씨 집안의 홀이	李氏之笏
소중화에서 이름이 났네	名于小華
홀이 있으면 도가 있으니	笏存道存
이것은 도인가 홀인가	道耶笏耶

영주(寧州)의 군사추관(軍事推官)으로 있을 때 진무전(眞武殿)에 뱀이 출현하였는데 고을 사람들이 신(神)으로 여겨 참배하고 이 일을 조정에 보고하자, 공도보가 말하기를 "밝은 곳에는 예악이 있고 어두운 곳에는 귀신이 있다.〔明則有禮樂, 幽則有鬼神.〕"라고 하며 홀(笏)로 뱀의 머리를 쳐서 죽인 고사가 전한다.《宋史 卷297 孔道輔列傳》《古文眞寶後集 卷6 擊蛇笏銘》

죽포단에 대한 명[691]

竹蒲團銘

예전에 채호주(蔡湖洲)[692]가 초당을 지었을 때 조창강(趙滄江)[693]이 죽포단(竹蒲團)을 보내주려 하다가 초가를 기와로 바꾸었다는 말을 뒤에 듣고 그만두었다.[694]

지금 나의 임하려(林下廬)[695]에 경상 감사로 있는 이태경(李台卿 이삼현)이 죽포단을 보내왔으니, 이는 문원(文苑)의 고사를 거슬러 따른

691 죽포단(竹蒲團)에 대한 명 : 경상 감사로 있던 이삼현(李參鉉, 1807~?)이 보내준 죽포단에 대한 명이다. '죽포단'은 대나무로 만든 자리이다. 이삼현은 본관은 용인(龍仁), 자는 태경(台卿), 호는 종산(鍾山)으로, 저서에 《종산집》이 있다. 《승정원일기》 기사에 따르면 이삼현은 1865년(고종2) 2월 2일 경상 감사에 임명되어 4년간 관찰사로서의 직무를 수행하였고, 1869년 2월 21일 예문관 제학으로 이임되었다.

692 채호주(蔡湖洲) : 채유후(蔡裕後, 1599~1660)로, 본관은 평강(平康), 자는 백창(伯昌), 호는 호주, 시호는 문혜(文惠)이다. 저서에 《호주집》이 있다. 저본에는 '호주(湖州)'로 되어 있는데, 채유후의 문집 《호주집》에 근거하여 '주(州)'를 '주(洲)'로 바로잡아 번역하였다.

693 조창강(趙滄江) : 조속(趙涑, 1595~1668)으로, 본관은 풍양(豐壤), 자는 희온(希溫), 호는 창강이다.

694 예전에……그만두었다 : 이와 관련하여 《목민심서(牧民心書)》 〈율기(律己) 권문세가는 후하게 섬겨서는 안 된다[權門勢家 不可以厚事也]〉에, 임피 현령(臨陂縣令)이던 조속이 죽피석(竹皮席)을 만들어 채유후에게 보내 초당에 깔게 하려 하다가 그의 집이 기와로 바뀌었다는 말을 듣고 탄식하면서 보내지 않았는데 채유후가 이 말을 듣고서 부끄러워하고 한탄하였다는 내용이 보인다.

695 임하려(林下廬) : 경기도 양주(楊州) 천마산(天磨山) 동쪽의 가오곡(嘉梧谷)에 있는 저자의 집을 말한다. 천마산(天摩山)으로 표기하기도 한다.

것이다. 내가 사례하기를 "나의 집을 기와로 다시 고쳤으니 이 죽포단 또한 본래의 면목을 잃을 것이다. 그러나 그대의 지취(志趣)는 그대로 남을 것이다." 하고 마침내 이를 노래하니, 그 글은 다음과 같다.

옥령 관찰사[696]가 玉靈觀察
내게 죽포단을 보내왔네 貽我竹蒲團
이는 문원의 고사를 따른 것이지만 是文苑故事
초당이 아니면 간직해도 그 편안함을 모르네
非草廬襡之而不知其安
귤산자의 집[697]은 橘山子之廬
달팽이의 뿔이 진흙덩이를 붙이고 있는 것과 같네 若蝸角之粘泥丸
숲에 기대어 기둥을 세우고 依林而棟
숲에 얽어서 난간을 얹었네 架林而欄
임하려라고 이름 붙이니 名曰林下廬也
서리 기운이 깔려서 오월에도 서늘하네 鋪霜氣而五月寒
부들자리와 짚자리를 숭상해도 蒲越藁鞂之尙
갈대자리보다 우선할 수 없으니[698] 不得先於萑

696 옥령(玉靈) 관찰사 : '옥령'은 경상도를 가리키는 것으로 추정된다.

697 귤산자(橘山子)의 집 : 저자가 경기도 양주 가오곡에 지은 집을 말한다. '귤산'은 이유원의 호이다.

698 부들자리와……없으니 : 《예기》〈예기(禮器)〉에 "왕골자리와 대자리가 편안하지만, 부들자리와 짚자리를 숭상하는 것은 예의 다름을 밝히는 것이다.……신명(神明)을 사귀는 것은 사람이 매우 편안히 여기고 설만히 하는 것과 똑같이 할 수 없으니, 이와 같이한 뒤에야 걸맞은 것이다.〔莞簟之安, 而蒲越稾鞂之尙, 明之也.……所以交於

여기에 앉아서	坐於斯
문원의 고사를 한만히 말해 보리라	文苑故事吾汗漫
이롭고 정하고 절도에 맞으니	利貞中節
이에 아래의 부들자리에서 잠드네[699]	乃寢下莞
하루 십이시진 원숭이 마음처럼 떠돌아다녀서[700]	十二時猿心遊
구만리 하늘 위로 양의 뿔처럼 올라가네[701]	九萬里羊角摶
한천의 자귀 도끼는 죽순을 버려두지 않고[702]	漢川之斤斧不捨籜龍
관가의 광주리에 뿌리내린 것을 어찌 가리랴[703]	關家之筐篚何擇根蟠

神明者, 不可同於所安褻之甚也, 如是而后宜.]"라는 내용이 보인다.

699 이에……잠드네 : 《시경》 〈소아(小雅) 사간(斯干)〉에 "아래는 부들자리요 위는 대자리이니, 여기에서 잠이 편안하리로다.[下莞上簟, 乃安斯寢.]"라는 구절이 보인다.

700 하루……떠돌아다녀서 : 하루 종일 마음이 제멋대로 요동하는 것을 말한다. '원숭이 마음[猿心]'은 불교 용어로, 조급하게 움직이고 산란한 마음을 가리킨다. 《대일경(大日經)》 〈주심품(住心品)〉에서 설명하는 60가지 심상(心相) 중에 원후심(猿猴心)이 있다.

701 구만리……올라가네 : 《장자》 〈소요유(逍遙遊)〉에 "그 이름이 붕이다.……붕새는 양의 뿔처럼 빙빙 도는 회오리바람을 타고 구만리를 올라간다.[其名爲鵬.……摶扶搖羊角而上者九萬里.]"라는 내용이 보인다.

702 한천(漢川)의……않고 : 소식(蘇軾)의 시 〈문여가의 양천원지에 화답한 시 30수 중 운당곡[和文與可洋川園池三十首 篔簹谷]〉에 "한천현의 긴 대나무는 쑥대처럼 지천이거니, 자귀 도끼가 어찌 죽순을 버려둘쏜가.[漢川脩竹賤如蓬, 斤斧何曾赦籜龍?]"라는 내용이 보인다. '문여가(文與可)'는 북송(北宋) 때 묵죽(墨竹)의 대가인 문동(文同)으로, 여가는 자이다. '운당곡(篔簹谷)'의 운당은 마디가 길고 키가 작은 대나무이고, 운당곡은 이 대가 많이 나는 골짜기의 이름이다. 《東坡全集 卷7》

703 관가(關家)의……가리랴 : '관가'는 당(唐)나라 덕종(德宗) 때의 재상 관파(關播)를 가리킨다. 당나라 시인 백거이(白居易)가 처음 벼슬길에 올라 장안(長安)에서 고(故) 관 상국의 사저 중 동정(東亭)을 얻어 거처하였는데, 대숲이 돌보는 사람 없이

내가 다 알지 못하겠고	吾皆所不知耳
차군[704]과 함께 단란하게 지낼 것이네	與此君而團欒
공부로는 절차탁마를 깨우쳐 줄 수 있고	工可以喩綠猗
일로는 청사에 이름 남기는 데 도움 줄 수 있네	事可以補靑汗
그대가 보내준 것에서 그 뜻을 취하니	君之贈取其趣
내가 얻고서 기쁨으로 삼노라	我得之爲歡
무엇이 다르겠는가	何異乎
기주의 대자리를 한유에게 보낸 일과 같다네[705]	蘄州簟之貽于韓
나의 집에서 보물로 여기는 것은	作吾家長物
꽃무늬를 새겨 넣은 비단이 아니라네	非結花之紈
지조는 소나무에 비견되고	比操于松
조짐은 난초와 같네	若漸于蘭
아름답고 고우니	華而晥
대부의 용모와 태도를 익힌 것이네[706]	習大夫之容觀

버려져 있었다. 백거이의 〈양죽기(養竹記)〉에 광주리를 만드는 자들이 대나무를 베어 가고 빗자루를 만드는 자들이 베어갔다는 내용이 보인다. 《古文眞寶後集 卷5》

704 차군(此君) : 이분 또는 이 사람이라는 뜻으로, 대나무의 별칭이다. 진(晉)나라 때 왕휘지(王徽之)가 대를 가리키며 말하기를 "어찌 하루라도 차군이 없어서야 되겠는가.〔何可一日無此君耶?〕"라고 대답한 데서 온 말이다. 《晉書 卷80 王徽之列傳》

705 기주(蘄州)의……같다네 : '기주'는 중국 호북성(湖北省)에 있는 지명으로 대나무가 많이 자라는 곳인데, 이곳에서 만든 대자리가 아주 좋다고 한다. 당(唐)나라 한유(韓愈)의 〈정군이 대자리를 보내주다〔鄭群贈簟〕〉에 "기주의 적죽은 천하가 알고 있는데 정군이 소중히 여기는 것은 더욱 좋고 진기한 것이네.〔蘄州笛竹天下知, 鄭君所寶尤瓌奇.〕"라는 구절이 보인다. 《御定全唐詩 卷339》

706 아름답고……것이네 : 증자가 병이 위독했을 때 동자(童子)가 말하기를 "아름답

차갑고 매끄러우니 冷而滑

퇴사[707]가 소요하기에 알맞네 合退士之盤桓

한쪽에 매달아 두고 사람을 기다리니 懸而待

진번의 탁자[708]와 마찬가지라네 與陳榻而一般

소상지에 성유의 시를 논한 영숙의 글을 적으니[709]
瀟湘紙寫永叔寄梅聖兪詩

그대가 자세히 살펴보기 바라네 祈君睇看

고 곱구나, 대부의 자리여.〔華而睆, 大夫之簀與.〕"라고 하여 증자가 누운 자리가 신분에 맞지 않음을 말하자 증자가 다른 자리로 바꾸게 하였는데, 이 고사를 원용한 것이다. 《禮記 檀弓上》

707 퇴사(退士) : 조정에서 물러난 선비라는 뜻으로, 저자는 가오 퇴사(嘉梧退士), 귤산 퇴사(橘山退士) 등으로 자호하였다. 《嘉梧藁略 冊10 美堂老人玉磬銘, 冊12 退川憩廬記》

708 진번(陳蕃)의 탁자 : 후한(後漢)의 진번이 예장 태수(豫章太守)로 있을 때 평소 빈객을 접하지 않았으나 오직 서치(徐穉)가 오면 특별히 탁자를 내려서 맞이하고, 가고 나면 다시 매어 두었다는 고사가 전한다. 《後漢書 卷53 徐穉列傳》

709 소상지(瀟湘紙)에……적으니 : '소상지'는 중국 호남성(湖南省)의 소상강(瀟湘江) 물로 만든 좋은 종이를 뜻한다. '영숙(永叔)'은 송(宋)나라 구양수(歐陽脩)로, 영숙은 자이다. '성유(聖兪)'는 송나라 매요신(梅堯臣)으로, 성유는 자이다. '성유의 시를' 운운은 진사도(陳師道)의 〈왕평보 문집 후서(王平甫文集後序)〉에, 구양수가 매요신의 시를 논하기를 "세상에서는 시(詩)가 사람을 궁하게 한다고 하지만 시가 사람을 궁하게 하는 것이 아니라 궁하면 공교로워진다.〔世謂詩能窮人, 非詩之窮, 窮則工也.〕"라고 하였다. '왕평보'는 왕안국(王安國)으로, 평보는 자이다. 《後山集 卷11》

임하려에 대한 명[710]

林下廬銘

도덕의 숲으로 보배로운 수레 모니	道德珍駕
뭇 현인 노니는 평원의 숲이네[711]	群賢平林
그저 나뭇가지 하나면	不過一枝
뱁새가 숲속에 살 수 있다네[712]	鷦鷯棲林
띳집 하나가 있으니	曰有茅廬
천마산 동쪽 작은 숲이네	摩東小林
달은 그대로이고 바람 시원하니	月仍風涼
마힐의 망천(輞川) 숲이네[713]	摩詰輞林

710 임하려(林下廬)에 대한 명 : 경기도 양주(楊州) 천마산 동쪽의 가오곡(嘉梧谷)에 있는 저자의 집에 대한 명이다.

711 도덕의……숲이네 : 어진 이들이 도덕을 잘 행한다는 말이다. 도덕의 성대함을 숲에 비유한 것으로, 장형(張衡)의 〈사현부(思玄賦)〉에 "육예의 보배로운 수레를 몰아 도덕의 평원의 숲에서 노닌다.〔御六藝之珍駕兮, 遊道德之平林.〕"라고 하였다. 《文選 第15》

712 그저……있다네 : 자신의 분수에 만족하며 지낸다는 말이다. 《장자(莊子)》 〈소요유(消遙遊)〉에 "뱁새가 깊은 숲속에 둥지를 틀 때 그저 나뭇가지 하나면 되네.〔鷦鷯巢於深林, 不過一枝.〕"라는 내용이 보인다.

713 달은……숲이네 : '마힐(摩詰)'은 당(唐)나라의 시인이자 화가인 왕유(王維)로, 마힐은 자이다. '망천(輞川)'은 왕유의 별장이 있던 곳이다. 그는 744년 장안(長安) 남전(藍田) 종남산(終南山) 기슭에 별장을 지었는데, 망천의 십이승경(十二勝景)을 그림으로 남겼다. 왕유의 시 〈망천의 별장을 작별하며〔別輞川別業〕〉에 "산의 달은 새벽에도 그대로이고, 숲의 바람은 그지없이 시원하네.〔山月曉仍在, 林風涼不絶.〕"라는 구

새들 즐겁게 지저귀니 鳥鳴禽樂
구양수의 저주(滁州) 숲이네[714] 歐陽滁林
바람이 옥관에 솔솔 부니 風微玉琯
잣나무 숲에서 맑은 차 마시고 銘葉栢林
구름 모이고 초목 울창하니 簇雲蓊鬱
가오곡 숲에 두건을 벗어놓네 脫巾嘉林
수많은 잎들이 색깔 바꾸니 萬葉易色
단풍나무 숲에 나를 앉히네 坐我楓林
추운 겨울 외로운 지조이니 寒天孤節
저 소나무 숲을 바라보네 瞻彼松林
저물녘엔 구름이 굳게 잠갔다가 暮雲深鎖
아침에는 안개가 숲을 여는구나 朝霏開林
사시사철 밤낮으로 四時晝宵
늙은이가 이에 숲에 있네 翁斯在林
옛사람의 책을 읽으니 讀古人書
깊은 숲까지 그 소리 이르네 聲徹穹林
초목에 불 놓고 옥유향[715] 사르니 燒葳蕤香

절이 보인다.

714 새들……숲이네 : 송(宋)나라의 문장가인 구양수(歐陽脩)가 저주 지사(滁州知事)로 있을 때 취옹정(醉翁亭)이라는 정자를 짓고 백성들과 함께 즐겼다. 구양수의 〈취옹정기(醉翁亭記)〉에 "나무 그늘이 어두워지자 새들이 곳곳에서 우는 것은 놀던 사람이 돌아가자 산새가 즐거워하는 것이다.〔樹林陰翳, 鳴聲上下, 遊人去而禽鳥樂也.〕"라는 내용이 보인다.

715 옥유향(玉蕤香) : 향(香) 이름으로, 당나라 유종원(柳宗元)이 한유(韓愈)가 보

연기가 성근 숲에 감도네 煙繚疏林
늙은이가 어찌 작정한 것이겠나 翁豈寓意
우연히 숲이 된 것이라네 偶然成林
숲속에 집이 있고 林中之廬
집 밖에는 숲이 있네 廬外之林
늙은 농부가 밭일을 배우니 老農學圃
숲을 택한 것만이 아니네 匪直擇林
내가 좋아하는 대로 하는 從吾所好
나의 집이고 나의 숲이네 我廬我林
비바람 막는 들보와 서까래는 風雨棟宇
숲을 바꾼 뜻을 취한 것이네[716] 蓋取易林
만년의 절개라 국화는 晩節寒花
서리 내린 숲에서 보리라 且看霜林
여기에서 편히 잠자니 乃安斯寢
즐거움이 이 숲속에 있어라 樂在斯林
신선과 속인이 한데 사니 仙凡混處
귤산의 숲이 죽림이구나 橘林竹林
푸른 산이 아름 벌려 보호해 주니 靑山拱護
자손들 숲처럼 번성하리라 兒孫林林

낸 시를 받으면 먼저 장미수(薔薇水)에 손을 씻고 옥유향을 사른 뒤에 읽었다. 《香乘 卷11 香事別錄》

716 비바람……것이네 : 《주역》 〈계사전 하(繫辭傳下)〉에 나온다.

세 벼루에 대한 명

三硯銘

사시향관(四時香館)[717]에 옛 벼루 3개를 간직하고 있다. 이 중에 7과 6이 전후에 있고 8과 9가 좌우에 있어서[718] 마침내 그 무늬를 본받은 것이 '용도연(龍圖硯)'이다. 1을 낳고 3에서 시작하여 속이 비어서 기운을 받아들여[719] 만물이 이루어지는 것이 '천통연(天統硯)'이다. 사계절 변함없이 천년이 지나도 가지와 잎을 바꾸지 않아[720] 사람에게 있어 마음과 같은 것이 '후조연(後凋硯)'이다. 이것들은 모두 진귀한 물품이다.

717 사시향관(四時香館) : 양주 가오곡에 있던 산재(山齋)이다. 455쪽 주576 참조.

718 7과……있어서 : 하도(河圖)는 《주역》 팔괘(八卦)의 근원으로, 복희씨(伏羲氏) 때 황하에서 용마(龍馬)가 등에 지고 나왔다는 그림이다. '7과 6이' 운운은 용마의 등에 있던 점(點) 무늬의 숫자와 위치를 가리키는데, 방위별로 용마 등의 뒤쪽〔北〕에는 1과 6이, 앞쪽〔南〕에는 2와 7이, 왼쪽〔東〕에는 3과 8이, 오른쪽〔西〕에는 4와 9가, 중앙에는 5와 10이 있다.

719 1을……받아들여 : '1을 낳고 3에서 시작하여'라는 말은 《주역》 〈복괘(復卦)〉의 11월에 양(陽)이 하나 생기고, 12월에 양이 둘이 생기고, 1월에 양이 셋이 생기는 것을 말한다. '속이 비어서' 운운은 《이아(爾雅)》 〈석악기(釋樂器)〉에 "종은 빔이니, 속이 비어서 기를 받아들이는 것이 많기 때문에 소리가 큰 것이다.〔鐘空也, 內空受氣多, 故聲大也.〕"라는 내용이 보인다.

720 사계절……않아 : 소식(蘇軾)의 〈삼괴당명(三槐堂銘)〉에 "송백이 산림에서 날 때 처음에는 우거진 쑥대에 시달리고 소와 양에게 곤액을 당해도 사계절 변함없이 천년이 지나도 변치 않는 것은 천리가 정해진 것이다.〔松柏生於山林, 其始也, 困於蓬蒿, 厄於牛羊, 而其終也, 貫四時閱千歲而不改者, 其天定也.〕"라는 내용이 보인다.

용도(龍圖 하도(河圖))가 나오자 천하에 문명 시대가 열렸으니 장차 예(禮)를 논하는 글을 쓸 때 이 벼루(용도연)를 사용할 수 있을 것이다. 천통(天統)이 이루어지자 율려(律呂)가 화응하게 되었으니 장차 음악을 논하는 글을 쓸 때 이 벼루(천통연)를 사용할 수 있을 것이다. 날이 추워진 뒤에야 시드는 것은 만년의 절개를 보전하는 것이다. 날이 추워진 뒤에야 알 수 있으니 오직 의리(義理)에 따라 포폄을 하는 문장을 지을 때라야 이 벼루(후조연)를 쓸 수 있을 것이다.

내가 참으로 적임자는 아니지만, 문장을 연마하는 공부에 있어 장차 후대에 이 벼루를 잘 쓸 군자를 기다려서 마침내 그를 위해 명(銘)을 짓는다. 명은 다음과 같다.

하늘과 땅이 형상을 드러내니 天地著象
용마가 신묘한 그림을 지고 나왔네 龍負神圖
양은 둥글고 음은 네모나니 陽圓陰方
구슬을 꿰어 꾸밈을 하였네 珠綴絡紆
네 가지 보배 중 으뜸이니[721] 四寶爲首
석묵이 갈려서 잘 섞이게 해서라네[722] 石墨和濡
조서가 내리기를 기다릴 것도 없이 不待丹詔

721 네……으뜸이니 : '네 가지 보배'는 문방사우인 붓, 먹, 종이, 벼루를 말한다. 소이간(蘇易簡)이 지은 《문방사보(文房四譜)》에서 벼루를 첫 번째 자리에 두었다. 소이간은 북송(北宋) 때 재주(梓州) 동산(銅山) 사람으로, 자는 태간(太簡)이다.

722 석묵이……해서라네 : 《석명(釋名)》 권6 〈석서계(釋書契)〉에 "연은 간다는 것이니, 묵을 갈아서 잘 섞이게 한다.〔硯者, 硏也, 可硏墨使和濡也.〕"라는 내용이 보인다. 《석명》은 후한(後漢) 때 유희(劉熙)가 지은 훈고자서(訓詁字書)로, 모두 8권이다.

평생 늘 함께할 것이네[723] 終身輒俱

위는 용도연이다.

춘관이 음악을 맡으니 春官司樂
하늘이 바로 실마리가 되었네 天乃爲統
영륜(伶倫)이 율려를 매달고[724] 伶懸律呂
한나라 매승(枚乘)은 아송을 읊었네[725] 漢枚雅頌
몸을 윤택하게 하는 것이 덕이 되니[726] 潤之爲德
아침저녁으로 올리네 朝夕奉供
성대하고 아름답게 귀에 들리니 渢渢乎耳

723 조서가……것이네 : 당(唐)나라 한유(韓愈)가 붓을 의인화하여 쓴 〈모영전(毛穎傳)〉에 "상이 모영을 부르면 세 사람은 조서가 내리기를 기다리지 않고 늘 함께 갔다.〔上召穎, 三人者不待詔, 輒俱往.〕"라는 내용이 보인다.《古文眞寶後集 卷4》

724 영륜(伶倫)이 율려를 매달고 : '영륜'은 황제(黃帝) 때의 악관(樂官)으로, 황제의 명을 받고 악률(樂律)을 처음 만들었다. 먼저 곤륜산(崑崙山) 동쪽에 가서 해계(嶰谿) 골짜기의 대를 취하여 황종(黃鍾)의 궁(宮)을 만들고, 또 12관(管)을 만든 다음 곤륜산 아래에 가서 봉황의 울음소리를 들어 12율을 구별하였다.《呂氏春秋 仲夏紀 古樂》

725 한(漢)나라……읊었네 : 전한(前漢)의 양 효왕(梁孝王)이 매승(枚乘)과 사마상여(司馬相如) 등 문인들을 초청하여 양원(梁園)에서 놀았다. 마침 눈이 내리자 양효왕이《시경》〈패풍(邶風) 북풍(北風)〉과 〈소아(小雅) 신남산(信南山)〉을 읊은 뒤 사마상여에게 글을 짓게 하니 사마상여가 〈설부(雪賦)〉를 지었는데, 이를 본 추양(鄒陽)이 감탄하여 그 끝을 이어 〈적설가(積雪歌)〉를 지었다. 양효왕이 〈적설가〉를 한 번 읊조리고 나서 매승에게도 한 편을 짓게 하니, 매승은 〈적설가〉의 종장(終章)을 지었다. 이 고사를 끌어와 '매승이 아송을 읊었네'라고 한 듯하다.《文選 卷13 雪賦》

726 몸을……되니 : '덕(德)'은 음악을 말한다. 공자(孔子)는 초상 때를 제외하고 거문고와 비파를 연주하는 것을 그만두지 않았다.

대하와 대송이로다[727] 大夏大宋

위는 천통연이다.

높고 큰 산에 뿌리내렸으니 嵩嶽托根
해와 달과 별보다 뒤에 시들리라 後三光凋
매서운 풍상 속에 烈烈風霜
우뚝하게 솟은 기풍이네 落落韻標
옥 바탕은 순하고 푸르르니 玉質淳蒼
자주 경계시키고 가다듬게 하네 數鍼琢雕
참언과 사설이 더럽히지 못할 것이니 讒邪不汚
하늘 높이 맑은 바람 부네 淸風雲霄

위는 후조연이다.

727 대하(大夏)와 대송(大宋)이로다 : 옛날 성세의 음악이라는 뜻으로 보인다. '대하'는 주(周)나라 때 육무(六舞) 가운데 하나인데, 본래는 하(夏)나라 우왕(禹王)의 무악(舞樂)으로서 문무(文武)가 겸비된 무악이다. '대송'은 탕(湯) 임금이 다스리던 은(殷)나라로, 은나라의 후손이 송(宋)나라에 봉해졌기 때문에 '대송'이라고 지칭한 듯하다.

등나무 지팡이에 대한 명[728]

藤杖銘

강할 수도 있고 부드러울 수도 있으니	能强能柔
노인은 편안하게 해 주고 젊은이는 감싸 주네[729]	老少安懷
왼쪽으로 가든 오른쪽으로 가든	左之右之
꼭 너와 함께할 것이네	與爾必偕

728 등나무……명 : 금강산의 승려가 보내준 '정공장(丁公杖)'이라는 지팡이를 받고 지은 명이다. 《임하필기》 권35 〈벽려신지(薜荔新志)〉에도 실려 있다.

729 노인은……주네 : 자로(子路)가 공자의 뜻을 여쭙자, 공자가 "노인을 편안하게 해 주고, 붕우를 미덥게 해 주고, 젊은이를 은혜로 감싸 주고자 한다.〔老者安之, 朋友信之, 少者懷之.〕"라고 답한 말이 《논어》 〈공야장(公冶長)〉에 나온다.

낙하금에 대한 명[730]

落霞琴銘

이 낙하금 한 대는	一片落霞
귤운이 제작한 것이네	橘雲之作
그 속에 흘러가는 물도 높은 산도 있으니	中有流水高山
종자기 없다면 누구와 그 뜻을 부치겠는가[731]	微鍾期其誰與託

730 낙하금(落霞琴)에 대한 명 : '낙하금'은 낙하식(落霞式) 거문고로, 몸통의 양옆에 대칭으로 물결 모양이 있는 악기이다. 《임하필기》 권35 〈벽려신지(薜荔新志)〉에 "예전에 있던 낙하금은 중국 사람이 준 것인데, 명(銘)하기를 '이 낙하금 한 대는 치운(穉雲)이 제작한 것이네. 그 속에 고산유수곡이 있으니, 종자기 아니면 누구와 더불어 내 뜻을 부치겠는가. 도광(道光) 계미년(1823) 6월 초에 주강(珠江) 포서(捕署)에서 명을 짓다. 학파(學坡) 왕갱(王賡)이 쓰고 전당(錢塘) 조기(曹錡)가 제작하다.'라고 하였다."라는 내용이 실려 있다. 이에 따르면 저자가 중국인에게 낙화금을 얻었을 당시에 이미 명이 쓰여 있었다. 명의 글자에도 차이가 있다. 본서 《가오고략》 책10에는 낙화금을 '귤운'이 제작한 것이라고 하였고, 《임하필기》 권35에는 '치운'이 제작한 것이라고 하였다. 또 본서에는 '유수고산(流水高山)'으로 되어 있고, 《임하필기》에는 '고산유수(高山流水)'로 되어 있다. 《임하필기》에서 말한 '치운'은 청대(淸代)의 화가인 조기(曹錡)를 말하는 것으로 보인다. 자가 치운이고, 지금의 항주(杭州)인 인화(仁和) 사람이며, 화훼(花卉)를 잘 그렸다. 《임하필기》의 내용에 근거하면 〈낙화금에 대한 명〉은 낙화금을 제작한 조기가 지은 것이므로 저자의 작품으로 볼 수 없는데, 여기서는 우선 본서에 실린 본문에 따라 번역하였음을 밝혀 둔다.

731 그 속에……부치겠는가 : 종자기(鍾子期)는 춘추 시대 거문고의 명인인 백아(伯牙)의 벗으로, 백아가 높은 산과 흐르는 물을 상상하며 연주하면 종자기만이 그가 무엇을 상상하며 곡을 연주하는지 알 수 있었다고 한다. 종자기가 죽자 백아는 자신의 음악을 이해해 주는 이가 없음을 한탄하며 다시는 거문고를 연주하지 않았다. 《列子 湯問》

궤에 대한 명[732]

几銘

둥근 것은 양을 상징하니 圓象陽
등을 대고 의지하네 靠背而倚
네모진 것은 음을 상징하니 方象陰
베개로 베며 기뻐하네 支枕而喜
덕은 관작에 부합하지 않고 德未孚于爵
나이는 아직 연치를 높일 때가 아니네[733] 年未尙于齒
저 궤여 彼其之几
시골 사람의 궤로다 野人之几

732 궤에 대한 명 : 정공장(丁公杖)을 보내주었던 금강산의 승려가 보내온 궤를 받고 지은 명이다. 《임하필기》 권35 〈벽려신지(薜荔新志)〉에도 실려 있다.

733 덕은……아니네 : 《맹자》 〈공손추 하(公孫丑下)〉에서 삼달존(三達尊), 즉 사람들이 공통으로 높이는 관작〔爵〕·연치〔齒〕·덕(德)을 말하였다.

세기에 대한 명[734]

洗銘

너의 얼굴을 씻으면	洗爾面
너의 때가 이에 씻기네	爾垢斯滌
사람들이 모두 너를 보고	凡人視爾
너의 백옥 같은 모습을 어여쁘게 여기리라	憐爾白晳
그 마음속도 반드시 그렇다고 할 수 없으니[735]	其中未必
아침저녁으로 경계하고 두려워하라	朝夕警惕

734 세기(洗器)에 대한 명 : 중국 사람이 보내준 세면기에 대하여 지은 명으로, 《임하필기》 권35 〈벽려신지(薜荔新志)〉에도 실려 있다.

735 그……없으니 : 한(漢)나라의 주발(周勃)과 관영(灌嬰) 등이 진평(陳平)을 비판하면서 "진평이 비록 아름다운 장부이지만 마치 관을 장식한 옥과 같을 뿐이니, 그 속이 반드시 그렇다고 할 수 없다.〔平雖美丈夫, 如冠玉耳, 其中未必有也.〕"라는 내용이 보인다. 《史記 卷56 陳丞相世家》

붓에 대한 명

筆銘

입은 우호를 이루기도 전쟁을 일으키기도 하니[736] 惟口出好興戎
너에게서 나온 것이 나에게 들어오네[737] 出自爾入于吾
내가 이것을 믿으니 吾斯之信
군자의 관건이네[738] 君子之樞

736 입은……하니 : 정자(程子)의 〈사물잠(四勿箴)〉 가운데 〈언잠(言箴)〉에 "더구나 말은 관건이어서 전쟁을 일으키기도 하고 우호를 이루기도 한다. 길흉과 영욕은 오직 말이 불러들이는 것이다.〔矧是樞機, 興戎出好. 吉凶榮辱, 惟其所召.〕"라는 내용이 보인다.

737 너에게서……들어오네 : 《맹자》〈양혜왕 하(梁惠王下)〉에 "너에게서 나온 것이 너에게로 돌아간다.〔出乎爾者, 反乎爾者也.〕"라는 증자(曾子)의 말이 있는데, 이 구절을 변용한 듯하다.

738 군자의 관건이네 : 말이 군자가 지켜야 할 핵심이라는 뜻으로, 《주역》〈계사전 상(繫辭傳上)〉에 "언행은 군자의 관건이다.〔言行, 君子之樞機.〕"라는 내용이 보인다.

옛 거울에 대한 명[739]

古鏡銘

무릇 모습의 곱고 추함은	凡厥媸姸
거울을 피할 수 없다네	莫逃其面
소인은 엿으로 보고	宵人之窺
군자는 똑바로 보네	君子之見
너의 용모에 따라	隨爾形容
간교한지 정직한지 이에 판가름 나네	巧正斯卞
여기에 높이 매달아 놓으니[740]	高懸在玆
두루 환하게 비추도다	晃朗周遍
온갖 동식물과 미물까지 살필 수 있지만	能察動植肖蟆
일편단심을 어찌 비출 수 있으랴	安能照丹心一片

739 옛……명 : 《임하필기》 권35 〈벽려신지(薜荔新志)〉에도 실려 있다.

740 여기에……놓으니 : 진(秦)나라 함양궁(咸陽宮)에 사람의 속마음을 비출 수 있는 신기한 거울이 있었는데, 그 거울 앞에 서면 사람의 오장육부가 훤히 보여서 병의 유무나 선악이 드러났다. 여인이 부정한 마음〔邪心〕이 있으면 담이 부풀고 심장이 두근거렸는데, 진시황(秦始皇)이 이 거울로 궁인을 비추어서 사심이 있는 자는 죽였다. 후에 이로써 죄를 다스림이 엄정하고 공평한 관리를 비유하여 "진경을 높이 달았다.〔秦鏡高懸.〕"라고 한다. 《西京雜記 卷3》

돌도끼에 대한 명[741]

石斧銘

우 임금이 치수할 때	大禹治水
산을 뚫던 도끼요[742]	鑿山之斧
오강이 계수나무에 기대어 서서	吳剛倚桂
달을 다듬던 도끼라네[743]	修月之斧
숙신이 깎은 돌살촉이니	肅愼斲石
아들 많이 낳을 도끼라오[744]	宜男之斧
이를 얻은 자는 창성하니	得之者昌
삼천 년간 전해진 도끼라네	三千年斧

741 돌도끼에 대한 명 : 《임하필기》 권25 〈춘명일사(春明逸史)〉에 "함경도 지역의 고적(古蹟) 중에 돌도끼〔石斧〕, 돌창〔石槍〕, 돌살촉〔石砮〕이 있다."라는 내용이 보인다.

742 우(禹)……도끼요 : 우 임금이 물길을 내서 홍수를 막을 때 용문산(龍門山)을 뚫고 이궐산(伊闕山)을 열었다고 전한다. 《漢書 卷29 溝洫志》

743 오강(吳剛)이……도끼라네 : '오강'은 서하(西河) 사람으로 일찍이 선도(仙道)를 배우다가 잘못을 저질러 달 속으로 귀양 가서 항상 계수나무만 찍고 있는데, 키가 500길이나 되는 이 나무는 도끼로 찍으면 금방 붙어 벨 수가 없었다. 《酉陽雜俎 天咫》

744 숙신(肅愼)이……도끼라오 : 《국어(國語)》 〈노어 하(魯語下)〉에 "숙신씨가 호시와 석노를 바쳤는데, 길이가 1자 8치였다.〔肅愼氏貢楛矢石砮, 其長尺有咫.〕"라는 내용이 보인다. 이 구절은 숙신씨가 깎은 돌살촉으로 도끼를 만들면 아들을 낳을 수 있다고 말하는 듯하다. 호시는 호목(楛木)으로 만든 화살인데, 가시나무에 속한 호목은 질겨서 잘 부러지지 않는다.

돌창에 대한 명[745]

石槍銘

쇠로 만들면 쇠창이고	以鐵則鐵槍
돌로 만들면 돌창이지	以石則石槍
쇠로 만들었나 돌로 만들었나	鐵耶石耶
숙신의 창이로다	肅愼之槍

745 돌창에 대한 명 : 《임하필기》 권25 〈춘명일사(春明逸史)〉에도 실려 있다.

돌살촉에 대한 명[746]

石砮銘

빨리 나는 저 새매여　　　　駪彶飛隼
바다 건너 노나라까지 갔네　　　　越海而魯
몸에 박혀 있는 것은 무엇인가　　　　其帶維何
북방의 호시라네[747]　　　　有北之楛
그만두자　　　　已矣乎
그 누가 저 숙신의 돌살촉을 알겠는가　　　　伊誰知夫肅愼之砮

돌을 깎아 화살촉 만드니　　　　斲石爲鏃
별똥별의 정기인가　　　　隕星之情歟
오래 지나도 낡지 않았으니　　　　久而不老
신농씨의 병기인가[748]　　　　神農之兵歟

746 돌살촉에 대한 명 : 《임하필기》 권25 〈춘명일사(春明逸史)〉에 앞부분 6구가 실려 있다.

747 몸에……호시(楛矢)라네 : 공자가 진(陳)나라에 있을 때 궁정(宮庭)에 떨어져 죽은 송골매의 몸에 돌살촉의 호시가 박혀 있었는데, 진 혜공(陳惠公)이 공자에게 사람을 보내 그 연유를 묻자, 공자가 말하기를 "이 송골매는 먼 곳에서 왔다. 이것은 숙신씨의 화살이다. 옛날 무왕이 상나라를 정복한 뒤에 사방 이민족과 교통하며 각기 토산물로 공물을 바치게 하면서 직분을 잊지 않게 하였다. 이에 숙신씨가 호시와 석노를 바치게 되었다.〔隼之來也遠矣. 此肅愼氏之矢也. 昔武王克商通道于九夷百蠻, 使各以其方賄來貢, 使無忘職業. 於是肅愼氏貢楛矢石砮.〕"라고 하였다는 내용이 《국어(國語)》 〈노어 하(魯語下)〉에 나온다.

신농씨의 후예가	神農之後
안북[749]의 성에 있을런가	安北之城歟

748 오래……병기인가 : 신농씨(神農氏)는 중국 상고 시대 때 강성(姜姓) 부락의 수장으로, 처음으로 쟁기와 쟁기 자루를 만들어서 백성들에게 농사짓는 법을 가르쳤으며, 돌로 병기를 만들었다고 한다. 《太平御覽 卷339 兵部70》

749 안북(安北) : 함경도 북청(北靑)의 별칭이다. 《謷齖齋集 卷4 送北靑通判族弟兪季毅》

황제가 하사한 청옥적에 대한 명[750]

皇賜青玉笛銘

장릉조(長陵朝 인조(仁祖))의 명신 충장(忠章) 이공은 휘가 흘(忔), 자는 상중(尙中), 호는 설정(雪汀)이다. 경주(慶州)의 대족(大族)으로, 국당 선생(菊堂先生)[751]의 후손이다.

을축년(1625, 인조3)에 공께서 화의론(和議論)을 배척하여 의로운 명성이 온 나라를 진동시켰다. 숭정(崇禎) 2년(1629, 인조7)에 황손(皇孫)이 탄생하자 공은 진하정사(進賀正使)로서 중국에 가다가 영원

750 황제가……명 : 저자의 선조인 이흘(李忔, 1568～1630)이 진하사 겸 변무사(進賀使兼辨誣使)로 명(明)나라에 갔을 때 숭정제(崇禎帝, 의종(毅宗))가 이흘에게 청옥적(青玉笛)을 하사한 일을 기록하고, 그에 대한 명을 지은 것이다. 이흘은 자는 상중(尙中), 호는 설정(雪汀)·오계(梧溪), 시호는 충장(忠章)이다. 저서에《설정집》이 있다. 1629년(인조7) 8월에 이흘은 사은사(謝恩使)로서 동지사(冬至使)인 윤안국(尹安國)과 함께 배를 타고 명나라에 가다가 태풍을 만나 윤안국은 익사하고 홀로 살아서 북경에 갔는데, 이듬해 1630년 3월 중국에 진하 표문과 변무(辨誣)하는 주문을 전달한 뒤 6월 9일 그곳 옥하관(玉河館)에서 세상을 떠났다. 이때의 사행은 숭정제의 장남 자랑(慈烺)이 1629년 2월 4일 태어난 일을 축하하고, 원숭환(袁崇煥)이 무고(誣告)한 말을 변무하기 위한 것이다. '원숭환의 무고'는 그가 아뢴 제본(題本) 가운데 왜(倭)와 사귀고 오랑캐〔奴〕를 너그럽게 대우하였다는 등의 말이 있었기 때문에 이에 대해 해명한 것이다. 이 글은《임하필기》권26〈춘명일사(春明逸史)〉에〈황제께서 하사한 옥적〔皇賜玉笛〕〉이라는 제목으로 실려 있다.《宋子大全 卷210 雪汀李公行狀》《燃藜室記述 別集 卷5 事大典故 使臣》《仁祖實錄 8年 2月 6日, 4月 4日, 11月 16日》《明史 卷23 莊烈帝本紀1》

751 국당 선생(菊堂先生) : 고려 후기의 문신 이천(李蒨, 1274～1349)으로, 국당은 호이다. 자는 군실(君實), 시호는 문효(文孝)이다.

(寧遠)에 이르렀을 적에 원 군문(袁軍門)[752]을 만나 조선이 왜인(倭人)과 친하게 지낸다는 무고를 밝혀 해명하였다. 그러자 원 군문이 배신(陪臣)의 충성과 공경의 뜻을 황제께 갖추어 아뢰었다.

당시 산해관(山海關)이 이미 적도들에게 함락되어 성첩이 무너졌는데, 손 각부(孫閣部)[753]가 나와서 진군함에 따라 인심이 조금 안정되었다. 공이 덕분에 배를 얻어 발해(渤海)를 건너서 천진(天津)을 거쳐 육로로 북경에 도착하였다.

의종 황제(毅宗皇帝 숭정제)가 공의 청고한 절개를 가상히 여겨 진달한 말을 모두 소청대로 허락하고 백옥홀(白玉笏)과 청옥적을 하사하여 은총을 내렸다. 공께서 끝내 병으로 자리에 누워 일어나지 못하고 별세하자, 황제가 제사를 내려 주고 금자패(金字牌)를 주어 공의 상여가 돌아가는 것을 전송해 주었는데,[754] 이때 백옥홀과 청옥적 역시 상여와 함께 왔다. 백옥홀은 어디로 갔는지 모르겠고, 청옥적은 외손에 의해 거두어졌는데 뒤에 다시 이공의 자손에게 돌아갔다. 청옥적은 연한 청색에 아롱진 무늬가 있고, 길이는 3척 3촌, 둘레는 4촌이며, 몸체는

752 원 군문(袁軍門) : 명나라 말기의 장군인 원숭환(袁崇煥)으로, 요동 순무(遼東巡撫), 병부 상서(兵部尙書) 등을 지내면서 요동의 방어에 힘써 만주족의 후금(後金), 즉 청나라의 공격을 수차례 막아 냈다.

753 손 각부(孫閣部) : 손승종(孫承宗)으로 원숭환이 처형된 뒤에 그의 후임으로 임명되어 요동을 방비하였는데, 숭정 4년(1631)에 대릉하성(大凌河城)의 전투에서 청나라 태종의 군대에 패배하자 벼슬을 내놓고 물러났다.

754 황제가……주었는데 : 1630년 7월 황제가 금자패(金字牌)를 주어서 상여에 걸어 지나는 도중에 길을 막지 않게 하였으며, 병부(兵部)에서 40명의 상여를 메는 여부(舁夫)를 내어 주었다. 《宋子大全 卷210 雪汀李公行狀》

대나무를 본떴고 마디가 3개, 구멍이 12개인데, 지금 집안의 가보로 간직하고 있다.

삼가 《이씨금석록(李氏金石錄)》[755]을 살펴보건대 우암(尤菴) 송공(宋公)이 공의 행장을 지었는데[756] 청옥적에 대한 말은 싣지 않았다. 대체로 공이 젊을 때 음률에 정통하였는데 26개 구멍이 있는 적(笛)의 묘함이 오성(五聲)과 돌아가면서 서로 궁(宮)이 되는 법은 더욱 잘 알았다.[757] 그런데 이는 공에게 하나의 기예일 뿐이라 여겨서 빠뜨린 것인가. 청옥적이 있으니 이를 증거로 삼을 수 있다.

내가 또한 경주 사람이라 일찍이 동경(東京 경주)의 만파식적(萬波息笛)에 대해 잘 알고 있으니, 이는 바로 신라의 옛 물건이다. 우리 집안의 선대는 동경에서 처음으로 시작되었고, 공께서 북경(北京)의 옥적(玉笛)을 얻어서 수백 년을 두고 황제의 영령에 공경을 표하며 후손에게 이를 보고 기록하여 서술할 수 있도록 하시니, 감히 즐겨 기술하지 않을 수 있겠는가. 명(銘)은 다음과 같다.

755 이씨금석록(李氏金石錄) : 저자가 전한(前漢)의 오봉(五鳳) 연간부터 근대까지 경주 이씨의 사적을 모두 모아 만든 책이다. 《林下筆記 卷26 春明逸史 金石合錄》

756 우암(尤菴)……지었는데 : 우암 송시열(宋時烈)이 지은 이흘에 대한 행장은 《송자대전(宋子大全)》 권210에 〈설정 이공에 대한 행장〔雪汀李公行狀〕〉이라는 제목으로 실려 있다.

757 26개……알았다 : '오성(五聲)'은 고악(古樂)의 오음계인 오음(五音), 즉 궁성(宮聲), 상성(商聲), 각성(角聲), 치성(徵聲), 우성(羽聲)을 말한다. 《예기》 〈예운(禮運)〉에 "오행의 운용은 번갈아 서로 마침이 되니, 오행・사시・열두 달이 번갈아 서로 근본이 되고 오성・육률・열두 관이 돌아가며 서로 궁(宮)이 된다.〔五行之動, 迭相竭也, 五行、四時、十二月, 還相爲本也. 五聲、六律、十二管, 還相爲宮也.〕"라고 하였다.

옥의 덕이	玉之德
군자에 비견되니[758]	君子比
공이 아니면 하사받을 사람 없었네	非公無以賜
마디는 셋이고	節三才
구멍은 열둘이니	孔十二
공이 아니면 불 수 있는 사람 없었네[759]	非公無以試
상성이 양률에 화응하듯[760]	商應律
천지를 엄숙히 하니	肅天地
오직 공의 의로움이었네	惟公之義

758 옥의……비견되니 : 《예기》 〈옥조(玉藻)〉에 "군자는 연고가 없으면 옥을 몸에서 제거하지 않으니, 군자는 덕을 옥에 비견한다.〔君子無故, 玉不去身, 君子於玉比德焉.〕" 라는 내용이 보인다.

759 구멍은……없었네 : 《고려사》 〈악지(樂志) 당악조(唐樂條)〉에 의하면 구멍이 9개인 피리가 있고 〈악지 속악조(俗樂條)〉에는 구멍이 7개인 피리가 있다고 하였는데, 이 청옥적은 12개의 구멍이 있어서 불기가 어렵다고 말한 것이다.

760 상성(商聲)이 양률에 화응하듯 : 상성은 궁상각치우(宮商角徵羽)의 오음 중 하나이다. 12율에서 양률은 황종(黃鍾), 태주(太簇), 고선(姑洗), 유빈(蕤賓), 이칙(夷則), 무역(無射)이고, 음려(陰呂)는 대려(大呂), 협종(夾鍾), 중려(仲呂), 임종(林鍾), 남려(南呂), 응종(應鍾)이다.

미당 노인의 옥경에 대한 명[761]

美堂老人玉磬銘

가오 퇴사(嘉梧退士 이유원)가 미당(美堂) 정공(鄭公)을 뵈니, 공이 직접 경쇠를 들고 스스로 치셨다. 가오 퇴사가 숙연해져서 일어나 말씀드리기를 "경서(經書)에 이르기를 '마음이 천하에 있구나. 경쇠를 침이며!'라고 하였는데, 이 말에 대해 선유(先儒)가 풀이하기를 '세상을 근심하는 마음을 끝내 그만둘 수 없는 것이니, 이는 성인이 천하를 한집안처럼 보아서 하루도 잊지 못한다.'라고 하였습니다.[762] 경쇠는 음이 척수(瘠瘦)하니 다른 음과 섞이기 어렵습니다.[763] 이 때문에 석음(石音)은 각성(角聲)을 숭상하는 것이니, 그 근심이 백성에게 있는 것입니다. 갈아서 움직이고 크기를 조절하여 연주하니, 세상을 구제하는 쓰임이 여기에 있음을 압니다. 어찌 귀를 즐겁게 하는 데만 그치겠습니까. 만일 경쇠를 잘 울게 해서 천하를 화평하게 할 수 있다면 오늘의 경쇠가 옛날의 경쇠와 같을 것입니다."라고 하였다. 공께서 웃으며 말씀하시기를 "경씨(磬氏)[764]가 있은 지가 오래되었다.

761 미당(美堂)……명 : '미당 노인'은 정문승(鄭文升, 1788~1875)으로, 본관은 연일(延日), 자는 윤지(允之), 호는 미당·초천(蕉泉), 시호는 효헌(孝憲)이다. 저자의 12촌 아우인 이유승(李裕承)의 외조부이다.

762 경서(經書)에……하였습니다 : 《논어》〈헌문(憲問)〉에 나오는 내용으로, 선유(先儒)는 주희(朱熹)를 말한다.

763 경쇠는……어렵습니다 : 경쇠의 소리가 메마르면서 힘이 있다고 말한 듯하다.

764 경씨(磬氏) : 《주례》〈동관(冬官) 고공(考工記)〉에 "경씨는 경쇠를 만드는 일을

그대가 명을 지으라."라고 하였다.

옥의 덕이 돌에 깃들어　　　　玉德寓石
네모지게 굽었네　　　　曲方折尺
군자가 온축하고 멈추어　　　　君子蓄止
천하에 이름을 떨치고 뭇사람의 모범이 되네　　　　振九儀百
이 소리를 들은 자는 청렴해지리니　　　　聽之者廉
장차 너와 함께 나아가리라　　　　將與爾同適

한다. 경쇠의 거구(倨句)는 일구(一矩)에 반이 더 있다.〔磬氏爲磬. 倨句一矩有半.〕"라는 내용이 보인다. '거구'는 물체의 굽은 각도를 말하는데, '거'는 약간 굽은 것이고 '구'는 많이 굽은 것이다. '일구에 반이 더 있다'에서 '일구'는 90도 직각이고 '반구(半矩)'는 45도로, 합하여 135도를 말한다.

골동품 투호에 대한 명[765]

古董投壺銘

내가 관서(關西) 지역에 있을 때 향교의 땅속에서 골동품을 얻었는데, 6각의 투호로 길이는 2척이다. 아래는 둥글고 귀가 있으며 위는 네모지고 테두리〔範〕가 있으며, 주둥이는 네모나고 2촌 정도 되었다. 두 귀 아래에 또 앞뒤로 두 귀를 붙였다. 가운데에는 두 금인(金人)이 마주 서서 각각 귀 하나를 받들고 있는데, 둥글고 기울어졌다. 받침대부터 윗면까지는 산, 물, 구름, 용, 꽃, 풀 등이 새겨져 있다. 무게는 10근이며 예스러운 푸른 자줏빛이다.

이 기물은 우리나라 사람이 만든 것이 아니라 분명 송(宋), 원(元) 연간의 물품일 것인데 어찌하여 이리저리 흘러 다니다가 여기에 있는 것인가. 수백 년 동안 감추어져 있었다가 이제 마침내 산방(山房)의 기물이 되었다.

사사(司射)가 투호를 받드니[766] 司射奉壺

765 골동품……명 : 저자가 평안도 의주 부윤(義州府尹)으로 있을 때 지은 글로 추정된다. 이유원은 1848년(헌종14) 8월 5일 의주 부윤에 임명되어 1850년(철종1) 4월까지 관서 지역에서 직무를 수행하였다.

766 사사(司射)가 투호를 받드니 : '사사'는 투호의 설치와 점수 매기는 일을 맡은 사람이다. 《예기》 〈투호(投壺)〉에 "투호의 예는 주인은 화살을 받들고, 사사는 산가지를 담는 그릇〔中〕을 받들고, 사람으로 하여금 호(壺)를 잡게 한다. 주인이 빈객에게 청하기를 '저에게 굽은 화살과 삐뚤어진 호가 있으니, 이것으로 손님을 즐겁게 해 드리기를 청하고자 합니다.'라고 한다.〔投壺之禮, 主人奉矢, 司射奉中, 使人執壺. 主人請

나에게 아름다운 손님이 있네	我有嘉賓
감히 사양하지 않고 즐기니	樂不敢辭
누가 입신한 것처럼 할 수 있겠는가	疇若入神
화살이 튀어나오고 다시 넣으면 근심이 풀리고	躍驍釋愁
중정함으로 백성을 인도했네	中正納民
진나라 점대의 사사요	晉坫之師
한나라 궁실의 신하이네	漢宮之臣
거꾸러지거나 기울게 해서는 안 되니	無倒無倚
위정자가 여기에서 사람을 알아볼 수 있네[767]	爲國者可以觀人

曰, 某有枉矢哨壺, 請以樂賓.〕"라는 내용이 보인다.

767 위정자가……있네 : 송(宋)나라 사마광(司馬光)이 〈투호신격(投壺新格)〉에서 투호는 소소한 놀이의 하나이지만 활쏘기와 같이 덕(德)을 볼 수 있다면서 "이 때문에 투호로 마음을 다스릴 수 있으며, 몸을 닦을 수 있으며, 나라를 다스릴 수 있으며, 사람을 볼 수 있다.〔是故投壺可以治心, 可以修身, 可以爲國, 可以觀人.〕"라고 하였다. 《經義考 卷147》

서안에 대한 명[768]

書案銘

헌종 때 작은 서안 한 개를 만든 적이 있었는데, 길이가 1척 정도 되었고 항상 앞에 두고서 경전을 펼쳐본 지 여러 해가 되었다. 기유년(1849, 헌종15)에 선왕이 승하한 뒤 산사에 이르렀을 때 서안이 떠돌다가 이곳에 있기에 10금(金)을 대가로 주고서 산재(山齋)에 보관하여 선왕을 사모하는 마음을 부친다.

아아, 성인께서 신민을 버리시니	於戱聖人臣民棄
옥 난간이 적막하게 10년 동안 닫혔도다	玉欄寂寞十年閟
유물은 떠돌아도 신하는 외려 기억하니	舊物流落臣猶記
서적을 받들던 익숙한 기물임을 알겠네	知是書籍奉翫器
오늘날 누가 옛일을 알겠는가	今日疇識昔年事
아침마다 저녁마다 글 짓는 일을 모셨네[769]	朝朝暮暮染翰侍
서안 앞에 달려가기 한두 번 아니었는데	趨走案頭匪一二
서안을 어루만지니 예전과 다름없네	摩挲案面匪同異

768 서안에 대한 명 : 이 글은 본문의 "기유년에 선왕이 승하한 뒤"에 "10년 동안 닫혔도다"라고 한 내용에 근거할 때 1859년(철종10)경에 지은 것이다. 기유년은 헌종이 승하한 1849년(헌종15)이다.

769 아침마다……모셨네 : 저자는 1846년(헌종12) 8월 4일 초계문신으로 뽑히고, 동년 9월 22일 규장각 검교대교에 임명되어 시종신으로 있었다. 《憲宗實錄》《承政院日記》

서안이여 서안이여! 어찌 이 지경이 되었는가　案乎案乎胡見墜
옛적의 사관[770]이 하염없이 눈물 흘리네　舊時史官不盡淚

770 옛적의 사관(史官) : 저자는 1842년(헌종7) 11월 한림소시(翰林召試)에 뽑혀 예문관 검열, 춘추관 별겸춘추 등 사관의 직임을 수행하였다.《承政院日記 憲宗 7年 11月 15日 · 12月 6日, 9年 3月 19日》

포규선에 대한 명[771]

蒲葵扇銘

사안의 포규선이 천하의 으뜸이니[772]	謝安蒲葵扇天下擅
계문현[773]에서 이를 얻었네	得之薊門縣
내가 편면선으로 삼아 자랑하니	我自便面扇則衒
사람들은 옛사람을 부러워한 것을 천하게 여기네	人則賤古人羡

771 포규선(蒲葵扇)에 대한 명 : '포규선'은 부들 잎으로 만든 부채로, 규선(葵扇)이라고도 한다.

772 사안(謝安)의……으뜸이니 : 사안은 동진(東晉)의 정치가이자 명사(名士)이다. 어떤 사람이 시골로 돌아가기 전에 사안을 만나보았는데, 사안이 돌아갈 노자가 있느냐고 물으니 "포규선 5만 자루밖에 없습니다."라고 대답하였다. 사안이 그중 하나를 골라 쥐자, 이후에 경향(京鄕)의 사서(士庶)들이 다투어 사서 값이 몇 배나 올라갔다. 《晉書 卷79 謝安列傳》

773 계문현(薊門縣) : 중국 북경과 인접한 계주(薊州)로, 지금의 하북성(河北省) 계현(薊縣)이다.

산방의 골동품 16가지에 대한 명[774]
山房古玩十六事銘

상나라 부신작[775] 商父辛爵

상나라 부신작은 귀 둘에 발이 세 개인데 兩耳三足商父爵

무늬 있는 것도 작이고 무늬 없는 것도 작이네 有紋爲爵素亦爵

손잡이 안쪽에 여섯 글자가 새겨지고 기둥이 있고 주둥이가 있으니 鋬內六字柱而流

임성의 곤액을 겪은 뒤라 두 개의 작만 있네[776] 任城餘厄只二爵

774 산방(山房)의……명 : 이 16가지 기물에 대한 명은 저자가 청대(淸代) 금석학을 다룬 저작 《금석색(金石索)》을 읽은 뒤에 지은 것이다. 《금석색》은 청나라 때 풍운붕(馮雲鵬)과 풍운원(馮雲鵷) 형제가 집록한 책으로, 총 12권이다. 풍운붕(1765~1839)은 자는 안해(安海)이고, 강소성(江蘇省) 통주(通州) 사람이다. 저서에 《소홍정시집(掃紅亭詩集)》 등이 있다. 풍운원(1779~1857)은 자는 집헌(集軒)이고, 풍운붕의 아우이다. 저서에 《육인재집(六印齋集)》 등이 있다. 《가오고략》 책1에 《금석색》을 읽고 지은 〈부 금석색 59수〔附 金石索 五十九首〕〉가 수록되어 있다. 또한 《임하필기》 권3과 권4에도 이와 관련된 내용이 실려 있다.

775 상(商)나라 부신작(父辛爵) : '작(爵)'은 중국 고대(古代)의 주기(酒器)이다. 청동으로 만든 것은 하(夏)나라 이리두 문화(二里頭文化, 얼리터우 문화) 시기에 출현하기 시작하여 상나라와 서주(西周) 초기에 성행하였으며, 특히 상나라 때 가장 많았고 춘추 시기와 전국 시기에는 적게 나타난다. 부신작은 서주 목왕(穆王) 때 제작된 기물로, '부신'은 사람 이름이다. 오른쪽 그림은 《금석색》 권1 〈금색(金索)〉에 보인다.

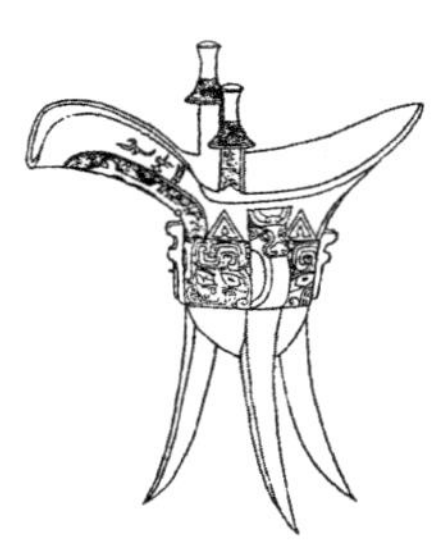
상나라 부신작

776 임성(任城)의……있네 : '임성의 곤액'은 《금석색》 권1 〈금색(金索)〉에 기록된 내

상나라 채고[777] 商蠆觚

무늬가 반이 있으니 문고이고	有半有紋觚
무늬가 반이 없으니 어고이네	有半有截觚
내가 고를 갖고 있는데	我有觚
왼쪽이 모지라진 고이네	左缺之觚

주나라 백이[778] 周伯彝

주나라 때 오래된 여섯 개의 이가 있으니	周古六彝
영이와 숙이이네	英彝叔彝
울창주를 담으니	盛以鬱鬯
백이 제작한 이네	伯作之彝

용에 따르면 다음과 같다. 풍운붕은 계부작(癸父爵)과 부경작(父庚爵)을 임성에서 온 사람에게 샀는데, 처음 계부작이 출토되었을 때 금칠이 되어 있는 것을 보고 이 기물을 얻은 사람이 그 속에 은(銀)이 있을 것이라 생각하여 불에 태워서 은액〔銀汁〕을 얻자 풍운붕이 이를 알고 은 2냥을 주고 계부작을 샀다고 한다. 또 부경작은 붉은빛과 푸른빛이 선명한 상태로 보관되어 있었는데, 소장자가 부경작이 종묘의 용기라는 말을 듣고서 화를 두려워하여 이 기물을 녹이려고 하는 것을 풍운붕이 즉시 중지시켰다고 한다.

777 상(商)나라 채고(蠆觚) : '고(觚)'는 중국 고대의 주기(酒器)이다. 고는 작(爵)과 함께 나타나며, 상나라와 서주(西周) 초기에 성행하였다. 무늬가 있는 것이 '채고'이고, 고의 몸체 윗부분에 무늬가 없는 것이 '어고(魚觚)'이다. 오른쪽 그림은 《금석색》 권1 〈금색(金索)〉에 보인다.

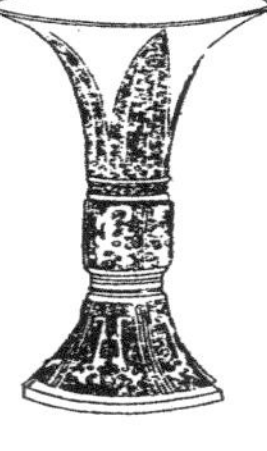
상나라 채고

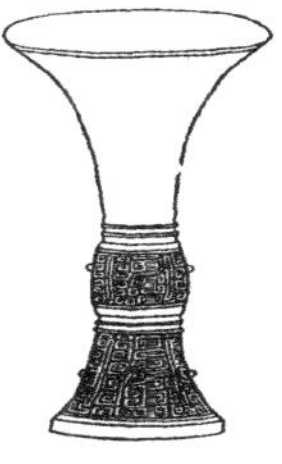
상나라 어고

778 주(周)나라 백이(伯彝) : '이(彝)'는 중국 고대의 주기(酒器)로, 종묘에서 제사를 드릴 때 쓰던 용기이다.

주나라 기봉두[779] 周夔鳳豆

진흙과 나무로 만든 두이고	泥木之豆
구리와 기와를 얹은 두이네	金瓦之豆
상나라 제도를 이은 것이니	沿商之制
명당의 두로다	明堂之豆

주나라 태사정[780] 周太師鼎

태사가 만든 정이고	太師鼎
소자가 만든 정이네[781]	小子鼎
상보가 만든 것을	尙父作
정이라 통칭하네	通名鼎

779 주(周)나라 기봉두(夔鳳豆) : '두(豆)'는 식기(食器)의 일종으로, 고기를 담거나 그 외 식품을 담았던 용기이다. 《금석색》에서는 고대 청동기로, 신령한 새인 '기봉'의 문양이 있어서 '기봉두'라고 이름 붙였으며, 건륭 36년(1771)에 내려 준 내부(內府)의 보장(寶藏) 10가지 중 하나라고 설명하였다. 《林下筆記 卷3 金薤石墨編 闕里廟庭周范銅器十事》

780 주(周)나라 태사정(太師鼎) : '정(鼎)'은 고대 중국에서 고기를 삶거나 육류를 담았던 용기이다. 청동으로 만든 정은 하(夏)나라 이리두 문화(二里頭文化) 시기에 출현하여 상나라와 주나라 때 성행하였으며, 중국 청동기 문화의 대표적인 기물이라고 볼 수 있다. '주나라 태사정'은 주나라 때 태사인 강태공(姜太公)이 만든 정이다. 강태공은 태공망(太公望), 여망(呂望)이라고도 불린다. 오른쪽 그림은 《금석색》 권1 〈금색(金索)〉에 보인다. 《林下筆記 卷3 金薤石墨編 鍾鼎之屬》

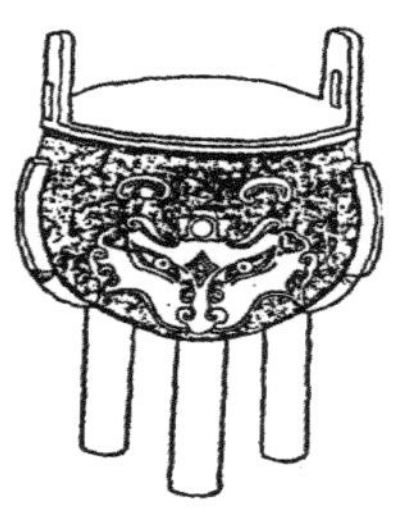
주나라 태사정

781 태사가……정이네 : '태사정'의 명(銘)에 "태사소자망(太師小子望)이 만든 것이니 자자손손 영원히 보배롭게 사용하라."라고 새겨 있었다.

주나라 추대[782] 周追敦

추대는 훼대를 본떴으니	追敦象毁敦
주둥이가 크고 권족[783]인 대이네	哆口圈足敦
아래로 네모진 받침대와 이어지고	下亘方座
귀는 두 개에 용무늬 장식이 있으니 실로 대이네	兩耳龍飾寔爲敦

주나라 견숙정 周遣叔鼎

견숙이 제작한 정이니	遣叔作鼎
이것이 바로 여정이네	是乃旅鼎
노공이 정을 제작하였으니[784]	魯公作文
이정과 준정이네	彝鼎尊鼎

782 주(周)나라 추대(追敦) : '대(敦)'는 서직(黍稷)을 담는 제기이다. 중국의 춘추 중기(春秋中期)에 출현한 형태로, 편구(扁球)와 비슷하다. 오른쪽 그림은 《금석색》 권1 〈금색(金索)〉에 보인다. 《林下筆記 卷3 金薤石墨編 鍾鼎之屬》

주나라 추대

783 권족(圈足) : 기물을 받치는 발이 둥근 형태인 것을 말한다.

784 노공(魯公)이 정을 제작하였으니 : 노(魯)나라에 봉해진 주공(周公)이 문왕을 위해 만든 정이다. 《가오고략》 책1에 따르면 주나라의 문왕정(文王鼎)은 그 모양이 방형(方形)이고 점이 쌀알과 비슷하였으며, 무전정(無專鼎), 숙야정(叔夜鼎), 태사정(太師鼎), 태축정(太祝鼎)은 원형(圓形)이라고 하였다. 《嘉梧藁略 冊1 樂府 附金石索》

주나라 보림종[785] 周寶林鍾

빽빽이 아로새긴 임종은 　琴鍾林鍾
화락한 문채 나는 종이네 　侃樂文鍾
노나라는 다복을 썼으니 　魯用多福
만년토록 전해질 종이라네 　萬年之鍾

주나라 박종[786] 周鎛鍾

제나라 신하를 위해 만든 종이니 　齊臣鍾
이름을 박종이라 하였네 　名鎛鍾
군주의 명을 선양하였으니 　顯揚君命
종을 치는 것과 같다네 　有若考鍾

주나라 곡벽 周穀璧

밖은 둥글고 안에는 구멍이 있으며 　外圓內孔

785 주(周)나라 보림종(寶林鍾) : 보림종은 옹의천 비부(翁宜泉比部)가 소장하였다. '옹의천 비부'는 옹수배(翁樹培, 1764~1811)로, 자는 의천(宜泉), 호는 신지(申之)이며, 옹방강(翁方綱)의 아들이다. '비부'는 명·청 때 형부(刑部)와 그 관원을 통칭한 말이다. 《嘉梧藁略 冊1 樂府 附 金石索》

786 주(周)나라 박종(鎛鍾) : '제후박종(齊侯鎛鍾)'이라고도 한다. 《금석색(金石索)》 권1 〈금색(金索)〉에 오른쪽 그림과 함께 "제(齊)나라 신하인 급(及)이 군주의 명을 선양하자 그 공적을 드러내어 이 종을 제작한 것이다."라고 하였다.

주나라 박종

구멍 안에 알알이 박혀 있네 粒粒在孔
군자의 덕이 君子之德
또한 매우 밝네 其昭亦孔

한나라 수화요종[787] 漢綏和搖鍾

숙손통이 영신하던 종이고 叔孫迎神之鍾
안세가 춤을 즐기던 종이네 安世樂舞之鍾
수화라고 글자를 썼으니 綏和之字
사시악무 치던 종이네 四時搖鍾

한나라 일광경 漢日光鏡

일광이라는 거울은 日光之鏡
천하의 거울이네 天下之鏡
한나라를 거쳐 육조 시대로 들어갔으니 由漢入六朝
군주와 경대부의 거울이네 君卿之鏡

한나라 옥의도[788] 漢玉衣導

옥으로 도를 만들었으니 玉爲導
옷으로 인도하네 衣之導

787 한(漢)나라 수화요종(綏和搖鍾) : '수화요종'에는 명문에 '효무서원(孝武西園)'이라고 새겨 있고, '안세요종(安世搖鍾)'에는 '사시가지(四時嘉至)'라고 새겨 있다.

788 한(漢)나라 옥의도(玉衣導) : 전한(前漢) 때 만들어진 기물로, '옥의'는 망자가 저승에 갈 때 입는 옷이다.

입은 옷은 덕을 말하니 衣德言

이에 덕으로 인도하네 迺德之導

당나라 이십팔수경 唐二十八宿鏡[789]

첫째 원에는 꽃이, 둘째 원에는 복숭아가, 셋째 원에는 괘상이, 넷째 원에는 별자리를 새겨서 거울을 만들었으니

一層花二層桃三層卦四層宿以爲鏡

이것이 두 번째 거울이네 是爲第二鏡

하늘의 법이고 땅의 편안함이니 天之則地之寧

장경의 거울이네[790] 長庚之鏡

송나라 자기 宋瓷器

푸른 자기와 녹색 자기는 蒼瓷綠瓷

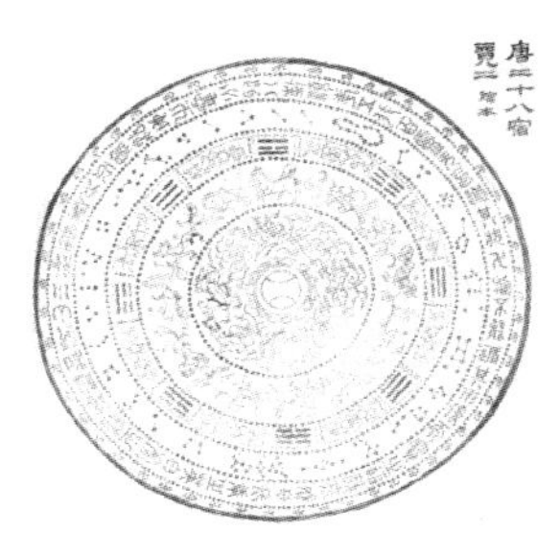

당나라 이십팔수동경

789 당(唐)나라 이십팔수경(二十八宿鏡) : 이 거울의 여섯 번째 원에 "장경의 정령이며 백호의 정기이니, 음양이 서로 돕고 산천이 영험을 드러내네. 하늘의 법을 본받고 땅의 편안함을 본받으며, 팔괘를 벌여 놓고 오행을 상고하네. 뭇 생령이 그 형상을 벗어날 수 없고 만물이 그 모습을 피할 수 없으니, 이 거울을 얻어 보배로 삼으면 복록이 올 것이다.〔長庚之英, 白虎之精, 陰陽相資, 山川效靈. 憲天之則, 法地之寧, 分列八卦, 順考五行. 百靈無以逃其狀, 萬物不能循其形, 得而寶之, 福祿來成.〕"라는 54자의 명문(銘文)이 새겨져 있다. 오른쪽 그림은 《금석색》 권6 〈금색(金索)〉에 보인다.

790 하늘의……거울이네 : 이십팔수동경에 새겨진 명문을 원용하여 지은 구절이다. '장경(長庚)'은 저녁에 서쪽에 뜨는 금성(金星)을 뜻한다. 526쪽 주789 참조.

상감하여 자기를 만들었네 錯以爲瓷
자기여 자기여 瓷兮瓷兮
오직 송나라 자기이네 惟宋之瓷

고려자기 高麗瓷器

고려의 자기는 高麗之器
삼대[791]의 기물을 모방했네 仿三代器
삼대가 까마득히 머니 三代邈矣
이 자기를 소중히 여겨야 하네 寶此瓷器

791 삼대(三代) : 중국 고대 왕조인 하(夏)·은(殷)·주(周)를 말하는데, 태평성대를 가리키는 말로도 쓰인다.

세 가지 여의에 대한 명[792]

三如意銘

죽여의 竹如意

대나무의 곧음이	竹之貞
사람에게 쓰임이 되네	爲人用
사람의 뜻이	人之意
너와 함께하리	與爾共

옥여의 玉如意

군자다운 사람이여	君子人
자리 위의 보배이네[793]	席上珍
그 덕이 순수하니	其德純
몸에서 떠나지 않네	不去身

철여의 鐵如意

강함은 옥보다 낫고	鋼勝於玉

792 세……명 : 대나무로 만든 죽여의(竹如意), 옥으로 만든 옥여의(玉如意), 쇠로 만든 철여의(鐵如意) 등 세 가지 여의에 대한 명이다. '여의'는 여의봉(如意棒)으로, 등의 가려운 곳을 긁는 데 사용하는 도구이다.

793 군자다운……보배이네 : 《예기》 〈유행(儒行)〉에 "유자(儒者)는 자리 위의 진귀한 보배처럼 자신의 덕을 갈고닦으면서 임금이 불러 주기를 기다린다.〔儒有席上之珍以待聘.〕"라는 내용이 보인다.

굳셈은 대나무보다 낫네	勁勝於竹
만약 붓으로 쓴다면	若筆用之
만년토록 닳지 않으리	萬年不禿

주자엄이 보내준 백두산의 돌에 대한 명[794]

贈周自弇白頭山石銘

백두산의 돌이 희니	白頭山石白
백설도 희고 백옥도 희네	白雪白玉白
만년에 사람의 머리 흰데	歲暮人頭白
천 리 먼 하늘의 조각달도 희네	千里片月白

794 주자엄(周自弇)이……명 : 청(淸)나라의 내각부당(內閣部堂) 주자엄은 1875년(고종12) 저자가 왕세자 책봉 주청정사(奏請正使)로 북경에 갔을 때 필찰을 주고받으며 교유한 사람이다. 〈자엄이 인장을 보내왔는데 세 면의 전각 글자가 경외스러웠다〔自弇贈印章 三方篆文可敬〕〉라는 시가 《가오고략》 책5에 실려 있다. 《嘉梧藁略 冊12 齊年序》

벼루를 묻으며 지은 명[795]

瘞硯銘

벼루여 벼루여 硯乎硯乎
나와 함께 늙었구나 與我同老
내 붓이 이미 모지라졌으니 我筆已退
너라고 어찌 늙지 않으리 爾胡不老
늙었구나 늙었구나 老矣老矣
장차 흙과 함께 늙으리라 其將與土同老

795 벼루를……명 : 못 쓰게 된 벼루를 묻으며 지은 명이다. 당(唐)나라 한유(韓愈)가 깨진 벼루를 묻으면서 지은 동일한 제목의 명이 《당송팔대가문초(唐宋八大家文鈔)》 권15에 보인다.

지은이 **이유원(李裕元)**

1814년(순조14) ~ 1888(고종25). 본관은 경주(慶州), 자는 경춘(景春), 호는 귤산(橘山)·묵농(默農), 시호는 충문(忠文)이다. 백사(白沙) 이항복(李恒福)의 9세손으로, 백사 이래 이태좌(李台佐)·이광좌(李光佐)·이종성(李宗城)·이경일(李敬一) 등의 재상을 배출한 명문가의 후손이다. 부친은 이조 판서를 지낸 이계조(李啓朝)이다. 1841년(헌종7) 문과에 급제하였고, 32세 때인 1845년(헌종11) 10월 동지사의 서장관으로 청나라에 다녀왔다. 이후 의주 부윤, 함경도 관찰사 등을 역임하였다. 고종 초에 좌의정에 올랐다가 1865년(고종2) 이후 한동안 정계에서 물러나 남양주 천마산(天摩山) 아래 가오곡(嘉梧谷)에서 지냈다. 1873년(고종10) 흥선대원군의 실각과 함께 영의정으로 정계에 복귀하였다. 1875년(고종12) 순종의 왕세자 책봉을 주청하기 위한 진주 겸 주청사로 다시 청나라에 다녀왔다. 1879년(고종16) 8월 말 이홍장으로부터 미국을 비롯한 서양 제국들과 통상조약을 체결하고 일본과 러시아를 견제해야 한다는 권유 편지를 받았으나, 미국과의 수교 권유는 거부했다. 1882년(고종19) 7월에 전권대신 자격으로 일본 공사 하나부사 요시모토(花房義質)와 제물포조약을 체결하였다.
이유원은 정치가일 뿐만 아니라 자하(紫霞) 신위(申緯)에게 시를 배운 당대의 시인이었다. 특히 조선의 악부시(樂府詩)에 많은 관심을 가졌고 이를 창작으로 드러내었다. 또 추사(秋史) 김정희(金正喜)와 예서(隸書)를 논한 서예가이며, 금석 서화와 원예·골동은 물론 국고 전장에 상당한 식견을 보여준 19세기의 비중 있는 학자이자 예술가의 한 사람이기도 하다. 나아가 연행과 이후 서신을 통해 섭지선(葉志詵) 등 당대 중국의 지식인들과 교유하며 청대의 학풍까지 두루 섭렵하였다. 이러한 학문적·예술적 성과가 그의 저술 《임하필기(林下筆記)》·《가오고략(嘉梧藁略)》·《귤산문고(橘山文稿)》에 담겨 있다. 또 국가경영에 관계된 저술로 《체론유편(體論類編)》과 《국조모훈(國朝謨訓)》이 있으며, 아울러 《경주이씨금석록(慶州李氏金石錄)》과 《경주이씨파보(慶州李氏派譜)》 등도 편찬하였다.

옮긴이 **이성민(李聖敏)**

1970년 부산에서 태어났다. 동아대학교 한문학과를 졸업하고, 성균관대학교 한문학과에서 석사 및 박사 학위를 받았다. 한국고전번역원의 전신인 민족문화추진회 부설 국역연수원에서 연수부 과정을 이수하였다. 한국고전번역원 전문역자를 거쳐 현재 성균관대학교 대동문화연구원에 재직하고 있다. 번역서로 《월사집 9》, 《환재집 3·4》, 《풍고집 1·5》, 《가오고략 1》, 《채근담》이 있고, 공역서로 《동유첩》, 《향산집 4》, 《논어주소 1》, 《연경재 성해응의 초사담헌》, 《석견루시초》, 《풍고집 2》, 《영재집 1·2·3》 등이 있다.

옮긴이 **김내일(金來日)**

1966년 강원도 원통에서 태어났다. 서강대학교 국어국문학과를 졸업하고, 고려대학교 고전번역협동과정 석사과정을 수료하였으며, 민족문화추진회 국역연수원 연수부와 상임연구부 과정을 마쳤다. 현재 성균관대학교 대동문화연구원에 재직하고 있다. 공역서로 《기언》, 《세종실록》, 영조대 · 정조대 · 순조대 《일성록》 등이 있다.

권역별거점연구소협동번역사업 연구진

연구책임자 이영호(성균관대학교 HK 교수)
공동연구원 안대회(성균관대학교 한문학과 교수)
진재교(성균관대학교 한문교육과 교수)
책임연구원 이성민
이승현
서한석
김내일
연구원 서혜준
교열 이상하(前 한국고전번역원 교수)

가오고략 5

이유원 지음 | 이성민 김내일 옮김
2025년 12월 31일 초판 1쇄 발행
편집 · 발행 성균관대학교 출판부 | 등록 1975. 5. 21. 제1975-9호
주소 (03063) 서울시 종로구 성균관로 25-2
전화 760-1253~4 | 팩스 762-7452 | 홈페이지 press.skku.edu
조판 김은하 | 인쇄 및 제본 영신사

값 25,000원
ISBN 979-11-5550-688-2 94810
979-11-5550-568-7 (세트)